OEUVRES

COMPLÈTES

DE MARMONTEL.

TOME XIV.

ÉLÉMENTS DE LITTÉRATURE.

TROISIÈME VOLUME.

DE L'IMPRIMERIE DE FIRMIN DIDOT,
IMPRIMEUR DU ROI, DE L'INSTITUT ET DE LA MARINE,
RUE JACOB, N° 24.

ŒUVRES

COMPLÈTES

DE MARMONTEL,

DE L'ACADÉMIE FRANÇAISE.

NOUVELLE ÉDITION

ORNÉE DE TRENTE-HUIT GRAVURES.

TOME XIV.

A PARIS,

CHEZ VERDIÈRE, LIBRAIRE-ÉDITEUR,
QUAI DES AUGUSTINS, N° 25.

1818.

ÉLÉMENTS DE LITTÉRATURE.

H.

Harangue historique. Est-il permis à l'historien de céder la parole à ses personnages, ou ne doit-il rapporter qu'indirectement ce qu'ils ont dit, sans les faire parler eux-mêmes?

Cela dépend de l'idée qu'on attache à la sincérité de l'histoire, et de savoir si on exige d'elle la lettre ou l'esprit de la vérité. Si on exige d'elle la lettre, il est certain que presque toutes les *harangues* directes sont interdites à l'histoire; et à l'exception de celles qui ont été réellement prononcées dans les conseils, dans les assemblées, dans les cérémonies publiques, et de quelques mots que les rois ou que les capitaines ont réellement adressés à leur peuple ou à leur armée, et que la tradition a conservés, il est rare que l'historien ait des *harangues* à transcrire.

Celles dont l'histoire ancienne est remplie sont elles-mêmes supposées. Ce n'est pas que l'esprit et le caractère de ceux qui parlent n'y soient fidèlement gardés : dans celles de Thucydide, par exemple, on distingue très-bien le génie des Athéniens et celui des Spartiates; on y reconnaît Périclès, Nicias, Alcibiade, au langage que l'historien leur fait tenir : quant au fond même, il est vraisemblable qu'il en était instruit; mais quant au style, les bons critiques s'aperçoivent qu'il est factice, parce qu'il est toujours le même.

On peut prendre à la lettre les *harangues* de Xénophon, quand c'est lui-même qui parle à ses compagnons et les encourage dans leur retraite; mais lorsqu'il fait prendre la parole à Cambyse, à Cyrus, à Cyaxare, croira-t-on de même qu'il rende fidèlement ce qu'ils ont dit?

Polybe, en faisant parler Scipion et Annibal dans leur entrevue, a-t-il répété leurs discours? Tite-Live les a-t-il transcrits? Et les belles *harangues* qu'il met dans la bouche d'Horace le père, de Valérius-Publicola, de Camille, de Manlius, de Fabius, d'Hannon, de Scipion, etc., ne sont-elles pas aussi visiblement artificielles que celles de Marius et de Catilina dans Salluste?

Il est plus vraisemblable que Tacite ait recueilli les propres discours de Germanicus, de Tibère, de Néron, de Sénèque, de Thraséas, d'Othon, sur-tout d'Agricola; mais si on y reconnaît leur esprit, on n'y reconnaît pas moins la plume de Tacite. Ainsi, dans toute l'histoire ancienne, à l'exception de quelques mots conservés par tradition, tout paraît composé.

Ceux donc qui veulent que l'histoire soit un exposé littéral de la vérité, et qui lui interdisent tout ornement qui ressemble à de l'artifice, doivent rejeter ces *harangues*.

Mais il y a pour l'historien une autre façon d'être vrai, c'est de garder fidèlement le fond des choses et des faits, et de préférer pour la forme le tour le plus propre à donner au récit de la chaleur et de l'énergie. S'il est donc vrai, par exemple, que, dans les assemblées de la Grèce, tel fut l'objet des délibérations, des négociations, des *harangues*, tels furent les motifs des résolutions; Thucydide n'a pas été un historien moins fidèle en faisant parler les députés des villes, que s'il avait indirectement résumé ce qu'ils avaient dit.

Il n'est pas vrai que Gracchus et que Marius aient tenu précisément le langage que leur font tenir Tite-Live et Salluste; mais il est vrai que tout cela était dans leur ame; et il est plus que vraisemblable, qu'ayant de pareils moyens d'émouvoir les esprits et de les soulever, ils étaient trop habiles pour ne pas les faire valoir. S'ils n'ont pas dit les mêmes choses dans les mêmes termes et dans une seule *harangue*, ce sont des propos détachés qu'ils ont tenus et fait répandre, et que l'historien n'a fait que rassembler, pour leur donner en même temps plus de chaleur, de force et de lumière.

De quoi s'agit-il après tout? Il s'agit de paraître, en écrivant l'histoire, un peu plus ou un peu moins artificiellement arrangé; car si l'historien prend ce tour usité : *Gracchus représenta au peuple que sa situation était pire que celle des esclaves, qu'on le frustrait du prix de ses travaux, que le sénat avait tout envahi : Marius dit à ses concitoyens que, si les nobles le méprisaient, ils n'avaient qu'à mépriser aussi leurs propres aïeux, dont la vertu avait fait la noblesse; que, s'ils lui enviaient son élévation, ils n'avaient qu'à lui envier aussi ses travaux, son innocence, les dangers qu'il avait courus, dont sa grandeur était le prix* : ce récit aura, je l'avoue, l'air plus simple, plus naturel, plus sincère qu'une *harangue;* mais cela même encore n'est pas la vérité littérale, et chaque article du discours, même indirect, ne sera qu'une conjecture fondée sur les caractères, ou autorisée par les circonstances des choses, des lieux et des temps. Il n'y a donc presque jamais, dans l'une et dans l'autre manière de faire parler ses personnages, qu'une vraisemblance plus ou moins approchante de la réalité.

Ainsi la difficulté se réduit à savoir si l'apparence de la vérité est assez détruite par le discours direct, pour que l'on s'interdise, en écrivant l'histoire, ce moyen d'être dans son récit plus vif, plus véhément, plus clair et plus rapide. Or voici, ce me semble, un milieu à prendre pour éviter les deux excès. Que le discours qui n'est qu'un exposé de faits, une accumulation de motifs raisonnés, sensibles par eux-mêmes, et qui n'avaient besoin pour frapper les esprits d'aucun des mouvements de l'éloquence pathétique, soit rappelé indirectement et en simple récit; sa précision fera sa force. Mais s'agit-il de développer les sentiments d'une ame passionnée, et de faire passer dans d'autres ames la chaleur de ses mouvements; on peut, je crois, sans balancer, employer la manière directe : la vérité même serait trop affaiblie et perdrait trop de son effet, si elle était froidement réduite à la simple narration. Le lecteur s'apercevra bien qu'on aura mis de l'art à la lui présenter; mais il sentira bien aussi que cet art n'est pas celui qui la déguise, et qu'en la rendant plus sensible il n'a pas voulu l'altérer.

A l'égard des orateurs, le mot *harangue*, en parlant des Grecs, s'emploie également pour tous les genres d'éloquence : éloge, invective, accusation, défense, délibération, plaidoyer, oraison funèbre, tout s'appelle *harangue*. On dit les *harangues* d'Isocrate, de Périclès, de Démosthène, de Démétrius de Phalère, etc. En parlant des Latins, on appelle aussi quelquefois *harangues* les discours oratoires, mais plus communément *oraisons*; et l'on ne croirait pas s'exprimer assez bien en donnant indifféremment le nom de *harangues* à toutes les oraisons de Cicéron : par exemple, on appellera *plaidoyers* les oraisons pour *Célius*, pour *Muréna* et pour *Milon*; et *harangues* celles pour *Marcellus* ou pour la *loi Manilia*.

Parmi nous le nom de *harangue* est devenu propre au genre d'éloquence le plus frivole et le plus oiseux. La *harangue* n'est plus qu'une formule de compliment, de félicitation, ou de condoléance; qu'un hommage rendu à la majesté ou à la dignité des grandes places.

On fait des *harangues* aux rois, aux princes, aux personnes principales dans les provinces ou dans les villes; mais une singularité de cet usage, c'est que les *harangues* n'ont presque jamais lieu que dans des circonstances où le mérite personnel n'a aucune part à l'événement. Si un gouverneur de province va prendre possession de son gouvernement, on lui fait des *harangues*; s'il vient de commander les armées et de gagner des batailles, on ne le *harangue* point. L'usage semble vouloir que la *harangue* soit une cérémonie gratuite et commandée, et non pas un hommage libre. Il serait pourtant bien à désirer que lorsqu'un roi vient de signaler son règne par quelque grande institution, ou par quelque trait de vertu mémorable, les corps les plus distingués de l'état fussent admis à l'en féliciter. Ce privilége serait alors aussi précieux qu'il est honorable. Les États-Unis de l'Amérique septentrionale en ont joui au retour du vénérable et vertueux Franklin dans sa patrie; il est à souhaiter que cet exemple soit suivi. Un recueil de *harangues* faites ainsi marquerait mieux que des médailles les belles époques d'un règne, et ce seraient les matériaux de l'oraison funèbre du souverain qu'elles auraient loué; au lieu que des *harangues* de pure cérémonie il ne résulte presque rien. La seule induction raisonnable qu'on en puisse tirer, c'est que le roi qu'on a loué modérément et délicatement était modeste et ennemi de la flatterie; et que celui auquel on a prodigué l'encens avait beaucoup d'orgueil. Mais il faudrait en avoir à l'excès pour soutenir en face l'embarras et l'ennui d'entendre un long éloge de soi-même. Après le mérite essentiel et rare d'être juste et mesurée dans les louanges qu'elle donne, la qualité la plus indispensable d'une *harangue* est d'être courte.

Un seigneur, dont le père s'était signalé à la tête des armées, et qui n'avait pas suivi ses traces, venait d'essuyer, dans son gouvernement, la fastidieuse longueur d'un tas de louanges non méritées. Il ne lui restait plus à entendre que la *harangue* des capucins. « Mon père, dit-il au gardien, soyez court; je suis fatigué. Monseigneur, lui répondit le capucin, nous ne serons pas longs: nous venons seulement souhaiter à votre grandeur autant de gloire dans l'autre vie que feu monsieur le maréchal son père en a obtenu dans celle-ci. »

Les meilleures *harangues* sont celles que le

cœur a dictées. C'est à lui seul qu'il est réservé d'être éloquent en peu de mots.

Parmi les anciens il y a peu de *harangues* de simple félicitation ; mais l'oraison de Cicéron pour Marcellus en est un modèle inimitable ; car en même temps qu'elle est pour César l'éloge le plus magnifique et le plus juste, elle est aussi pour lui la plus adroite, la plus courageuse, la plus importante leçon. *Voyez* Démonstratif.

Dans les colléges et les académies on appelle *harangues* de vaines déclamations dont Isocrate le premier a donné le mauvais exemple. Une thèse paradoxale, un sujet vague, frivole et vide, mal aperçu, mal énoncé, a été trop souvent la matière de ces *harangues*. La chose la plus inutile pour l'orateur dans ces discours serait d'avoir raison : c'est de l'esprit qu'on lui demande. Des sophismes bien colorés, des paralogismes hardis et poussés avec véhémence, des antithèses, des hyperboles, des idées fausses, enveloppées dans des phrases harmonieuses, ou revêtues d'images éblouissantes, et çà-et-là des mouvements factices, de feints élans de sensibilité, une chaleur de tête que l'on prend pour celle de l'ame, font passer pour de l'éloquence cet art qui n'en est que le singe, et qui consiste à donner au mensonge le masque de la vérité.

L'Académie française a pris un parti sage en proposant pour le prix d'éloquence des éloges d'hommes illustres ; et après avoir commencé par ceux que la France a produits, il y a lieu de croire qu'elle continuera par ceux qui ont honoré les autres pays de l'Europe. Les deux Gustaves, le prince Eugène, Bâcon, Locke, Léibnitz, les deux Nassau, libérateurs de la Hollande, le fameux duc de Lorraine Léopold, le czar Pierre, sont de tous les pays.

HARMONIE DU STYLE. Elle comprend le choix et le mélange des sons, leurs intonations, leur durée, le discernement et l'emploi du nombre, la texture des périodes, leur coupe, leur enchaînement, enfin toute l'économie du discours, relativement à l'oreille, et l'art de disposer les mots, soit dans la prose, soit dans les vers, de la manière la plus convenable au caractère des idées, des images, des sentiments, que l'on veut exprimer.

Les recherches que je propose sur cette partie mécanique du style, et les essais que l'on fera pour y exercer son oreille et sa plume doivent être, comme les études du peintre, destinés à ne pas voir le jour. Dès qu'on travaille sérieusement, c'est de la pensée qu'on doit s'occuper, et des moyens de la rendre avec le plus de force, de clarté, de précision, qu'il est possible. *Fiat quasi structura quædam, nec tamen fiat operosè : nam esset, quum infinitus, tum puerilis labor.* (Cic.)

C'est par l'analyse des éléments physiques d'une

langue qu'on peut voir à quel point elle est susceptible d'*harmonie*; mais ce travail est celui du grammairien. Le devoir du poëte, de l'historien, de l'orateur, est de se livrer aux mouvements de son ame. S'il possède sa langue, s'il a exercé son oreille au sentiment de l'*harmonie*, son style peindra sans qu'il s'en aperçoive; et l'expression y viendra d'elle-même s'accorder avec la pensée.

Une oreille excellente peut suppléer à la réflexion; mais avant la réflexion, personne n'est sûr d'avoir l'oreille délicate et juste. Le détail où je m'engage peut donc avoir son utilité.

Duæ sunt res quæ permulcent aures, dit Cicéron; *sonus et numerus*.

On peut considérer dans les voyelles le son pur, l'articulation, l'intonation.

Les voyelles ne sont pas toutes également pleines et brillantes : le son de l'*a* est le plus éclatant de tous, et la voix, comme pour complaire à l'oreille, le choisit naturellement; la preuve en est dans les accents indélibérés d'une voix qui prélude, dans les cris de surprise, de douleur et de joie. Virgile connaissait bien la prédilection de l'oreille pour le son de l'*a*, lorsqu'il l'a répété tant de fois dans ce vers si mélodieux :

Mollia luteolá pingit vaccinia calthá;

et dans ceux-ci, plus doux encore :

. . . . Vel mixta rubent ubi lilia multâ
Alba rosâ, tales virgo dabat ore colores.

Ces vers prouvent que Vossius a tort de reprocher au son de l'*a* de manquer de douceur (*suavitate ferè destituitur*); mais il a raison quand il ajoute, *magnificentiâ aures propemodùm percellit*.

Le son de l'*o* est plein, mais grave; pour le rendre plus clair dans le chant, on y mêle du son de l'*a*, comme lorsqu'on veut éclater sur *vole*; l'*é*, plus faible et moins volumineux, s'éclaircit de même dans l'*è* ouvert, en approchant du son de l'*a*; l'*i* est plus grêle, plus délicat que l'*é*; l'*eu* est vague, mais sonore; l'*ou* est plus grave, mais moins faible que l'*u*; l'*e* muet ou féminin est à peine un son.

O, *sonum quidem habet vastum et aliquâ ratione magnificum; longè tamen minùs quàm* A: *nulla hâc aptior littera ad significandum magnorum animalium et ingentium corporum, seu vocem, seu sonum.*

E, *non quidem gravem, sed tamen clarum satis et elegantem habet sonum :* E, *vocalis magis sonora et magnifica quàm* O, *minùs quàm* A; *quum et sonum habeat obscuriorem, et propemodùm in ipsis faucibus sepultum.*

I, *nulla est clarior voce illâ : in levibus et argutis usum habet præcipuum.*

Infimum dignitatis gradum tenet U *vocalis.*
(Isaac Vossius.)

Dans les voyelles doubles, le premier son n'étant que passager, l'oreille n'est sensiblement affectée que du son final, sur lequel la voix se déploie.

L'effet de la nasale est de terminer le son fondamental par un son fugitif et harmonique qui résonne dans le nez : ce son fugitif donne plus d'éclat à la voyelle; il la soutient, il l'élève, et caractérise l'*harmonie* bruyante.

Luctantes ventos tempestatesque sonoras. (Virg.)

J'entends l'airain tonnant de ce peuple barbare. (Volt.)

On voit dans le premier exemple combien Virgile a déféré au choix de l'oreille en employant l'épithète *sonoras*, qui n'est point analogue à l'image *imperio premit*, en l'employant, dis-je, préférablement à *rebelles, frementes, minaces*, que l'image semblait demander. C'est la même raison du volume de l'*o*, qui lui a fait employer tant de fois dans ce vers,

Vox quoque per lucos vulgo exaudita silentes
Ingens.

L'abbé d'Olivet décide brève la voyelle nasale à la fin des mots, comme dans *turban, destin, Caton*. Il me semble au contraire que le retentissement de la nasale en doit prolonger le son, du moins dans la déclamation soutenue, et partout où la voix a besoin d'un appui.

La résonnance de la nasale est interrompue

par la succession immédiate d'une voyelle, à moins que l'on n'aspire celle-ci pour laisser retentir celle-là : *tyran-inflexible, destin-ennemi*; mais cet hiatus que l'on a permis en poésie, est peut-être le plus dur à l'oreille, et celui de tous qu'on doit éviter avec le plus de soin.

Observons cependant que moins la nasale est sonore, plus il est aisé de l'éteindre, et par conséquent moins l'aspiration de la voyelle suivante est dure à l'oreille ; aussi se permet-on plus souvent la liaison d'une voyelle avec les nasales *on* et *un*, qu'avec les nasales *an* et *en* : *leçon utile, commun à tous*, sont moins durs que *main habile, océan irrité*. Boileau lui-même a dit :

    Le chardon importun hérissa nos guérets.

Racine s'est permis dans *Andromaque*,

    Pourquoi d'*un an entier* l'avons-nous différée ?

C'est une négligence.

Dans les monosyllabes *en, on, un*, le son de la nasale, pour éviter l'aspiration, se réduit à une voyelle pure, suivie de l'*n* consonne, qui s'en détache pour se lier avec la voyelle suivante : *l'un-et-l'autre, l'on-aime, en-est-il ?* (Dans ce dernier exemple, l'*e* qui précède l'*n*, a pris le son de l'*a* bref.) Toutefois il est mieux de conserver à la nasale la liberté de retentir, en ne la plaçant devant une voyelle que dans les repos et les sens suspendus. Il n'y a que la

Motte qui n'ait pas senti la dureté de ce vers :

> Et le mien incertain encore.

C'est peu de consulter, pour le choix, la beauté des sons en eux-memes; il faut encore y observer un mélange, une variété qui nous flatte. La monotonie est fatigante, même dans les passages, à plus forte raison dans les repos. Ce n'est pas que le même son répété ne plaise quelquefois. Quelle douceur, quelle grâce, dit Cicéron, ne sent-on pas dans ces composés, *insipientem, iniquum, tricipitem!* au lieu qu'il trouve de la rudesse dans *insapientem, inæquum, tricapitem* : mais cette exception ne détruit pas la règle qui oblige à varier les sons.

Dans nos vers on a fait une loi d'éviter la consonnance de deux hémistiches; la même règle doit s'observer dans les repos des périodes : plus ces repos sont variés, plus la prose est harmonieuse. Il y a une espèce de consonance symétrique dont les Latins faisaient une grâce de style, *similiter cadens, similiter desinens* : cette symétrie peut avoir lieu quelquefois dans la prose française, mais l'affectation en serait puérile.

Il y a dans la prose, comme dans les vers, des mesures qu'on appelle *nombres*, composées de deux ou trois sons; il faut éviter que les nombres voisins l'un de l'autre s'appuient sur les mêmes finales, comme dans ce vers de Boileau :

Du destin des Latins prononcer les oracles.

Les consonnes ne sont pas des sons, mais des articulations de sons.

La parole a des sons doux et des forts, des sons piqués, des sons appuyés, des sons flûtés, comme la musique : il n'est donc point de consonne qui, mise à sa place, ne contribue à l'*harmonie du discours*; mais la dureté blesse par-tout l'oreille. Or, la dureté consiste, non pas dans la rudesse ou l'âpreté de l'articulation qui souvent est imitative ;

Tum ferri rigor atque argutæ lamina serræ. (Virg.)

mais dans la difficulté qu'elle oppose à l'organe qui l'exécute. Le sentiment réfléchi de la peine que doit avoir celui qui parle, nous fatigue nous-mêmes ; et voilà, dans sa cause et dans son effet, ce que nous appelons *dureté de style.*

Ce vers raboteux que Boileau a fait dans le style de Chapelain,

Droite et roide est la côte, et le sentier étroit,

ressemble assez à ce qu'il exprime ; mais la prononciation en est un travail, et l'organe y est à la gêne : en pareil cas, c'est par le mouvement qu'il faut peindre, et non par le froissement des syllabes.

Dans un chemin montant, sablonneux, malaisé,
Et de tous les côtés au soleil exposé,
Six forts chevaux traînaient un coche.
L'équipage suait, soufflait, etc.

La langue la plus douce serait celle où la syllabe d'usage n'aurait jamais qu'une consonne, comme la syllabe physique; car dans une syllabe composée de plusieurs consonnes qui semblent se presser autour d'une voyelle, *sphynx*, *trop*, *Grecs*, *Cécrops*, la réunion précipitée de toutes ces articulations en un temps syllabique, rend l'action de l'organe pénible et confuse; et quoique chaque consonne ait naturellement son *e* muet pour voyelle, l'intervalle insensible que laisse entre elles ce faible son, ne suffit pas pour les articuler distinctement l'une après l'autre. Cependant ce n'est pas assez qu'une langue soit douce : elle doit avoir de quoi marquer le caractère de chaque idée; et cela dépend sur-tout des articulations molles ou fermes, rudes ou liantes, qu'elle nous présente au besoin. Par exemple, la réunion de deux consonnes en une syllabe lui donne quelquefois plus de vigueur et d'énergie, comme de l'*f* et de l'*r* dans *frémir, frissonner, frapper; frendere, frangere, fragor;* et du *t* avec l'*r*, comme dans ces vers du *Tasse* tant de fois cités,

Chiama gli abitator dell' ombre eterne
Il rauco suon della tartarea tromba.
Treman le spaziose atre caverne.

et comme dans ce vers de Virgile, que le Tasse admirait lui-même :

Convulsum remis, rostris stridentibus æquor.

Ce n'est point là de la dureté, mais de cette âpreté que le même poëte estimait dans le *Dante* : *Questa asprezza sente un non so che di magnifico e di grande.*

Ce n'est jamais, comme je l'ai dit, que le travail des organes de la parole qui gêne et fatigue l'oreille ; et c'est dans les mouvements combinés de ces organes, que se trouve la raison physique de l'espèce de sympathie ou d'antipathie que l'on remarque entre les syllabes. *Voyez* ARTICULATION.

Si l'oreille est offensée de la consonnance des voyelles, par la même raison elle doit l'être du retour subit et répété de la même articulation. Les Latins avaient préféré pour cette raison *meridiem* à *medidiem*. Qu'en français l'on traduisît ainsi le début des paradoxes de Cicéron : « Brutus, j'ai souvent remarqué que quand Caton, ton oncle, opinait dans le sénat, » cela serait choquant et risible. La fréquente répétition de l'*r* et de l'*s* est dure à l'oreille, sur-tout dans des syllabes compliquées, où l'*s* siffle, où l'*r* frémit à la suite d'une autre consonne. La Motte a corrigé, dans une de ses odes, *censeur sage et sincère*. Il aurait bien dû corriger aussi :

>Avide des affronts d'autrui....
>Travail toujours trop peu vanté....
>Les rois qu'après leur mort on loue....
>L'homme contre son propre vice....
>Ton amour-propre trop crédule....

et une infinité de vers aussi durs, sur lesquels il avait le malheureux talent de se faire illusion.

Le *z*, qui blessait l'oreille de Pindare, adouci dans notre langue, a quelquefois beaucoup de grâce; mais dans une foule d'écrits modernes on l'a ridiculement affecté.

Les Latins retranchaient l'*x* des mots composés, où il devait être selon l'étymologie, et nous avons suivi cet exemple.

La répétition des dentales mouillées, *che* et *ge*, est désagréable à l'oreille.

> Mais écoutons; ce berger joue
> Les plus amoureuses chansons.   (La Motte.)

Les consonnes les plus favorables à l'*harmonie* sont celles qui détachent le plus distinctement les sons, et que l'organe exécute avec le plus d'aisance et de volubilité : telles sont les articulations simples de la langue avec le palais, de la langue avec les dents, de la lèvre inférieure avec les dents, et des deux lèvres ensemble.

L'*l*, la plus douce des articulations, semble communiquer sa mollesse aux syllabes dures qu'elle sépare. M. de Fénélon en a fait un usage merveilleux dans son style. « On fit couler, dit Télémaque, des flots d'huile douce et luisante sur tous les membres de mon corps. » L'*l*, s'y j'ose le dire, est elle-même comme une huile onctueuse, qui, répandue dans le style, en adoucit le frottement; et le retour fréquent de l'article *le*, *la*, *les*, qu'on reproche à notre langue, est peut-être ce qui contribue le plus à lui donner de la mélodie. Voyez quelle douceur l'*l* communique à ce demi-vers de Virgile :

> *quæque lacus latè liquidos.*

Le gazouillement de l'*l* mouillée peut servir quelquefois à l'*harmonie* imitative, mais on en doit réserver le fréquent usage pour les peintures qui le demandent. L'articulation mouillée qui termine le mot *règne*, serait insoutenable, si elle revenait fréquemment.

Le mouillé faible de l'*l*, exprimé par ce caractère *y*, et dont nous avons fait une voyelle, parce qu'il est consonne vocale, est la plus délicate de toutes les articulations : mais cette consonne si douce est trop faible pour soutenir l'*e* muet, comme dans ces mots, *paye*, *essaye*, au lieu que jointe au son de l'*a*, comme dans *paya*, *déploya*, ou à telle autre voyelle sonore, comme dans *foyer*, *citoyen*, *rayon*, elle est sensible et marque assez le nombre.

Par cette analyse des articulations de la langue, on doit voir quelles sont les liaisons qui flattent ou qui blessent l'oreille.

La prononciation est une suite des mouvements variés que l'organe exécute; et du passage pénible ou facile de l'un à l'autre, dépend le sentiment de dureté ou de douceur dont l'oreille est affectée. *Collabantur verba ut inter se quam aptissimè cohœreant extrema cum primis* (Cicéron). Il faut donc examiner avec soin quelles sont les articulations sympathiques ou antipathiques dans les mots déjà composés, afin d'en rechercher ou d'en éviter la rencontre dans le passage d'un mot à un autre. On sait, par exemple, qu'il est plus facile à l'organe de doubler une consonne en l'appuyant, que de changer d'articulation. Si l'on est libre de choisir, on préférera donc pour initiale d'un mot la finale du mot qui précède : *Les Grecs-sont nos modèles ; le soc-qui fend la terre* :

L'hymen-n'est pas toujours entouré de flambeaux.
(RACINE.)
Il avait de plant vif-fermé cette avenue. (LA FONT.)

Si La Fontaine avait mis *bordé* au lieu de *fermé*, l'articulation serait plus pénible. Ainsi Virgile ayant à faire entrer le mont *Tmolus* dans un vers, l'a fait précéder d'un mot qui finit par un *t* :

Nonne vides, croccos ut Tmolus odores.

On sait que deux différentes labiales de suite sont pénibles à articuler; on ne dira donc point, *Alep-fait le commerce, Jacob-vivait, sep-verdoyant.* Il en est ainsi de toutes les articulations fatigantes pour l'organe, et qu'avec la plus légère attention il est facile de reconnaître, en lisant soi-même à haute voix ce que l'on écrit.

L'étude que je propose paraît d'abord puérile:

mais on m'avouera que les opérations de la nature ne sont pas moins curieuses dans l'homme que celles de l'industrie dans le flûteur du célèbre *Vaucanson*; et qui de nous a rougi d'aller examiner les ressorts de cette machine?

Au choix, au mélange des sons, au soin de rendre les articulations faciles et de les placer au gré de l'oreille, les anciens joignaient les accents et les nombres.

L'accent prosodique est peu de chose dans les langues modernes (*voyez* Accent); mais elles ont leur accent expressif, leur modulation naturelle : par exemple, chaque langue interroge, admire, se plaint, menace, commande, supplie avec des intonations, des inflexions différentes. Une langue qui dans ce sens-là n'aurait point d'accent, serait monotone, froide, inanimée; et plus l'accent est varié, sensible, mélodieux dans une langue, plus elle est favorable à l'éloquence et à la poésie.

L'accent français est peu marqué dans le langage ordinaire, la politesse en est la cause. Il n'est pas respectueux d'élever le ton, d'animer le langage; et l'accent dans l'usage du monde n'est pas plus permis que le geste : mais, comme le geste, il est admis dans la prononciation oratoire, plus encore dans la déclamation poétique, et de plus en plus, selon le degré de chaleur et de véhémence du style; de manière que dans le pathétique de la tragédie et dans l'enthousiasme de l'ode, il est au plus haut point où le génie de la langue lui permette de s'élever. Mais c'est toujours l'ame elle-même qui imprime ce caractère à l'expression de ses mouvements. De-là vient, par exemple, que notre poésie, assez vive dans le drame, est un peu froide dans l'épopée. Elle a une mélodie pour les sentiments, elle n'en a point pour les images; et si mon observation est juste, c'est une nouvelle raison pour nous de rendre l'épopée aussi dramatique qu'il est possible.

L'Harmonie du style dans notre langue ne dépend pas, autant que dans les langues anciennes, du mélange des sons plus lents ou plus rapides, liés et soutenus par des articulations faciles et distinctes, qui marquent le nombre sans dureté. Mais notre langue même, à une oreille délicate, offre encore sensiblement cette *harmonie* élémentaire.

Commençons par avoir une idée nette et précise du rhythme, du nombre, et du mètre.

Le rhythme est dans la langue ce que dans la musique on appelle *mesure*. Le nombre en est communément le synonyme; mais pour plus de clarté, on en fait l'espèce du rhythme. Ainsi, par exemple, on dit que le vers iambique et le vers trochaïque ont le même rhythme, et qu'ils sont composés de nombres différents.

Dans le système prosodique des anciens, la mesure avait plusieurs temps, et la syllabe un temps ou deux, selon qu'elle était brève ou longue. On est convenu de donner à la brève ce caractère ᴗ, et à la longue celui-ci —. Ces éléments prosodiques se combinaient diversement, et ces combinaisons faisaient tel ou tel nombre; en sorte que les nombres se variaient sans altérer la mesure : la valeur des notes était inégale, la somme des temps ne l'était pas, et chacun des pieds, ou nombres du vers, était l'équivalent des autres. Ainsi, dans le vers hexamètre, le rhythme était constant, et le mouvement varié.

Le mètre était une suite de certains nombres déterminés; il distinguait les espèces de vers.

La mesure ou rhythme à trois temps n'a que trois combinaisons, et ne produit que trois pieds ou nombres; le tribrache, ᴗ ᴗ ᴗ; le chorée ou trochée, — ᴗ; et l'ïambe, ᴗ —. La mesure à quatre temps se combine de cinq manières, en dactyle, — ᴗ ᴗ; spondée, — —; anapeste, ᴗ ᴗ —; amphibrache, ᴗ — ᴗ; et dipyrrhiche, ᴗ ᴗ ᴗ ᴗ.

Les anciens avaient bien d'autres nombres, dont il serait superflu de parler ici. Or ces nombres, employés dans la prose, lui donnaient une marche grave ou légère, lente ou rapide, au gré de l'oreille; et sans avoir, comme le vers, un rhythme précis et régulier, elle avait des mouvements analogues à ceux de l'ame.

« La prose, dit Cicéron, n'admet aucun battement de mesure, comme fait la musique; mais toute son action est réglée par le jugement de l'oreille, qui allonge ou abrège les périodes (il pouvait dire encore, qui les retarde ou les précipite), selon qu'elle y est déterminée par le sentiment du plaisir : c'est là ce qu'on appelle *nombre.* » Or le même nombre tantôt satisfait pleinement l'oreille, tantôt lui laisse désirer un nombre plus ou moins rapide, plus ou moins soutenu : Cicéron en donne des exemples; et cette diversité dans les sentiments dont l'oreille est affectée, a le plus souvent pour principe l'analogie des nombres avec les mouvements de l'ame, et le rapport des sons avec les images qu'ils rappellent à l'esprit.

Il y a donc ici deux sortes de plaisir, comme dans la musique. L'un, s'il est permis de le dire, n'affecte que l'oreille; c'est celui qu'on éprouve à la lecture des vers d'Homère et de Virgile, même sans entendre leur langue; il faut avouer que ce plaisir est faible. L'autre, est celui de l'expression; il intéresse l'imagination et le sentiment, et il est souvent très-sensible.

Cicéron divise le discours en périodes et en incises; il borne la période à vingt-quatre mesures, et l'incise à deux ou trois. D'abord, sans avoir égard à la valeur des syllabes, il attribue la lenteur aux incises, et la rapidité aux périodes; et en effet, plus les repos sont fréquents, plus le style semble devoir être lent dans sa marche. Mais bientôt il considère la valeur des syllabes dont la mesure est composée, comme faisant l'essence du nombre; et avec raison : car si les repos, plus ou moins fréquents, donnent au style plus ou moins de lenteur ou de rapidité, la valeur des sons qu'on y emploie ne contribue pas moins à le précipiter ou à le ralentir; et il est évident qu'un même nombre de syllabes arrivera plus vîte au repos, s'il se précipite en dactyles, que s'il se traînait en graves spondées. On ne doit donc perdre de vue, dans la théorie des nombres, ni la coupe des périodes, ni la valeur relative des sons.

Tous les genres de littérature n'exigent pas un style nombreux; mais tous demandent, comme je l'ai dit, un style satisfaisant pour l'oreille.

Quamvis enim suaves gravesque sententiæ, tamen si inconditis verbis efferuntur, offendunt aures, quarum est judicium superbissimum. Cic.

La diction philosophique est affranchie de la servitude des nombres : Cicéron la compare à une vierge modeste et naïve qui néglige de se parer. « Cependant rien de plus *harmonieux*, dit-il, que la prose de Démocrite et de Platon. » C'est un avantage que la raison, la vérité même, ne doit pas dédaigner. Il est incontestable que dans un genre d'écrire où le terme qui rend l'idée avec précision est quelquefois unique, où la vérité n'a qu'un point qui souvent même est indivisible, il n'y a pas à balancer entre *l'harmonie* et le sens; mais il est rare qu'on en soit réduit à sacrifier l'un à l'autre; et celui qui sait manier sa langue, trouve bien l'art de les concilier.

Cicéron demande pour le style de l'histoire des périodes nombreuses, semblables, dit-il, à celles d'Isocrate; mais il ajoute que ces nombres fatigueraient bientôt l'oreille, s'ils n'étaient pas interrompus par des incises. Ce mélange a de plus l'avantage de donner au récit plus d'aisance et de naturel : or quand on est obligé, comme l'historien, de dire la vérité et de ne dire que la vérité, l'on doit éviter avec soin tout ce qui ressemble à l'artifice. Quintilien donne pour modèle à l'histoire la douceur du style de Xénophon, « si éloignée, dit-il, de toute affectation, et à laquelle aucune affectation ne pourra jamais atteindre. »

Il en est du style oratoire comme de la narration historique : la prose n'en doit être ni tout-à-fait dénuée de nombres, ni tout-à-fait nombreuse; mais dans les morceaux pathétiques ou de dignité, Cicéron veut qu'on emploie la période. « On sent bien, dit-il en parlant de ses péroraisons, que si je n'y ai pas attrapé le nombre, j'ai fait ce que j'ai pu pour en approcher. » Cependant il conseille à l'orateur d'éviter la gêne : elle éteindrait le feu de son action et la vivacité des sentiments qui doivent l'animer; elle ôterait au discours ce naturel précieux, cet air de candeur, qui gagne la confiance, et qui seul a droit de persuader.

Quant aux incises, il recommande qu'on les travaille avec soin. « Moins elles ont d'étendue et d'apparence, plus l'*harmonie* s'y doit faire sentir; c'est même dans ces occasions qu'elle a le plus de force et de charme. » Or il entend par *harmonie*, la mesure et le mouvement qui plaisent le plus à l'oreille.

On voit combien ces préceptes sont vagues; et il faut avouer qu'il est difficile de donner des règles au sentiment. Toutefois les principes de l'*harmonie* du style doivent être dans la nature; chaque pensée a son étendue, chaque image son caractère, chaque mouvement de l'ame son degré de force et de rapidité. Tantôt la pensée est comme un arbre touffu dont les branches s'entrelacent; elle demande le développement de la période; tantôt les traits de lumière dont l'esprit est frappé, sont comme autant d'éclairs qui se succèdent rapidement; l'incise en est l'image naturelle. Le style coupé convient encore mieux aux mouvements tumultueux de l'ame : c'est le langage du pathétique véhément et passionné; et quoique le style périodique ait plus d'impulsion à raison de sa masse, le style coupé ne laisse pas d'avoir quelquefois autant et plus de vîtesse; cela dépend des nombres qu'on y emploie.

Il est reconnu que dans toutes les langues le style coupé, le style périodique, sont au choix de l'écrivain, quant aux suspensions et aux repos; mais toutes les langues, et en particulier la nôtre, ont-elles des temps appréciables, des quantités relatives, des nombres enfin déterminés? *Voyez* Prosodie.

Il est du moins bien décidé qu'elles ont toutes des syllabes plus ou moins susceptibles de lenteur ou de vîtesse; et cette variété suffit à l'*harmonie* de la prose.

La gêne de notre syntaxe est effrayante pour qui ne connaît pas encore les souplesses et les ressources de la langue : l'inversion, qui donnait aux anciens l'heureuse liberté de placer les mots dans l'ordre le plus *harmonieux*, nous est presque absolument interdite. Mais cette difficulté même n'a pas rebuté les écrivains doués d'une oreille sensible; et ils ont su trouver, au besoin, des nombres analogues au sentiment, à la pensée, au mouvement de l'ame qu'ils voulaient exprimer.

Il serait peut-être impossible de rendre l'*harmonie* continue dans notre prose : les bons écrivains ne se sont attachés à peindre la pensée que dans les mots dont l'esprit et l'oreille devaient être vivement frappés. C'est aussi à quoi se bornait l'ambition des anciens; et l'on va voir quel effet produisent dans le style des nombres placés à propos.

Fléchier, dans l'oraison funèbre de M. de Turenne, termine ainsi la première période : « Pour louer la vie et pour déplorer la mort dū sāge ĕt váillānt Māchăbēĕ. » S'il eût dit, *du vaillant et sage Machabée*; s'il eût dit, *pour louer la vie du sage et vaillant Machabée, et pour déplorer sa mort;* la période n'avait plus cette majesté sombre qui en fait le caractère : la cause physique en est dans la succession de l'ïambe, de l'anapeste, et du dichorée, qui n'est plus la même dès que les mots sont transposés. On doit sentir en effet que de ces nombres les deux premiers se soutiennent, et que les deux derniers, en s'écoulant, semblent laisser tomber la période avec la négligence et l'abandon de la douleur. « Cet homme, ajoute l'orateur, cet homme que Dieu avait mis autour d'Israël, comme un mur d'airain, où se brisèrent tant de fois toutes les forces de l'Asie..., venait tous les ans, comme les moindres Israélites, réparer, avec ses mains triomphantes, les ruines du sanctuaire. » Il est aisé de voir avec quel soin l'analogie des nombres, relativement aux images, est observée dans tous ses repos : pour fonder un mur d'airain, il a choisi le grave spondée; et pour réparer les ruines du sanctuaire, quels nombres majestueux il a pris! Si vous voulez en mieux sentir l'effet, substituez à ces mots des synonymes qui n'aient pas la même cadence; supposez *victorieuses* à la place de *triomphantes*; *temple*, au lieu de *sanctuaire* : *Il venait tous les ans, comme les moindres Israélites, réparer avec ses mains victorieuses les ruines du temple* : vous ne retrouverez plus cette *harmonie* qui vous a frappé. « Ce vaillant homme repoussant enfin avec un courage invincible les ennemis qu'il avait réduits à une fuite honteuse, reçut le coup mortel, et demeura comme enseveli dans son triomphe. » Que ce soit par sentiment ou par choix que l'orateur a peint cette mort imprévue par deux ïambes et un spondée, rĕçūt lĕ coūp mōrtēl, et qu'il a opposé la rapidité de cette chûte, cōmme ēnsĕvĕlĭ, à la lenteur de cette image, dāns sōn trĭōmphĕ, où deux nasales sourdes retentissent lugubrement, il n'est pas possible d'y méconnaître l'analogie des nombres avec les idées. Elle n'est pas moins sensible dans la peinture suivante : « Au premier bruit de ce funeste accident, toutes les villes de la Judée furent émues, des ruisseaux de larmes coulèrent de tous les yeux des habitants; ils furent quelque temps saisis, muets, immobiles : un effort de douleur rompant enfin ce long et morne silence, d'une voix entrecoupée de sanglots, que formaient dans leurs cœurs la tristesse, la piété, la crainte, ils s'écrièrent : *Comment est mort cet homme puissant qui sauvait le peuple d'Israël ?* A ces cris, Jérusalem redoubla ses pleurs, les voûtes du temple s'ébranlèrent, le Jourdain se troubla, et tous ses rivages retentirent du son de ces lugubres paroles : *Comment est mort cet homme puissant*, etc. » Avec quel soin l'orateur a coupé, comme par des soupirs, ces mots, *saisis, muets, immobiles!* Comme les deux dactyles renversés expriment bien l'impétuosité de la douleur, et les deux spondées qui les suivent, l'effort qu'elle fait pour éclater! Comme la lenteur et la résonnance de sons rendent bien l'image de *ce long et morne silence!* Comme le dipyrrhiche et le dactyle, suivis d'un spondée, peignent vivement les pleurs de Jérusalem! Comme le mouvement renversé de l'ïambe et du chorée dans s'ëbrānlērĕnt, est analogue à l'action qu'il exprime! Combien plus frappante encore est l'*harmonie* imitative dans ces mots: *Le Jourdain se troubla, et ses rivages retentirent du son de ces lugubres paroles!*

Bossuet n'a pas donné une attention aussi sérieuse au choix des nombres : son *harmonie* est plutôt dans la coupe des périodes, brisées ou suspendues à propos, que dans la lenteur ou la rapidité des syllabes; mais ce qu'il n'a presque jamais négligé dans les peintures majestueuses, c'est de donner des appuis à la voix sur des syllabes sonores et sur des nombres imposants.

« Celui qui règne dans les cieux, de qui relèvent tous les empires, à qui seul appartient la gloire, la majesté, l'indépendance, etc. » Qu'il eût placé *l'indépendance* avant *la gloire et la majesté*, que devenait *l'harmonie?* « Il leur apprend, dit-il en parlant des rois, il leur apprend leurs devoirs d'une manière souveraine et digne de lui. » Qu'il eût dit seulement *d'une manière digne de lui*, ou *d'une manière absolue et digne de lui*, l'expression perdait sa gravité : c'est le son déployé sur la pénultième de *souveraine* qui en fait la pompe.

« Si elle eut de la joie de régner sur une grande nation, dit-il de la reine d'Angleterre, c'est parce qu'elle pouvait contenter le désir īmmēnse qui sans cesse la sollicitait à faire du bien. » Retranchez l'épithète *immense*, substituez-y celle *d'extréme*, ou telle autre qui n'aura pas cette nasale volumineuse, l'expression ne peindra plus rien.

Examinons du même orateur le tableau qui termine l'oraison funèbre du grand Condé. « Nobles rejetons de tant de rois, lumières de la France, mais aujourd'hui obscurcies et couvertes de votre douleur comme d'un nuage, venez voir le peu qui vous reste d'une si auguste naissance, de tant de grandeur, de tant de gloire. Jetez les yeux de toutes parts. Voilà tout ce qu'a pu faire la magnificence et la piété pour honorer un héros. Des titres, des inscriptions, vaines marques de ce qui n'est plus; des figures qui semblent pleurer autour d'un tombeau, et de fragiles images d'une douleur que le temps emporte avec tout le reste; des colonnes qui semblent vouloir porter jusqu'au ciel le magnifique témoignage de votre néant. » Quel exemple du style *harmonieux! Obscurcies et couvertes de votre douleur* n'aurait peint qu'à l'imagination; *comme d'un nuage* rend le tableau sensible à l'oreille. Bossuet pouvait dire, *les déplorables restes d'une si auguste naissance*; mais pour exprimer son idée il ne lui fallait pas de grands sons; il a préféré *le peu qui reste*, et a réservé la pompe de l'*harmonie* pour la *naissance, la grandeur, et la gloire*, qu'il a fait contraster avec ces faibles sons. La même opposition se fait sentir dans ces mots, *vaines marques de ce qui n'est plus*. Quoi de plus expressif à l'oreille que ces figures qui semblent pleurer āutōur d'ŭn tōmbeāu ! c'est la lenteur d'une pompe funèbre. Et qu'on ne dise pas que le hasard produit ces effets : on découvre par-tout, dans les bons écrivains, les traces du sentiment ou de la réflexion : si ce n'est point l'art, c'est le génie; car le génie est l'instinct des grands hommes. Il suffit de lire ces paroles de Fléchier dans la péroraison de Turenne : « Ce grand homme étendu sur ses propres trophées, ce corps pâle et sanglant auprès duquel fume encore la foudre qui l'a frappée; » il suffit de les lire à haute voix, pour sentir l'*harmonie* qui résulte de cette longue suite de syllabes tristement sonores, terminée tout-à-coup par ce dipyrrhiche, quĭ l'ă frăppĕ. Dans le même endroit, au lieu *de la religion et de la patrie* ēplŏrēĕ, que l'on dise, *de la religion et de la patrie en pleurs*, il n'y a plus aucune *harmonie*; et cette différence, si sensible pour l'oreille, dépend d'un dichorée sur lequel tombe la période : effet singulier de ce nombre, dont on peut voir l'influence dans presque tous les exemples que je viens de citer, et qui, dans notre langue, comme dans celle des Latins, conserve sur l'oreille le même empire qu'il exerçait du temps de Cicéron.

Je n'ai fait sentir que les effets d'une *harmonie* majestueuse et sombre, parce que j'en ai pris les modèles dans des discours où tout respire la douleur. Mais dans les moments tranquilles, dans la peinture des émotions de l'ame, dans les tableaux naïfs et touchants, l'éloquence française a mille exemples du pouvoir et du charme de l'*harmonie*. Lisez ces descriptions si douces que la plume de Fénélon a répandues dans le Télémaque; lisez les discours enchanteurs que le touchant Massillon adressait à un jeune roi : vous verrez combien la mélodie des paroles ajoute à l'éloquence de la vertu.

Le poëme épique exigerait tous les charmes de l'*harmonie*; mais par malheur nous avons peu de poëmes en prose que l'on puisse citer comme des modèles du style *harmonieux* : il semble que les traducteurs n'aient pas même eu la pensée de substituer à l'*harmonie* des poëtes anciens, les nombres et les mouvements dont notre langue était susceptible : cependant on en trouve plus d'un exemple dans la traduction du *Paradis perdu* et dans celle de *l'Iliade*; et quoi qu'en disent les partisans trop zélés de nos vers, lorsque dans *Homère* la terre est ébranlée d'un coup du trident de Neptune, l'effroi de Pluton qui *s'élance de son trône*, est mieux peint par ces mots de madame Dacier que par l'hémistiche de

Boileau, *Pluton sort de son trône*. Et lorsqu'elle dit des enfers : « Cet affreux séjour, *demeure éternelle des ténèbres et de la mort*, abhorré des hommes et craint même des dieux, » sa prose me semble, même du côté de *l'harmonie*, au-dessus des vers,

> Cet empire odieux
> Abhorré des mortels et craint même des dieux.

où l'on ne trouve rien de semblable à ces nombres, *demeure éternelle des ténèbres et de la mort.*

L'auteur du *Télémaque* excelle dans les situations paisibles : sa prose mélodieuse et tendre exprime le caractère de son ame, la douceur et l'égalité ; mais dans les moments où l'expression demanderait des mouvements brusques et rapides, son style n'y répond pas assez.

C'est sur-tout dans le récit que le poëte doit rechercher les nombres : ils ajoutent au coloris des peintures un degré de vérité qui les rend mobiles et vivantes. Par-là les plus petits objets deviennent intéressants : une paille, une feuille qui voltige dans un vers, nous étonne et nous charme l'oreille.

> *Sæpè levem paleam et frondes volitare caducas.*

Mais dans le style passionné, c'est à la coupe des périodes qu'il faut s'attacher ; c'est de là que dépend essentiellement l'imitation des mouvements de l'ame.

> *Me me, adsum qui feci : in me convertite ferrum,*
> *O Rutuli! mea fraus omnis : nihil iste nec ausus,*
> *Nec potuit.* (Virgile.)

L'impatience, la crainte de Nisus pouvait-elle être mieux exprimée? Quoi de plus vif, de plus pressant que cet ordre de Jupiter?

> *Vade, age, nate, voca zephyros, et labere pennis.*

Voyez au contraire dans le monologue d'Armide, l'effet des mouvements interrompus :

> Frappons.... Ciel! qui peut m'arrêter?
> Achevons.... Je frémis. Vengeons-nous.... Je soupire.
>
> Est-ce ainsi que je dois me venger aujourd'hui?
> Ma colère s'éteint quand j'approche de lui.
> Plus je le vois, plus ma vengeance est vaine.
> Mon bras tremblant se refuse à ma haine.
>
> Ah! quelle cruauté de lui ravir le jour!
> A ce jeune héros tout cède sur la terre.
> Qui croirait qu'il fût né seulement pour la guerre?
> Il semble être fait pour l'amour.

Dans tout ce que je viens de dire en faveur de notre langue, pour encourager les poëtes à y chercher la double *harmonie* des sons et des mouvements, je n'ai proposé que la simple analogie des nombres avec le caractère de la pensée. La ressemblance réelle et sensible des sons et des mouvements de la langue avec ceux de la nature, cette *harmonie* imitative qu'on appelle *onomatopée*, et dont nous voyons des exemples dans les anciens, n'est presque pas permise à nos poëtes. La raison en est, que dans la formation des langues grecque et latine l'oreille avait été consultée, au lieu que les langues modernes ont pris naissance dans des temps de barbarie où l'on parlait pour le besoin et nullement pour le plaisir. En général, plus les peuples ont eu l'oreille sensible et juste, plus le rapport des sons avec les choses a été observé dans l'invention des termes. La dureté de l'organe a produit les langues âpres et rudes; l'excessive délicatesse a produit les langues faibles, sans énergie, sans couleur. Or une langue qui n'a que des syllabes âpres et fermes, ou que des syllabes molles et liantes, a le défaut d'un monocorde. C'est de la variété des voyelles et des articulations que dépend la fécondité d'une belle *harmonie*. Dire d'une langue qu'elle est douce ou qu'elle est forte, c'est dire qu'elle n'a qu'un mode; une langue riche les a tous. Mais si les divers caractères de fermeté et de mollesse, de douceur et d'âpreté, de vitesse et de lenteur, y sont répandus au hasard, elle exige de l'écrivain une attention continuelle, et une adresse prodigieuse pour suppléer au peu d'intelligence et de soin qu'on a mis dans la formation de ses éléments; et ce qu'il en coûtait aux Démosthène et aux Platon, avec la plus belle des langues, doit nous consoler de ce qu'il nous en coûte.

Il n'est facile dans aucune langue de concilier l'*harmonie* avec les autres qualités du style; et si l'on veut imaginer une langue qui peigne naturellement, il faut la supposer, non pas formée successivement et au gré du peuple, mais composée ensemble et de concert par un métaphysicien comme Locke, un poëte comme Racine, et un grammairien comme du Marsais. Alors on voit éclore une langue à-la-fois philosophique et poétique, où l'analogie des termes avec les choses est sensible et constante, non-seulement dans les couleurs primitives, mais dans les nuances les plus délicates; de manière que les synonymes en sont gradués du rapide au lent, du fort au faible, du grave au léger, etc. Au système naturel et fécond de la génération des termes, depuis la racine jusqu'aux derniers rameaux, se joint une richesse prodigieuse de figures et de tours, une variété infinie dans les mouvements, dans les tons, dans le mélange des sons articulés et des quantités prosodiques, par conséquent une extrême facilité à tout exprimer, à tout peindre. Ce grand ouvrage une fois achevé, je suppose que les inventeurs donnassent pour essais quelques morceaux traduits d'Homère, d'Anacréon, de Virgile, de Tibulle, de Milton, de l'Arioste, de Corneille, de La Fontaine : d'abord ce seraient autant de griffes qu'on s'amuserait à expliquer à l'aide des livres élémentaires; peu à peu on se familiariserait avec la langue nouvelle, on en sentirait tout le prix : on aurait même, par la simplicité de sa méthode, une extrême facilité à l'apprendre ; et bientôt, pour la première fois, on goûterait le plaisir de parler un langage qui n'aurait eu ni le peuple pour inventeur, ni l'usage pour arbitre, et qui ne se ressentirait ni de l'ignorance de l'un ni des caprices de l'autre. Voilà un beau songe, me dira-t-on : je l'avoue ; mais ce songe m'a semblé propre à donner l'idée de ce que j'entends par l'*harmonie* d'une langue ; et tout l'art du style *harmonieux* consiste à rapprocher, autant qu'il est possible, de ce modèle imaginaire, la langue dans laquelle on écrit.

HIATUS. L'*hiatus* est quelquefois doux et quelquefois dur à l'oreille : les Latins, du temps de Cicéron, l'évitaient, même dans le langage familier : les Grecs n'avaient pas tous le même scrupule ; on blâmait Théophraste de l'avoir porté à l'excès. « Si Isocrate, son maître, lui en a donné l'exemple, dit Cicéron, Thucydide n'a pas fait de même ; et Platon, écrivain encore plus illustre, a négligé cette délicatesse » (lui dont l'élocution, dit Quintilien, *est d'une beauté divine et comparable à celle d'Homère*). Cependant ce concours de voyelles que Platon s'était permis, non-seulement dans ses écrits philosophiques, mais dans une harangue de la plus sublime beauté, Démosthène l'évitait avec soin : c'était donc une question indécise parmi les anciens, si l'on devait se permettre ou s'interdire l'*hiatus*.

Pour nous, à qui leur manière de prononcer est inconnue, prenons l'oreille pour arbitre.

J'ai dit que l'*hiatus* est quelquefois doux, quelquefois dur; et l'on va s'en apercevoir. Les accents de la voix peuvent être tour-à-tour détachés ou coulés comme ceux de la flûte, et l'articulation est à l'organe ce que le coup de langue est à l'instrument : or la modulation du style, comme celle du chant, exige tantôt des sons coulés, et tantôt des sons détachés, selon le caractère du sentiment ou de l'image que l'on veut peindre; donc, si la comparaison est juste, non-seulement l'*hiatus* est quelquefois permis, mais il est souvent agréable; c'est au sentiment à le choisir, c'est à l'oreille à marquer sa place. Nous sommes déja sûrs qu'elle se plaît à la succession immédiate de certaines voyelles : rien n'est plus doux pour elle que ces mots, *Danaé, Laïs, Dea, Leo, Ilia, Thoas, Leucothoé, Phaon, Léandre, Actéon*, etc. Le même *hiatus* sera donc mélodieux dans la liaison des mots : car il est égal pour l'oreille que les voyelles se succèdent dans un seul mot, ou d'un mot à un autre. Il y avait peut-être chez les anciens une espèce de bâillement dans l'*hiatus*; mais s'il y en a chez nous, il est insensible, et la succession de deux voyelles ne me semble pas moins continue et facile dans *il y-a, il a-été-à*, que dans *Ilia, Danaé, Méléagre*.

Nous éprouvons cependant qu'il y a des voyelles dont l'assemblage déplaît : *a-u, o-i, a-an, a-en, o-*

un, sont de ce nombre; et l'on en trouve la cause physique dans le jeu même de l'organe. Mais deux voyelles dont les sons se modifient par des mouvements que l'organe exécute facilement, comme dans *Ilia, Clio, Danaé*, non-seulement se succèdent sans dureté, mais avec beaucoup de douceur.

L'*hiatus* d'une voyelle avec elle-même est toujours dur à l'oreille : il vaudrait mieux se donner, même en prose, la licence que Racine a prise, quand il a dit, *j'écrivis en Argos*, que de dire, *j'écrivis à Argos*. C'est encore pis quand l'*hiatus* est redoublé, comme dans *il alla à Athènes*.

On voit par-là qu'on ne doit ni éviter ni employer indifféremment l'*hiatus* dans la prose. Il était permis anciennement dans les vers; on l'en a banni, par une règle à mon gré trop générale et trop sévère. La Fontaine n'en a tenu compte et je crois qu'il a eu raison.

Du reste, parmi les poëtes qui observent cette règle en apparence, il n'y en a pas un qui ne la viole en effet, toutes les fois que l'*é* muet final se trouve entre deux voyelles; car cet *e* muet s'élide, et les sons des deux voyelles se succèdent immédiatement.

> Hector tomba sous lui, Troi' expira sous vous....
> Allez donc, et portez cette joi' à mon frère. (Rac.)

Il y a peu d'*hiatus* aussi rudes que celui de ces deux vers : la règle qui permet cette élision et qui défend l'*hiatus*, est donc une règle capricieuse, et aussi peu d'accord avec elle-même, qu'avec l'oreille, qu'elle prive d'une infinité de douces liaisons.

HISTOIRE. Cicéron l'a définie : *Le témoin des temps, la lumière de la vérité, la vie de la mémoire, l'école de la vie, la méssagère de l'antiquité* (1). Ce n'est là que le développement de l'idée que nous avons tous, au moins confusément, de ce grand moyen de lier par le souvenir les générations et les âges. Mais combien cette idée ne devient-elle pas plus sensible à tous les esprits, et de quelle reconnaissance n'est-on pas ému pour les services que les lettres rendent au genre humain, lorsqu'on jette les yeux sur le tableau de son existence?

On voit d'abord le monde entier couvert de ténèbres impénétrables, et les nations répandues sur la surface de la terre, non-seulement inconnues l'une à l'autre, mais inconnues à elles-mêmes, passer sans laisser de vestiges, et se précipiter successivement, d'âge en âge, dans cette immense abyme de l'oubli.

Vient le temps où l'Égypte, la Phénicie, la Chaldée, inventent l'art de conserver de leur exis-

---

(1) *Historia testis temporum, lux veritatis, vita memoriæ, magistra vitæ, nuncia vetustatis.* **De Or. l. 2.**

tence passée quelques traces de souvenir. Le petit peuple de la Palestine possède aussi, dans les livres saints, les titres de son origine et le récit de ses aventures. Mais ces premières lueurs de l'*histoire* n'éclairent çà-et-là que quelques points isolés de l'espace. Ce n'est que cinq ou six cents ans après Moïse et Josué, que, dans les poëmes d'Homère, l'*histoire* commence à répandre quelque clarté faible et douteuse, sur la Grèce, sur la Phrygie, et sur les côtes de l'Orient; et cinq siècles s'écouleront encore, avant que dans la Grèce même elle brille avec plus d'éclat.

C'est là qu'elle paraît enfin comme un astre dont les rayons s'étendent sur des régions éloignées. C'est par les Grecs que l'Égypte est connue; et en même temps que leurs armées pénètrent dans l'Asie, l'*histoire*, qui les accompagne, révèle au monde le secret de l'existence des empires, qui, du Nil au fond de l'Euxin, se sont succédé l'un à l'autre, sans que ni leur splendeur, ni le bruit de leur chûte ait encore averti l'Europe de ces grandes révolutions. Mais tandis que les entreprises de Xercès, la campagne de Xénophon, les guerres d'Alexandre, font connaître la Perse et l'Inde, le vaste continent du Nord reste couvert d'une profonde nuit; et les Bretons, les Germains, les Gaulois, ne savent du passé que ce qui leur en est transmis dans les chansons de leurs poëtes. *Carminibus antiquis*, dit Tacite, *quod unum apud illos memoriæ et annalium genus est*. De Morib. Germ.

Les lettres passent en Italie. Les conquérants du monde apprennent à dépeindre les usages, les mœurs, la discipline, le génie des nations; et non-seulement l'Italie, le siége de leur domination, devient illustre dans leurs annales, mais tout ce qui leur est soumis a du moins le triste avantage de participer à leur célébrité. Ils ravagent et ils décrivent; et à mesure que les Scipions renversent Numance et Carthage, que Marius bat les Numides, que Lucullus et Pompée étendent les conquêtes des Romains en Asie, que César subjugue les Gaules, que les armées d'Auguste réduisent le Dace et le Parthe, et soumettent la Germanie, que celles de Titus, sous la conduite d'Agricola, vont forcer les Bretons dans leurs derniers asyles; l'*histoire*, qui semble marcher à la suite des armées, éclaire les champs de bataille, et, parmi les ravages et les débris, observe les mœurs des nations vaincues, et ramasse les monuments qui attestent leur antiquité.

Lorsqu'à son tour Rome succombe et qu'elle est la proie des barbares, l'*histoire* éprouve une longue éclipse; et les ténèbres de l'ignorance, où tout le globe est replongé, semblent avoir éteint tous les rayons de sa lumière. Mais à la renaissance des lettres, on retrouve sous les ruines du Bas-Empire les étincelles du feu sacré : les Grecs ont conservé le souvenir des révolutions dont l'Orient a été le théâtre; et en même temps tous les peuples du couchant et du nord, moins abrutis et plus curieux de savoir ce qu'ils ont été, commencent à se demander à eux-mêmes quelle a été leur origine, par quelles fortunes diverses leurs aïeux ont passé; et à chercher, dans les archives de leurs pactes et de leurs lois, les traces de leur existence.

Dès-lors on voit le flambeau de l'*histoire* éclairer tout notre hémisphère et bientôt porter sa lumière sur un hémisphère inconnu. La Chine et l'Inde transmettent à l'Europe les preuves de cette antiquité attestée dans leurs annales, et qui se perd dans la nuit des temps.

Ainsi, la guerre et le commerce, les conquêtes et les voyages, l'ambition et l'avarice, ont successivement étendu sur le globe les découvertes de l'*histoire*; et l'on peut dire que c'est en traits de sang qu'elle a tracé sa mappemonde. Mais oublions ce qu'il en a coûté, et ne songeons qu'à rendre utile et salutaire aux hommes cette expérience héréditaire que le présent dépose et lègue aux siècles à venir.

Dans tous les arts, la première règle est d'en bien connaître l'objet : car si l'intention de l'artiste est une fois bien décidée, et dirigée droit à son but, elle sera son guide dans le choix des moyens et dans l'usage qu'il en doit faire. L'objet immédiat de la poésie est de séduire; celui de l'éloquence est de persuader; celui de la philosophie est de chercher la vérité dans la nature et l'essence des choses; celui de l'*histoire* est de la démêler dans les faits dignes de mémoire, et d'en perpétuer le souvenir en ce qu'il a d'intéressant.

De tous les attributs, le plus essentiel à l'*histoire*, c'est donc la vérité, et la vérité intéressante. Mais la vérité suppose l'instruction, le discernement, la sincérité, l'équité. Or l'instruction est incertaine, le discernement difficile, la sincérité rare; et ce désintéressement absolu, cette liberté de l'esprit et de l'ame, cette pleine impartialité qui caractérise un témoin fidèle, ne se trouve presque jamais. Aussi voit-on l'*histoire* altérer si souvent et si diversement la vérité de ses récits, qu'on est tenté de la définir comme on a défini la Renommée,

> La messagère indifférente
> Des vérités et des erreurs.

Des temps reculés et obscurs, elle aura peu de chose à dire, si elle veut être digne de foi; mais sa ressource est le silence. Des temps moins éloignés et plus connus, du présent même, elle a souvent bien de la peine à découvrir, soit dans les faits, soit dans les hommes, la vérité qui l'intéresse; mais sa sauve-garde est le doute. Il est toujours si décent de paraître ignorer ce qu'on ne sait pas!

A l'égard du discernement, il serait injuste d'imputer à l'*histoire* les erreurs où elle est induite par l'imposante gravité des témoignages et des indices : l'on sait bien que le plus souvent, soit dans l'intérieur des conseils, soit dans le tumulte des armes, soit dans le labyrinthe des intrigues de cour, soit au fond de l'ame des hommes, en observant même avec soin les ressorts des événements, elle ne peut guère acquérir une certitude infaillible : si dans le calcul des probabilités, dans l'examen des vraisemblances, elle a choisi du moins le plus croyable des possibles, elle a fait tout ce qu'on peut attendre de la prudence humaine en faveur de la vérité.

Mais il est des erreurs qu'aucune apparence de vérité n'excuse, et que *l'histoire* ne laisse pas de recueillir et de perpétuer. Tite-Live pouvait avoir à respecter l'opinion publique sur les augures et les présages, et sur quelques vieux contes qu'elle avait consacrés, comme le bouclier tombé du Ciel, l'aventure de Corvinus, le rasoir de Tarquin, la ceinture de la Vestale; Tacite avait aussi quelque raison de ne pas décrier les miracles de Vespasien et les oracles de Sérapis; mais qui l'obligeait, sous Nerva, de croire au devin de Tibère, et aux leçons qu'il en avait reçues dans l'art de prévoir l'avenir ? Qui obligeait Plutarque, sous Trajan, de croire aux songes de Sylla et à l'horoscope de Pyrrhus? qui l'obligeait de croire que les têtes des bœufs que Pyrrhus venait d'immoler, après avoir été coupées, avaient tiré la langue et avaient léché leur propre sang ?

qui l'obligeait de croire que des corbeaux étaient tombés des nues, par la commotion de l'air, aux acclamations de la Grèce assemblée, dans le moment que Flaminius lui annonça la liberté? qui l'obligeait de croire au courage surnaturel de cet enfant de Sparte qui s'était laissé ronger le ventre par un petit renard, sans le lâcher, ni jeter un seul cri? etc., etc.

Nos bons *historiens* modernes ont eu moins de respect pour la chronique merveilleuse; et cela vient de ce que les forces de la nature et leurs limites sont mieux connues : cela vient aussi de ce que l'*histoire*, chez les anciens, était en même temps religieuse et politique; au lieu que parmi nous, lors même que des fanatiques ou des fourbes ont prétendu associer les choses saintes et les profanes, impliquer Dieu dans leurs querelles, l'attacher à leurs factions, s'en faire un allié, l'engager dans leurs guerres et chacun sous ses étendards, en un mot, le rendre complice de leurs passions et de leurs crimes, une saine philosophie est parvenue à démêler les intérêts du Ciel d'avec ceux de la terre; et l'*histoire* a, pour ainsi dire, justifié la Providence, en réduisant les hommes à n'accuser qu'eux-mêmes des maux qu'ils se sont faits entre eux.

Quant à la vanité des origines fabuleuses, l'*histoire* moderne s'en est guérie; et c'est encore un de ses avantages. Les Italiens n'ont pas eu besoin de se donner des aïeux chimériques pour en avoir d'illustres; les autres peuples s'en sont passés. Il a suffi aux Espagnols et aux Anglais de savoir qu'autrefois la courageuse résistance des Ibères et des Bretons a long-temps fatigué les armées romaines; les Germains se sont contentés des titres d'honneur et de gloire que leur a conservés *Tacite;* les Français n'ont point appelé du témoignage de César : tous ont mis en oubli le merveilleux absurde dont se repaissaient leurs ancêtres; tous ont reconnu qu'ils avaient pris naissance dans le sein de la barbarie, qu'ils n'avaient été qu'un mélange de brigands étrangers et d'indigènes asservis; et tous sont convenus que jusqu'au temps où la discipline les a rendus réciproquement redoutables, jusqu'au temps où la politique a combiné et divisé leurs forces pour les égaliser et pour les contenir, leurs plus grandes révolutions ont toutes eu la même cause : savoir, que, dans les climats les plus rudes, la nature ayant commencé par endurcir les hommes à la fatigue et au danger, par les rendre robustes, patients, courageux; elle leur a fait sentir, après, l'avantage d'un ciel plus doux et d'une terre plus fertile, et les y a poussés en foule et par torrents. Ainsi le nord a toujours pesé et débordé sur le midi; ainsi les Danois, les Saxons, les Normands, les Cimbres, les Goths, les Lombards, les Vandales, ont inondé l'Europe; ainsi les Scythes ont inondé l'Asie; ainsi les Tartares ont inondé la Chine. Tout s'est réduit de même, dans les temps éloignés, au mécanisme naturel des causes morales et physiques ; et il n'y a plus eu de miracles que ceux du génie et de la vertu.

Il est bien vrai que cette partie reculée de notre *histoire* est d'une sécheresse extrême, en comparaison de l'*histoire* fabuleuse des anciens temps ; mais ce n'est ni pour les enfants, ni pour le peuple qu'elle est écrite ; et du moins ce qui nous en reste, on peut le croire sans rougir.

Mais il est pour l'*histoire* un autre genre de superstition, nationale ou personnelle, dont elle n'a jamais assez écarté les illusions. Un *historien*, pour être impartial et juste, devrait n'être, comme on l'a dit, d'aucun pays, d'aucun système politique, d'aucun parti religieux. Celui qui se passionne, ou pour les intérêts de sa secte ou de sa patrie, ou pour la faction qu'il embrasse, ou pour le caractère du personnage qu'il met en scène ; celui qui se laisse éblouir par des talents, par des exploits ou par des qualités brillantes ; celui dont l'admiration se range du côté de la bonne fortune et pardonne tout au succès ; celui qui dans le faible ne voit que le jouet du fort, et qui dans les événements oublie le juste et l'honnête, pour tout accorder à l'utile ; celui enfin qui n'a pas droit d'écrire, comme *Tacite* à la tête de ses annales, *sine irâ et studio*, n'est pas digne de la confiance de la postérité ; et il en est peu d'assez libres de toute espèce de préventions ou d'affections personnelles, pour se rendre ce témoignage. La politique a ses préjugés, l'esprit de parti son délire; les intérêts de l'ambition, de l'orgueil, de la fausse gloire, la passion de dominer et d'envahir, enfin le zèle du bien public, l'amour de la cité, l'esprit de corps, ont aussi leurs préjugés superstitieux et leurs maximes fanatiques, dont l'*historien* doit être dégagé pour être impartial et juste. Et qui l'est parmi les modernes? Qui le fut parmi les anciens?

Par-tout l'*histoire* s'est pliée aux mœurs et à l'esprit du temps. Un peuple a-t-il voulu primer dans son pays comme les Athéniens; se rendre uniquement guerrier comme les Spartiates, conquérant comme les Romains, maître de la mer et du commerce comme les Carthaginois; l'*histoire* a trouvé juste et grand tout ce qu'il a fait pour atteindre au but de son ambition. Le système de son gouvernement, ses lois, sa politique, sa morale même, tout a été soumis à la raison d'état. Les crimes nécessaires ou seulement utiles à sa grandeur, à sa puissance, se sont érigés en vertus. L'*histoire*, ainsi que les nations déprédatrices et conquérantes, semble avoir pris pour règle d'équité le mot de Brennus: *Væ victis*.

A l'égard des modernes, je veux bien m'interdire toute espèce d'application; mais à parler librement des anciens, voyez, dans l'*histoire romaine*, si jamais le droit de conquête et de rapine est mis en doute; si aux dévastateurs du monde on a reproché d'autre crime que le péculat, c'est-à-dire le brigandage personnel; et s'il y a rien de plus honorable que le pillage militaire et que les dépouilles des nations portées en triomphe au Capitole, et entassées dans ce gouffre qu'on appelait le trésor de Saturne, pour exprimer sans doute qu'il dévorait tout comme le temps. Voyez, lorsqu'il s'agit des dissensions du sénat et du peuple, voyez, dis-je, de quel côté se rangera l'*historien*. Il avouera les torts des grands, le despotisme et l'arrogance du sénat, ses usures, ses injustices, son avarice insatiable, son luxe, et son faste insolent, l'état de misère et d'oppression où il tenait le peuple, la mauvaise foi des promesses qu'il lui faisait pour le calmer, sa haine et ses ressentiments contre ceux qui le protégeaient; mais il en reviendra toujours à louer, dans ce sénat même, sa constance, sa dignité, sa fermeté inébranlable à maintenir ce qu'il appellera sa grandeur et sa majesté. Les vrais Romains seront pour lui ceux des patriciens qui auront eu le plus éminemment l'esprit du corps, le despotisme aristocratique; et vous le surprendrez sans cesse à regarder comme les défenseurs, les vengeurs de la liberté, et les pères de la patrie, ceux qui en étaient les tyrans.

Dans l'*histoire grecque* on ne trouve pas la même déférence pour l'aristocratie; mais dans les guerres intestines que la misérable vanité de la préséance alluma entre ces républiques, on voit l'*historien* tout occupé de leur conduite militaire, de leurs conférences politiques, de l'éloquence de leurs députés, de l'habileté de leurs capitaines, de leurs combats, de leurs succès divers, oublier la futilité du point d'honneur qui les divise, et y attacher la même importance qu'au péril dont la Grèce a été menacée à l'invasion de Xerxès ; sans même trouver insensée une guerre de vingt-huit ans, qui, pour de folles jalousies entre deux villes ambitieuses, vient d'épuiser de sang toutes les veines de la Grèce, et va la livrer à demi-vaincue au tyran de la Macédoine, à ce Philippe qui, mieux qu'homme du monde, savait diviser pour réduire et corrompre pour asservir.

Dès qu'un écrivain s'est frappé d'admiration pour un peuple ou pour un personnage illustre, il n'est rien qu'il ne lui accorde. L'enthousiaste d'Alexandre, Quinte-Curce, ne veut-il pas faire admirer jusqu'à sa continence au milieu de cent femmes qu'il menait avec lui?

Rien de plus conséquent que les lois de Lycurgue, relativement au projet de maintenir son peuple libre. Mais tout ce qui est injuste et louable dans son objet, l'est-il dans ses moyens? Et que n'a pas loué l'*histoire* dans les lois de Lycurgue. Plutarque ne vante-t-il pas la pudeur des filles de Sparte, qui dansaient nues devant les hommes? ne dit-il pas même que Sparte était le trône de la pudeur? n'y trouve-t-il pas l'adultère merveilleusement établi, pour se donner de beaux enfants? Et n'ajoute-t-il pas qu'il était impossible qu'à Sparte il y eût des adultères? blâme-t-il l'usage inhumain de jeter dans les fondrières les enfants délicats et faibles? n'excuse et n'approuve-t-il pas ce qu'il y a de plus infâme dans les mœurs, en nous disant que, *dans leurs amours, les rivaux ne pensaient qu'à chercher, en commun, les moyens de rendre la personne aimée plus vertueuse et plus aimable?* Et s'il a condamné la perfidie des Spartiates dans le massacres des Ilotes, a-t-il eu le moindre scrupule sur le dur esclavage où ils étaient réduits? En un mot, tout ce que Lycurgue avait institué pour dénaturer l'homme, ne lui semble-t-il pas le chef-d'œuvre de la sagesse?

Combien de fois n'a-t-on pas répété qu'Alexandre, en portant la guerre dans l'Asie, n'avait fait que venger la Grèce et que la mettre en sûreté? On a pu le dire à l'égard de la Perse; mais l'Inde, qu'avait-t-elle fait à la Grèce? mais les Scythes, qu'avaient-ils fait à Alexandre, quel droit ou quel besoin avait-il de les attaquer? prétendait-il régner du Nil au Tanaïs, du Tanaïs au Gange? Et n'est-ce pas du moins une ambition insensée, comme une bonne femme le disait à Philippe, que l'ambition d'envahir ce que l'on ne peut gouverner? L'*histoire* reproche à Alexandre le meurtre de son favori; mais lui reproche-t-elle d'avoir versé le sang de tant de nations paisibles qu'il fit égorger à plaisir, pour se faire louer des sophistes d'Athènes, et faire dire à Lacédémone, *Puisque Alexandre veut être Dieu, qu'il soit Dieu ?*

Cependant l'on conçoit comment, dans un homme extraordinaire, le génie des grandes choses, l'audace, la valeur, la constance dans les travaux, en un mot, cette force d'ame qui justifie en quelque sorte l'ambition de dominer, ont pu en imposer à des *historiens* susceptibles d'enthousiasme; et dans Quinte-Curce on pardonne à l'illusion qu'il s'est faite sur son héros : comme elle était sans intérêt, elle est exempte du soupçon de bassesse; il a manqué de philosophie, et non pas de sincérité. Mais qui condamnait Velléius Paterculus à la plus lâche prostitution où puisse être réduit le plus vil des esclaves? C'est lui qui nous a dit, *semper magnæ fortunæ comes est adulatio*; et il semble avoir voulu le prouver par son exemple, en rampant aux pieds de Tibère. Encore Tibère, ce monstrueux Protée, par la diversité de ses mœurs et de sa conduite, et par le mélange imposant de quelques grandes qualités parmi des vices détestables, donnait-il prise à la flatterie; mais quel prétexte peut-elle avoir lorsqu'elle veut trouver de l'héroïsme dans un orgueil sans courage, et dans une arrogance oisive et molle qui ne fait qu'ordonner le crime et le malheur? Jamais un despote indolent, qui du sein de ses voluptés envoie à ses voisins l'effroi, la désolation, le ravage, devrait-il entendre l'*histoire* dire de lui qu'il a dompté des nations, remporté des victoires? La valeur de ses troupes, l'habileté de ses généraux, quelques milliers d'hommes de plus, qui, du côté de l'ennemi, ont péri dans une campagne, quelques champs dévastés et inondés de sang, dont il est resté possesseur jusqu'au premier revers : voilà les titres de sa gloire; et des guerres injustes, qui ont ruiné ses peuples, lui ont obtenu la même place que si, au péril de sa vie et au mépris de son repos, il avait pris et porté les armes pour le salut de son pays.

Ainsi, sans se croire coupable d'adulation, et seulement séduite et entraînée par l'opinion dominante et par l'ivresse populaire, l'*histoire* n'a presque jamais apprécié ni les faits ni les hommes à leur juste valeur.

Il y a cependant quelque chose de plus vil et de plus lâche que l'adulation dans un écrivain : c'est la calomnie; et les *historiens* animés de l'esprit de parti n'en ont été presque jamais exempts. Soit passion, soit complaisance, loin de se faire un scrupule, une honte de noircir ou la secte ou la faction contraire, ils semblent s'en faire un devoir. Louis XIV avait pu mériter l'aversion des protestants; mais les *historiens* protestants se sont déshonorés en outrageant Louis XIV. Je m'étonne comment des nations généreuses ont applaudi à la bassesse des écrivains qui, pour leur plaire, se sont faits calomniateurs. On pardonne l'injure aux malheureux en qui l'oppression et la souffrance ont exalté les haines et les ressentiments; mais que les oppresseurs eux-mêmes calomnient les opprimés, que le despotisme, indigné d'une résistance légitime, s'en venge en outrageant ceux qu'il n'aura pu asservir; c'est un genre d'indignité que les anciens ne connaissaient pas. Le fanatisme national en est l'excuse dans la populace; rien ne peut l'excuser dans un *historien*. La situation de son ame est le calme et la liberté.

Celui-là seul est donc impartial, dont on ne peut deviner, en lisant, quels étaient son pays, sa religion, son état; s'il était Grec, ou Romain, ou Samnite, Français, Anglais, ou Américain; s'il était de l'ordre des sénateurs, ou du collége des pontifes, ou de la classe des plébéiens; s'il tenait pour l'oligarchie, ou pour le gouvernement populaire; celui enfin qui, ne laissant voir l'esprit et l'intérêt d'aucun corps ni d'aucune secte, paraît n'avoir d'autre parti que le parti de la vérité.

Mais si on exige de *l'histoire* un désintéressement absolu, une impartialité constante, de quel sentiment sera-t-elle animée? Demanderais-je à l'écrivain une tranquille et froide indifférence entre le crime et la vertu, une insensibilité stupide pour des actions ou des événements qui décident du sort des peuples? Non, certes; et un *historien* apathique me semble un homme dénaturé; mais l'intérêt dont il doit être ému n'est ni celui de la vanité d'un sénat ou d'un souverain, ni celui des prospérités et de la grandeur d'un empire, ni exclusivement celui de sa patrie; mais celui de l'humanité, de l'innocence, de la faiblesse, de la vertu dans le malheur, de ses semblables, quels qu'ils soient et quelque pays qu'ils habitent, lorsqu'ils souffrent des maux qu'ils n'ont point mérités. Ce n'est pas que je voulusse voir dans l'*historien* les émotions, les passions de l'orateur ou du poëte; tout, dans ses sentiments comme dans son langage, doit être grave et modéré; mais il est une manière d'être affecté qui convient à son caractère, et qui elle-même en constitue la décence et la dignité. Tout lecteur qui n'a point perdu le sentiment de la droiture et de l'équité naturelle ne peut souffrir qu'un *historien* décrive froidement des proscriptions et des massacres; encore moins peut-il le voir, sans indignation, abjurer le nom d'homme pour n'être plus que ce qu'on appelle patriote ou républicain. Il n'est rien qu'on ne doive à son pays, excepté son aveu pour des actions injustes; et s'il est honteux d'y donner son consentement, à plus forte raison l'est-il d'y prostituer des éloges. Le crime national, comme le crime personnel, doit être crime sous la plume comme sous les yeux de l'homme de bien. S'il manque de courage, il peut ne pas écrire; mais s'il écrit, aucun devoir ne peut le forcer à trahir la vérité, la nature et son ame; et ce qui constitue l'intégrité, la sincérité et la dignité de l'*histoire*, contribue aussi naturellement à rendre intéressante la vérité qu'elle transmet.

On peut distinguer, dans l'*histoire*, un intérêt d'instruction et un intérêt d'affection. Quant à l'instruction, il n'est pas difficile, soit dans les faits, soit dans les hommes, de discerner ce que l'*histoire* doit prendre soin de recueillir; il suffit de se demander quels sont, parmi les événements et les exemples du passé, ceux qui peuvent être pour l'avenir des avis salutaires ou de sages leçons.

Ce qui, d'un siècle à l'autre, peut instruire les hommes, ce sont d'abord les diversités de l'espèce humaine elle-même, si bizarrement variée et dans son naturel et dans les accidents qui l'ont modifiée : les premières aggrégations; la condition primitive; les manières de vivre, les moyens d'exister; le mélange des colonies avec les peuples aborigènes; l'organisation de la société; les différences de génie et de caractère des peuples; les vices et les avantages des constitutions et des formes que la société s'est données, ses mœurs, ses coutumes, ses lois, les progrès de son industrie et de sa civilisation, les sources plus ou moins fécondes de sa force et de sa richesse; ce qui a le plus contribué à son accroissement et à sa décadence; les causes des événements qui ont marqué sa durée et des changements qu'elle a subis; sur-tout le caractère, le génie, les talents, les vertus, les vices des hommes qui ont le plus agi et pesé sur ses destinées : tels seront, au premier coup-d'œil, les objets d'une curiosité sérieuse, digne de la postérité.

Les points principaux sur lesquels semble, dans tous les temps, avoir roulé le monde, sont la religion et la politique : ses premiers mobiles furent le besoin, l'inquiétude du malaise, et l'espérance d'un meilleur sort ; les fruits de sa civilisation ont été l'agriculture, le commerce, la police, la discipline, les mœurs, les lois, les arts, l'abondance, et la sûreté; les semences de ses discordes, l'ambition, l'avarice, et l'envie ; ses fléaux, la guerre et le luxe, la superstition et le fanatisme, les dissensions domestiques, les jalousies nationales, les rivalités personnelles, les intérêts et l'ascendant de quelques hommes extraordinaires, et la docilité stupide, l'ardeur aveugle de la multitude à servir les passions ou d'un seul, ou d'un petit nombre. C'est donc là bien évidemment ce que le présent et l'avenir ont intérêt de savoir du passé, pour en tirer les fruits d'une expérience anticipée, et se rendre, s'il est possible, meilleurs, plus sages et plus heureux.

Réduite à ces points principaux, l'*histoire* serait dégagée d'une multitude de détails oiseux, stériles et frivoles, que la vanité seule, ou d'une ville, ou d'une province, ou d'un corps, ou d'une famille, rend importants pour elle, et qui pour le reste du monde ne sont dignes que de l'oubli.

Mais il est dans les causes des événements mémorables, un intérêt d'affection qui est comme l'ame de l'*histoire*, et qui rapproche et réunit tous les lieux, tous les temps, tous les peuples du monde, parce qu'il les met en société de périls et de craintes, et que dans le passé il leur fait voir l'image du présent et de l'avenir. *Posteri, posteri, vestra res agitur*, est la devise de l'*histoire*; c'est par ces relations et par ces ressemblances qu'elle nous rend, comme on l'a dit,

> Contemporains de tous les âges,
> Et citoyens de tous les lieux.

Or si cet intérêt tient essentiellement à la nature et des faits et des hommes, il tient aussi à la manière dont les hommes sont peints et dont les faits sont racontés. Le même événement, retracé par deux écrivains également instruits, mais inégalement doués de sensibilité, de chaleur, d'éloquence, sera stérile et froid sous la plume de l'un, fécond et pathétique sous la plume de l'autre; et c'est ici que se fait sentir la différence que j'ai déja marquée entre un témoin comme Suétone et un témoin comme Tacite. L'*historien*, je le répète, n'est ni poëte ni orateur; son style ne sera donc ni aussi coloré, ni aussi véhément que le style oratoire et que le style poétique ; ce n'est ni l'imagination ni la passion qui le doit dominer, c'est la vérité simple ; mais la vérité simple a sa couleur, comme elle a sa lumière, et sa lumière n'est dénuée ni de force ni de chaleur. L'*historien* est un témoin fidèle, grave, ingénu, mais sensible ; et son style n'en est que plus sincère, lorsqu'il porte l'impression que les objets ont dû laisser dans son esprit et dans son ame. Or ces impressions se font sentir, ou à chaque trait, comme dans Tacite, ou seulement par des traits échappés, comme dans cet exemple cité par Montesquieu à la louange de Suétone. Suétone, après avoir froidement décrit les atrocités de Néron, change de ton tout-à-coup, et dit : « L'univers entier ayant souffert ce monstre pendant quatorze ans, enfin l'abandonna. » *Tale monstrum per quatuordecim annos perpessus terrarum orbis, tandem deseruit.* Ce changement de style, cette découverte soudaine de la manière de penser de l'écrivain, cette façon de rendre en aussi peu de mots une si grande révolution, excite sans doute dans l'ame, comme l'observe Montesquieu, l'émotion de la surprise.

Mais quelque frappants que soient de pareils traits répandus dans l'*histoire*, ce contraste d'une froideur continue avec un mouvement de sensibilité soudain, rapide et passager, ne paraîtrait pas assez naturel, s'il était trop fréquent ; et s'il était rare, il ferait peu d'honneur au caractère de l'écrivain qui, de sang-froid, pourrait décrire un long tissu d'atrocités, sans aucun signe d'émotion. J'aime donc mieux la manière ingénue et simple de Tacite, qui, à chaque trait de burin, nous fait sentir ce qu'il a éprouvé lui-même, comme lorsqu'il décrit les commencements insensibles de la domination d'Auguste. *Posito Triumviri nomine, consulem se ferens, et ad tuendam plebem tribunitio jure contentum; ubi militem donis, populum annonâ, cunctos dulcedine otii pellexit, insurgere paulatìm, munia senatûs, magistratuum, legum, in se trahere, nullo adversante: quum ferocissimi per acies aut proscriptione cecidissent, ceteri nobilium, quantò quis servitio promptior, opibus et honoribus extollerentur, ac novis ex rebus aucti, tuta et præsentia, quàm vetera et periculosa mallent. Neque provinciæ illum rerum statum abnuebant, suspecto senatûs populique imperio, ob certamina potentium, et avaritiam magistratuum, invalido legum auxilio, quæ vi, ambitu, postremò pecuniâ turbabantur* (1). Dans ce peu de mots, le

---

(1) « Auguste ayant déposé le nom de triumvir, et n'affectant que celui de consul, parut d'abord se contenter de l'autorité de tribun, afin de protéger le peuple; mais dès qu'il eut gagné les soldats par des dons, la multitude par l'abondance, tous par l'attrait d'un doux repos, on le vit s'élever insensiblement, en attirant à lui le pouvoir du sénat, des magistrats, et des lois, sans que personne y mît obstacle. Les plus intraitables avaient péri dans les combats ou dans la foule des proscrits. Le reste des nobles voyait que les ri-

caractère d'un oppresseur adroit, d'un peuple avili, d'un sénat corrompu, et l'impression que cet état de Rome fait sur l'ame de l'*historien*, percent d'autant plus vivement, que l'énergie de l'expression n'en est que la vérité pure.

De même, soit que Tacite nous dévoile les profondes noirceurs de l'ame de Tibère, les turpitudes d'Agrippine, la férocité de Néron ; soit qu'il nous représente la stupide insensibilité de Claude ; soit qu'il nous décrive la mort philosophique de Sénèque, la mort héroïque de Thraséas, la mort plus philosophique et plus héroïque d'Othon, ou celle de Pétrone, si singulièrement mêlée d'une indolence épicurienne et d'une constance stoïque ; le vice, le crime, la vertu, leur mélange, tout dans son style porte le double caractère de l'objet et de l'écrivain. Il semble avoir un fer brûlant pour flétrir le vice et le crime, et les couleurs les plus suaves pour représenter la vertu. Voyez sur un même tableau la peinture de l'ame de Domitien et de celle d'Agricola.

---

chesses et les honneurs se mesuraient à l'empressement que chacun témoignait pour la servitude ; et aggrandis par le nouvel état des choses, ils préféraient, à la périlleuse incertitude de leur situation passée, des biens assurés et présents. Ce changement ne déplaisait pas même aux provinces, à qui les dissensions des grands et l'avarice des magistrats avaient rendu suspecte la domination du sénat et du peuple, et qui n'attendaient plus aucun secours des lois, que la force, la brigue, et la cupidité, avaient anéanties. »

Nero tamen subtraxit oculos, jussitque scelera, non spectavit. Præcipua sub Domitiano miseriarum pars erat videre et aspici : quum suspiria nostra subscriberentur; quum denotandis tot hominum palloribus sufficeret sævus ille vultus, et rubor à quo se contrà pudorem muniebat. Tu verò, felix Agricola, non tantùm vitæ claritate, sed opportunitate mortis..... Si quis piorum manibus locus; si, ut sapientibus placet, non cum corpore extinguntur magnæ animæ, placidè quiescas; nosque, domum tuam, ab infirmo desiderio et muliebribus lamentis ad contemplationem virtutum tuarum voces, quas neque lugeri neque plangi fas est... Id filiæ uxorique præceperim, sic patris, sic mariti memoriam venerari ut omnia facta dictaque ejus secum revolvant, famamque ac figuram animi magis quàm corporis complectantur... Forma mentis æterna, quam tenere et exprimere, non per alienam materiam et artem, sed tuis ipse moribus possis. Quidquid ex Agricolá amavimus, quidquid mirati sumus, manet, mansurumque est in animis hominum, in æternitate temporum, famá rerum. (1).

---

(1) « Néron du moins détournait les yeux. Il ordonnait le crime ; il ne le regardait pas. Sous Domitien, un surcroît de supplice pour les mourants était de le voir et d'en être vus. Il tenait registre de nos soupirs ; et pour épier et noter tant de malheureux, il suffisait de ce visage atroce, que sa rougeur prémunissait contre celle de la pudeur.

Vous, Agricola, vous avez été heureux et par l'éclat

Ce ne fut pas sans de lents progrès que l'*histoire* ancienne parvint à ce degré de perfection inimitable. Les premières annales des Romains n'étaient qu'un registre public, où étaient inscrits, sans aucun art, les événements de l'année. C'est d'après ce modèle qu'écrivirent l'*histoire* Fabius Pictor, et Pison (1). Il en avait été de même parmi les Grecs; et c'était ainsi que Phérécide, Hellanicus, Acufilas avaient écrit. Mais au lieu que dans Rome, jusqu'au temps

―――――――――――――――――――――

de votre vie, et par une mort qui vous a épargné le spectacle de tant de maux. S'il est un asyle pour les mânes; si, comme le disent les sages, les grandes ames ne sont pas éteintes au même instant que périssent les corps, homme juste, reposez en paix; et nous, votre famille, enseignez-nous à vous regretter sans faiblesse, et à cesser de vaines plaintes, en contemplant ces rares vertus qui nous défendent de vous pleurer. Ce que vous doivent aujourd'hui et votre fille et votre épouse, c'est de conserver si présente et de révérer si tendrement la mémoire d'un père et d'un époux, qu'elles soient sans cesse occupées de ses actions et de ses paroles; c'est d'embrasser plutôt l'image de son ame que celle de son corps. L'ame est douée d'une forme immortelle que nul objet matériel, nul art étranger ne peut rendre; et la vôtre a pu seule se peindre dans vos mœurs. Tout ce que nous avons aimé, tout ce que nous avons admiré dans Agricola, nous reste, et revivra sans cesse dans l'éternité des temps et dans la mémoire des hommes. »

(1) *Hanc similitudinem scribendi multi secuti sunt, qui sine ullis ornamentis, monumenta solum temporum, hominum, locorum, gestarumque rerum reliquerunt.* Cic. de Or. l. 2.

de Salluste, l'*histoire* fut réduite à cette sécheresse, à cette nudité d'expression, où l'écrivain ne recherchait pour toute gloire que la briéveté et la clarté (1); dans la Grèce, elle avait de bonne heure formé son génie et son style aux écoles de l'éloquence et à celles de la philosophie : c'était de là qu'était sorti cet Hérodote, dont l'élocution ravissait Cicéron lui-même; ce Thucydide, qui, dans l'art de parler, passa de loin, dit-il, tous ses rivaux; dont le style est si plein de choses, que le nombre des pensées y égale presque le nombre de paroles, et qui réunit tant de précision avec tant de justesse, que l'on ne sait si c'est l'expression qui orne la pensée, ou la pensée l'expression (2). De la même école sortirent Ephore et Théopompe, deux hommes de génie, tous deux disciples d'Isocrate. Enfin parut, ajoute Cicéron, le digne élève de Socrate, le prince des historiens, Xénophon (3).

Le premier des Latins qui appliqua l'éloquence à l'*histoire*, ce fut Salluste. Tite-Live l'y déploya,

---

(1) *Et dum intelligatur quid dicant, unam dicendi laudem putant esse, brevitatem.* De Or. l. 2.

(2) *Qui ita creber rerum frequentiâ, ut verborum propè numerum sententiarum numero consequatur; ita porrò verbis aptus et pressus, ut nescias utrum res orationc, an verba sententiis illustrentur.* De Or. l. 2.

(3) *Deindè etiam à philosophiâ profectus princeps Xenophon, socraticus ille.*

et avec autant de magnificence que Thucydide et Xénophon lui-même, mais, comme eux, avec la réserve convenable au témoin des temps. Dans ses récits comme dans ses harangues il est toujours près des limites qui doivent séparer l'*historien* de l'orateur et du poëte; mais il ne les passe jamais; et pour le charme et la dignité du style de l'*histoire*, pour le degré d'élévation et de couleur qui lui convient, l'ampleur, la pompe et l'harmonie dont il est susceptible, je ne crois pas qu'il y ait de modèle plus accompli que Tite-Live.

Mais ce n'est pas tout, ce n'est pas même assez pour l'*histoire* d'être éloquente : il lui est sur-tout recommandé d'être philosophique; et pour ce dernier caractère, que j'appellerai sa vertu, rien n'est comparable à Tacite. Plus pressé, plus concis, plus vigoureux que Tite-Live du côté de l'expression, il est aussi, du côté des pensées, plus énergique et plus profond; et du côté des mœurs, plus grave et plus austère. Qu'un peintre, d'après leur génie, essaie de se figurer et de nous peindre leur image, il va donner à Tite-Live un air calme et majestueux, mais à Tacite un air mélancolique, mêlé de sensibilité, de sévérité, de bonté.

« Qu'on ne compare pas, dit-il, nos annales avec ces anciennes *histoires* de la république romaine. Là, des guerres et des travaux immenses, des rois vaincus et captifs; et au dedans, des dissensions des consuls avec les tribuns, des lois pour le partage des terres, ou pour assurer l'abondance, les débats des grands et du peuple, sont décrits avec liberté. Ici c'est un travail obscur et resserré dans des bornes étroites. » Et cependant c'est cette obscurité d'une paix triste et sombre, intérieurement troublée par la fermentation de tous les vices et de toutes les passions d'une foule de mauvais princes, environnés d'une cour dépravée, c'est là le grand intérêt de Tacite. Son *histoire* même, où il annonce de si tragiques événements (1), n'est pas aussi attachante que ses annales, par la raison que dans celles-ci ce sont les hommes encore plus que les choses qu'il creuse et qu'il approfondit. Avec quels traits il peint la violence et l'atrocité de ce Métellus, l'accusateur de Thraséas! quel charme il prête à

---

(1) *Opus aggredior opimum casibus, atrox prœliis, discors seditionibus, ipsâ etiam pace sœvum : quatuor principes ferro interempti, tria bella civilia, plura externa, ac plerumque proxima... Italia novis cladibus, vel post longorum sœculorum seriem repetitis, afflicta : haustœ aut obrutœ urbes, fecundissima Campaniœ ora, et urbs incendiis vastata, consumptis antiquissimis delubris, ipso Capitolio manibus civium incenso : pollutœ cœrimoniœ : magna adulteria : plenum exiliis mare, infesti cœdibus scopuli : atrociùs in urbe sœvitum : nobilitas, opes, omissi gestique honores pro crimine, et ob virtutes certissimum exilium : nec minus prœmia delatorum invisa quàm scelera.... odio et terrore corrupti in dominos servi, in patronos liberti, et quibus deerat inimicus, per amicos oppressi.* Hist. liv. 1.

l'éloquence de la fille de Séranus! comme il est toujours l'ami ardent de la vertu, l'ami tendre de l'innocence dans le malheur, et l'ennemi austère et inflexible du crime heureux!

Or c'est ce caractère de moralité répandu dans l'*histoire* et sur-tout dans les Annales de Tacite, qui en fait le prix inestimable. Nul homme, depuis que l'on a peint le sentiment et la pensée, n'a plus profondément gravé dans ses écrits l'empreinte de son ame. C'est, selon moi, de lui qu'on doit apprendre à quel degré de chaleur et d'intérêt le style de l'*histoire* peut être poussé, sans rien perdre de son impartialité, et sans rien ôter à l'écrivain de son intégrité de juge. Dans ses harangues, nulle emphase; dans ses portraits, nulle manière; dans ses descriptions, nul appareil; dans ses réflexions, même les plus profondes, nulle ostentation de pensée; dans ses expressions les plus hardies et les plus énergiques, nulle contention, nul effort : par-tout la vérité sans fard, et toujours ce qu'un témoin attentif et sévère, un observateur sérieux et pénétrant a vu de plus caché dans le fond de l'ame des hommes, lorsque les situations et les événements lui en ont révélé le secret. Lisez le règne de Tibère ou celui de Néron; ces deux terribles et longues tragédies, dont Rome est le théâtre, et où Tacite a porté si loin l'art d'émouvoir : l'éloquence artificielle, le soin d'orner et d'agrandir n'y entre pour rien. Mais en même temps qu'il est impossible d'y apercevoir un trait exagéré ou superflu, il est impossible d'y désirer un trait sensible et intéressant qu'il ait manqué, ou qu'il ait affaibli.

Je suis cependant très-éloigné de vouloir que *l'histoire* n'ait qu'un modèle, ou que le même soit toujours préférable ; et je commence par distinguer deux hypothèses qui demandent deux manières très-différentes : l'une, où *l'historien* suppose des lecteurs qui ne savent rien de ce qu'on va leur raconter, et l'autre qui suppose des lecteurs vaguement, confusément instruits des événements qu'on rappelle. A la première doit s'appliquer la méthode que Cicéron nous trace (1) pour *l'histoire* développée ; c'est la manière de Tite-Live : à la seconde, il convient de serrer le tissu des événements, d'approfondir au lieu d'étendre ; c'est la manière de Tacite. Que tous les *historiens* romains eussent péri dans un incendie, et que Tite-Live lui seul eût été conservé ; nous aurions su *l'histoire* romaine. Mais qu'un écrivain comme Tacite nous fût resté seul

---

(1) *In rebus magnis memoriáque dignis, consilia primum, deindè acta, posteà eventus exspectantur : et de consilio significari quid scriptor probet ; et in rebus gestis declarari, non solùm quid actum aut dictum sit, sed etiam quo modo ; et quum de eventu dicatur, ut causæ explicentur omnes, vel casus, vel sapientiæ, vel temeritatis ; hominumque ipsorum non solùm res gestæ, sed etiam qui famá ac nomine excellant, de cujusque vitá atque naturá.* De Or. l. 2.

à la place de Tite-Live; ces faits indiqués d'un seul trait; ces détails si rapidement, si briévement accumulés, seraient à chaque instant des énigmes inexplicables.

Le style, si je l'ose dire, substantiel et condensé, qui convient à des faits déja connus, et où la pensée aide à la lettre, n'est donc pas celui qui convient à des récits dont le fond, les détails, les circonstances, tout est nouveau.

Deux autres hypothèses, relatives aux temps, peuvent encore exiger de l'*histoire* plus ou moins de détails; ce sont les points de perspective que les écrivains se proposent. Plus la postérité pour laquelle on écrit est reculée, plus l'intérêt des détails diminue; et si, à chaque trait, l'*historien* se demande, *qu'importe à l'avenir, à un avenir éloigné?* le volume des faits qu'il aura recueillis, se réduira souvent à peu de chose. Il n'y a que les peuples célèbres et les hommes vraiment illustres, dont les particularités domestiques soient intéressantes encore à une certaine distance. Mais ce qui pour une postérité éloignée n'a rien de curieux, le temps auquel on touche, le pays où l'on est peut désirer de le savoir. C'est là, pour le discernement et pour le choix de l'écrivain, l'une des grandes difficultés. Il est presque assuré d'être prolixe à l'égard des siècles à venir, s'il accorde au sien les détails qu'il a droit de lui demander; et s'il néglige ces détails, il s'expose au reproche de n'avoir pas rempli sa tâche; car ces détails ne sont pas tous frivoles, et la proximité des temps peut leur donner une influence et des rapports d'utilité qui les rendent indispensables.

L'*historien* qui ne s'occupera que de sa propre gloire, évitera aisément cet écueil, en choisissant parmi les siècles écoulés, celui qui lui présente le plus de sommités brillantes et d'événements susceptibles d'un intérêt universel. L'histoire des révolutions aura toujours cet avantage. Mais s'il se borne, pour être utile, à raconter fidèlement ce qu'il a vu de près, on doit s'attendre qu'en écrivant l'*histoire* de son siècle, il n'aura ni la précision, ni la rapidité d'un écrivain qui, dans l'éloignement, ne cherche que des points éminents à tracer, et que de grands tableaux à peindre.

Enfin, dans l'hypothèse la plus commune, il peut arriver que le nombre des objets importants dont l'*histoire* est chargée; que la difficulté de les lier ensemble, de les distribuer, de les mêler sans les confondre; que la difficulté plus grande encore de donner à chacun toute son étendue, sans ralentir, suspendre, intervertir le cours et l'ordre des événements; en un mot, que la complication de la machine politique oblige l'*histoire* à la décomposer, à se diviser elle-même en autant de parties qu'elle a d'objets divers; et c'est ce qu'elle a fait souvent. Ainsi la guerre, les finances, le commerce, les arts, les lois, les négociations, ont eu leur *histoire* distincte; et de cette division naît la différence des styles convenables à leur objet.

L'art militaire, la marine, l'économie, le commerce, les lois, ont une langue sévèrement exacte. Celle de la politique est plus affilée et plus subtile : dans les affaires du cabinet elle est vague, mystérieuse et réservée, Montaigne dirait *cauteleuse*. Celle des intrigues de cour est plus raffinée encore et plus flexible. Mais lorsque dans les factions, les troubles domestiques, les révolutions, les désastres, on a de grands caractères à développer, de grandes passions à faire agir, de grandes scènes à décrire; la langue de l'*histoire* devient presque celle de l'éloquence ou de la poésie. Voyez, dans Tacite, l'incendie de Rome; dans Tite-Live, le combat des Horaces et la conjuration des Gracches; dans Plutarque, le triomphe de Paul-Émile : c'est tour-à-tour Homère ou Corneille qu'on croit entendre.

Ainsi, lors même que l'écrivain s'impose la tâche pénible d'embrasser d'un coup-d'œil tout ce qu'un siècle lui présente d'intéressant pour l'avenir, et qu'il considère le corps politique, dont il décrit les révolutions, comme une machine dont le mouvement est le résultat d'une foule d'impulsions données par différents ressorts liés et combinés ensemble; alors même non-seulement il n'est pas permis à son style d'être uniforme, mais il a besoin d'être souple et varié plus que jamais. Une négociation, une campagne militaire, une intrigue de cour, une conspiration, un détail important de police ou de discipline, un code de législation, demandent un esprit et une plume différente; et l'*historien*, dont le génie aurait cette heureuse facilité à recevoir l'empreinte des objets qui s'offriraient à sa mémoire, serait peut-être de tous les écrivains le plus rare et le plus merveilleux dans sa perfection.

Pour en approcher autant qu'il est possible, le vrai moyen, à ce qu'il me semble, est de n'affecter aucun style, de ne jamais se tendre et se roidir, et de livrer son esprit et son ame à l'impression des objets qui doivent successivement agir sur la pensée, modifier le sentiment, et s'approprier l'expression.

Ainsi l'*histoire* diffère d'elle-même par ses tons, ses couleurs, ses caractères différents, selon les objets qu'elle exprime. Quelqu'un a dit que pour l'*historien*, le meilleur style était celui qui ressemblait à une eau limpide. Mais s'il n'a point de couleur à soi, il prendra naturellement celle de son sujet, comme le ruisseau prend la teinture du sable qui forme son lit. L'*histoire* politique et morale, la plus féconde en réflexions; l'*histoire* des cours, la plus curieuse dans ses détails; celle des révolutions, la plus dramatique de toutes; l'*histoire* générale, ou celle d'un pays; celle d'un empire, ou d'un règne; des annales, ou des mémoires, demandent plus ou moins de développement ou de précision, d'ampleur ou de rapidité, de philosophie ou d'éloquence; et prescrire à l'*historien* d'avoir toujours un même style, ce serait comme prescrire au peintre de n'avoir jamais qu'un même pinceau.

Je n'ajouterai plus qu'une observation qui intéresse les écrivains modernes. C'est qu'on se méprend quelquefois au caractère de simplicité et de gravité, qui convient en effet au style de l'*histoire*. *Simple* et *grave*, dans ce sens-là, signifie éloigné de toute affectation dans la manière, de toute recherche dans la parure. Mais comme en peinture, en sculpture, l'expression de la force, de la fierté, de la majesté, peut être simple, et c'est réellement lorsqu'elle a toute sa beauté, il en est de même dans l'art d'écrire. La gravité n'exclut que les mouvements passionnés. C'est dans le sourcil de Jupiter, c'est dans le regard de Neptune que la colère est exprimée; c'est dans les traits, non dans le geste, que l'artiste fera sentir le caractère ou de Caton ou de Brutus, et la situation de leur ame, soit au moment que l'un a résolu sa mort, soit au moment que l'autre délibère d'assassiner son ami, peut-être son père. Telle est l'expression, presque immobile, du style grave. Aucun des grands mouvements oratoires ne lui convient; mais dans sa chaleur concentrée et retenue il a son énergie. Nulle emphase, nulle figure, nulle épithète ambitieuse; mais le mot propre, le plus vif et le plus pénétrant, lui communique sa vigueur.

Le tribun qui vient de poignarder Messaline, paraît devant Claude au moment qu'il est à table, et lui dit qu'elle est morte. Tacite, en traçant le tableau de cette scène, n'y ajoute rien qui marque l'impression qu'elle fait sur lui; et, sans l'énoncer, tout l'exprime. *Nuntiatum Claudio epulanti periisse Messalinam, non distincto, suá an alienâ manu; nec ille quæsivit; poposcitque poculum, et solita convivio celebravit. Nec secutis quidem diebus, odii, gaudii, iræ, tristitiæ, ullius denique humani affectûs signa dedit, non quum lætantes accusatores aspiceret, non quum filios mœrentes* (1).

Le même *historien* nous peint le deuil de Rome à la mort de Germanicus; et sans qu'un mot de plainte ou de regret indique la tristesse dont ce tableau l'affecte, on voit qu'il en est pénétré. *Consules... et senatus, ac magna pars populi viam complevére; disjecti, et, ut cuique libitum, flentes : aberat quippe adulatio, gnaris omnibus lætam Tiberio Germanici mortem malè dissimulari.*

---

(1) « Claude était encore à table, lorsqu'on vint lui annoncer que Messaline était morte, sans lui dire si elle avait péri de sa propre main ou de celle d'un autre; et il ne s'en informa point. Il demanda à boire; et il acheva, comme de coutume, son repas avec ses convives. Les jours suivants, il ne donna aucun signe de haine, ni de joie, ni de colère, ni d'affliction, ni d'aucun sentiment humain; soit en voyant les accusateurs de Messaline se réjouir, soit en voyant la douleur et les larmes de ses enfants. »

Tiberius atque Augusta publico abstinuére, inferius majestate suá rati, si palam lamentarentur; an ne omnium oculis vultum eorum scrutantibus falsi intelligerentur..... Dies *quo reliquiæ tumulo Augusti inferebantur, modò per silentium vastus, modò ploratibus inquies : plena urbis itinera : conlucentes per campum Martis faces.* Illic miles cum armis, sine insignibus magistratus, populus per tribus, cecidisse rempublicam, nihil spei reliquum *clamitabant : promptiùs apertiùsque quàm ut meminisse imperitantium crederes. Nihil tamen Tiberium magis penetravit quàm studia hominum accensa in Agrippinam; quum* decus patriæ, solum Augusti sanguinem; unicum antiquitatis specimen appellarent, *versique ad cœlum ac deos* integram illi sobolem, ac superstitem iniquorum *precarentur*(1). Voilà le modèle du style grave, et toutefois

---

(1) « Les consuls, le sénat, et la plus grande partie du peuple, remplirent le chemin par où le convoi devait passer, dispersés çà-et-là sans ordre, et pleurant tous en liberté; car il n'y avait dans leur douleur aucune espèce d'adulation, tout le monde étant bien instruit que la mort de Germanicus était agréable à Tibère. Tibère et Livie s'abstinrent de se montrer, soit qu'ils crussent indigne de la majesté de se lamenter en public, soit de peur que tant de regards pénétrants, observant leur visage, n'y découvrissent la fausseté de leur affliction...... Le jour que les restes de Germanicus furent portés dans le tombeau d'Auguste, on vit Rome, tantôt semblable à une solitude où régnait un vaste silence, tantôt remplie de trouble et de gémissements. Toutes les rues de la ville étaient remplies; des flambeaux funèbres

d'un style si pittoresque et si haut en couleur, que le poëte avec ses hardiesses et l'orateur avec ses figures atteindraient difficilement à ce degré d'expression. Or il me semble que ce qu'un très-grand nombre d'*historiens*, parmi les modernes, ont négligé de se donner, c'est cette précision nombreuse, cette simplicité énergique, cette plénitude de pensées et d'affections profondes, cette gravité plus éloignée encore de la froideur que de l'emportement. On a écrit simplement l'*histoire*; mais trop souvent cette simplicité a été négligée, inculte, et sans noblesse. Tantôt on a voulu prendre un style développé; il a été faible, traînant, et lâche; tantôt un style concis et serré; et il a été sec et dur : tantôt un style abondant et pompeux; et il a été emphatique : tantôt un style familier; et il a été rampant. On s'est dit que l'*histoire* n'était pas l'éloquence; on s'est trompé; c'est l'éloquence même, mais retenue

---

éclairaient le champ de Mars. Les soldats y étaient sous les armes, les magistrats sans les marques de leur dignité, le peuple divisé par tribus. Tous criaient que la république était perdue, qu'il ne restait plus d'espérance; et ces cris éclataient aussi ouvertement et aussi librement que si on eût oublié que l'on avait des maîtres. Rien cependant ne pénétra si vivement Tibère que le zèle enflammé qu'on témoignait pour Agrippine : on l'appelait l'unique reste du sang d'Auguste, le seul exemple des mœurs antiques; et, les yeux levés au ciel, on suppliait les dieux de conserver sa race, et de la faire survivre aux méchants. »

comme un coursier fougueux que le frein réduirait au pas, et qui, dans son allure, conserverait encore et sa vigueur et sa beauté. C'est ainsi que, dans Thucydide, dans Xénophon, dans Tite-Live, dans Tacite, et parmi nous dans Bossuet et dans Voltaire, on reconnaît toujours une abondance qui se ménage, une chaleur qui se tempère, une force qui se contient et qui règle ses mouvements; au lieu que dans les écrivains à qui manquent le nerf et la vigueur de l'éloquence, ce qu'ils appellent sobriété dans l'expression, n'est que de l'indigence; ce qu'ils appellent retenue, n'est souvent rien que mollesse et langueur.

Le vrai mérite du style de *l'histoire* sera donc de s'accommoder à son sujet et à son objet. Ces détails si intéressants des vies de Plutarque seraient insoutenables dans une *histoire* générale de la Grèce ou de l'Italie. Cette belle simplicité des commentaires de César aurait été de la sécheresse dans les décades de Tite-Live. La somptuosité du langage de Tite-Live aurait été du faste dans les mémoires de César. Le cardinal de Retz eût été ridicule, s'il eût pris le ton grave et sentencieux du président de Thou, ou s'il nous eût décrit la fronde, du style qui convient aux révolutions romaines.

En un mot, dans son tissu même le plus uni, le style de *l'histoire* doit être simple avec dignité, et d'un naturel également éloigné de l'affectation et de la négligence, de l'enflure et de la bassesse; et autant il rejette ces hyperboles de Florus, lorsqu'il nous dit que les vaisseaux d'Antoine faisaient gémir la mer et fatiguaient les vents (1); et de César, que l'Océan, plus tranquille et plus favorable, l'avait laissé passer, d'Angleterre aux bords de la Gaule, comme en reconnaissant qu'il ne pouvait lui résister (2); et de Lucullus, qu'il semblait qu'ayant fait alliance avec la mer et les tempêtes, il leur eût donné la flotte de Mithridate à combattre et à disperser (3); et de Camille, que l'inondation du sang gaulois avait éteint dans Rome tous les restes de l'incendie (4): autant, dis-je, la gravité du style de *l'histoire* rejette ces extravagances, autant sa dignité rebute le langage commun, le ton bourgeois, les phrases proverbiales des écrivains, qui, parmi nous, semblent avoir travesti *l'histoire* à dessein de la dégrader, comme dans ces expressions que Voltaire a notées : *Le général poursuit sa pointe. Les ennemis furent battus à plate couture. Ils*

---

(1) *Non sine gemitu maris et labore ventorum ferebantur.*

(2) *Ipso quoque Oceano tranquillo magis et propitio, quasi imparem se fateretur.*

(3) *Planè quasi Lucullus, quodam cum fluctibus procellisque commercio, debellandum tradidisse regem ventis videretur.*

(4) *Ut omnia incendiorum vestigia gallici sanguinis inundatione deleret.*

s'enfuirent à vau-de-route. Il se prêta à des propositions de paix après avoir chanté victoire. Les légions vinrent au devant de Drusus par manière d'acquit. Un soldat romain se donnait à dix as par jour, corps et ame. Certes, ce n'était pas ainsi que les anciens écrivaient l'*histoire* : non-seulement dans les choses les plus communes, ils s'énonçaient avec décence, mais souvent dans les grandes choses, sollicités par le besoin d'exprimer vivement un trait de caractère, une pensée neuve et hardie, leur style s'élevait jusqu'au ton le plus haut : c'est ainsi que Tacite a peint l'effroi de Caligula, lorsque Tibère, que l'on croyait mourant, revint un moment à la vie : *Cæsar in silentio fixus à summâ spe novissima exspectabat.* C'est ainsi qu'il a peint le deuil de Rome aux funérailles de Germanicus : *Dies modo per silentium vastus, modo ploratibus inquies.* Plutarque a de même exprimé en poëte l'extrémité où Rome était réduite à l'arrivée de Camille : *Rome était dans la balance avec l'épée de Brennus*; et la révolution qu'opéra son retour : *Il ramena Rome dans Rome.*

Je ne me lasse point de citer ces modèles tout désespérants qu'ils me semblent; et à commencer par moi-même, je ne cesserai de dire à ceux qui veulent, en écrivant l'*histoire*, se rendre intéressants pour la postérité, ce qu'Horace disait aux poëtes Latins en parlant des Grecs.

Nocturnâ versate manu, versate diurnâ.

Hymne. L'*hymne* sacré, dans sa sublimité, est l'expression solennelle de l'enthousiasme de tout un peuple, le concert et l'accord d'une multitude d'ames qui s'élèvent à Dieu, soit en admiration des merveilles de la nature, soit en adoration des prodiges de la grâce, soit dans un transport unanime de reconnaissance et d'amour, ou dans un mouvement de crainte, d'étonnement, et de respect.

Ainsi, dans l'*hymne*, tout doit être en sentimens et en images. L'élévation en est le caractère : car toutes les pensées, toutes les relations en sont de l'homme au créateur; et ce n'est pas en disant de l'Être-Suprême, comme dans l'*hymne* attribué à Orphée, qu'*à son aspect les plus hautes montagnes tremblent, et que les mers frissonnent dans leurs profonds abymes;* ce n'est pas non plus en lui disant, comme dans l'*hymne* attribué à Cléanthe, *Vous voulez les biens et les maux dans les conseils de votre loi;* ce n'est pas, dis-je, ainsi qu'on louera l'Éternel : car il ne résulte de ce galimatias oriental, ni une haute idée de sa puissance, ni une haute idée de sa justice. La goutte d'eau de l'Océan, le grain de sable des montagnes, ne sont rien en parlant de celui qui d'un souffle a créé les mondes; et dire de lui qu'*il a voulu les biens et les maux selon les conseils de sa loi,* c'est le louer comme un flatteur peut louer un tyran.

Le sublime n'est pas dispensé d'être raisonnable; et le vrai sublime est celui qui est à-la-fois si simple et si frappant, qu'il saisit tout d'un coup et sans peine tous les esprits. Tel doit être celui de l'*hymne* : car l'*hymne* est faite pour la multitude; et en même temps qu'elle doit être religieuse, elle doit être morale : or elle sera l'un et l'autre, si elle donne de l'Être-Suprême l'idée qu'on en doit avoir, pour l'adorer avec crainte et avec amour; si, en louant les saints, elle est la leçon la plus touchante des vertus qu'ils ont pratiquées; si, en célébrant les mystères, elle y fait voir autant de motifs d'espérance et de reconnaissance que d'objets de culte et de foi.

Les anciennes *hymnes* de l'église ont le mérite de la simplicité, mais n'ont que celui-là. Il faut en excepter quelques *proses* qui ont une beauté réelle, comme le *Dies iræ*, et le *Veni, sancte Spiritus*.

Les nouvelles *hymnes* donnent, pour la plupart, dans l'excès contraire à la simplicité; elles sont brillantées, ornées jusqu'au luxe, pleines d'imagination, dénuées de sentiment, et, en deux mots, élégantes et froides. Les auteurs pensaient à Horace en les composant; c'eût été à David, et sur-tout à Moïse, qu'il eût fallu penser.

La fameuse *hymne* de Santeuil, *Stupete, gentes*, est un amas d'antithèses qui ne répandent ni chaleur ni lumière; et le compliment à la Vierge,

> *Intrare sanctum quid pavebas,*
> *Facta Dei priùs ipsa templum ?*

est spirituel, mais déplacé : ni l'enthousiasme, ni la piété, n'ont de cet esprit-là.

Lorsque l'*hymne* n'est pas sublime, elle doit être onctueuse et touchante ; elle doit prendre tour-à-tour le caractère de Bossuet dans ses élévations d'une ame à Dieu, ou celui de Fénélon et de François de Sales dans leurs œuvres mystiques.

HYPERBOLE. Elle ne doit être sensible que pour celui qui écoute, et jamais pour celui qui parle ; et c'est dans ce sens-là que Quintilien a dit qu'elle devait être *extrà fidem, non extrà modum* : toutes les fois que l'expression dit plus qu'on ne doit penser naturellement, elle est fausse ; elle est juste toutes les fois qu'elle n'excède pas l'idée qu'on a ou qu'on peut avoir. C'est dans cette vérité relative que consiste la précision de l'*hyperbole* même ; car il n'y a point d'exception à cette règle, que chacun doit parler d'après sa pensée et peindre les choses comme il les voit. Celui qui soupirait de voir Louis XIV trop à l'étroit dans le Louvre, et qui disait pour sa raison,

> Une si grande majesté
> A trop peu de toute la terre,

le pensait-il? pouvait-il le penser? C'est la pierre de touche de l'*hyperbole*.

C'est une maxime bien vraie en fait de goût, qu'*on affaiblit toujours ce qu'on exagère;* mais *exagérer*, dans ce sens-là, veut dire, aller au-delà, non de la vérité absolue, mais de la vérité relative. Celui qui exprime une chose comme il la sent n'exagère point, il rend fidèlement son sentiment ou sa pensée. L'objet qu'il peint n'a pas tous les charmes qu'il lui attribue; le malheur dont il est accablé n'est pas aussi grand qu'il se l'imagine; le danger qui menace son ami, sa maîtresse, ce qu'il a de plus cher, n'est ni aussi terrible, ni aussi pressant qu'il le croit; mais ce n'est pas d'après la réalité même, c'est d'après son imagination qu'il les peint; et pour en juger d'après lui et comme lui, on se met à sa place. Ainsi, dans l'excès de la passion, l'*hyperbole* la plus insensée est elle-même l'expression de la nature et de la vérité.

I.

Idylle. Lorsque Despréaux a peint l'*idylle* comme une bergère en habit de fête, il l'a parfaitement définie telle que nous la concevons. Une simplicité élégante en fait le caractère; et c'est par cette élégance, ennoblie, qu'elle se distingue de l'églogue.

Chaque genre de poésie a son hypothèse distincte; et c'est ce qui en fait la différence. Or l'hypothèse de l'églogue et celle de l'*idylle* ne sont pas la même.

Dans des temps et parmi des peuples où l'excessive inégalité des conditions et des fortunes n'avait pas mis encore entre les hommes cette différence inhumaine, à laquelle il est impossible de réfléchir sans s'attrister; dans des climats surtout où la beauté du ciel, la fertilité de la terre, faisaient de la campagne le plus délicieux séjour; où, d'un côté, l'heureuse ignorance des besoins du luxe, et de l'autre, la facilité à vivre dans l'aisance avec peu de peine et de soin, rapprochaient si fort l'état des bergers de celui des rois, que l'un touchait à l'autre; l'églogue et l'*idylle* n'avaient pas deux hypothèses différentes, et ne devaient pas avoir deux noms.

Est venu le temps où dans la poésie champêtre il a fallu, non-seulement distinguer l'*idylle* de l'églogue, mais l'une et l'autre du genre villageois.

Les vices et les ridicules du peuple de la ville transmis au peuple des campagnes; les astuces de l'intérêt, les sottises de l'amour-propre et de la vanité, les intrigues de la galanterie, les duperies réciproques; et dans tout cela les mœurs paysannes combinées avec les mœurs bourgeoises, font le comique de Dancourt : rien ne ressemble moins à l'innocence et à la simplicité pastorale; et les modèles de ce comique, on les rencontre à chaque pas dans les environs de Paris.

Mais pour trouver le sujet d'une églogue, il faut aller plus loin; encore sont-il rares par-tout; et quant aux sujets de l'*idylle*, il n'en existe qu'en idée. Celles des *idylles* de Gesner qui ont quelque vérité sont de simples églogues; celles qui ont le plus de noblesse et d'élégance n'ont de modèle dans aucun pays.

Dans les *idylles* de madame Deshoulières, la scène est au village; mais la femme sensible et tendre qui parle aux fleurs, aux ruisseaux, aux moutons, n'est pas une de nos bergères; c'est la maîtresse du château.

L'*idylle* ne peut donc être prise que dans le système fabuleux ou romanesque. Ce sont les bergers de Tempé, ou des bords du Lignon, que l'on y met en scène; c'est le langage de l'Aminte.

ou du Pastor fido, que parlent ces bergers ; et dans ce système, l'*idylle* a son merveilleux comme l'épopée ; car elle est d'un temps où non-seulement les rois, mais les dieux mêmes, daignaient vivre avec les bergers :

Habitarunt di quoque silvas,
Dardaniusque Paris.

C'est ainsi que l'*idylle*, comme nous l'entendons, sans cesser d'être simple, doit être noble et élégante.

Telle, aimable en son air, mais humble dans son style.
Doit éclater sans pompe une élégante *idylle*.

Elle ne mêle point des diamants à sa parure, mais elle a un chapeau de fleurs. *Voyez* Églogue.

En peinture, Teniers a fait des scènes paysannes ; Berghem, des églogues ; le Poussin, des *idylles* ; et pour exceller dans ce genre, il ne manquait à celui-ci que de peindre les paysages comme les Breugles et le Lorrain.

Illusion. Dans les arts d'imitation la vérité n'est rien, la vraisemblance est tout ; et non-seulement on ne leur demande pas la réalité, mais on ne veut pas même que la feinte en soit l'exacte ressemblance.

Dans la tragédie, on a très-bien observé que l'*illusion* n'est pas complète. 1° Elle ne peut pas l'être, 2° elle ne doit pas l'être. Elle ne peut pas l'être, parce qu'il est impossible de faire pleinement abstraction du lieu réel de la représentation théâtrale et de ses irrégularités. On a beau avoir l'imagination préoccupée, les yeux avertissent qu'on est à Paris, tandis que la scène est à Rome; et la preuve qu'on n'oublie jamais l'acteur dans le personnage qu'il représente, c'est que dans l'instant même où l'on est le plus ému, on s'écrie: *Ah! que c'est bien joué!* On sait donc que ce n'est qu'un jeu: on n'applaudirait point Auguste, c'est donc Brisard qu'on applaudit.

Mais quand, par une ressemblance parfaite, il serait possible de faire une pleine *illusion*, l'art devrait l'éviter, comme la sculpture l'évite en ne colorant pas le marbre, de peur de le rendre effrayant.

Il y a tel spectacle dont l'*illusion* tempérée est agréable; et dont l'*illusion* pleine serait révoltante ou péniblement douloureuse. Combien de personnes soutiennent le meurtre de Camille ou de Zaïre, et les convulsions d'Inès empoisonnée, qui n'auraient pas la force de soutenir la vue d'une querelle sanglante ou d'une simple agonie? Il est donc hors de doute que le plaisir du spectacle tragique tient à cette réflexion tacite et confuse, qui nous avertit que ce n'est qu'une feinte, et qui par-là modère l'impression de la terreur et de la pitié.

Je sais bien que l'échafaud est la tragédie de la populace, et que des nations entières se sont amusées de combats de gladiateurs ; mais cet exercice de la sensibilité serait trop violent pour des ames qu'une société douce et voluptueuse amollit, et qui demandent des plaisirs délicats comme leurs organes.

Ce ne sera que lorsque l'habitude de ces plaisirs en aura émoussé le goût et que les ames seront blasées, qu'on sera obligé d'employer, comme des liqueurs fortes, des moyens violents de réveiller en elles une sensibilité presque éteinte ; et c'est peut-être ainsi que, par la continuité des jouissances et la satiété qui les suit, un peuple poli se déprave et retourne à la barbarie.

Quoi qu'il en soit, il y a deux choses à distinguer dans l'imitation tragique, la vérité absolue de l'exemple, et la ressemblance imparfaite de l'imitation. Orosmane, dans la fureur de sa jalousie, tue Zaïre, et l'instant d'après se tue lui-même de désespoir : voilà l'*illusion* qui ne doit pas être complète. Un amour jaloux et furieux peut rendre féroce et barbare un homme naturellement bon, sensible et généreux : voilà la vérité dont rien ne nous détrompe, et dont l'impression nous reste, lors même que l'*illusion* a cessé.

Dans le comique, rien ne répugne à une pleine *illusion* ; et l'impression du ridicule n'a pas besoin d'être tempérée comme celle du pathétique. Mais si dans le comique même l'*illu-*

sion était complète, le spectateur, croyant voir la nature, oublierait l'art, et serait privé, par la force de *l'illusion*, de l'un des plaisirs du spectacle. Ceci est commun à tous les genres.

Le plaisir d'être ému de crainte et de pitié sur les malheurs de ses semblables, le plaisir de rire aux dépens des faiblesses et des ridicules d'autrui, ne sont pas les seuls que nous cause la scène : celui de voir à quel degré de force et de vérité peuvent aller le génie et l'art, celui d'admirer dans le tableau la supériorité de la peinture sur le modèle, serait perdu si *l'illusion* était complète : et voilà pourquoi, dans l'imitation même en récit, les accessoires qui altèrent la vérité, comme la mesure des vers et le mélange du merveilleux, rendent *l'illusion* plus douce; car nous aurions bien moins de plaisir à prendre un beau poëme pour une histoire, qu'à nous souvenir confusément que c'est une création du génie.

Pour mieux m'entendre, imaginez une perspective si parfaitement peinte, que de loin elle vous semble être réellement, ou un morceau d'architecture, ou un paysage éloigné : tout l'agrément de l'art sera perdu pour vous dans ce moment, et vous n'en jouirez que lorsqu'en approchant, vous vous apercevrez que le pinceau vous en impose. Il en est de même de toute espèce d'imitation : on veut jouir en même temps et de la nature et de l'art; on veut donc bien s'apercevoir que l'art se mêle avec la nature. Dans le comique même, il ne faut donc pas croire que la vérité de l'imitation en soit le mérite exclusif, et que le meilleur peintre de la nature soit le plus fidèle copiste : car si l'imitation était une parfaite ressemblance, il faudrait l'altérer exprès en quelque chose, afin de laisser à l'ame le sentiment confus de son erreur, et le plaisir secret de voir avec quelle adresse on la trompe. Il est pourtant vrai qu'on a plus à craindre de s'éloigner de la nature, que d'en approcher de trop près; mais entre la servitude et la licence, il y a une liberté sage, et cette liberté consiste à se permettre de choisir et d'embellir en imitant : c'est ce qu'a fait Molière, aussi-bien que Racine. Ni le *Misanthrope*, ni l'*Avare*, ni le *Tartuffe*, ne sont de serviles copies : dans les détails comme dans l'ensemble, dans les caractères comme dans l'intrigue, ce sont des compositions plus achevées qu'on n'en peut voir dans la nature : la perfection y décèle l'art, et l'on perdrait à ne pas l'y voir : pour en jouir, il faut qu'on l'aperçoive.

Mais jusqu'à quel point cette imitation peut-elle être embellie, sans que l'altération nuise à la vraisemblance et détruise l'*illusion ?* Cela tient beaucoup à l'opinion, à l'habitude, à l'idée que l'on a des possibles; et la règle doit varier selon les lieux et les temps. La vérité même n'est pas toujours vraisemblable; et à moins qu'elle ne soit très-connue, elle n'est point admise si la vraisemblance n'y est pas. Dans les choses communes, il est aisé de conserver la vraisemblance; mais dans l'extraordinaire et le merveilleux, c'est une des plus grandes difficultés de l'art. *Voyez* VRAISEMBLANCE.

Quelle est cependant cette demi-*illusion*, cette erreur continue et sans cesse mêlée d'une réflexion qui la dément, cette façon d'être trompé et de ne l'être pas? C'est quelque chose de si étrange en apparence et de si subtil en effet, qu'on est tenté de le prendre pour un être de raison; et pourtant rien de plus réel. Chacun de nous n'a qu'à se souvenir qu'il lui est arrivé bien souvent de dire, en même temps qu'il pleurait ou qu'il frémissait, à *Mérope: Ah! que cela est beau!* ce n'était pas la vérité qui était belle; car il n'est pas beau qu'une femme aille tuer un jeune homme, ni qu'une mère reconnaisse son fils au moment de le poignarder. C'était donc bien de l'imitation que l'on parlait; et pour cela, il fallait se dire à soi-même, *c'est un mensonge;* et tout en le disant, on pleurait et on frémissait.

Pour expliquer ce phénomène, on a dit que l'*illusion* et la réflexion n'étaient pas simultanées, mais alternatives dans l'ame : subtilité gratuite; car sans ces oscillations continuelles et rapides de l'erreur à la vérité, leur mélange actuel s'explique, et l'on va voir qu'il est dans la nature.

s'apercevoir que l'art se mêle avec la nature. Dans le comique même, il ne faut donc pas croire que la vérité de l'imitation en soit le mérite exclusif, et que le meilleur peintre de la nature soit le plus fidèle copiste : car si l'imitation était une parfaite ressemblance, il faudrait l'altérer exprès en quelque chose, afin de laisser à l'ame le sentiment confus de son erreur, et le plaisir secret de voir avec quelle adresse on la trompe. Il est pourtant vrai qu'on a plus à craindre de s'éloigner de la nature, que d'en approcher de trop près; mais entre la servitude et la licence, il y a une liberté sage, et cette liberté consiste à se permettre de choisir et d'embellir en imitant : c'est ce qu'a fait Molière, aussi-bien que Racine. Ni le *Misanthrope*, ni l'*Avare*, ni le *Tartuffe*, ne sont de serviles copies : dans les détails comme dans l'ensemble, dans les caractères comme dans l'intrigue, ce sont des compositions plus achevées qu'on n'en peut voir dans la nature : la perfection y décèle l'art, et l'on perdrait à ne pas l'y voir : pour en jouir, il faut qu'on l'aperçoive.

Mais jusqu'à quel point cette imitation peut-elle être embellie, sans que l'altération nuise à la vraisemblance et détruise l'*illusion ?* Cela tient beaucoup à l'opinion, à l'habitude, à l'idée que l'on a des possibles; et la règle doit varier selon les lieux et les temps. La vérité même n'est pas toujours vraisemblable; et à moins qu'elle ne soit très-connue, elle n'est point admise si la vraisemblance n'y est pas. Dans les choses communes, il est aisé de conserver la vraisemblance; mais dans l'extraordinaire et le merveilleux, c'est une des plus grandes difficultés de l'art. *Voyez* Vraisemblance.

Quelle est cependant cette demi-*illusion*, cette erreur continue et sans cesse mêlée d'une réflexion qui la dément, cette façon d'être trompé et de ne l'être pas? C'est quelque chose de si étrange en apparence et de si subtil en effet, qu'on est tenté de le prendre pour un être de raison; et pourtant rien de plus réel. Chacun de nous n'a qu'à se souvenir qu'il lui est arrivé bien souvent de dire, en même temps qu'il pleurait ou qu'il frémissait, à *Mérope : Ah! que cela est beau!* ce n'était pas la vérité qui était belle; car il n'est pas beau qu'une femme aille tuer un jeune homme, ni qu'une mère reconnaisse son fils au moment de le poignarder. C'était donc bien de l'imitation que l'on parlait; et pour cela, il fallait se dire à soi-même, *c'est un mensonge;* et tout en le disant, on pleurait et on frémissait.

Pour expliquer ce phénomène, on a dit que l'*illusion* et la réflexion n'étaient pas simultanées, mais alternatives dans l'ame : subtilité gratuite; car sans ces oscillations continuelles et rapides de l'erreur à la vérité, leur mélange actuel s'explique, et l'on va voir qu'il est dans la nature.

L'ame est susceptible à-la-fois de diverses impressions : par exemple, lorsqu'on entend une belle musique, et qu'en regardant une jolie femme, on boit d'un vin délicieux, ces trois plaisirs sont distinctement et simultanément goûtés. Ils se nuisent pourtant l'un à l'autre; et moins les impressions simultanées sont analogues, moins le sentiment en est vif : en sorte que si elles sont contraires, le partage de la sensibilité entre elles est quelquefois si inégal, que l'une effleure à peine l'ame, tandis que l'autre s'en saisit et la pénètre profondément.

En vous promenant à la campagne, qu'un objet vous frappe et vous plonge dans la méditation, tous les autres objets que vous apercevrez passeront successivement devant vos yeux sans vous distraire. Vous les aurez vus cependant, et chacun d'eux aura laissé sa trace dans votre souvenir. Que sera-t-il donc arrivé ? qu'à chaque instant l'ame aura eu deux pensées, l'une fixe et profonde, l'autre légère et fugitive. Au contraire, je vous suppose plus légèrement occupé : l'idée qui vous suit ne laisse pas d'être continue et toujours présente; mais l'impression accidentelle de nouveaux objets est d'autant plus vive à son tour, que la première est moins profonde.

C'est ainsi qu'au spectacle deux pensées sont présentes à l'ame. L'une est que vous êtes venu voir représenter une fable, que le lieu réel de l'action est une salle de spectacle, que tous ceux qui vous environnent viennent s'amuser comme vous, que les personnages que vous voyez sont des comédiens, que les colonnes du palais qu'on vous représente sont des coulisses peintes, que ces scènes touchantes ou terribles que vous applaudissez, sont un poëme composé à plaisir; tout cela est la vérité. L'autre pensée est l'*illusion* : savoir, que ce palais est celui de Mérope, que la femme que vous voyez si affligée est Mérope elle-même, que les paroles que vous entendez sont l'expression de sa douleur. Or, de ces deux pensées, il faut que la dernière soit la dominante; et par conséquent le soin commun du poëte, de l'acteur, du décorateur, doit être de fortifier l'impression des vraisemblances et d'affaiblir celle des réalités. Pour cela, le moyen le plus sûr, comme le plus facile, serait de copier fidèlement et servilement la nature; et c'est là tout ce qu'on a su faire quand le goût n'était pas formé. Mais je l'ai dit souvent, je le répète encore : la nature a mille détails qui seraient vrais, qui rendraient même l'imitation plus vraisemblable, et qu'il faut pourtant éloigner, parce qu'ils manquent d'agrément, ou d'intérêt, ou de décence, et que nous cherchons au théâtre et dans l'imitation poétique en général une nature exquise, curieuse et intéressante.

Le secret du génie n'est donc pas d'asservir, mais d'animer son imitation : car plus l'*illusion* est vive et forte, plus elle agit sur l'ame, et par conséquent moins elle laisse de liberté à la réflexion et de prise à la vérité. Quelle impression peuvent faire de légères invraisemblances sur des esprits émus, troublés d'étonnement et de terreur? N'avons-nous pas vu de nos jours Phèdre expirante au milieu d'une foule de petits-maîtres? N'avons-nous pas vu Mérope, le poignard à la main, fendre la presse de nos jeunes seigneurs, pour percer le cœur de son fils? et Mérope nous faisait frémir, et Phèdre nous arrachait des larmes.

C'est sur ces exemples que se fondent ceux qui se moquent des bienséances et des vraisemblances théâtrales : mais si, dans ces moments de trouble et de terreur, l'ame, trop occupée du grand intérêt de la scène, ne fait aucune attention à ses irrégularités, il y a des moments plus tranquilles, où le bon sens en est blessé : la réflexion reprend alors tout son empire, la vérité détruit l'*illusion* : or l'*illusion*, une fois détruite, ne se reproduit pas l'instant d'après avec la même force ; et il n'y a nulle comparaison entre un spectacle où elle est soutenue, et un spectacle où à chaque instant on est trompé et détrompé.

L'*illusion*, comme je l'ai dit, n'a pas besoin d'être complète. On ne doit donc pas s'inquiéter des invraisemblances forcées, et l'on peut se permettre celles qui contribuent à donner au spectacle plus d'intérêt ou d'agrément.

Mais quoi qu'on fasse pour en imposer, il est rare que l'*illusion* soit trop forte : on fait donc bien d'être sévère sur ce qui intéresse la vraisemblance, et de n'accorder à l'art que les licences heureuses d'où résulte quelque beauté.

Il faut se figurer qu'il y a sans cesse, dans l'imitation théâtrale, un combat entre la vérité et le mensonge : des deux impressions, affaiblir celle qui doit céder, fortifier celle que l'on veut qui domine ; voilà le point où se réunissent toutes les règles de l'art par rapport à la vraisemblance, dont l'*illusion* est l'effet.

Quant aux moyens qu'on doit exclure, il en est qui rendent l'imitation trop effrayante et horriblement vraie, comme lorsque sous l'habit de l'acteur qui doit paraître se tuer, on cache une vessie pleine de sang, et que le sang inonde le théâtre ; il en est qui rendent grossièrement et bassement une nature dégoûtante, comme lorsqu'on produit sur la scène l'ivrognerie et la débauche ; il en est qui sont pris dans un naturel insipide et trivial, dont l'unique mérite est une plate vérité, comme lorsqu'on représente ce qui se passe communément parmi le peuple. Tout cela doit être interdit à l'imitation poétique, dont le but est de plaire, non pas seulement à la multitude, mais aux esprits les plus cultivés et aux ames les plus sensibles : succès qu'elle ne peut avoir qu'autant qu'elle est décente, ingénieuse, exquise, digne, en un mot, qu'une raison perfectionnée et un sentiment délicat en chérissent l'*illusion*.

IMAGE. D'après Longin, on a compris sous le nom d'*image* tout ce qu'en poésie on appelle *descriptions* et *tableaux*. Mais en parlant du coloris du style, on attache à ce mot une idée beaucoup plus précise; et par *image*, on entend cette espèce de métaphore qui, pour donner de la couleur à la pensée, et rendre un objet sensible s'il ne l'est pas, ou plus sensible s'il ne l'est pas assez, le peint sous des traits qui ne sont pas les siens, mais ceux d'un objet analogue.

La mort de Laocoon, dans l'*Énéide*, est un tableau; la peinture des serpents qui viennent l'étouffer, est une description; *Laocoon ardens* est une *image*.

Il est bien vrai que toute description n'est pas une peinture : l'anatomiste, le mécanicien décrivent et ne peignent pas; et c'est en faisant cette distinction que Boileau a dit très-injustement : *Virgile peint, et le Tasse décrit*. Mais nous parlons ici des descriptions animées par la poésie ou par l'éloquence. Or, dans ce sens, la description diffère du tableau, en ce que le tableau n'a qu'un moment et qu'un lieu fixe. Ainsi la description peut être une suite de tableaux, le tableau peut être un composé d'*images*, l'image elle-même peut former un tableau. Mais l'*image* est le voile matériel d'une idée; au lieu que la description et le tableau ne sont le plus souvent que le miroir de l'objet même.

Toute *image* est une métaphore ; mais toute métaphore n'est pas une *image*. Il y a des translations de mots qui ne présentent leur nouvel objet que tel qu'il est en lui-même, comme, par exemple, *la clef* d'une voûte, *le pied* d'une montagne ; au lieu que l'expression qui fait *image* peint avec les couleurs de son premier objet la nouvelle idée à laquelle on l'attache, comme dans cette sentence d'Iphicrate : *Une armée de cerfs conduite par un lion, est plus à craindre qu'une armée de lions conduite par un cerf*; et dans cette réponse d'Agésilas, à qui l'on demandait pourquoi Lacédémone n'avait point de murailles : *Voilà* (en montrant ses soldats) *les murailles de Lacédémone.*

L'*image* suppose une ressemblance, renferme une comparaison ; et de la justesse de la comparaison dépend la clarté, la transparence de l'*image*. Mais la comparaison est sous-entendue, indiquée, ou développée : on dit d'un homme en colère, *Il rugit*; on dit de même, *C'est un lion*; on dit encore, *Tel qu'un lion altéré de sang*, etc. *Il rugit* suppose la comparaison ; *c'est un lion*, l'indique ; *tel qu'un lion*, la développe.

On demandera peut-être : Quelle ressemblance peut-il y avoir entre une idée métaphysique ou un sentiment moral, et un objet matériel ?

1° Une ressemblance d'effet dans leur manière d'agir sur l'ame. Si, par exemple, le génie d'un homme ou son éloquence débrouille dans mon entendement le chaos de mes pensées, en dissipe l'obscurité, les rend distinctes et sensibles à mon imagination, m'en fait apercevoir et saisir les rapports, je me rappelle l'effet que le soleil, en se levant, produit sur le tableau de la nature; je trouve qu'ils font éclore, l'un à mes yeux, l'autre à mon esprit, une foule d'objets nouveaux ; et je dis de ce génie créateur et fécond, qu'il est lumineux, comme je le dis du soleil. Lorsque je goûte de l'absynthe, la sensation d'amertume que mon ame en reçoit, lui déplaît, et lui donne, pour la même boisson, une répugnance presque invincible : s'il arrive donc que le regret d'un bien que j'ai perdu me cause une sensation affligeante et pénible, et une forte répugnance pour ce qui peut me rappeler le souvenir de mon malheur, je dis de ce regret, qu'il est amer ; et l'analogie de l'expression avec le sentiment est fondée sur la ressemblance des affections de l'ame. L'effet naturel des passions est en nous bien souvent le même que celui des impressions des objets du dehors; l'amour, la colère, le désir violent, fait sur le sang l'effet d'une chaleur ardente; la frayeur, celui d'un grand froid. De là toutes ces métaphores de *brûler de colère, d'impatience, et d'amour ; d'être glacé d'effroi, de frissonner de crainte :* voilà ce que j'entends par la ressemblance d'effet. C'est sous ce rapport que me semble aussi juste qu'ingénieuse la réponse de Marius, à qui l'on reprochait d'avoir, dans la guerre des Cimbres, donné le droit de bourgeoisie à Rome, à mille étrangers qui s'étaient distingués. « Les lois, lui disait-on, défendent pareille chose. » Il répondit que le bruit des armes l'avait empêché d'entendre ce que disaient les lois.

2° Une ressemblance de mouvement. On vient de voir que la première analogie des *images* porte sur le caractère des sensations. Celle-ci porte sur leur durée, et leur succession plus lente ou plus rapide. Si nous observons d'abord une analogie naturelle entre la progression de lieu et la progression de temps, entre l'étendue successive et l'étendue permanente, l'une peut donc être l'*image* de l'autre, et le lieu nous peindra le temps. Un sourd et muet de naissance, pour exprimer le passé, montrait l'espace qui était derrière lui; et l'espace qui était devant, pour exprimer l'avenir. Nous les désignons à-peu-près de même : *Les temps reculés. J'avance en âge. Les années s'écoulent.* Quoi de plus clair et de plus juste que cette *image* dont se sert Montaigne, pour dire qu'il s'occupe agréablement du passé sans s'inquiéter de l'avenir? *Les ans peuvent m'entraîner, mais à reculons.* Cette analogie est dans la nature, parce que les objets se succèdent pour moi dans l'espace comme dans la durée, et que ma pensée opère de même pour les concevoir dans leur ordre, soit qu'ils existent ensemble en divers lieux, ou soit que dans un même lieu ils existent en divers temps.

Il y a de plus une correspondance naturelle entre la vîtesse ou la lenteur des mouvements du corps, et la vîtesse ou la lenteur des mouvements de l'ame; et en cela, le physique et le moral, l'intellectuel et le sensible ont une parfaite analogie entre eux, et par conséquent un rapport naturellement établi entre les idées et les *images*. Voyez Analogie.

Mais souvent la facilité d'apercevoir une idée sous une *image*, est un effet de l'habitude, et suppose une convention. De là vient que toutes les *images* ne peuvent ni ne doivent être transplantées d'une langue dans une autre langue; et lorsqu'on dit qu'une *image* ne saurait se traduire, ce n'est pas tant la disette des mots qui s'y oppose, que le défaut d'exercice dans la liaison de deux idées. Toute *image* tirée des coutumes étrangères, n'est reçue parmi nous que par adoption; et si les esprits n'y sont pas habitués, le rapport en sera difficile à saisir. *Hospitalier* exprime une idée claire en français comme en latin, dans son acception primitive : on dit : *Les dieux hospitaliers*, *Un peuple hospitalier*; mais cette idée ne nous est pas assez familière pour se présenter d'abord, à propos d'un arbre qui donne asyle aux voyageurs : ainsi l'*umbram hospitalem* d'Horace, traduit à la lettre par un *ombrage hospitalier*, ne serait pas entendu sans le secours de la réflexion.

Il arrive aussi que, dans une langue, l'opinion

attache du ridicule ou de la bassesse à des *images*, qui, dans une autre langue, n'ont rien que de noble et de décent. La métaphore de ces deux beaux vers de Corneille,

> Sur les noires couleurs d'un si triste tableau,
> Il faut passer l'éponge, ou tirer le rideau.

n'aurait pas été soutenable chez les Romains, où l'*éponge* était un mot sale.

Que les araignées fassent désormais leur toile sur nos lances et sur nos boucliers, disaient les Grecs dans un chœur de tragédie. Cette *image* ne serait plus soufferte dans la poésie héroïque.

Les anciens se donnaient une licence que notre langue n'admet pas; dès qu'un même objet faisait sur les sens deux impressions simultanées, ils attribuaient indistinctement l'une à l'autre. Par exemple, ils disaient à leur choix, un *ombrage frais*, ou une *fraîcheur sombre*, *frigus opacum* : ils disaient *trepidus horror*, une tremblante horreur. Ils disaient d'une forêt, qu'elle était obscurcie d'une *noire frayeur*, au lieu de dire qu'elle était *effrayante par son obscurité profonde, caligantem nigrâ formidine lucum;* c'était prendre la cause pour l'effet. Nous sommes plus difficiles; et ce qui pour eux était une élégance serait pour nous un contre-sens.

Nous n'avons pas laissé d'imiter quelquefois cette hardiesse. Racine a dit,

> De ses jeunes erreurs désormais revenu.

Les anciens attribuaient aussi l'action même à ce qui n'en était que le sujet passif. Ils disaient, Le trait fuit de la main, *telum manu fugit*; et nous disons comme eux, *Le coup part, la parole m'échappe, le trait lui échappe de la main.*

Telle *image* est claire, comme expression simple, qui s'obscurcit dès qu'on veut l'étendre. *S'enivrer de louange*, est une façon de parler familière : *s'enivrer* est pris là pour un terme primitif : celui qui l'entend ne soupçonne pas qu'on lui présente la louange comme une liqueur ou comme un parfum. Mais si vous suivez l'*image*, et que vous disiez, *Un roi s'enivre des louanges que lui versent les flatteurs*, ou *que les flatteurs lui font respirer*, vous éprouverez que celui qui a reçu *s'enivrer de louange* sans difficulté, sera étonné d'entendre, *verser la louange, respirer la louange*, et qu'il aura besoin de réflexion pour sentir que l'un est la suite de l'autre. La difficulté ou la lenteur de la conception vient alors de ce que le terme moyen est sous-entendu : *verser* et *s'enivrer*, annonce une liqueur; dans *respirer* et *s'enivrer*, c'est une vapeur qu'on suppose. Que la liqueur ou la vapeur soit expressément énoncée, l'analogie des termes devient claire et frappante par le lien qui les unit. *Un roi s'enivre du poison de la louange que lui versent les flatteurs; un roi s'enivre du parfum de la louange que les flatteurs lui font respirer* : tout cela n'est-il pas naturel et sensible?

> Le nectar que l'on sert au maître du tonnerre,
> Et dont nous enivrons tous les dieux de la terre,
>   C'est la louange, Iris.   (La Fontaine.)

Démosthène a employé le terme moyen, lorsqu'il a dit d'Eschine : *Il vomit contre moi la vieille lie de ses noirceurs*; mais il s'en est dispensé, en disant de Philippe : *Il boit sans peine les affronts*. Aujourd'hui, *boire les affronts*, et *vomir des injures*, sont des *images* reçues dans les langues modernes, et familières dans la nôtre.

Les langues, à les analyser avec soin, ne sont presque toutes qu'un recueil d'*images*, que l'habitude a mises au rang des dénominations primitives, et que l'on emploie sans s'en apercevoir. *Quem (usum) necessitas genuit, inopiâ coacta et angustiis; post autem delectatio jucunditasque celebravit.* (Cicér.) Il y en a de si hardies, que les poëtes n'oseraient les risquer, si elles n'étaient pas reçues. Les philosophes en usent eux-mêmes comme de termes abstraits : *perception, réflexion, attention, induction*, tout cela est pris de la matière. On dit *suspendre, précipiter son jugement, balancer les opinions, les recueillir*, etc. On dit que *l'ame s'élève*, que *les idées s'étendent*, que *le génie étincelle*, que *Dieu vole sur les ailes des vents*, qu'il *habite en lui-même*, que *son souffle anime la matière*, que *sa voix commande au néant*. Tout cela est familier, non-seulement à la philosophie la plus exacte, mais à la théologie la plus austère. Ainsi, à l'exception de quelques termes abstraits, le plus souvent confus et vagues, tous les signes de nos idées sont empruntés des objets sensibles. Il n'y a donc, pour l'emploi des *images* usitées, d'autres ménagements à garder que les convenances du style.

Il est des *images* qu'il faut laisser au peuple; il en est qu'il faut réserver au langage héroïque; il en est de communes à tous les styles et à tous les tons. Mais c'est au goût formé par l'usage à distinguer ces nuances.

Quant au choix des *images* rarement employées, ou nouvellement introduites dans une langue, il faut y apporter beaucoup plus de circonspection et de sévérité. Que les *images* reçues ne soient point exactes; que l'on dise de l'esprit, qu'*il est solide*; de la pensée, qu'*elle est hardie*; de l'attention, qu'*elle est profonde;* celui qui emploie ces *images* n'en garantit pas la justesse : et si on lui demande pourquoi il attribue la solidité à ce qu'il appelle un *souffle* (*spiritus*), la hardiesse à l'action de *peser* (*pensare*), la profondeur à la direction du mouvement (*tendere ad*), car tel est le sens primitif d'esprit, de pensée, et d'attention; il n'a qu'un mot à répondre : *Cela est reçu; je parle ma langue.*

Mais s'il emploie de nouvelles *images*, on a droit d'exiger de lui qu'elles soient justes, claires, sensibles, et d'accord avec elles-mêmes. C'est à quoi les écrivains, même les plus attentifs, ont manqué plus d'une fois.

Je viens de lire dans Brumoi, que la comédie grecque, dans son troisième âge, *cessa d'être une Mégère, et devint*..... quoi? *un miroir.* Quelle analogie y a-t-il entre un miroir et une Mégère ?

Il y a des *images* qui, sans être précisément fausses, n'ont pas cette vérité sensible qui doit nous saisir au premier coup-d'œil. Vous représentez-vous un jour vaste par le silence, *dies per silentium vastus?* Il est vrai que, le jour des funérailles de Germanicus, Rome dut être changée en une vaste solitude, par le silence qui régnait dans ses murs; mais après avoir développé la pensée de Tacite, on ne saisit point encore son *image*.

La Fontaine semble l'avoir prise de Tacite.

Craignez le fond des bois et leur vaste silence.

Mais ici l'*image* est claire et juste : on se transporte au milieu d'une solitude immense, où le silence règne au loin; et *silence vaste*, qui paraît hardi, est beaucoup plus sensible que *silence profond*, qui est devenu si familier.

Tacite lui-même a dit ailleurs, *silentium vastum;* et Lucain après lui :

*Cæsar, sollicito per vasta silentia gressu,
Vix famulis audenda parat.*

Traduisez, *Tibi rident æquora ponti* de Lucrèce : *la mer prend une face riante*, est une façon de parler très-claire en elle-même, et qui cependant ne peint rien. La mer est paisible, mais elle ne rit point; et dans aucune langue *rident* ne peut se traduire, à moins qu'on ne change *l'image*. Il n'en est pas de même de la suivante :

> *Tibi dedala tellus*
> *Submittit flores.*

Distinguons cependant une *image* confuse d'une *image* vague. Celle-ci peut être claire, quoiqu'indéfinie : *l'étendue*, *l'élévation*, la *profondeur*, sont des termes vagues, mais clairs : il faut même bien se garder de déterminer certaines expressions dont le vague fait toute la force. *Omnia pontus erat, tout n'était qu'un océan*, dit Ovide en parlant du déluge : *tout était Dieu, excepté Dieu même*, dit Bossuet en parlant des siècles d'idolâtrie; *je ne vois le tout de rien*, dit Montaigne; et Lucrèce, pour exprimer la grandeur du système d'Épicure :

> ....*Extra*
> *Processit longè flammantia mœnia mundi,*
> *Atque omne immensum peragravit mente animoque.*

> Du monde il a franchi la barrière enflammée,
> Et son ame a d'un vol parcouru l'infini.

N'oublions pas cet effrayant tableau que fait le P. La Rue du pécheur après sa mort : *Environné de l'éternité, et n'ayant que son péché entre son Dieu et lui*. N'oublions pas non plus cette réponse d'un moine de la Trape, à qui l'on demandait ce qu'il avait fait là depuis quarante ans qu'il y était. *Cogitavi dies antiquos, et annos æternos in mente habui.* C'est le vague et l'immensité de ces *images* qui en fait la force et la sublimité.

Pour s'assurer de la justesse et de la clarté d'une *image* en elle-même, il faut se demander en écrivant, Que fais-je de mon idée? une colonne? un fleuve? une plante? L'*image* ne doit rien présenter qui ne convienne à la plante, à la colonne, au fleuve, etc. La règle est simple, sûre, et facile; rien n'est plus commun cependant que de la voir négliger, et sur-tout par les commençants qui n'ont pas fait de leur langue une étude philosophique.

L'analogie de l'*image* avec l'idée exige encore plus d'attention que la justesse de l'*image* en elle-même, comme étant plus difficile à saisir. J'ai dit que toute *image* suppose une ressemblance, ainsi que toute comparaison; mais la comparaison développe les rapports, l'*image* ne fait que les indiquer : il faut donc que l'*image* soit au moins aussi juste que la comparaison peut l'être; quelquefois même la justesse n'y suffit pas, si le rapport est trop éloigné, ou s'il n'est pas assez connu. Les Grecs appelaient le poëte Alcée *la queue du lion*, pour exprimer que c'était lui qui les animait aux combats; et quoique, dans le même sens et par la même allusion, nous disions, *se battre les flancs*, la queue du lion ne réveillerait pas en nous la même idée. Mais *que le bouclier fût la coupe de Mars*, cette *image* de la discipline est intelligible pour nous. L'*image* qui ne s'applique pas exactement à l'idée qu'elle enveloppe, l'obscurcit au lieu de la rendre sensible : il faut que le voile ne fasse aucun pli, ou que du moins, pour parler le langage des peintres, le nu soit bien ressenti sous la draperie.

Après la justesse et la clarté de l'*image*, je place la vivacité. L'effet que l'on se propose étant d'affecter l'imagination, les traits qui l'affectent le plus doivent avoir la préférence.

Tous les sens contribuent proportionnellement au langage figuré. Nous disons le *coloris des idées*, la *voix des remords*, la *dureté de l'ame*, la *douceur du caractère*, l'*odeur de la bonne renommée*. Mais les objets de la vue, plus clairs, plus vifs, et plus distincts, ont l'avantage de se graver plus avant dans la mémoire, et de se retracer plus facilement. La vue est par excellence le sens de l'imagination ; et les objets qui se communiquent à l'ame par l'entremise des yeux, vont s'y peindre comme dans un miroir : aussi la vue est-elle celui de tous les sens qui enrichit le plus le langage poétique. Après la vue, c'est le toucher ; après le toucher, c'est l'ouie ; après l'ouie, vient le goût; et l'odorat, le plus faible de tous, fournit à peine une *image* entre mille. Parmi les objets du même sens, il en est de plus vifs, de plus frappants, de plus favorables à la peinture; mais le choix en est au-dessus des règles : c'est au sentiment seul à le déterminer.

Observons seulement que de tous les sens, le seul dont les dégoûts soient insoutenables à la pensée, c'est l'odorat, et que la réminiscence d'un objet fétide est la seule qui nous répugne invinciblement. Nous supportons

> .... Un horrible mélange
> D'os et de chairs meurtris et traînés dans la fange;

nous ne supportons pas.

> De montagnes de morts privés d'honneurs suprêmes,
> Que la nature force à se venger eux-mêmes,
> Et dont les troncs pourris exhalent dans les vents
> De quoi faire la guerre au reste des vivants.

C'est peu que l'*image* soit une expression juste, il faut encore qu'elle soit une expression naturelle, c'est-à-dire qu'elle paraisse avoir dû se présenter d'elle-même à celui qui l'emploie. Les peintres nous donnent un exemple de la propriété des *images* : ils couronnent les naïades de perles et de corail; les bergères, de fleurs; les ménades, de pampre; Uranie, d'étoiles, etc.

Les productions, les accidents, les phénomènes de la nature diffèrent suivant les climats. Il n'est pas vraisemblable que deux amants qui n'ont jamais dû voir des palmiers, en tirent l'*image* de leur union. Il ne convient qu'au peuple du levant, ou à des esprits versés dans la poésie orientale, d'exprimer le rapport des deux extrêmes par l'*image* du cèdre et de l'hysope.

L'habitant d'un climat pluvieux compare la

vue de ce qu'il aime à la vue d'un ciel sans nuages; l'habitant d'un climat brûlant la compare à la rosée. A la Chine, un empereur qui fait la joie et le bonheur de son peuple, est semblable au vent du midi. Voyez combien sont opposées l'une à l'autre les idées que présente l'*image* d'un fleuve débordé, à un berger des bords du Nil, et à un berger des bords de la Loire. Il en est de même de toutes les *images* locales; et l'on ne doit les transplanter qu'avec beaucoup de précaution.

Les *images* sont aussi plus ou moins familières, suivant les mœurs, les opinions, les usages, les conditions, etc. Un peuple guerrier, un peuple pasteur, un peuple matelot, ont chacun leurs *images* habituelles : ils les tirent des objets qui les occupent, qui les affectent, qui les intéressent le plus. Un chasseur amoureux se compare au cerf qu'il a blessé :

Portant par-tout le trait dont je suis déchiré.

Un berger, dans la même situation, se compare aux fleurs exposées à un vent brûlant qui les consume.

. . . . *Floribus austrum*
Perditus immisi. (Virgile.)

C'est ce qu'on doit observer avec un soin particulier dans la poésie dramatique. *Britannicus* ne doit pas être écrit comme *Athalie*, ni *Polyeucte* comme *Cinna*. Aussi les bons poëtes n'ontil pas manqué de prendre la couleur des lieux et des temps, soit de propos délibéré, soit par sentiment et par goût, l'imagination remplie de leur sujet, l'esprit imbu de la lecture des auteurs qui devaient leur donner le ton. On reconnaît les prophètes dans *Athalie*, Tacite dans *Britannicus*, Sénèque dans *Cinna*, et dans *Polyeucte* tout ce que le dogme et la morale de l'évangile ont de sublime et de touchant.

C'est un heureux choix d'*images* inusitées parmi nous, mais rendues naturelles par ces convenances, qui fait la magie du style de *Mahomet* et d'*Alzire*, et qui manque peut-être à celui de *Bajazet*. Croirait-on que les harangues des sauvages de l'Amérique fussent du même style que le rôle de *Zamore* ? En voici un exemple frappant. On propose à l'une de ces nations de changer de demeure; le chef des sauvages répond : « Cette terre nous a nourris, l'on veut que nous l'abandonnions ! Qu'on la fasse creuser, on trouvera dans son sein les ossements de nos pères. Faut-il donc que les ossements de nos pères se lèvent pour nous suivre dans une terre étrangère ? » Virgile a dit de ceux qui se donnent la mort :

. . . . Lucemque perosi
Projecére animas.
Ils ont fui la lumière et rejeté leur ame.

Les sauvages disent en se dévouant à la guerre, *Je jette mon corps loin de moi.*

On a long-temps attribué les figures du style oriental au climat ; mais on a trouvé des *images* aussi hardies dans les poésies des Islandais, dans celles des anciens Écossais, et dans les harangues des sauvages du Canada, que dans les écrits des Persans et des Arabes. Moins les peuples sont civilisés, plus leur langage est figuré, sensible. C'est à mesure qu'ils s'éloignent de la nature, et non pas à mesure qu'ils s'éloignent du soleil, que leurs idées se dépouillent de cette écorce dont elles étaient revêtues, comme pour tomber sous les sens.

Il y a des phénomènes dans la nature, des opérations dans les arts, qui, quoique présents à tous les hommes, ne frappent vivement que les yeux des philosophes ou des artistes. Ces idées, d'abord réservées au langage des arts et des sciences, ne doivent passer dans le style oratoire ou poétique, qu'à mesure que la lumière des sciences et des arts se répand dans la société. Le ressort de la montre, la boussole, le télescope, le prisme, etc., fournissent aujourd'hui au langage familier des *images* aussi naturelles, aussi peu recherchées que celles du miroir et de la balance. Mais il ne faut hasarder ces translations nouvelles, qu'avec la certitude que les deux termes soient bien connus, et que le rapport en soit juste et sensible.

Le poëte lui seul, comme poëte, peut employer les *images* de tous les temps, de tous les lieux, de toutes les situations de la vie. De là vient que les morceaux épiques ou lyriques, dans lesquels le poëte parle lui-même en qualité d'homme inspiré, sont les plus abondants, les plus variés en *images*. Il a cependant lui-même des ménagements à garder.

1° Les objets d'où il emprunte ses métaphores doivent être présents aux esprits cultivés.

2° S'il adopte un système, comme il y est souvent obligé, celui, par exemple, de la théologie ou celui de la mythologie, celui d'Épicure ou celui de Newton ; il se borne lui-même dans le choix des *images*, et s'interdit tout ce qui n'est pas analogue au système qu'il a suivi.

Quoique le Dante ait voulu figurer par l'Hélicon, par Uranie et par le chœur des muses, ce n'est pas dans un sujet comme celui du purgatoire qu'il est décent de les invoquer.

3° Les *images* que l'on emploie doivent être du ton général de la chose, élevées dans le noble, simples dans le familier, sublimes dans l'enthousiasme.

Si cette règle a des exceptions, elles regardent plus la comparaison que *l'image* : car l'image n'a pas le temps de peindre et d'ennoblir, comme fait la comparaison. Il faut plus d'un mot pour rendre noble et belle la ressemblance de l'irrésolution d'Énée avec le mouvement de la lumière, réfléchie par la surface de l'eau dont un vase est rempli.

Atque animum nunc huc celerem, nunc dividit illuc,
In partesque rapit varias, perque omnia versat.
Sicut aquæ tremulum labris ubi lumen ahenis,
Sole repercussum, aut radiantis imagine lunæ,
Omnia pervolitat latè loca : jamque sub auras
Erigitur, summique ferit laquearia tecti. (Virgile.)

4° Si le poëte adopte un personnage, un caractère, son langage est assujéti aux mêmes convenances que le style dramatique : il ne doit se servir alors, pour peindre ses sentiments et ses idées, que des *images* qui sont présentes au personnage qu'il a pris.

5° Les images sont d'autant plus frappantes, que les objets en sont plus familiers; et comme on écrit sur-tout pour son pays, le style poétique doit avoir naturellement une couleur natale. Cette réflexion a fait dire à un homme de goût, qu'il serait à souhaiter pour la poésie française, que Paris fût un port de mer. C'est de toutes ces relations observées avec soin, que résulte l'art d'employer les *images*, et de les placer à propos.

Mais une règle plus délicate et plus difficile à prescrire, c'est l'économie et la sobriété dans la distribution des *images*. Si l'objet de l'idée est de ceux que l'imagination saisit et retrace aisément et sans confusion, il n'a besoin pour la frapper que de son expression naturelle; et le coloris étranger de l'*image* n'est plus que de décoration : mais si l'objet, quoique sensible par lui-même, ne se présente à l'imagination que faiblement, confusément, successivement, ou avec peine; l'*image* qui le peint avec force, avec éclat, et ramassé comme en un seul point, cette *image* vive et lumineuse éclaire et soulage l'esprit autant qu'elle embellit le style. C'est ce qui rend si admirable cette sentence de Bacon : *Celui qui a épousé une femme, et qui a mis des enfants au jour, a donné des ôtages à la fortune.*

On conçoit sans peine les inquiétudes et les soucis dont l'ambitieux est agité; mais combien l'idée en est plus sensible, quand on les voit voltiger sous des lambris dorés, et dans les plis des rideaux de pourpre!

> *Non enim gazæ, neque consularis*
> *Summovet lictor miseros tumultus*
> *Mentis, et curas laqueata circum*
>   *Tecta volantes.*   (Horace.)

La Fontaine dit, en parlant du veuvage :

> On fait un peu de bruit, et puis on se console.

Mais il ajoute :

> Sur les ailes du temps la tristesse s'envole;
>   Le temps ramène les plaisirs.

Et je n'ai pas besoin de faire sentir ici quel agrément l'idée reçoit de l'*image*.

Le choc de deux masses d'air qui se repoussent dans l'atmosphère est sensible par ses effets;

mais cet objet vague et confus n'affecte pas l'imagination comme la lutte des aquilons et du vent du midi, *præcipitem africum decertantem aquilonibus.* Cette *image* est frappante au premier coup-d'œil; l'esprit la saisit et l'embrasse. Sénèque a critiqué le *Luctantes ventos* de Virgile : « Ce qui est enfermé, dit-il, n'est pas du vent; ce qui est du vent n'est pas enfermé : » comme si on ne concevait pas bien nettement l'effort que fait l'air comprimé pour s'échapper et pour s'étendre; et cet effort pouvait-il être plus sensiblement exprimé?

Quelle collection d'idées réunies et rendues sensibles dans ce demi-vers de Lucain, qui peint la douleur errante et muette!

Erravit sine voce dolor.

et dans cette *image* de Rome accablée sous le poids de sa grandeur!

Nec se Roma ferens.

et dans ce tableau de Sénèque! *Non miror si quando impetum capit (Deus) spectandi magnos viros colluctantes cum aliquá calamitate.* Dieu se plaît à éprouver les grands hommes par des calamités. Cette idée serait belle encore, exprimée tout simplement; mais quelle force ne lui donne pas l'*image* dont elle est revêtue! Les grands hommes et les calamités sont aux prises; et le spectateur du combat, c'est Dieu.

Quand l'*image* donne à l'objet le caractère de beauté qu'il doit avoir, qu'elle le pare, sans le cacher, avec goût et avec décence, elle convient à tous les styles et s'accorde avec tous les tons. Mais pour peu que le langage figuré s'éloigne de ces règles, il refroidit le pathétique, il énerve l'éloquence, il ôte au sentiment sa simplicité touchante, aux grâces leur ingénuité. Les *images* sont des fleurs, qui, pour être semées avec goût, demandent une main délicate et légère. Cicéron a dit que le style oratoire en devait être comme étoilé : *Translatum, quod maximè tanquam stellis quibusdam notat et illuminat orationem.* De Orat.

La poésie elle-même perd souvent à préférer le coloris de l'*image* au coloris de l'objet; et l'abbé du Bos me semble s'être mépris dans ce qu'il appelle la poésie de style, lorsqu'il l'a fait consister dans une suite continuelle d'*images* qui se succèdent rapidement. C'est le mélange du style simple avec le style figuré, qui fait le charme de la poésie. Celui-ci serait tendu et fatigant, s'il était continu : c'est le défaut du style oriental.

En général, toutes les fois que la nature est belle et touchante en elle-même, c'est dommage de la voiler. Il faut animer ce qui manque de vie et de mouvement; il faut rendre sensible ce qui serait confus et vague; il faut colorer, embellir ce qui n'a pas assez de couleur et d'éclat;

mais il faut ne rien prodiguer, et se souvenir que dans un tableau il y a des ombres et des demi-teintes : si toutes les touches en étaient brillantes, il n'aurait plus aucun effet.

Ce n'est pas assez que l'idée ait besoin d'être embellie, il faut qu'elle mérite de l'être. Une pensée triviale, revêtue d'une *image* pompeuse ou brillante, est ce qu'on appelle du *Phœbus* : on croit voir une physionomie basse et commune, ornée de fleurs et de diamants. Cela revient à ce premier principe, que l'*image* n'est faite que pour rendre l'idée sensible. Si l'idée ne mérite pas d'être sentie, ce n'est pas la peine de la colorer.

En observant ces deux règles, savoir, de ne jamais revêtir l'idée que pour l'embellir, et de ne jamais embellir que ce qui en mérite le soin, on évitera la profusion des *images*, on ne les emploiera qu'à propos : c'est-là ce qui fait la beauté du style de Racine et de La Fontaine : il est riche et n'est point chargé : c'est l'abondance du génie que le goût ménage et répand.

La continuation de la même image est une affectation que l'on doit éviter, sur-tout dans le dramatique, où les personnages sont trop émus pour penser à suivre une allégorie. C'était le goût du siècle de Corneille, et lui-même il s'en est ressenti.

En changeant d'idée, on peut immédiatement passer d'une *image* à une autre : mais le retour du figuré au simple est indispensable si l'on s'étend sur la même idée : sans quoi l'on serait obligé de soutenir la première *image*, ce qui dégénère en affectation ; ou de présenter le même objet sous deux *images* différentes, espèce d'inconséquence qui choque le bon sens et le goût.

Il y a des idées qui veulent être relevées ; il y en a qui veulent que l'*image* les abaisse au ton du style familier. Ce grand art n'a point de règles, et ne saurait se raisonner. Entendez Lucrèce parlant de la superstition ; comme l'*image* qu'il emploie agrandit son idée !

> *Humana ante oculos fœdè quum vita jaceret*
> *In terris, oppressa gravi sub religione,*
> *Quæ caput à cœli regionibus ostendebat.*

Voyez des idées aussi grandes présentées avec toute leur force sous les traits les plus ingénus. « C'est le déjeûner d'un petit ver que le cœur et la vie d'un grand empereur, » dit Montaigne ; et en parlant de la guerre : » Ce furieux monstre à tant de bras et à tant de têtes, c'est toujours l'homme faible, calamiteux et misérable ; c'est une fourmilière émue. L'homme est bien insensé ! dit-il encore, il ne saurait forger un ciron, et il forge des dieux par douzaine. » Avec quelle simplicité La Fontaine a peint une mort tranquille !

> On sortait de la vie ainsi que d'un banquet,
> Remerciant son hôte et faisant son paquet.

Ce qui rend cette familiarité frappante, c'est l'élévation d'ame qu'elle annonce : car il faut planer au-dessus des grands objets, pour les voir au rang des petites choses ; et c'est en général sur la situation de l'ame de celui qui parle, que le poëte doit se régler pour élever ou abaisser l'*image*.

Dans tous les mouvements impétueux, comme l'enthousiasme, la passion, etc., le style s'enfle de lui-même; il se tempère ou s'affaiblit quand l'ame s'appaise ou s'épuise : ainsi, toutes les fois que la beauté du sentiment est dans le calme, l'*image* est d'autant plus belle qu'elle est plus simple et plus familière. Les exemples de cette simplicité précieuse sont rares chez les modernes; ils sont communs chez les anciens : je ne peux trop inviter les jeunes poëtes à s'en nourrir l'esprit et l'ame.

Dans l'éloquence, les *images* ne doivent jamais être forcées; il faut, dit Cicéron, qu'elles semblent s'être présentées d'elles-mêmes; il porte la sévérité jusqu'à blâmer *la voûte des cieux*, qui est aujourd'hui une expression commune : *Verecunda debet esse translatio, ut deducta esse in alienum locum, non irruisse, videatur.* De Orat.

Quant à l'abus des *images* qu'on appelle *jeux de mots*, cet abus consiste dans la fausseté des rapports.

Les rapports du figuré au figuré ne sont que des relations d'une *image* à une *image*, sans que ni l'une ni l'autre soit donnée pour l'objet réel. C'est ainsi que l'on compare les chaînes de l'amour avec celles de l'ambition, et que l'on dit que celles-ci sont plus pesantes et moins fragiles. Alors ce sont les idées mêmes que l'on compare sous des noms étrangers.

Mais c'est abuser des termes, que d'établir une ressemblance réelle du figuré au simple : l'*image* n'est qu'une comparaison dans le sens de celui qui l'emploie ; c'est la donner pour l'objet même, que de lui attribuer les mêmes rapports qu'à l'objet, comme dans ces vers :

> Brûlé de plus de feux que je n'en allumai. (Rac.)
> Elle fuit, mais en Parthe, en me perçant le cœur.
> (Corneille.)

De la fiction à la réalité les rapports sont pris à la lettre, et non pas de la métaphore à la réalité. Par exemple, après avoir changé Syrinx en roseau, le poëte en peut faire une flûte ; mais quoiqu'il appelle des lys et des roses les couleurs d'une bergère, il n'en fera pas un bouquet. Pourquoi cela ? C'est que la métamorphose de Syrinx est donnée pour un fait dont le poëte est persuadé ; au lieu que les lys et les roses ne sont qu'une comparaison dans l'esprit même du poëte. C'est pour n'avoir pas fait cette distinction si facile, que tant de poëtes ont donné dans les jeux de mots, l'un des vices les plus opposés au naturel, qui fait le charme du style poétique.

Imagination. On appelle ainsi cette faculté de

l'ame qui rend les objets présents à la pensée ; elle suppose dans l'entendement une appréhension vive et forte, et la facilité la plus prompte à reproduire ce qu'il a reçu. Quand l'*imagination* ne fait que retracer les objets qui ont frappé les sens, elle ne diffère de la mémoire que par la vivacité des couleurs. Quand de l'assemblage des traits que la mémoire a recueillis l'*imagination* compose elle-même des tableaux dont l'ensemble n'a point de modèle dans la nature, elle devient créatrice ; et c'est alors qu'elle appartient au génie.

Il est peu d'hommes en qui la réminiscence des objets sensibles ne devienne, par la réflexion, par la contention de l'esprit, assez vive, assez détaillée pour servir de modèle à la poésie. Les enfants mêmes ont la faculté de se faire une image frappante, non-seulement de ce qu'ils ont vu, mais de ce qu'ils ont ouï dire d'intéressant, de pathétique. Tous les hommes passionnés se peignent avec chaleur les objets relatifs au sentiment qui les occupe. La méditation dans le poëte peut opérer les mêmes effets ; c'est elle qui couve les idées et les dispose à la fécondité ; et quand il peint faiblement, vaguement, confusément, c'est le plus souvent pour n'avoir pas donné à son objet toute l'attention qu'il exige.

Vous avez à peindre un vaisseau battu par la tempête, et sur le point de faire naufrage. D'abord ce tableau ne se présente à votre pensée que dans un lointain qui l'efface; mais voulez-vous qu'il vous soit plus présent, parcourez des yeux de l'esprit les parties qui le composent: dans l'air, dans les eaux, dans le vaisseau même, voyez ce qui doit se passer: dans l'air, des vents mutinés qui se combattent, des nuages qui éclipsent le jour, qui se choquent, qui se confondent. et qui de leurs flancs sillonnés d'éclairs vomissent la foudre avec un bruit horrible : dans les eaux, les vagues écumantes qui s'élèvent jusques aux nues, des lames polies comme des glaces qui réfléchissent les feux du ciel, des montagnes d'eau suspendues sur les abymes où le vaisseau paraît s'engloutir, et d'où il s'élance sur la cime des flots: vers la terre, des rochers aigus où la mer va se briser en mugissant, et qui présentent aux yeux des nochers les débris récents d'un naufrage, augure effrayant de leur sort: dans le vaisseau, les antennes qui fléchissent sous l'effort des voiles, les mâts qui crient et se rompent; les flancs mêmes du vaisseau qui gémissent, battus par les vagues, et menacent de s'entr'ouvrir; un pilote éperdu, dont l'art épuisé succombe et fait place au désespoir; des matelots accablés d'un travail inutile, et qui, suspendus aux cordages, demandent au Ciel, avec des cris lamentables, de seconder leurs derniers efforts; un héros qui les encourage, et qui tâche de leur inspirer la confiance qu'il n'a plus. Voulez-vous rendre ce tableau plus touchant et plus terrible encore, supposez dans le vaisseau un père avec son fils unique, des époux, des amants qui s'adorent, qui s'embrassent, qui se disent, *Nous allons périr.* Il dépend de vous de faire de ce vaisseau le théâtre des passions, et de mouvoir avec cette machine tous les ressorts les plus puissants de la terreur et de la pitié. Pour cela il n'est pas besoin d'une *imagination* bien féconde; il suffit de réfléchir aux circonstances d'une tempête pour y trouver ce que je viens d'y voir. Il en est de même de tous les tableaux dont les objets tombent sous les sens; plus on y réfléchit, plus ils se développent. Il est vrai qu'il faut avoir le talent de rapprocher les circonstances et de rassembler des détails qui sont épars dans le souvenir; mais dans la contention de l'esprit la mémoire rapporte, comme d'elle-même, ces matériaux qu'elle a recueillis; et chacun peut se convaincre, s'il veut s'en donner la peine, que l'*imagination*, dans le physique, est un talent qu'on a sans le savoir.

On confond souvent avec l'*imagination* un don plus précieux encore, celui de s'oublier soi-même; de se mettre à la place du personnage que l'on veut peindre; d'en revêtir le caractère; d'en prendre les inclinations, les intérêts, les sentiments; de le faire agir comme il agirait, et de s'exprimer sous son nom comme il s'exprimerait lui-même. Ce talent de disposer de soi diffère autant de l'*imagination*, que les affections intimes de l'ame diffèrent de l'impression faite sur les sens. Il veut être cultivé par le commerce des hommes, par l'étude de la nature et des modèles de l'art : c'est l'exercice de toute la vie; encore n'est-ce point assez. Il suppose de plus une sensibilité, une souplesse, une activité dans l'ame, que la nature seule peut donner. Il n'est pas besoin, comme on le croit, d'avoir éprouvé les passions pour les rendre; mais il faut avoir dans le cœur ce principe d'activité qui en est le germe, comme il est celui du génie. Aussi entre mille poëtes qui savent peindre ce qui frappe les yeux, à peine s'en trouve-t-il un qui sache développer ce qui se passe au fond de l'ame. La plupart connaissent assez la nature, pour avoir imaginé, comme Racine, de faire exiger d'Oreste, par Hermione, qu'il immolât Pyrrhus à l'autel; mais quel autre qu'un homme de génie aurait conçu ce retour si naturel et si sublime?

> Pourquoi l'assassiner? qu'a-t-il fait? à quel titre?
> Qui te l'a dit?

Les alarmes de Mérope sur le sort d'Égisthe, sa douleur, son désespoir à la nouvelle de sa mort, la révolution qui se fait en elle en le reconnaissant, sont des mouvements que la nature indique à tout le monde; mais ce retour si vrai, si pathétique :

> .... Barbare, il te reste une mère.
> Je serais mère encor sans toi, sans ta fureur.

Cet égarement où l'excès du péril étouffe la crainte dans l'ame d'une mère éperdue :

Eh bien ! cet étranger, c'est mon fils, c'est mon sang.

Ces traits, dis-je, ne se présentent qu'à un poëte qui est devenu Mérope par la force de l'illusion. Il en est de même du *Qu'il mourût* du vieil Horace, et de tous ces mouvements sublimes dans leur simplicité, qui semblent, quand ils sont placés, être venus s'offrir d'eux-mêmes. Lorsque le vieux Priam, aux pieds d'Achille, dit en se comparant à Pélée : « Combien suis-je plus malheureux que lui ! Après tant de calamités, la fortune impérieuse m'a réduit à oser ce que jamais mortel n'osa avant moi : elle m'a réduit à baiser la main homicide, et teinte encore du sang de mes enfants. » On se persuade que, dans la même situation, on lui eût fait tenir le même langage : mais cela ne paraît si simple, que parce qu'on y voit la nature ; et pour la peindre avec cette vérité, il faut l'avoir, non pas sous les yeux, non pas dans l'idée, mais au fond de l'ame.

Ce sentiment, dans son plus haut degré de chaleur, n'est autre chose que l'enthousiasme : et si on appelle *ivresse*, *délire*, ou *fureur*, la persuasion que l'on n'est plus soi-même, mais celui que l'on fait agir ; que l'on n'est plus où l'on est, mais présent à ce qu'on veut peindre ; l'enthousiasme est tout cela. Mais on se tromperait si, sur la foi de Cicéron, l'on attendait tout des seules forces de la nature et du souffle divin, dont il suppose que les poëtes sont animés : *Poëtam naturâ ipsâ valere, et mentes viribus excitari, et quasi divino quodam spiritu afflari.*

Il faut avoir profondément sondé le cœur humain, pour en saisir avec précision les mouvements variés et rapides, pour devenir soi-même, dans la vérité de la nature, Mérope, Hermione, Priam, et tour-à-tour chacun des personnages que l'on fait parler et agir. Ce que Platon appelle *manie*, suppose donc beaucoup de sagesse; et je doute que Locke et Pascal fussent plus philosophes que Racine et Molière.

Castelvetro définit la poésie pathétique : *Trovamento e essercitamento della persona ingeniosa, e non della furiosa.* Non, sans doute, l'enthousiasme n'est pas une fureur vague et aveugle; mais c'est la passion du moment, dans sa vérité, sa chaleur naturelle : c'est la vengeance, si l'on fait parler Atrée; l'amour, si l'on fait parler Ariane; la douleur et l'indignation, si l'on fait parler Philoctète. Il arrive souvent que l'*imagination* du poëte est frappée, et que son cœur n'est pas ému. Alors il peint vivement tous les signes de la passion, mais il n'en a point le langage. Le Tasse, après la mort de Clorinde, avait Tancrède devant les yeux; aussi l'a-t-il peint comme d'après nature :

> *Pallido, freddo, muto, e quasi privo*
> *Di movimento, al marmo gli occhi affisse;*

> *Al fin spargendo un lagrimoso riso,*
> *In un languido ahimè proruppe.*

Mais pour le faire parler, ce n'était pas assez de le voir, il fallait être un autre lui-même; et c'est pour n'avoir pas été dans cette pleine illusion, qu'il lui a fait tenir un langage peu naturel.

Virgile au contraire avait en même temps, et l'*imagination* frappée, et l'ame remplie de son objet, et l'une et l'autre profondément émues, lorsqu'il a peint et fait parler Didon dans ces beaux vers :

> *Talia dicentem jamdudum aversa tuetur,*
> *Huc illuc volvens oculos; totumque pererrat*
> *Luminibus tacitis, et sic accensa profatur:*
> *Nec tibi diva parens, generis nec Dardanus auctor,*
> *Perfide*, etc.

L'homme du monde qui pouvait le mieux parler de l'enthousiasme, M. de Voltaire, nous dit que l'enthousiasme raisonnable est le partage des grands poëtes. Mais comment l'enthousiasme peut-il être gouverné par le raisonnement? Voici sa réponse : « Un poëte dessine d'abord l'ordonnance de son tableau; la raison alors tient le crayon. Mais veut-il animer ses personnages et leur donner le caractère des passions : alors l'*imagination* s'échauffe, l'enthousiasme agit; c'est un coursier qui s'emporte dans la carrière, mais sa carrière est régulièrement tracée. » Il le compare au grand Condé, qui méditait avec sagesse, et combattait avec fureur.

Imitation. *Imiter* un écrivain, un orateur, un poëte, ce n'est pas le traduire, le copier servilement ; c'est, dans le sens le plus étroit, se pénétrer de sa pensée, et la rendre avec liberté : c'est, dans le sens le plus étendu, former son esprit, son langage, ses habitudes de concevoir, d'imaginer, de composer, sur un modèle avec lequel on se sent quelque analogie ; étudier ses tours, ses images, ses mouvements, son harmonie ; et après s'être frappé l'imagination, enrichi la mémoire, rempli l'ame de ses beautés, s'essayer dans le même genre ; prendre, non ses défauts, ses négligences, s'il en a, mais ce qu'il y a de beau, de grand, d'exquis dans le caractère de son génie et de son style ; tâcher, si l'on est orateur, d'approcher de l'heureuse abondance, de la dignité, de l'élégance, de l'harmonie de Cicéron, de son adresse insinuante ; s'exercer à jeter, comme lui, les filets de la persuasion sur l'auditoire ou sur les juges ; ou s'essayer à remuer la massue de Démosthène,

Ingentis quatiat Demosthenis arma. (Pétron.)

à manier le raisonnement et la controverse avec la vigueur et le poids de sa dialectique entraînante ; à mouvoir les ressorts d'un pathétique austère et grave ; et à lancer, comme lui, le rocher d'Ajax dans les mouvements d'indignation.

S'il est poëte, il examinera comment Virgile est devenu l'Homère de son siècle, Racine, le Virgile et en même temps l'Euripide du sien. (Je dis le *Virgile,* par le charme des vers, autant que l'a permis sa langue, et l'*Euripide*, en traitant les sujets de ce tragique si touchant, et en les traitant mieux que lui.) Il examinera comment Molière et La Fontaine ont passé de si loin les auteurs qu'ils ont *imités*, et par quelle supériorité de génie, s'élevant au-dessus de tout ce qui les a devancés, ils se sont rendus peut-être *inimitables* à tout ce qui devait les suivre.

S'il est historien, il se consultera pour *imiter* ou la plénitude de Thucydide, ou l'élégance de Xénophon, ou la majesté de Tite-Live, ou l'énergie et la profondeur de Tacite.

Les élèves de Raphaël et des Caraches n'en ont pas été les copistes; mais, dans leurs tableaux, on reconnaît le génie de leur école, la touche, le dessein, la couleur de leur maître, sa manière de composer.

Ce qui fait des *imitateurs* un troupeau d'esclaves, *servum pecus*, c'est l'inertie de leur esprit, et cette basse timidité qui ne sait qu'obéir et suivre. De tous les caractères, le plus essentiel à celui qui prend pour modèle un homme de génie, c'est la hardiesse du génie : et comment ressembler à celui qui ose, si on n'ose pas comme lui?

Celui-là seul est digne d'*imiter* les grands modèles, que l'esprit d'autrui ravit hors de lui-même, comme l'a si bien dit Longin, en comparant l'*imitateur* à la prêtresse d'Apollon. « Ces grandes beautés que nous remarquons dans les ouvrages des anciens, sont, dit-il, comme autant de sources sacrées, d'où s'élèvent des vapeurs heureuses qui se répandent dans l'ame de leurs *imitateurs*; si bien que, dans ce moment, ils sont comme ravis et emportés de l'enthousiasme d'autrui. » Mais, pour exemple, quel est l'*imitateur* qu'il donne à Homère? Platon. N'avait-il donc pas lu Virgile? Le même auteur nous trace une belle méthode *d'imitation*, et la voici. « Comment est-ce qu'Homère aurait dit cela? Qu'auraient fait Platon, Démosthène, ou Thucydide même (s'il est question d'histoire), pour écrire ceci en style sublime? car ces grands hommes, poursuit Longin, que nous nous proposons *d'imiter*, se présentant de la sorte à notre imagination, nous servent comme de flambeaux, et nous élèvent l'ame presque aussi haut que l'idée que nous avons conçue de leur génie, sur-tout si nous nous imprimons bien ceci en nous-mêmes. *Que penseraient Homère ou Démosthène de ce que je dis, s'ils m'écoutaient? Quel jugement feraient-ils de moi?* En effet, nous ne croirons pas avoir un médiocre prix à disputer, si nous pouvons nous figurer que nous allons sérieusement rendre compte de nos écrits devant un si célèbre tribunal, et sur un théâtre où nous avons de tels héros pour juges et pour témoins. »

Voilà certainement, en littérature, la plus belle de toutes les leçons; elle le serait en morale.

« Mais un motif encore plus puissant pour nous exciter, c'est de songer, ajoute-t-il, au jugement que toute la postérité fera de nos écrits. »

En ceci, je prends la liberté de n'être pas de l'avis de Longin : car l'idée que nous avons de la postérité et de ses jugements, est une idée vague et confuse; au lieu que celle de tel homme de génie et de goût est distincte, claire, et frappante. Il nous est donc mille fois plus facile de répondre en nous-mêmes à cette question : *Que dirait de moi Homère ou Démosthène ?* qu'à celle-ci : *Que dira de moi la postérité ?*

« En se proposant un modèle, dit Cicéron par la bouche d'Antoine, le jeune orateur doit s'attacher à ce qu'il y a d'excellent, et s'exercer ensuite à lui ressembler en cela le plus qu'il lui sera possible. » *Tum accedat exercitatio quâ illum quem ante delegerit* imitando *effingat.* « J'ai vu souvent, ajoute-t-il, des *imitateurs* copier ce qu'il y avait de plus facile, et même ce qu'il y avait de défectueux, de vicieux dans leur modèle. Ils commencent par choisir mal; et si leur modèle, quoique mauvais, a quelque bonne qualité, ils la laissent, et ne prennent de lui que ses défauts. » *Qui autem ita faciet ut oportet, primum vigilet necesse est in deligendo; deinde, quem probavit, in eo quæ maximè excellent, ea diligentissimè persequatur.* De Orat.

Nos anciens régents avaient tous ces préceptes devant les yeux, et ils appelaient *imiter*, appliquer à Judas cette apostrophe de Cicéron à Marc-Antoine : *O audaciam immanem!* ou faire l'exorde d'un sermon de celui du même orateur : *Quousque tandem abutere?* en y substituant *diviná patientiá*. Rien de plus indécent et de plus puéril que de pareilles translations.

Imiter, ce n'est pas accommoder ainsi à un autre sujet un morceau pris et copié avec des changements de mots; c'est quelquefois, comme je l'ai dit, traduire librement d'une langue à une autre; c'est s'emparer d'un ouvrage ancien, et le reproduire, ou sous la même forme, avec de nouvelles beautés, ou sous une forme nouvelle; c'est faire passer dans un nouvel ouvrage des beautés étrangères, anciennes ou modernes, et dont on enrichit sa langue; c'est, dans sa langue même, recueillir d'un ouvrage obscur et oublié, des pensées heureuses, mais indignement mises en œuvre par l'inventeur, et les placer, les assortir, les exprimer comme elles devraient l'être; c'est même exprimer en beaux vers ce qu'un historien, un philosophe, un orateur a dit en prose.

Au sortir de la barbarie on commença par vouloir *imiter* : rien de plus naturel, mais on fit comme les harpies : *Contactuque omnia fœdant*. On déshonora les beaux modèles, on en prit souvent de mauvais. Sénèque le tragique eut plus de copistes que Sophocle et Euripide; et ces copistes, sans rendre ses beautés, exagérèrent ses défauts.

Croirait-on que ces vers d'une de nos anciennes farces pieuses :

>Père éternel, quelle vergogne !
>Vous dormez là comme un ivrogne.

fussent une imitation? Voici le texte qu'on a souillé, en le traduisant avec tant de grossièreté et de bassesse. *Excitatus est, tanquam dormiens, Dominus, tanquam potens, crapulatus a vino.* Psal. 77.

Dans le siècle du goût, l'art d'*imiter* fut l'art d'embellir ses modèles. C'est ainsi que Corneille a *imité* Sénèque dans la scène d'Auguste avec Cinna ; c'est ainsi que Racine, dans *Britannicus* et *Athalie*, a *imité* Tacite et les prophètes.

M. de Voltaire, dans la *Mort de César*, a fait d'une ébauche grossière de Shakespeare une statue digne de Michel-Ange. Molière a su tirer des perles précieuses du fumier des plus mauvais comiques. Fléchier a fait d'un mauvais exorde de Lingendes le frontispice incomparable de l'oraison funèbre de Turenne. Corneille a rendu immortelles trois pièces espagnoles, qu'on aurait ignorées, lorsqu'il en a tiré le *Cid*, *Héraclius* et le *Menteur*.

Le plus habile des *imitateurs*, c'est Virgile. Il a pris, dans le poëme des Argonautes, d'Apollonius de Rhodes, l'idée de l'épisode de Didon, même avec assez de détails. Le complot de Minerve et de Junon, sollicitant le secours de Vénus, et celle-ci obtenant de l'amour qu'il blesse Médée et Jason; le feu dont Médée brûle en secret; son entretien avec Chalciope sa sœur; l'agitation de son ame dans le silence de la nuit; le combat qu'elle éprouve entre la honte de trahir son père et le désir de sauver Jason; tout cela, dis-je, est évidemment l'esquisse d'après laquelle Virgile a peint le plus beau tableau qui nous reste de l'antiquité. Mais on va voir par un exemple, combien, en *imitant*, il a surpassé son modèle. Voici la version littérale du texte d'Apollonius. « La nuit couvrait la terre de son ombre, et en pleine mer, les nochers étaient occupés sur leur navire à observer les étoiles d'Hélice et d'Orion. Les voyageurs et les gardiens des portes étaient endormis. La douleur même de quelques mères qui avaient perdu leurs enfants, était suspendue par le sommeil. On n'entendait dans la ville ni le cri des chiens, ni le murmure et le bruit des hommes. Le silence régnait au milieu des ténèbres. Médée elle seule ne connut point les douceurs de cette nuit tranquille, tant son ame était agitée des inquiétudes que lui causait Jason. »

Voici à-présent le texte de Virgile.

Nox erat; et placidum carpebant fessa soporem
Corpora per terras, sylvæque et sæva quierant
Æquora : quum medio volvuntur sidera lapsu,

Quum tacet omnis ager ; pecudes , pictæque volucres ,
Quæque lacus latè liquidos , quæque aspera dumis
Rura tenent, somno, positæ sub nocte silenti ,
Lenibant curas, et corda oblita laborum.
At non infelix animi Phœnissa ; neque unquam
Solvitur in somnos, oculisve aut pectore noctem
Accipit : ingeminant curæ , rursusque resurgens
Sævit amor, magnoque irarum fluctuat æstu.

On voit ici non-seulement la supériorité du talent, la vie et l'ame répandues dans une poésie harmonieuse et du coloris le plus pur, mais singulièrement encore la supériorité du goût. Dans la peinture du poëte grec, il y a des détails inutiles, il y en a de contraires à l'effet du tableau. Les observations des pilotes, dans le silence de la nuit, portent elles-mêmes le caractère de la vigilance et de l'inquiétude, et ne contrastent point avec le trouble de Médée : l'image d'une mère qui a perdu ses enfants, est faite pour distraire de celle d'une amante ; elle en affaiblit l'intérêt; et le poëte, en la lui opposant, est allé contre son dessein : au lieu que, dans le tableau de Virgile, tout est réduit à l'unité. C'est la nature entière dans le calme et dans le sommeil, tandis que la malheureuse Didon veille seule et se livre en proie à tous les tourments de l'amour. Enfin, dans le poëte grec, le cri des chiens, le sommeil des portiers sont des détails minutieux et indignes de l'épopée, au lieu que dans Virgile tout est noble et peint à grands traits : huit vers embrassent la nature.

On a cité avec raison, comme une imitation heureuse, l'usage que Silius Italicus a fait d'un trait de Cicéron. L'orateur, dans l'un de ses plaidoyers, ayant parlé un peu trop avantageusement de lui-même, il s'éleva une clameur; alors s'interrompant pour répondre à cette huée: *Nihil me clamor ille commovet* (dit-il), *sed consolatur, quum indicat esse quosdam cives imperitos, sed non multos. Nunquam, mihi credite, populus romanus, hic qui silet, consulem me fecisset, si vestro clamore perturbatum iri arbitraretur.*

Dans le poëme de Silius, le dictateur Fabius tient à-peu-près le même langage à ceux qui, dans son camp, murmurent de sa lenteur; et rien au monde n'est mieux placé.

Fervida si nobis corda abruptumque putassent
Ingenium patres, et si clamoribus, inquit,
Turbari facilem mentem; non ultima rerum
Et deplorati mandassent Martis habenas.

Mais si l'on a donné, avec raison, tant de liberté à l'*imitation*, afin d'encourager et de faciliter, s'il est permis de le dire, la circulation des richesses littéraires et des productions de l'esprit humain, de siècle en siècle, et d'une langue à l'autre, ou d'un genre de littérature à un genre tout différent (*voyez* PLAGIAT); il y a pourtant une loi de restriction indispensable dans ce commerce : c'est de ne jamais emprunter d'un auteur dans la même langue, à moins de faire mieux que lui : car le public, pour pardonner l'usurpation, veut y gagner; et pour lui, le larcin doit être un accroissement de richesse. Ainsi, quand même Ésope, Phèdre, Pilpai, auraient été contemporains de La Fontaine, ses compatriotes, ses voisins; on aurait applaudi au vol qu'il aurait fait des sujets de leurs fables : et plût au ciel que La Motte lui-même et une foule de fabulistes très-inférieurs à La Motte fussent venus avant La Fontaine, et qu'il eût trouvé leurs sujets dignes d'être mis en œuvre par lui! Mais ce qui n'est pas permis de même, c'est de dire plus mal ce qu'un autre a mieux dit. Par exemple, après ces vers de La Fontaine, si naturels, si naïfs, si plaisants :

> Quel esprit ne bat la campagne?
> Qui ne fait châteaux en Espagne?
> Pichrocole, Pyrrhus, la laitière, enfin tous,
> Autant les sages que les fous.
> Chacun songe en veillant, il n'est rien de plus doux.
> Une flatteuse erreur emporte alors nos ames :
> Tout le bien du monde est à nous,
> Tous les honneurs, toutes les femmes.
> Quand je suis seul, je fais au plus brave un défi;
> Je m'écarte, je vais détrôner le sophi;
> On m'élit roi, mon peuple m'aime;
> Les diadèmes vont sur ma tête pleuvant.
> Quelque accident fait-il que je rentre en moi-même,
> Je suis Gros-Jean comme devant.

Après ces vers, Fontenelle n'aurait pas dû dire, quoiqu'il méprisât le naïf :

> Souvent en s'attachant à des fantômes vains,
> Notre raison séduite avec plaisir s'égare ;
> Elle-même jouit des plaisirs qu'elle a feints ;
> Et cette illusion pour quelque temps répare
> Le défaut des vrais biens que la nature avare
>   N'a pas accordés aux humains.

Le bel esprit doit s'abstenir sur-tout de lutter contre le génie.

———

INSINUATION. Tour d'éloquence qui consiste à présenter à l'auditoire, au lieu de l'objet qu'on se propose, et pour lequel on sait qu'il a de la répugnance ou de l'éloignement, un autre objet qui l'intéresse, et qui, par ses rapports avec l'objet dont il s'agit, dispose d'abord les esprits à ne pas en être blessés, et les amène insensiblement à le voir d'un œil favorable. Cicéron recommande cette méthode toutes les fois que celui qui est en cause, ou la cause elle-même, présente un aspect odieux. *Insinuatione utendum est quum animus auditoris infensus est.* Et il indique les moyens d'user d'*insinuation. Si causæ turpitudo contrahit offensionem ; aut pro eo homine in quo offenditur, alium hominem qui diligitur interponi oportet ; aut pro re in quá offenditur, aliam rem quæ probatur ; aut pro re hominem, aut pro homine rem ; ut, ab eo quod odit, ad id quod diligit auditoris animus traducatur.* Par exemple, il s'agit d'un fils dont l'imprudence et la témérité ont besoin d'indulgence, et dont la défense directe révolterait les juges : on parle des vertus et des services de son père, et on le peint accablé de douleur de l'égarement de son fils. Il s'agit d'une action odieuse et punissable qu'un homme de mérite a commise dans quelque malheureux moment : on commence par rappeler les actions louables qui ont honoré le reste de sa vie, et l'on demande comment il est possible qu'un caractère honnête, un heureux naturel se soit tout-à-coup démenti? *Deinde, quum jam mitior factus erit auditor, ingredi pedetentim in defensionem, et dicere, ea quæ indignantur adversarii, tibi quoque indigna videri: deinde quum lenieris eum qui audiet, demonstrare nihil eorum ad te pertinere.*

Ce n'est pas seulement dans l'exorde de ses harangues que Cicéron emploie cet artifice; il y revient quand il s'agit d'émouvoir, de gagner les juges : et on le voit dans ses péroraisons, tantôt se présenter lui-même à la place de l'accusé *(pro Sextio, pro Plancio)*; tantôt faire parler l'accusé à sa place *(pro Milone)*; tantôt introduire à la place de l'accusé ses parents, ses amis, sa femme, ses enfants *(pro Flacco, pro Cœlio, pro Murenâ)*, ou quelque personne sacrée, comme la vestale dans la péroraison du plaidoyer pour Fonteius; tantôt appeler à son secours le peuple, les chevaliers, les centurions, les soldats, dont l'accusé a mérité l'estime, comme dans la péroraison du plaidoyer pour Milon, où il épuise toutes les ressources de l'éloquence pathétique. *Voyez* Péroraison.

Le discours de Phénix à Achille pour l'adoucir, au neuvième livre de l'Iliade, est rempli d'*insinuation* : sa propre histoire, les leçons de Pélée lorsqu'il lui confia son fils, l'aventure de Méléagre, l'allégorie des prières, sont autant de détours pour arriver au même but.

L'*insinuation* s'emploie de même à rejeter sur l'adversaire ce que la cause a d'odieux, et à détourner d'une partie à l'autre l'indignation de l'auditoire. Mais il faut y mettre, dit le même orateur, beaucoup de prudence et d'adresse, faire semblant de ne vouloir que se justifier soi-même, et n'attaquer qu'avec beaucoup de précaution ceux à qui l'auditoire paraît s'intéresser. *Negare te quidquam de adversariis esse dicturum : ut neque apertè lædas eos qui diliguntur, et tamen id obscurè faciens, quoad possis, alienes ab eis auditorum voluntatem.*

On voit par-là que les raffinements de l'art de nuire ne sont pas nouveaux ; et dans les oraisons de Cicéron, nos gens de cour pourraient eux-mêmes en trouver des exemples dont ils seraient jaloux. Mais il n'y en a pas un, dans le plus *insinuant* des orateurs, qui approche de celui que nous en a donné Racine, dans la scène de Narcisse avec Néron, au quatrième acte de *Britannicus*.

Intérêt. Affection de l'ame qui lui est chère et qui l'attache à son objet. Dans un récit, dans une peinture, dans une scène, dans un ouvrage d'esprit en général, c'est l'attrait de l'émotion qu'il nous cause, ou le plaisir que nous éprouvons à en être ému de curiosité, d'inquiétude, de crainte, de pitié, d'admiration, etc.

J'ai déja distingué ailleurs l'*intérêt* de l'art et celui de la chose.

L'art nous attache, ou par le plaisir de nous trouver nous-mêmes assez éclairés, assez sensibles pour en saisir les finesses, pour en admirer les beautés, ou par le plaisir de voir dans nos semblables ces talents, cette ame, ce génie, ce don de plaire, d'émouvoir, d'instruire, de persuader, etc. Ce plaisir augmente à mesure que l'art présente plus de difficultés, et suppose plus de talents. Mais il s'affaiblirait bientôt, s'il n'était pas soutenu par l'*intérêt* de la chose; et tout seul, il est trop léger pour valoir la peine qu'il donne. Le poëte aura donc soin de choisir des sujets qui, par leur agrément ou leur utilité, soient dignes d'exercer son génie; sans quoi l'abus du talent changerait en un froid dédain ce premier mouvement de surprise et d'admiration que la difficulté vaincue aurait causé.

L'*intérêt* de la chose n'est pas moins relatif à l'amour de nous-mêmes, que l'intérêt de l'art.

Soit que la poésie, par exemple, prenne pour objets des êtres comme nous, doués d'intelligence et de sentiment, ou des êtres sans vie et sans ame, c'est toujours par une relation qui nous est personnelle que ce sentiment nous saisit. Il est seulement plus ou moins vif, selon que le rapport qu'il suppose, de l'objet à nous, est plus ou moins direct et sensible.

Le rapport des objets avec nous-mêmes est de ressemblance ou d'influence : de ressemblance, par les qualités qui les rapprochent de notre condition; d'influence, par l'idée du bien ou du mal qui peut nous en arriver, et d'où naît le désir ou la crainte. J'ai fait voir, en parlant des *mouvements du style* et des moyens de l'animer, comme la poésie nous met par-tout en société avec nos semblables, en attribuant à tout ce qui peut avoir quelque apparence de sensibilité, une ame pareille à la nôtre. Il n'est donc pas difficile de concevoir par quelle ressemblance deux jeunes arbrisseaux qui étendent leurs branches pour les entrelacer, deux ruisseaux qui, par mille détours, cherchent la pente qui les rapproche, participent à l'*intérêt* que nous inspirent deux amants. Qu'on se demande à soi-même d'où naît le plaisir délicat et vif que nous fait le tableau de la belle saison, lorsque la terre est *en amour*, comme disent si bien les laboureurs; que l'on se demande d'où naît l'impression de mélancolie que fait sur nous l'image de l'automne, lorsque les forêts et les champs se dépouillent, et que la nature semble dépérir de vieillesse ; on trouvera que le printemps nous invite à des noces universelles, et l'automne à des funérailles, et que nous y assistons à-peu-près comme à celles de nos pareils.

Lorsque la peinture d'un paysage riant et paisible vous cause une douce émotion, une rêverie agréable, consultez-vous, et vous trouverez que, dans ce moment, vous vous supposez assis au pied de ce hêtre, au bord de ce ruisseau, sur cette herbe tendre et fleurie, au milieu de ces troupeaux, qui, de retour le soir au village, vous donneront un lait délicieux. Si ce n'est pas vous, c'est un de vos semblables que vous croyez voir dans cet état fortuné ; mais son bonheur est si près de vous, qu'il dépend de vous d'en jouir : et cette pensée est pour vous ce qu'est pour l'avare la vue de son or, l'équivalent de la jouissance. Mais à ce tableau que vous présente la nature, le poëte sait qu'il manque quelque chose. Il place une bergère au bord du ruisseau ; il la fait jeune et jolie, ni trop négligée, de peur de blesser votre délicatesse, ni trop parée, de peur de détruire votre illusion. Il lui donne un air simple et naïf, car il sait que vous demandez un cœur facile à séduire ; il lui donne une voix touchante, organe d'une ame sensible ; et il la peint se mirant dans l'eau et mêlant des fleurs à ses cheveux, comme pour vous annoncer qu'elle a ce désir de plaire qui suppose le besoin d'aimer. S'il veut rendre le tableau plus piquant, il placera loin d'elle un bocage sombre, où vous croirez qu'il est facile de l'attirer. Il feindra même qu'un berger l'y appelle : vous le verrez entre les arbres, le feu du désir dans les yeux, et un mouvement confus de jalousie se mêlera, si elle sourit, au sentiment qu'elle vous inspire.

Je suppose au contraire que le poëte veuille vous causer une sombre mélancolie, c'est un désert qu'il vous peindra. Le bruit d'un torrent qui se précipite sur des rochers, et qui va dormir dans des gouffres, trouble seul dans ce lieu sauvage le silence de la nature. Vous y voyez des chênes brisés par la foudre, mais que la hache a respectés; des montagnes couronnées de frimas terminent l'horizon; de tous les oiseaux, l'aigle seul ose y déposer les fruits de ses amours. Il vole, tenant dans ses griffes un tendre agneau enlevé à sa mère, et dont le bêlement timide se fait entendre dans les airs : cependant l'aigle aux ailes étendues arrive joyeux de sa proie, et la présente à ses petits. Plus bas la louve allaite les siens; et dans les yeux de cette bête féroce l'amour maternel se peint avec douceur. Ces deux actions, toutes simples, concourent avec l'image du lieu à exciter dans l'ame cette crainte que les enfants aiment si fort à éprouver, et dont l'homme qui est toujours enfant par le cœur, ne dédaigne pas de jouir encore.

Le désir d'être auprès de la bergère vous attachait au premier tableau ; le plaisir secret de n'être pas au bord de ce torrent, au pied de ces rochers, parmi ces animaux terribles, vous attache au second ; car il n'est pas moins doux de contempler les maux dont on est exempt, que de voir les biens dont on peut jouir.

Dans l'un et l'autre de ces tableaux, on voit la nature *intéressante*; mais lequel des deux est celui de la belle nature? C'est ce qui n'importe guère au poëte ; car la beauté poétique n'est autre chose que l'*intérêt*; et pour lui la belle nature est celle dont l'imitation nous émeut comme nous voulons être émus. Et dans quel autre sens dirait-on que ce désert est un beau désert, que ce paysage est un beau paysage? Lorsqu'on lit dans Homère que le prêtre d'Apollon, à qui les Grecs avaient refusé de rendre sa fille, *s'en allait, en silence, le long du rivage de la mer, dont les flots faisaient un grand bruit* : à la sensation que fait le vague de cette peinture, chacun s'écrie, Cela est beau ! Et certainement on ne veut pas dire que ce rivage est un beau rivage, que cette mer est une belle mer; car si l'on écarte l'image de ce père affligé qui *s'en allait en silence*, le reste du tableau n'est plus rien. Il est donc vrai qu'en poésie rien n'est beau que par les rapports des détails avec l'ensemble, et de l'ensemble avec nous-mêmes.

D'où vient que la nature, embellie dans la réalité, devient si souvent insipide à l'imitation? d'où vient que la nature inculte et brute nous enchante dans l'imitation, et nous déplaît dans la réalité? Que l'on représente, soit en peinture, soit en poésie, ce palais dont vous admirez la symétrie et la magnificence; il ne vous cause aucune émotion : qu'on vous retrace les ruines d'un vieil édifice, vous êtes saisi d'un sentiment confus que vous chérissez, sans même en démêler la cause. Pourquoi cela? Pourquoi? c'est que l'un de ces tableaux est pathétique, et que l'autre ne l'est pas; que celui-ci ne réveille en vous aucune idée qui vous émeuve, et que celui-là tient à des choses qui vous donnent à réfléchir. Des générations qui ont disparu de la terre, les ravages du temps auquel rien n'échappe, les monuments de l'orgueil qu'il a ruinés, la vieillesse, la destruction, tout cela vous ramène à vous-même. On ne lit pas sans émotion la réponse de Marius à l'envoyé du gouverneur de Libye : « Tu diras à Sextilius que tu as vu Marius fugitif assis sur les ruines de Carthage. » Je demandais à un voyageur qui avait parcouru cette Grèce, encore célèbre par les débris de ses monuments, je lui demandais, dis-je, si ces lieux étaient fréquentés : « Nous n'y avons trouvé, me dit-il, que le temps qui démolissait en silence. » Cette réponse me saisit.

Examinez tout ce qu'on appelle tableaux pathétiques dans la nature, il semble qu'on y lise la même inscription qui fut gravée sur une pyramide élevée en mémoire d'une éruption du Vésuve : *Posteri, posteri, vestra res agitur.* C'est à ce grand caractère qu'on distingue ce qui porte avec soi un *intérêt* universel et durable.

Quæque olim jubeant natos meminisse parentes.
(OVIDE.)

En général la nature qui ne dit rien à l'ame, qui n'y excite aucun sentiment, ou qui la rebute et la révolte par des impressions qu'elle fuit, va contre l'intention du poëte, et doit être bannie de la poésie. Celle au contraire dont nous sommes émus, comme il veut que nous le soyons et comme nous aimons à l'être, est celle qu'il doit imiter. Si donc il veut inspirer la crainte ou le désir, l'envie ou la pitié, la joie ou la mélancolie, qu'il interroge son ame; il est certain que pour se bien conduire, il n'a qu'à se bien consulter.

Cette règle est encore plus sûre dans le moral que dans le physique; car celui-ci ne peut agir sur l'ame que par des rapports éloignés et qui ne sont pas également sensibles pour tous les esprits; au lieu que dans le moral l'ame agit immédiatement sur l'ame : rien n'est si près de l'homme que l'homme même.

Qu'un poëte décrive un incendie, l'image des flammes et des débris nous affectera plus ou moins, selon que nous avons l'imagination plus ou moins vive, et le plus grand nombre même en sera faiblement ému ; mais qu'il nous présente simplement, sur un balcon de la maison qui brûle, une mère tenant son enfant dans ses bras, et luttant contre la nature pour se résoudre à le jeter, plutôt que de le voir consumé avec elle par les flammes qui l'environnent ; qu'il la présente mesurant tour-à-tour, avec des yeux égarés, l'effrayante hauteur de la chûte, et le peu d'espace, plus effrayant encore, qui la sépare des feux dévorants ; tantôt élevant son enfant vers le ciel avec les regards de l'ardente prière ; tantôt prenant avec violence la résolution de le laisser tomber, et le retenant tout-à-coup avec le cri du désespoir et des entrailles maternelles ; alors le pressant dans son sein et le baignant de ses larmes, et dans l'instant même se refusant à ses innocentes caresses qui lui déchirent le cœur : ah ! qui ne sent l'effet que ce tableau doit faire, s'il est peint avec vérité !

Combien de peintures physiques dans *l'Iliade!* en est-il une seule dont l'impression soit aussi générale que celle des adieux d'Hector et d'Andromaque, et de la scène de Priam aux pieds d'Achille, demandant le corps de son fils ?

Il arrive quelquefois au théâtre qu'un bon mot détruit l'effet d'un tableau pathétique ; et le penchant de certains esprits, de la plus vile espèce, à tourner tout en ridicule, est ce qui éloigne le plus nos poëtes de cette simplicité sublime, si difficile à saisir, et si facile à parodier; mais il faut avoir le courage d'écrire pour les ames sensibles, sans nul égard pour cette malignité froide et basse, qui cherche à rire où la nature invite à pleurer.

Lorsque pour la première fois on exposa sur la scène le tableau des enfants d'Inès aux genoux d'Alphonse, deux mauvais plaisants auraient suffi pour en détruire l'illusion. Un prince qui connaissait la légèreté de l'esprit français avait même conseillé à La Motte de retrancher cette belle scène; La Motte osa ne pas l'en croire. Il avait peint ce que la nature a de plus tendre et de plus touchant; et toutes les fois qu'on n'aura que les parodistes à craindre, il faut avoir, comme lui, le courage de les braver.

Il en est des objets qui élèvent l'ame, comme de ceux qui l'attendrissent. La générosité, la constance, le mépris de l'infortune, de la douleur et de la mort; le dévouement de soi-même au bien de la patrie, à l'amour ou à l'amitié; tous les sentiments courageux, toutes les vertus héroïques, produisent sur nous des effets infaillibles; mais vouloir que la poésie n'imite que de ces beautés, c'est vouloir que la peinture n'emploie que les couleurs de l'arc-en-ciel. Que les partisans de la belle nature nous disent donc si Racine et Corneille ont mal fait de peindre Narcisse et Félix, Mathan, et Cléopâtre dans *Rodogune?* Il peut y avoir quelques beautés naturelles dans

Cléopâtre, dont le caractère a de la force et de la hauteur; mais dans l'indigne politique et la dureté de Félix, dans la perfidie et la scélératesse de Mathan, dans la fourberie, la noirceur et la bassesse de Narcisse, où trouver la belle nature? Il faut renoncer à cette idée, et nous réduire à l'*intention du poëte*; règle unique, règle universelle, et qui ramène tout au but de l'*intérêt*.

Mais l'*intérêt* le plus vif, le plus attachant, le plus fort, est celui de l'action dramatique. *Voy.* Action, Intrigue, Pathétique, Unité, Tragédie.

———

Intrigue. Dans l'action d'un poëme, on entend, par l'*intrigue*, une combinaison de circonstances et d'incidents, d'intérêts et de caractères, d'où résultent, dans l'attente de l'événement, l'incertitude, la curiosité, l'impatience, l'inquiétude, etc.

La marche d'un poëme, quel qu'il soit, doit être celle de la nature, c'est-à-dire telle qu'il nous soit facile de croire que les choses se sont passées comme nous les voyons. Or dans la nature les événements ont une suite, une liaison, un enchaînement; l'*intrigue* d'un poëme doit donc être une chaîne dont chaque incident soit un anneau.

Dans la tragédie ancienne, l'*intrigue* était peu de chose. Aristote divise la fable en quatre parties de quantité : le prologue, ou l'exposition, l'épisode, ou les incidents; l'exode, ou la conclusion; et le chœur, que nous avons supprimé, *otiosus curator rerum*. Il parle du nœud et du dénouement; mais le nœud ne l'occupe guère. Il distingue les fables simples et les fables implexes. Il appelle *simples* les actions qui, étant continues et unies, finissent sans reconnaissance et sans révolution. Il appelle *implexes*, celles qui ont la révolution ou la reconnaissance, ou mieux encore toutes les deux. Or la seule règle qu'il prescrive à l'une et à l'autre espèce de fable, c'est que la chaîne des incidents soit continue; qu'au lieu de venir l'un après l'autre, ils naissent naturellement les uns des autres, contre l'attente du spectateur, et qu'ils amènent le dénouement. Et en effet, dans ses principes il n'en fallait pas davantage, puisqu'il ne demandait qu'un événement qui laissât le spectateur pénétré de terreur et de compassion. Ce n'est donc qu'au dénouement qu'il s'attache; mais quel sera le pathétique intérieur de la fable? C'est ce qui l'intéresse peu.

On voit donc bien pourquoi, sur le théâtre des Grecs, la fable n'ayant à produire qu'une catastrophe terrible et touchante, elle pouvait être si simple; mais cette simplicité qu'on nous vante n'était au fond que le vide d'une action stérile de sa nature. En effet, la cause des événements étant indépendante des personnages, antérieure à l'action même, ou supposée au-dehors, comment la fable aurait-elle pu donner lieu au contraste des caractères et au combat des passions?

Dans l'*OEdipe*, tout est fait avant que l'action commence. Laïus est mort; OEdipe a épousé Jocaste; il n'a plus, pour être malheureux, qu'à se reconnaître incestueux et parricide. Peu-à-peu le voile tombe, les faits s'éclaircissent; OEdipe est convaincu d'avoir accompli l'oracle, et il s'en punit. Voilà le chef-d'œuvre des Grecs. Heureusement il y a deux crimes à découvrir; et ces éclaircissements, qui font frémir la nature, occupent et remplissent la scène. Dans l'*Hécube*, dès que l'ombre d'Achille a demandé qu'on lui immole Polyxène, il n'y a pas même à délibérer; Hécube n'a plus qu'à se plaindre, et Polyxène n'a plus qu'à mourir. Aussi le poëte, pour donner à sa pièce la durée prescrite, a-t-il été obligé de recourir à l'épisode de Polydore. Dans l'*Iphigénie en Tauride*, il est décidé qu'Oreste mourra, même avant qu'il arrive; sa qualité d'étranger fait son crime; mais comme la pièce est implexe, la reconnaissance prolongée remplit le vide et supplée à l'action.

Comment donc les Grecs, avec un événement fatal, et dans lequel le plus souvent les personnages n'étaient que passifs, trouvaient-ils le moyen de fournir à cinq actes? Le voici. 1° L'on donnait sur leur théâtre plusieurs tragédies de suite dans le même jour; Dacier prétend qu'on en donnait jusqu'à seize. 2° Le chœur occupait une partie du temps, et ce qu'on appelle un acte n'avait besoin que d'une scène. 3° Des plaintes, des harangues, des descriptions, des cérémonies, des déclamations, des disputes philosophiques ou politiques, achevaient de remplir les vides; et au lieu de ces incidents qui doivent naître les uns des autres et amener le dénouement, l'on entremêlait l'action de détails épisodiques et superflus. L'*Oreste* d'Euripide va donner une idée de la construction de ces plans.

Oreste, meurtrier de sa mère et tourmenté par ses remords, paraît endormi sur la scène; Électre veille auprès de lui; survient Hélène, qui gémit sur les malheurs de sa famille; Oreste, après un moment de repos, s'éveille et retombe dans son égarement: Électre tâche de le calmer; le chœur se joint à elle et conjure les furies d'épargner ce malheureux prince. Voilà le premier acte. Dans le second, Oreste implore la protection de Ménélas contre les Argiens, déterminés à le faire périr; arrive Tyndare, père de Clytemnestre, qui accable Oreste de reproches; Oreste se défend et presse de nouveau Ménélas de le protéger; mais celui-ci ne lui promet qu'une timide et faible entremise auprès de Tyndare et du peuple. Pylade arrive, et, plus courageux ami, jure de le défendre et de le délivrer, ou de mourir avec lui. Cet acte est beau et bien rempli, mais c'est le seul. Le troisième n'est que le récit fait à Électre du jugement qui les condamne elle et son frère à se donner la mort. Que restait-il pour les deux derniers actes? La scène où Oreste, Électre, et Pylade, veulent mourir ensemble, et l'apparition d'Apollon pour les sauver et dénouer l'*intrigue*. Il a donc fallu y ajouter, et quoi? le projet insensé, atroce, inutile, étranger à l'action, d'assassiner Hélène, et s'ils manquaient leur coup, de mettre le feu au palais; épisode absolument hors d'œuvre, et plus vicieux encore, en ce qu'il détruit l'intérêt et change en horreur la compassion qu'inspiraient ces malheureux, devenus coupables.

La grande ressource des poëtes grecs était la reconnaissance, moyen fécond en mouvements tragiques, singulièrement favorable au génie de leur théâtre, et sans lequel leurs plus beaux sujets, comme l'*OEdipe*, l'*Iphigénie en Tauride*, l'*Électre*, le *Cresphonte*, le *Philoctète*, se seraient presque réduits à rien. *Voyez* Reconnaissance.

Nos premiers poëtes, comme le Sénèque des Latins, ne savaient rien de mieux que de défigurer les poëmes des Grecs en les imitant; lorsqu'il parut un génie créateur qui, rejetant comme pernicieux tous les moyens étrangers à l'homme, les oracles, la destinée, la fatalité, fit de la scène française le théâtre des passions actives et fécondes, et de la nature livrée à elle-même, l'agent de ses propres malheurs. Dès-lors le grand intérêt du théâtre dépendit du jeu des passions: leurs progrès, leurs combats, leurs ravages, tous les maux qu'elles ont causés, les vertus qu'elles ont étouffées comme dans leurs germes, les crimes qu'elles ont fait éclore du sein même de l'innocence, du fond d'un naturel heureux : tels furent, dis-je, les tableaux que présenta la tragédie. On vit sur le théâtre les plus grands intérêts du cœur humain combinés et mis en balance, les caractères opposés et développés l'un par l'autre, les penchants divers combattus et s'irritant contre les obstacles, l'homme aux prises avec la fortune, la vertu couronnée au bord du tombeau, et le crime précipité du faîte du bonheur dans un abyme de calamités. Il n'est donc pas étonnant qu'une telle machine soit plus vaste et plus compliquée que les fables du théâtre ancien.

Pour exciter la terreur et la pitié dans le système ancien, que fallait-il? On vient de le voir : une simple combinaison de circonstances, d'où résultât un événement pathétique. Pour peu que le personnage mis en péril allât au-devant du malheur, c'était assez : souvent même le malheur le cherchait, le poursuivait, s'attachait à lui, sans que son ame y donnât prise; et plus la cause du malheur était étrangère au malheureux, plus il était intéressant. Ainsi, dès la naissance d'OEdipe, un oracle avait prédit qu'il serait parricide et incestueux; et en fuyant le crime, il y était tombé. Ainsi Hercule, aveuglé par la haine de Junon, avait égorgé sa femme et ses enfants; ainsi Oreste avait été condamné par un dieu à tuer sa mère pour venger son père. Rien de tout cela ne supposait ni vice, ni vertu, ni caractère décidé dans l'homme, jouet de la destinée; et Aristote avait raison de dire que la tragédie ancienne pouvait se passer de mœurs. Mais ce moyen, qui n'était qu'accessoire, est devenu le ressort principal. L'amour, la haine, la vengeance, l'ambition, la jalousie, ont pris la place des dieux et du sort : les gradations du sentiment, le flux et le reflux des passions, leurs révolutions, leurs contrastes, ont compliqué le nœud de l'action, et répandu sur la scène des mouvements inconnus aux anciens. La nécessité était un agent despotique, dont les décrets absolus n'avaient pas besoin d'être motivés : la nature au contraire a ses principes et ses lois; dans le désordre même des passions, règne un ordre caché, mais sensible, et qu'on ne peut renverser sans que la nature, qui se juge elle-même, ne s'aperçoive qu'on lui fait violence, et ne murmure au fond de nos cœurs.

On sent combien la précision, la délicatesse, et la liaison des ressorts visibles de la nature les rend plus difficiles à manier que les ressorts cachés de la destinée. Mais de ce changement de mobiles naît encore une plus grande difficulté, celle de graduer l'intérêt par une succession continuelle de mouvements, de situations, et de tableaux de plus en plus terribles et touchants.

Voyez dans les modèles anciens, voyez même dans les règles d'Aristote, en quoi consistait le tissu de la fable : l'état des choses dans l'avant-scène, un ou deux incidents qui amenaient la révolution et la catastrophe, ou la catastrophe sans révolution ; voilà tout. Aujourd'hui, quel édifice à construire qu'un plan de tragédie, où l'on passe sans interruption d'un état pénible à un état plus pénible encore; ou l'action, renfermée dans les bornes de la nature, ne forme qu'une chaîne ; où tous les événements, amenés l'un par l'autre, soient tirés du fond du sujet et du caractère des personnages! Or telle est l'idée que nous avons de la tragédie à l'égard de l'intrigue. Une fable tissue comme celle de *Polyeucte*, d'*Héraclius*, et d'*Alzire*, aurait, je crois, étonné Aristote : il eût reconnu qu'il y a un art au-dessus de celui d'Euripide et de Sophocle ; et cet art consiste à trouver dans les mœurs le principe de l'action.

Dans la tragédie moderne, l'*intrigue* résulte, non-seulement du choc des incidents, mais du combat des passions ; et c'est par-là que, dans l'attente de l'événement décisif, l'espérance et la crainte se succèdent et se balancent dans l'ame des spectateurs.

Ce n'est pas qu'il ne puisse y avoir absolument de l'intérêt sans cette alternative continuelle d'espérance et de crainte : la seule incertitude et l'attente inquiète, prolongées avec art dans une action d'une grande importance, peuvent nous émouvoir assez : OEdipe va-t-il être reconnu pour le meurtrier de son père, pour le mari de sa mère, pour le frère de ses enfants, pour le fléau de sa patrie? Ce doute suffit pour remuer fortement l'ame des spectateurs. Ainsi tous les grands sujets du théâtre ancien se sont passés d'*intrigue*. Mais lorsqu'il n'y a eu rien à attendre du dehors, et qu'il a fallu soutenir par le jeu des passions et des caractères une action de cinq actes, l'*intrigue*, plus simple et mieux combinée, a demandé infiniment plus d'art. *Voyez* Tragédie.

La comédie grecque, dans ses deux premiers âges, n'était pas mieux *intriguée* que la tragédie; l'on en va juger par l'esquisse de l'une des pièces d'Aristophane, et de l'une des plus célèbres; elle a pour titre *Les Chevaliers*.

Cléon, trésorier et général d'armée, fils de corroyeur et corroyeur lui-même, arrivé par la brigue au gouvernement de l'état, actuellement en place et en pleine puissance, fut l'objet de cette satire, dans laquelle il était nommé et représenté en personne.

Démosthène et Nicias (ce Démosthène n'est pas l'orateur), esclaves dans la maison où Cléon s'est introduit, ouvrent la scène : « Nous avons, disent-ils, un maître dur, homme colère et emporté, vieillard difficile et sourd (ce personnage, c'est le peuple); il y a quelque temps qu'il s'est avisé d'acheter un esclave corroyeur, intrigant, délateur fieffé. Ce fripon, connaissant bien son vieillard, s'est étudié à le flatter, à le gagner, à le séduire. *Peuple d'Athènes*, lui dit-il, *reposez-vous après vos assemblées, buvez, mangez*, etc. Il s'est insinué dans les bonnes grâces du vieillard; il nous pille tous, et il a toujours le fouet de cuir en main, pour nous empêcher de nous plaindre. » Ils veulent donc s'enfuir chez les Lacédémoniens; mais trouvant Cléon endormi et dans l'ivresse, ils lui volent ses oracles, c'est-à-dire les réponses que lui ont faites les oracles qu'il a consultés. Dans ses réponses, il est dit qu'un vendeur de boudin et d'andouilles succédera au vendeur de cuir. Nicias et Démosthène cherchent ce libérateur : Agatocrite (c'est le charcutier), fort étonné du sort qu'on lui annonce, ne sait comment s'y prendre pour gouverner l'état « Pauvre homme, lui dit Démosthène, rien n'est plus facile, tu n'auras qu'à faire ton métier, tout brouiller, allécher le peuple, et le duper; voilà ce que tu fais. N'as-tu pas d'ailleurs la voix forte, l'éloquence impudente, le génie malin, et la charlatanerie du marché? C'est plus qu'il n'en faut, crois-moi, pour le gouvernement d'Athènes. » Ils l'opposent donc à Cléon sous la protection des chevaliers; et voilà un général d'armée et un marchand de saucisses qui se disputent le prix de l'impudence et de la force des poumons. Il n'est point de crimes infâmes qu'ils ne s'imputent l'un à l'autre; et pour finir l'acte, ils s'appellent réciproquement devant le sénat, où ils vont s'accuser.

Dans le second acte, Agatocrite raconte ce qui s'est passé au tribunal des juges, où Cléon a été vaincu. Celui-ci arrive : nouveau combat d'impudence; et Cléon en appelle au peuple. Le peuple paraît en personne : « Venez, lui dit Cléon, mon cher petit peuple; venez, mon père. » Le vieillard gronde et paraît imbécille; les deux concurrents le caressent. Le peuple incline pour le vendeur de chair. Cléon a recours à ses oracles : Agatocrite lui oppose les siens. Le peuple consent à les entendre.

La lecture de ces oracles fait le sujet du troisième acte. Le peuple paraît indécis. Cléon, pour dernière ressource, invite le peuple à un festin; Agatocrite lui en offre autant. Ce régal, où chacun présente au peuple ses mets favoris, remplit le quatrième acte. Agatocrite propose au peuple de fouiller dans les deux mannes où étaient les viandes : la sienne se trouve vide, il a donné au peuple tout ce qu'il avait; celle de Cléon est encore pleine. Le peuple, indigné contre Cléon, veut lui ôter la couronne pour la donner à son rival; mais Cléon allègue un oracle de Delphes qui désigne son successeur. Il récite l'oracle, et à chaque trait de ressemblance, il reconnaît qu'il s'accomplit : car, selon l'oracle, le digne successeur de Cléon doit être un homme vil, un vendeur de chair, un voleur, un parjure, un imposteur, etc. Alors Cléon s'écrie : Adieu, chère couronne, je te quitte à regret; un autre te portera, sinon plus grand voleur, du moins plus fortuné.

Dans le cinquième acte, Agatocrite a rajeuni le peuple : « Il est, dit-il, redevenu tel qu'il était du temps des Miltiades et des Aristides. » Le peuple rajeuni paraît. Il a perdu la mémoire, il demande qu'on l'instruise des sottises qu'il a faites du temps de Cléon : Agatocrite les lui raconte; le peuple en rougit. Agatocrite l'interroge sur la façon dont il se comportera à l'avenir. Il répond : *En personne sage*. Agatocrite produit deux femmes, qui sont les anciennes alliances de Lacédémone et d'Athènes, que Cléon retenait captives; et on leur rend la liberté.

Indépendamment de la grossièreté, de la bassesse, et de l'âcreté satirique de cette farce, très-utile d'ailleurs sans doute dans un état républicain, on voit combien l'*intrigue* en est bizarrement tissue : c'est la manière d'Aristophane.

La comédie du troisième âge, celle de Ménandre, était mieux composée. Il fallait que l'*intrigue* en fût bien simple, puisque Térence, dont les pièces ne sont pas elles-mêmes fort *intriguées*, était obligé, en l'imitant, de réunir deux de ses fables pour en faire une, et que pour cela ses critiques l'appelaient un demi-Ménandre.

Plaute, si inférieur à Térence du côté de l'élégance, du naturel, et de la vérité des mœurs est supérieur à lui du côté de l'*intrigue* : son action est plus vive, plus animée, et plus féconde en incidents comiques.

C'est le genre de Plaute que les Espagnols semblent avoir pris, mais avec un fonds de mœurs différentes. Les Italiens, à l'exemple des Espagnols, et les Anglais, à l'exemple des uns et des autres, ont chargé d'incidents l'*intrigue* de leurs comédies. Comme eux, nous avons été long-temps plus occupés du comique d'incidents, que du comique de mœurs : des fourberies, des méprises, des rencontres embarrassantes pour les fripons ou pour les dupes, voilà ce qui occupait la scène : et Molière lui-même, dans ses premières pièces, semblait n'avoir connu encore que ces sources du ridicule.

Mais lorsqu'une fois il eut reconnu que c'était aux mœurs qu'il fallait s'attacher; que la vanité, l'amour-propre, les prétentions manquées et les maladresses des sots, leurs faiblesses, leurs duperies, leurs méprises et leurs travers, les maladies de l'esprit et les vices du caractère, j'entends les vices méprisables, plus importuns que dangereux, étaient les vrais objets d'un comique à-la-fois plaisant et salutaire; ce fut à la peinture et à la correction des mœurs qu'il s'attacha sérieusement, subordonnant l'*intrigue* aux caractères, et n'employant les situations qu'à mettre en évidence le ridicule humiliant qu'il voulait livrer au mépris. Dès-lors l'*intrigue* comique ne fut que le tissu de ces situations risibles où l'on s'engage par faiblesse, par imprudence, par erreur, ou par quelqu'un de ces travers d'esprit ou de ces vices d'ame, qui sont assez punis par leurs propres bévues et par l'insulte qui les suit. C'est dans cet esprit et avec ce grand art que fut tissue l'*intrigue* de *l'Avare*, de *l'École des femmes*, de *l'École des maris*, de *George Dandin*, du *Tartuffe* : modèles effrayants, même pour le génie, et dont l'esprit et le talent médiocre n'approcheront jamais.

***

Invention Poétique. Pour concevoir l'objet de la poésie dans toute son étendue, il faut oser considérer la nature comme présente à l'Intelligence suprême. Alors tout ce qui, dans le jeu des éléments, dans l'organisation des êtres vivants, animés, sensibles, a pu concourir, soit au physique, soit au moral, à varier le spectacle mobile et successif de l'univers, est réuni dans le même tableau. Ce n'est pas tout : à l'ordre présent, aux vicissitudes passées, se joint la chaîne infinie des possibles, d'après l'essence même des êtres; et non-seulement ce qui est, mais ce qui serait dans l'immensité du temps et de l'espace, si la nature développait jamais le trésor inépuisable des germes renfermés dans son sein. C'est ainsi que Dieu voit la nature; c'est ainsi que, selon sa faiblesse, le poëte doit la contempler.

S'emparer des causes secondes, les faire agir, dans sa pensée, selon les lois de leur harmonie, réaliser ainsi les possibles; rassembler les débris du passé; hâter la fécondité de l'avenir; donner une existence apparente et sensible à ce qui n'est encore et ne sera peut-être jamais que dans l'essence idéale des choses : c'est ce qu'on appelle *inventer*. Il ne faut donc pas être surpris, si l'on a regardé le génie poétique comme une émanation de la divinité même, *ingenium cui sit, cui mens divinior*; et si l'on a dit de la poésie, qu'elle semblait disposer les choses avec le plein pouvoir d'un Dieu : *videtur sanè res ipsas veluti alter Deus condere*. On voit par-là combien le champ de la fiction doit être vaste, et combien l'*inventeur*, qui s'élance dans la carrière des possibles, laisse loin de lui l'imitateur fidèle et timide, qui peint ce qu'il a sous les yeux.

Ramenons cependant à la vérité pratique ces spéculations transcendantes. Tout ce qui est possible n'est pas vraisemblable; tout ce qui est vraisemblable n'est pas intéressant. La vraisemblance consiste à n'attribuer à la nature que des procédés conformes à ses lois et à ses facultés connues : or cette prescience des possibles ne s'étend guère au-delà des faits. Notre imagination devancera bien la nature à quelques pas de la réalité; mais à une certaine distance, elle s'égare et ne reconnaît plus le chemin qu'on lui fait tenir. D'un autre côté, rien ne nous touche que ce qui nous approche; et l'intérêt tient aux rapports que les objets ont avec nous-mêmes : or des possibles trop éloignés n'ont plus avec nous aucun rapport, ni de ressemblance, ni d'influence. Ainsi, le génie poétique ne fût-il pas limité par sa propre faiblesse et par le cercle étroit de ses moyens, il le serait par notre manière de concevoir et de sentir. Le spectacle qu'il donne est fait pour nous : il doit donc, pour nous plaire, se mesurer à la portée de notre vue. On reproche à Homère d'avoir fait des hommes de ses dieux; pouvait-il en faire autre chose? Ovide, pour nous rendre sensible le palais du dieu de la lumière, n'a-t-il pas été obligé de le bâtir avec des grains de notre sable les plus luisants qu'il a pu choisir? *Inventer*, ce n'est donc pas se jeter dans des possibles auxquels nos sens ne peuvent atteindre; c'est combiner diversement nos perceptions, nos affections, ce qui se passe au milieu de nous, autour de nous, en nous-mêmes.

Le froid copiste, je l'avoue, ne mérite pas le nom d'*inventeur;* mais celui qui découvre, saisit, développe dans les objets ce que n'y voit pas le commun des hommes; celui qui compose un tout idéal, intéressant et nouveau, d'un assemblage de choses connues, ou qui donne à un tout existant une vie, une grâce, une beauté nouvelle; celui-là, dis-je, est poëte, ou Corneille et Homère ne le sont pas.

L'histoire, la scène du monde, donne quelquefois les causes sans les effets, quelquefois les effets sans les causes, quelquefois les causes et les effets sans les moyens; plus rarement le tout ensemble. Il est certain que plus elle donne, moins elle laisse de gloire au génie. Mais en supposant même que le tissu des événements soit tel, que la vérité dérobe à la fiction le mérite de l'ordonnance; pourvu que le poëte s'applique à donner aux mœurs, aux descriptions, aux tableaux qu'il imite, cette vérité intéressante qui persuade, touche, captive, et saisit l'ame des lecteurs; ce talent de reproduire la nature, de la rendre présente aux yeux de l'esprit, sur-tout de l'agrandir, ne suffit-il pas pour élever l'imitateur au-dessus de l'historien, du philosophe, et de tout ce qui n'est pas poëte?

Si la matière de la poésie était la même que celle de l'histoire, dit Castelvetro, *elle ne serait plus une ressemblance, mais la réalité même*; et c'est d'après ce sophisme qu'il refuse le nom de *poëte* à celui qui, comme Lucain, s'attache à la vérité historique.

Assurément si le poëte ne faisait dire et penser à ses personnages que ce qu'ils ont dit et pensé réellement ou selon l'histoire; par exemple, si l'auteur de *Rome sauvée* avait mis dans la bouche de Catilina les harangues mêmes de Salluste, et dans la bouche du consul des morceaux pris de ses oraisons, il ne serait poëte que par le style. Mais si, d'après un caractère connu dans l'histoire ou dans la société, l'auteur *invente* les idées, les sentiments, le langage qu'il lui attribue; plus il persuade qu'il ne feint pas, et plus il excelle dans l'art de feindre. Nous croyons tous avoir entendu ce que disent les acteurs de Molière, nous croyons les avoir connus : c'est le prestige de sa composition; et c'est à force d'être poëte qu'il fait croire qu'il ne l'est pas. Montaigne donne le même éloge à Térence. « Je le trouve admirable, dit-il, à représenter au vif les mouvements de l'ame et la condition de nos mœurs. A toute heure nos actions me rejettent à lui. Je ne puis le lire si souvent, que je n'y trouve quelque beauté et grâce nouvelle. »

Ainsi les sujets les plus favorables, comme les plus critiques, sont quelquefois ceux que la nature a placés le plus près de nous, mais que nous voyons, comme on dit, sans les voir, et dont l'imitation réveille en nous le souvenir, par l'attention qu'elle attire. Je dis, *les plus favorables*, parce que la ressemblance en étant plus sensible, et le rapport avec nous-mêmes plus immédiat, plus touchant, nous nous y intéressons davantage : je dis aussi, *les plus critiques*, parce que la comparaison de l'objet avec l'image étant plus facile, nous sommes des juges plus éclairés et plus sévères de la vérité de l'imitation.

Ce qu'appréhendent les spéculateurs, c'est que la gloire de l'invention ne manque au génie du poëte; et afin qu'il ne soit pas dit qu'il n'a rien mis du sien dans sa composition, ils l'ont obligé à ne prendre des historiens et des anciens poëtes, que les faits, et à changer les circonstances des temps, des lieux, et des personnes. C'est à ce déguisement facile et vain qu'on attache le mérite de l'*invention*, le triomphe de la poésie; et tandis qu'on attribue à un plagiaire adroit toute la gloire du poëte, on refuse le titre de *poëme* aux *Géorgiques* de Virgile, et à tout ce qui ne traite que des sciences et des arts : « N'y ayant rien, dans ces compositions, dit Castelvetro, par où l'auteur se puisse vanter d'être poëte, quand même il serait *inventeur*, ajoute-t-il ; car alors il n'aurait fait que découvrir la vérité qui était dans la nature des choses. Il serait artiste, philosophe excellent ; mais il ne serait pas poëte. » Voilà où conduit une équivoque de mots, quand les idées n'ont pour appui qu'une théorie vague et confuse.«La poésie est une ressemblance; donc tout ce qui a son modèle dans l'histoire ou dans la nature n'est pas de la poésie. » Ainsi raisonne Castelvetro. Quintilien avait le même préjugé, quand il croyait devoir placer Lucain au nombre des rhéteurs, plutôt qu'au nombre des poëtes. Scaliger s'y est mépris d'une autre façon, en n'accordant la qualité de poëte à Lucain, que parce qu'il a écrit en vers, et en faveur de quelques incidents merveilleux dont il a orné son poëme. Ces critiques auraient dû voir que la difficulté n'est pas de déplacer et de combiner diversement des faits arrivés mille fois, comme un massacre, une tempête, un incendie, une bataille, et tous ces événements si communs dans les annales de la malheureuse humanité; mais de les rendre présents à la pensée par une peinture fidèle et vivante. C'est là le vrai talent du poëte, et le mérite de Lucain. Il ne fallait pas beaucoup de génie pour imaginer que la femme de Caton, qu'il avait cédée à Hortensius, vint, après la mort de celui-ci, supplier Caton de la reprendre; mais que l'on me cite dans l'antiquité un tableau d'une ordonnance plus belle et plus simple, d'un ton de couleur plus rare et plus vrai, d'une expression plus naturelle et plus singulière en même temps, que ce triste et pieux hyménée.

C'est aussi le talent de peindre qui caractérise le poëme didactique, et qui le distingue de tout ce qui ne fait que décrire sans imiter.

Le Tasse, se laissant aller au préjugé que je viens de combattre, définit la poésie, l'*imitation des choses humaines*, et se trouve par là obligé d'en exclure un des plus beaux morceaux de Virgile : *Ne poeta Virgilio descrivendoci i costumi, e le leggi, e le guerre dell' api*. Mais bientôt il franchit les limites qu'il vient de prescrire à la poésie, et il lui donne pour objet la nature entière. Voilà donc les *Géorgiques* de Virgile rétablies au rang des poëmes. Et le moyen de leur refuser ce titre, quand même elles seraient réduites aux préceptes les plus communs, et n'y eût-il que la manière dont ces préceptes y sont tracés? Que Virgile prescrive de laisser sécher au soleil les herbes que le soc déracine,

Pulverulenta coquat maturis solibus œstas.

d'enlever le chaume après la moisson,

Sustuleris fragiles calamos silvamque sonantem.

de le brûler dans le champ même.

Atque levem stipulam crepitantibus urere flammis.

de faire paître les blés en herbe, s'ils poussent avec trop de vigueur,

Luxuriem segetum tenerá depascit in herbá.

Quel coloris! quelle harmonie! Voilà cette poésie de style, cette *invention* de détail, qui seule mériterait aux *Géorgiques* le nom de *poëme inimitable* : et si Castelvetro demande à quel titre, je répondrai, parce que tout s'y peint; et si ce n'est point assez des images détachées, je lui rappellerai ces descriptions si belles du printemps, de la vie rustique, des amours des animaux, etc., tableaux peints d'après la nature. Toutefois n'allons pas jusqu'à prétendre que la poésie de style, qui fait le mérite essentiel du poëme didactique, l'élève seul au rang des poëmes où l'*invention* domine. Il y a plus de génie poétique dans l'épisode d'Orphée, que dans tout le reste du poëme des *Géorgiques;* plus de génie dans une scène de *Britannicus*, du *Misanthrope*, ou de *Rodogune*, que dans tout *l'Art poétique* de Boileau.

Les divers sens qu'on attache au mot d'*invention* sont quelquefois si opposés, que ce qui mérite à peine le nom de *poëme* aux yeux de l'un, est un poëme par excellence au gré de l'autre. D'un côté, l'on refuse à la comédie le génie poétique, parce qu'elle imite des choses familières et qui se passent au milieu de nous. De l'autre, on lui attribue la gloire d'être plus *inventive* que l'épopée elle-même. *Tantum abest ut comœdia poema non sit, ut penè omnium et primum et verum existimem. In eo enim ficta omnia et materia quæsita tota.* (Scal.) Ainsi chacun donne dans l'excès. Je suis bien persuadé qu'il n'y a pas moins de mérite à former dans sa pensée les caractères du Misanthrope et du Tartuffe, qu'à imaginer ceux d'Ulysse, d'Achille, et de Nestor; mais pour cela Molière est-il plus vraiment poëte qu'Homère?

Que le sujet soit pris dans l'ordre des faits ou des possibles, près de nous ou loin de nous, cela est égal quant à l'*invention;* mais ce qui ne l'est pas, c'est que le fond en soit heureux et riche : de là dépend la facilité, l'agrément du travail, le courage et l'émulation du poëte, et souvent le succès du poëme.

Il est possible que l'histoire, la fable, la société vous présentent un tableau disposé à souhait; mais les exemples en sont bien rares. Le sujet le plus favorable est toujours faible et défectueux par quelque endroit. Il ne faut pas se laisser décourager aisément par la difficulté de suppléer à ce qui lui manque; mais aussi ne faut-il pas se livrer avec trop de confiance à la séduction d'un côté brillant.

Un poëme est une machine dans laquelle tout doit être combiné pour produire un mouvement commun. Le morceau le mieux travaillé n'a de valeur qu'autant qu'il est une pièce essentielle de la machine, et qu'il y remplit exactement sa place et sa destination. Ce n'est donc jamais la beauté de telle ou telle partie qui doit déterminer le choix du sujet. Dans l'épopée, dans la tragédie, le mouvement que l'on veut produire, c'est une action intéressante, et qui dans son cours répande l'illusion, l'inquiétude, la surprise, la terreur, et la pitié. Les premiers mobiles de l'action, chez les Grecs, ce sont communément les dieux et les destins, chez nous les passions humaines : les roues de la machine, ce sont les caractères; l'intrigue en est l'enchaînement; et l'effet qui résulte de leur jeu combiné, c'est l'illusion, le pathétique, le plaisir, et l'utilité. On dira la même chose de la comédie, en mettant le ridicule à la place du pathétique. Il en est ainsi de tous les genres de poésie, relativement à leur caractère et à la fin qu'ils se proposent. On n'a donc pas *inventé* un sujet, lorsqu'on a trouvé quelques pièces de cette machine, mais lorsqu'on a le système complet de sa composition et de ses mouvements.

Il faut avoir éprouvé soi-même les difficultés de cette première disposition, pour sentir combien sont frivoles et puérilement importunes ces règles dont on étourdit les poëtes, d'*inventer* la fable avant les personnages, et de généraliser d'abord son action avant d'y attacher les circonstances particulières des temps, des lieux, et des personnes.

Il est certain que, s'il se présente aux yeux du poëte une fable anonyme qui soit intéressante, il cherchera dans l'histoire une place qui lui convienne, et des noms auxquels l'adapter; mais fallait-il abandonner le sujet de Cinna, de Brutus, de la mort de César, parce qu'il n'y avait à changer ni les noms, ni l'époque, ni le lieu de la scène? Il est tout simple que les sujets comiques se présentent sans aucune circonstance particulière de lieu, de temps, et de personne; mais combien de sujets héroïques ne viennent dans l'esprit du poëte qu'à la lecture de l'histoire? Faut-il, pour les rendre dignes de la poésie, les dépouiller des circonstances dont on les trouve accompagnés? Je veux croire possible, avec Le Bossu, qu'Homère, comme La Fontaine, commença par *inventer* la moralité de ses poëmes, et puis l'action, et puis les personnages. Mais supposons que, de son temps, on sût par tradition qu'au siége de Troie les héros de la Grèce s'étaient disputé une esclave, qu'un sujet si vain les avait divisés, que l'armée en avait souffert, et que leur réconciliation avait seule empêché leur ruine ; supposons qu'Homère se fût dit à lui-même ; *Voilà comme les peuples sont punis des folies des rois ; il faut faire de cet exemple une leçon qui les étonne.* Si c'était ainsi que lui fût venu le dessein de *l'Iliade*, Homère en serait-il moins poëte ? *l'Iliade* en serait-elle moins un poëme, parce que le sujet n'aurait pas été conçu par abstraction et dénué de ces circonstances ? En vérité les arts de génie ont assez de difficultés réelles, sans qu'on leur en fasse de chimériques. Il faut prendre un sujet comme il se présente, et ne regarder qu'à l'effet qu'il est capable de produire. Intéresser, plaire, instruire, voilà le comble de l'art ; et rien de tout cela n'exige que le sujet soit *inventé* de telle ou telle façon.

Il y a pour le poëte, comme pour le peintre, des modèles qui ne varient point. Pour se les retracer fidèlement, il faut une imagination vive, et rien de plus : pour les peindre, il suffit de les avoir présents, et de savoir manier la langue, qui est le pinceau de la poésie. Mais il y a des détails d'une nature mobile et changeante, dont le modèle ne tient point en place : l'artiste alors est obligé de peindre d'après le miroir de la pensée ; et c'est là qu'il est difficile de donner à l'imitation cet air de vérité qui nous séduit et qui nous enchante. Aussi la peinture et la sculpture préfèrent-elles la nature en repos à la nature en mouvement, et cependant elles n'ont jamais qu'un moment à saisir et à rendre; au lieu que la poésie doit pouvoir suivre la nature dans ses progrès les plus insensibles, dans ses mouvements les plus rapides, dans ses détours les plus secrets. Virgile et Racine avaient supérieurement ce génie *inventeur* des détails : Homère et Corneille possédaient au plus haut degré le génie *inventeur* de l'ensemble.

Mais un don plus rare que celui de l'*invention*, c'est celui du choix. La nature est présente à tous les hommes, et presque la même à tous les yeux. Voir n'est rien, discerner est tout; et l'avantage de l'homme supérieur sur l'homme médiocre, est de mieux saisir ce qui lui convient.

L'auteur du poëme sur l'art de peindre, Watelet, a fait voir que la belle nature n'est pas la même dans un Faune que dans un Apollon, et dans une Vénus que dans une Diane. En effet, l'idée du beau individuel dans les arts varie sans cesse, par la raison qu'elle n'est point absolue, et que tout ce qui dépend des relations, doit changer comme elles. Qu'on demande à ceux qui ont voulu généraliser l'idée de la belle nature, quels sont les traits qui conviennent à un bel arbre? pourquoi le peintre et le poëte préfèrent le vieux chêne brisé par les vents, brûlé, mutilé par la foudre, au jeune orme dont les rameaux forment un si riant ombrage? pourquoi l'arbre déraciné, qui couvre la terre de ses débris,

Spargendo a terra le sue spoglie eccelse,
Monstrando al sol la sua squallida sterpe. (Dante.)

pourquoi cet arbre est plus précieux au peintre et au poëte, que l'arbre qui, dans sa vigueur, fait l'ornement d'une campagne?

Il y a des choses qu'on est las de voir, et dont l'imitation est usée : voilà celles qu'il est bon d'éviter. Mais il y a des choses communes sur lesquelles nos esprits n'ont jamais fait que voltiger sans réflexion, dont le tableau simple et naïf peut plaire, toucher, émouvoir. Le poëte qui a su les tirer de la foule, les placer avec avantage, et les peindre avec agrément, nous fait donc un plaisir nouveau; et pour nous causer une douce surprise, ce vrai, quoi qu'en ait dit Louis Racine, n'a besoin d'aucun mélange de grandeur ni de merveilleux. Lorsqu'un des bergers de Théocrite ôte une épine du pied de son compagnon, et lui conseille de ne plus aller nu-pieds, ce tableau ne nous fait aucun plaisir, je l'avoue; mais est-ce à cause de sa simplicité? non : c'est qu'il ne réveille en nous aucune idée, aucun sentiment qui nous plaise. L'Idylle de Gesner, où un berger trouve son père endormi, n'a rien que de très-simple; cependant elle nous plaît, parce qu'elle nous attendrit. Ce n'est point une nature prise de loin, c'est la piété d'un fils pour un père; et heureusement rien n'est plus commun. Lorsqu'un des bergers de Virgile dit à son troupeau :

Ite, meæ, felix quondam pecus, ite capellæ :
Non ego vos posthac, viridi projectus in antro,
Dumosá pendere procul de rupe videbo.

ces vers, le plus parfait modèle du style pastoral, nous font un plaisir sensible ; et cependant où en est le merveilleux ? c'est le naturel le plus pur ; mais ce naturel est intéressant, et la simplicité même en fait le charme.

Le vrai simple n'a donc pas toujours besoin d'être relevé par des circonstances qui l'ennoblissent. Mais en le supposant, au moins faut-il savoir à quel caractère les distinguer, pour les recueillir ; et cette nature idéale est un labyrinthe dont Socrate lui seul nous a donné le fil. « Pensez-vous, disait-il à Alcibiade, que ce qui est bon ne soit pas beau ? N'avez-vous pas remarqué que ces qualités se confondent ? La vertu est belle dans le même sens qu'elle est bonne... La beauté des corps résulte aussi de cette forme qui constitue leur bonté ; et dans toutes les circonstances de la vie, le même objet est constamment regardé comme beau, lorsqu'il est tel que l'exige sa destination et son usage. » Voilà précisément le point de réunion de la bonté et de la beauté poétique, *le parfait accord du moyen qu'on emploie avec la fin qu'on se propose.* Or les vues dans lesquelles opère la poésie ne sont pas celles de la nature : la bonté, la beauté poétique n'est donc pas la beauté, la bonté naturelle. Ce qui même est beau pour un art, peut ne l'être pas pour les autres : la beauté du peintre ou du statuaire peut être ou n'être pas celle du poëte, et réciproquement. Enfin ce qui fait beauté dans un poëme, ou dans tel endroit d'un poëme, devient un défaut, même en poésie, dès qu'on le déplace et qu'on l'emploie mal à propos. Il ne suffit donc pas, il n'est pas même besoin qu'une chose soit belle dans la nature, pour qu'elle soit belle en poésie; il faut qu'elle soit telle que l'exige l'effet qu'on veut produire. La nature, soit dans le physique, soit dans le moral, est pour le poëte comme la palette du peintre, sur laquelle il n'y a point de laides couleurs. *Le rapport des objets avec nous-mêmes*, voilà le principe de la poésie; *l'intention du poëte*, voilà sa règle, et l'abrégé de toutes les règles.

« Il n'est pas bien mal-aisé, me dira-t-on, de savoir l'effet qu'on veut opérer; mais le difficile est d'en *inventer*, d'en saisir les moyens. » Je l'avoue : aussi le talent ne se donne-t-il pas. Démêler dans la nature les traits dignes d'être imités, prévoir l'effet qu'ils doivent produire, c'est le fruit d'une longue étude; les recueillir, les avoir présents, c'est le don d'une imagination vive; les choisir, les placer à propos, c'est l'avantage d'une raison saine et d'un sentiment délicat. Je parle ici de l'art, et non pas du génie: or toute la théorie de l'art se réduit à savoir quel est le but où l'on veut atteindre, et quelle est dans la nature, la route qui nous y conduit. Avec le moins obtenir le plus, c'est le principe des beaux-arts, comme celui des arts mécaniques.

En poésie, une des opérations du génie est l'*invention* du sujet, c'est-à-dire cette grande et première pensée qu'il s'agit de développer, et qui, d'abord vague et confuse, ne laisse pas de porter avec elle, dès sa naissance, le pressentiment des beautés qu'elle produira. Cette pensée, qu'on peut appeler *mère*, puisqu'elle engendre toutes les autres, a plus ou moins de fécondité, selon le caractère des esprits auxquels l'étude, le hasard, ou la réflexion la présente. Tout paraît stérile à des esprits stériles; tout n'a que des superficies pour des esprits superficiels; et pour des esprits naturellement obscurs, tout est chaos : de là vient qu'en se fatiguant à chercher des sujets, le commun des écrivains passe et repasse mille fois sur des mines d'or, sans en soupçonner l'existence. Le génie seul a l'instinct qui avertit que la mine est riche, comme il a seul la force de la creuser jusques dans ses entrailles, et d'en arracher des trésors.

Mais cet instinct n'est infaillible que dans des hommes qui se sont fait une idée juste et approfondie de l'objet, des moyens et des procédés de l'art. L'ardeur de la jeunesse, l'impatience de produire, l'éblouissement causé par quelque beauté apparente, ont, comme je l'ai dit, trompé plus d'une fois des talents qui n'étaient pas mûris par l'étude et l'expérience.

Il en est de même à l'égard des genres d'éloquence où l'orateur invente son sujet. Il y a des superficies trompeuses qui annoncent la fertilité, et dont le fond n'est qu'un sable aride ; il y a des terrains incultes, qui n'ont qu'à être défrichés et approfondis, pour devenir féconds.

Ainsi l'*invention* du sujet demande un commencement de travail pour le sonder et en pénétrer les ressources. Un sculpteur habile voit dans un bloc de marbre les dimensions de sa statue ; mais il en peut faire à son gré un Hercule, une Diane, un Apollon. L'orateur, le poëte, doit voir de même l'étendue de son sujet ; mais son sujet n'est pas indifférent aux formes qu'il peut recevoir : il en est une qui lui est propre ; et l'artiste doit l'y trouver avant de commencer l'ouvrage.

Cette première *invention* suppose la liberté du choix, et l'orateur ne l'a pas toujours.

L'éloquence qui ne s'exerce que sur des questions générales, comme celle des anciens sophistes, ou sur des points de morale pratique, comme fait l'éloquence de nos prédicateurs, est aussi libre que la poésie dans l'*invention* de ses sujets ; mais l'éloquence de la tribune et du barreau est commandée, et ses sujets lui sont donnés. L'*invention*, dans cette partie, se réduit donc à trouver les moyens propres à la question ou à la cause qui s'agite. Les rhéteurs en ont fait le grand objet de leurs leçons ; mais leurs leçons ne peuvent être qu'une étude préliminaire : c'est la recherche réduite en méthode ; ce n'est pas encore l'*invention*. Celle que Cicéron appelle l'*invention rhétorique*, ne fait qu'indiquer vaguement les moyens généraux de disposer favorablement un auditoire ; de le rendre attentif, docile, bénévole ; de gagner l'affection des juges, si on les trouve indifférents ; de changer leur inclination, s'ils sont aliénés ou contraires ; de les intéresser eux-mêmes au succès de la cause ; de la leur présenter du côté le plus favorable, avec une clarté qui du premier coup-d'œil fasse voir quel en est l'état ; d'en tirer, si elle est étendue ou compliquée, une division qui repose l'esprit et dirige son attention ; d'employer à déterminer l'opinion, la résolution, le jugement de l'auditoire, d'y employer, dis-je, les arguments qui résultent des faits, des indices, des témoignages, des vraisemblances, des autorités, des exemples, des coutumes, des lois, des règles de morale, des maximes de politique, des principes de droit, enfin des qualités personnelles des deux parties, ou de la nature de l'homme en ce qui nous est commun à tous ; de donner à ces arguments toute la force et l'énergie d'une dialectique pressante, toute la chaleur et la véhémence d'une éloquence passionnée ; de réfuter avec vigueur les preuves, les moyens, les raisonnements de l'adverse partie ; de l'attaquer par l'endroit faible, en ne lui présentant soi-même que le côté le plus fort; de tirer de la réfutation un nouvel avantage en faveur de sa cause, et d'en fortifier encore les moyens en les résumant; enfin d'appeler les passions au secours de la raison, si elle n'est pas victorieuse; d'agir sur l'ame des auditeurs pour l'exciter ou la calmer, l'élever ou l'abattre, la pousser ou la retenir, l'ébranler, l'incliner, l'entraîner malgré elle du côté qu'on veut qu'elle penche, et contraindre la volonté, ou soumettre l'entendement.

Voilà les sources que les rhéteurs anciens ont indiquées à l'éloquence, et qu'ils ont divisées en une infinité de ruisseaux. Toutes les formules générales d'adulation, de séduction, d'insinuation, d'induction; toutes les manières de définir, d'analyser, d'amplifier, d'exagérer, de pallier, d'atténuer, de dissimuler, d'éluder; tous les ressorts du pathétique; tous les secrets d'intéresser la vanité, l'orgueil, la sensibilité des juges, d'exciter leur envie, leur indignation, leur haine, leur bienveillance, ou leur commisération; et parmi ces moyens l'art de donner à la parole le caractère convenable à l'effet que l'on veut produire, par l'heureux choix des mots, leur coloris, leur harmonie; par la variété des tons, des figures, des mouvements; par le charme du nombre et celui des images, afin que la séduction se saisisse à-la-fois des sens, de l'esprit et de l'ame; c'est là ce que les professeurs de l'ancienne éloquence ont enseigné, et ce que Cicéron, dans sa jeunesse, a recueilli dans son livre appelé *de l'Invention rhétorique.*

Une étude encore préliminaire, mais plus immédiatement adhérente à l'exercice de l'éloquence, est celle des lois du pays, de la jurisprudence des tribunaux, des mœurs locales, et singulièrement de la façon de voir, de penser, de sentir, de l'auditoire ou des juges devant lesquels on doit parler ; car c'est de là qu'on tire les plus puissants moyens de les persuader ou de les émouvoir.

Ces sources ouvertes à l'*invention*, il en reste une encore plus abondante, et à laquelle l'orateur doit toujours remonter ; c'est son sujet, sa cause, la question qu'il agite : c'est en la méditant qu'il la rendra féconde ; et en comparaison du fleuve d'éloquence qui coulera de cette source, toutes les autres ne paraissaient, dit Cicéron, que de faibles ruisseaux.

L'homme de génie est celui qui enfonce le soc de la charrue dans un terrain qu'on n'a qu'effleuré avant lui, et qui sait par-là rendre fécond un sol que l'on croit épuisé.

Celui qui sait trouver dans une cause des ressources inespérées, dans un raisonnement, des forces inconnues ; qui sait tirer d'un moyen pathétique des mouvements soudains qui bouleversent l'auditoire, ou des traits imprévus qui déchirent l'ame des juges ; qui, lorsque les forces de la raison ou la chaleur de l'ame semblent épuisées, les redouble avec une énergie et une véhémence qui nous étonne et qui nous entraîne; celui qui, après s'être saisi de l'esprit et de l'ame des auditeurs, ne lâche prise qu'après les avoir subjugués, et n'abandonne son adversaire qu'après l'avoir terrassé; qui dans la réplique fait jaillir des flammes d'un choc d'opinions, d'où le simple talent n'eût tiré que des étincelles; qui, dans une éloquence simple et dénuée d'ornements, déploie les muscles d'un Hercule, et qui d'un mot, ou d'une circonstance qui échapperait à un homme médiocre, tire un moyen victorieux, un mouvement irrésistible; c'est là l'inventeur en éloquence. *Voyez*, dans l'art. ORATEUR, l'exemple que j'en ai cité, de ce Le Maître, que le mauvais goût de son siècle avait gâté, mais que la nature avait fait éloquent. *Voyez aussi* RHÉTORIQUE, EXORDE, PREUVE, PÉRORAISON, PATHÉTIQUE, etc.

IRONIE. C'est un tour d'expression si familier et si commun, qu'il est presque inutile d'expliquer en quoi il consiste. Chacun sait que l'on parle par *ironie*, lorsque d'un air moqueur ou badin, on dit le contraire de ce que l'on pense. L'*ironie* où l'on blâme en louant, où en admirant on déprise, revient à chaque instant dans le langage ordinaire.

Oh! oh! l'*homme de bien*, vous m'en vouliez donner!
(*Orgon à Tartuffe.*)

Les gens *que vous tuez* se portent assez bien.
(*Le valet du Menteur.*)

Un moine disait son bréviaire :
Il prenait bien son temps !
(*La mouche du Coche.*)

C'était un *beau sujet de guerre*,
Qu'un logis où lui-même il n'entrait qu'en rampant !
(*La Belette au Lapin.*)

Mais ce qu'il est intéressant d'observer, c'est que cette espèce de contre-vérité, en dérision, n'est pas si exclusivement propre au style plaisant ou comique, et au ton de la société, qu'il soit indigne de la haute éloquence et de la haute poésie, et qu'il n'exprime avec autant de noblesse que d'amertume le mépris ou l'indignation qui se mêle au ressentiment, au dépit, à la colère, à la fureur même. Rien de plus énergique dans la bouche d'Oreste que cette apostrophe *ironique* :

Grâce aux dieux, mon malheur passe mon espérance ;
Et *je te loue*, ô ciel ! de ta persévérance.

Rien de plus sanglant que l'*ironie* dans la bouche d'Hermione en parlant à Pyrrhus :

Est-il juste, après tout, qu'un conquérant s'abaisse
Sous la servile loi de garder sa promesse ?
Non, non, la perfidie a de quoi vous tenter ;
Et vous ne me cherchez que pour vous en vanter.
Quoi ! sans que ni serment ni devoir vous retienne,

Rechercher une grecque, amant d'une troyenne ;
Me quitter, me reprendre, et retourner encor
De la fille d'Hélène à la veuve d'Hector ;
Couronner tour-à-tour l'esclave et la princesse ;
Immoler Troie aux Grecs, au fils d'Hector la Grèce ;
Tout cela part d'un cœur toujours maître de soi,
D'un héros qui n'est point esclave de sa foi.
Pour plaire à votre épouse, il vous faudrait peut-être
Prodiguer les doux noms de parjure et de traître.
Vous veniez de mon front observer la pâleur,
Pour aller, dans ses bras, rire de ma douleur.
Pleurante après son char vous voulez qu'on me vo
Mais, seigneur, en un jour ce serait trop de joie ;
Et sans chercher ailleurs des titres empruntés,
Ne vous suffit-il pas de ceux que vous portez ?
Du vieux père d'Hector la valeur abattue
Aux pieds de sa famille expirante à sa vue,
Tandis que dans son sein votre bras enfoncé
Cherche un reste de sang que l'âge avait glacé ;
Dans des ruisseaux de sang Troie ardente plongée ;
De votre propre main Polyxène égorgée
Aux yeux de tous les Grecs indignés contre vous ;
Que peut-on refuser à ces généreux coups ?

On voit, dans le neuvième livre de l'*Iliade*, un bel exemple d'*ironie*, à travers la franchise avec laquelle Achille répond à Ulysse, qui, de la part d'Agamemnon, vient solliciter son retour. « Qu'il n'espère pas me tromper encore, lui dit-il ; je le connais trop ; et il ne viendra pas à bout de me persuader. Il n'a qu'à chercher avec vous, prudent Ulysse, et avec les autres rois, les moyens de garantir ses vaisseaux des flammes dont ils sont menacés. Sans moi il a déjà fait de si grandes choses! Il a fermé son camp d'une grande muraille, il a environné cette muraille d'un large fossé, il a fortifié ce fossé d'une bonne palissade; et avec tous ces retranchements il ne peut encore repousser l'homicide Hector! »

Les siècles les plus raffinés n'ont certainement rien de plus adroit, que cette manière de reprocher au fier Agamemnon les timides soins qu'il se donne pour se tenir renfermé dans son camp.

C'est une chose digne d'admiration, que les diverses tentatives qu'a faites le génie de Corneille, en créant parmi nous la tragédie, pour en étendre et varier le genre. Il a tout osé, jusqu'à risquer au théâtre un héros moqueur; et si dans le langage *ironique* qu'il a mis dans la bouche de Nicomède, il a souvent manqué de goût, il n'en est pas moins vrai que l'invention, le dessein, la physionomie de ce caractère, ont quelque chose de surprenant dans leur originalité.

ATTALE, *à Laodice.*

Rome qui m'a nourri vous parlera pour moi.

NICOMÈDE.

Rome! Seigneur.

ATTALE.

Oui, Rome. En êtes-vous en doute?

NICOMÈDE.

Seigneur, je crains pour vous qu'un Romain vous écoute;
Et si Rome savait de quels feux vous brûlez,
Bien loin de vous prêter l'appui dont vous parlez,

Elle s'indignerait de voir sa créature
A l'éclat de son nom faire une telle injure,
Et vous dégraderait, peut-être dès demain,
Du titre glorieux de citoyen romain.
Vous l'a-t-elle donné pour mériter sa haine,
En le déshonorant par l'amour d'une reine?...
Reprenez un orgueil digne d'elle et de vous.
Remplissez mieux un nom sous qui nous tremblons tous;
Et sans plus l'abaisser à cette ignominie
D'idolâtrer en vain la reine d'Arménie,
Songez qu'il faut du moins, pour toucher votre cœur,
La fille d'un tribun, ou celle d'un préteur....
Forcez, rompez, brisez de si honteuses chaines;
Aux rois qu'elle méprise abandonnez les reines;
Et concevez enfin des vœux plus élevés,
Pour mériter les biens qui vous sont réservés.

Ce qui relève et ennoblit ce ton de l'*ironie* dans le rôle de Nicomède, c'est la hauteur avec laquelle il reprend le ton sérieux; et c'est du mélange de ces deux tons que se forme un des caractères les plus singuliers et les plus nobles qui soient au théâtre.

NICOMÈDE, *à Prusias, en parlant d'Attale.*

Si j'avais donc vécu dans ce même repos
Qu'il a vécu dans Rome auprès de ses héros,
Elle me laisserait la Bythinie entière,
Telle que de tous temps l'aîné la tient d'un père....
Il faut la diviser, et dans ce beau projet,
Ce prince est trop bien né pour vivre mon sujet.
Puisqu'il peut la servir à me faire descendre,
Il a plus de vertus que n'en eut Alexandre;
Et je lui dois quitter, pour le mettre en mon rang,
Le bien de mes aïeux, ou le prix de mon sang.

Grâces aux immortels, l'effort de mon courage
Et ma grandeur future ont mis Rome en ombrage.
Vous pouvez l'en guérir, seigneur, et promptement;
Mais n'exigez d'un fils aucun consentement.
Le maître qui prit soin de former ma jeunesse,
Ne m'a jamais appris à faire une bassesse.

Ce sont ces traits de caractère qui faisaient dire à la célèbre Clairon, qu'elle ne regrettait rien tant que de ne pouvoir pas jouer le rôle de Nicomède.

A l'égard de l'*ironie* en éloge, elle est incompatible avec le style sérieux et noble; au moins n'en sais-je aucun exemple, et ne vois-je aucune façon de les concilier ensemble; mais dans le style familier, elle peut avoir de la grâce, si dans le tour de plaisanterie qu'on donne à la louange, on sait éviter la fadeur. C'est ce qu'a fait Voiture dans une lettre au duc d'Enghien sur la bataille de Rocroi.

« Monseigneur, lui dit-il, à cette heure que je suis loin de votre altesse, et qu'elle ne me peut pas faire de charge, je suis résolu de lui dire tout ce que je pense d'elle il y a long-temps, et que je n'avais osé lui déclarer..... Oui, monseigneur, vous en faites trop pour le pouvoir souffrir en silence; et vous seriez injuste, si vous pensiez faire les actions que vous faites sans qu'il en fût autre chose, ni que l'on prît la liberté de vous en parler. Si vous saviez de quelle sorte tout le monde est déchaîné dans Paris à discourir de vous, je suis assuré que vous en auriez honte, et que vous seriez étonné de voir avec combien peu de respect et peu de crainte de vous déplaire, tout le monde s'entretient de ce que vous avez fait. A dire la vérité, monseigneur, je ne sais à quoi vous avez pensé, et c'a été, sans mentir, trop de hardiesse et une extrême violence à vous, d'avoir à votre âge choqué deux ou trois vieux capitaines que vous deviez respecter, quand ce n'eût été que pour leur ancienneté; fait tuer le pauvre comte de Fontaines, qui était un des meilleurs hommes de Flandre, et à qui le prince d'Orange n'avait jamais osé toucher; pris seize pièces de canon, qui appartenaient à un prince qui est oncle du roi et frère de la reine, avec qui vous n'aviez jamais eu de différend; et mis en désordre les meilleures troupes des Espagnols qui vous avaient laissé passer avec tant de bonté!»

Cette espèce d'*ironie* agréable et flatteuse s'appelait *astéisme* chez les anciens. On peut l'employer une fois en sa vie; mais pour peu que le tour en soit fréquent, il est usé.

J.

Jargon. *Il n'a manqué à Molière que d'éviter le* jargon *et d'écrire purement*, dit La Bruyère. Il a raison quant à la pureté du style; mais quel est le *jargon* que Molière aurait dû éviter ? Ce n'est certainement pas celui des *Précieuses* et des *Femmes savantes*; il est de l'essence de son sujet : ce n'est pas celui d'Alain et de Georgette; il contribue à caractériser leur naïveté villageoise, et à rendre encore plus saillant le ridicule de celui qui en a fait les gardiens d'Agnès : ce n'est pas non plus celui que Molière fait parler quelquefois aux gens de la cour et du monde; car il n'imite les singularités recherchées de leur langage, que pour tourner en ridicule cette même affectation : nulle recherche dans le langage du *Misanthrope*, ni du Chrysale des *Femmes savantes*, ni de Cléante dans *le Tartuffe*, ni dans la prose de *l'Avare;* et ce que l'on appelle le *jargon* du monde, il le réserve à ses marquis. Je soupçonne dans La Bruyère un peu de jalousie de métier pour le premier peintre des mœurs; et l'on s'en aperçoit sur-tout à la manière dont il a parlé du *Tartuffe*.

Scarron, dans ses pièces bouffonnes, employait

un burlesque emphatique du plus mauvais goût. Ce *jargon* fait rire un moment par sa bizarre extravagance; mais on a honte d'avoir ri.

Le *jargon* villageois a été heureusement employé quelquefois par Dufresny et par Dancourt. il est, par exemple, très-bien placé dans le jardinier de *l'Esprit de contradiction*: mais Dancourt, dont le dialogue est si vif, si gai, si naturel, s'est éloigné de la vraisemblance, en entremêlant sans raison, dans les personnes du même état, le *jargon* villageois et le langage de la ville: dans *les trois Cousines*, ses paysannes parlent comme des demoiselles; et leurs pères et mères, comme des paysans.

Le *jargon* villageois a quelquefois l'avantage de contribuer au comique de situation, comme dans *l'Usurier gentilhomme* : c'est là sur-tout qu'il est piquant. Quelquefois il marque une nuance de simplicité dans les mœurs; et Molière s'en est habilement servi pour distinguer la simplicité grossière de Georgette, de la naïveté d'Agnès. Mais si le *jargon* villageois n'a pas l'un de ces deux mérites, on fera beaucoup mieux de mettre un langage pur dans la bouche des paysans. L'ingénuité, le naturel, la simplicité même n'a rien qui se refuse à la correction du langage. Ce qu'il y a de plus incompatible avec le *jargon* villageois, c'est un raffinement d'expression, une recherche curieuse de tours singuliers, ou de figures étudiées; et c'est ce qui gâte le naturel des paysans de Marivaux.

Le *jargon* du monde et de la cour a sa place dans le comique : Molière en a donné l'exemple ; mais on en abuse souvent ; et parce que, dans une pièce moderne d'un coloris brillant et d'une vérité de mœurs très-piquante, ce *jargon*, employé avec goût, semé de traits et de saillies, a réussi au théâtre, on n'a cessé depuis d'écrire d'après ce modèle et de copier ce *jargon*. Les jeunes gens ne parlent plus d'autre langage sur la scène comique ; aux personnages même qu'on ne veut pas tourner en ridicule, on donne sans discernement ce ridicule de l'expression ; et cela, faute de connaître le ton du monde et de la cour, dont le vrai caractère est d'être uni et simple.

JUDICIAIRE. L'un des genres d'éloquence que les rhéteurs ont distingués.

Le vrai, l'utile, l'honnête, et le juste, sont les objets de l'éloquence ; et chacun de ces objets domine dans le genre qui lui appartient : dans les spéculations abstraites, c'est le vrai ; dans les délibérations et les résolutions à prendre, c'est l'utile ; dans l'éloge et le blâme personnel, c'est l'honnête ; dans les causes *judiciaires*, c'est le juste qu'on se propose.

De ces distinctions il ne faut pas conclure que les objets de l'éloquence ne se réunissent jamais. En recherchant le vrai, on s'occupe souvent de l'utile, du juste, ou de l'honnête ; ce n'est même que dans ces rapports que le vrai a quelque valeur. En recherchant l'utile, on considère aussi ou l'honnête ou le juste; et, selon que les trois s'accordent ou ne s'accordent pas, on les fait servir, dans la balance des délibérations, ou de poids ou de contre-poids. En louant l'honnête, en blâmant ce qui lui est contraire, on se fonde et sur le vrai et sur le juste; l'utile et le nuisible n'y sont pas oubliés. De même, avant de disputer du juste et de l'injuste, on commence par s'assurer du vrai, et par bien constater le fait avant que d'en venir au droit, qui lui-même tient aux maximes d'honnêteté, d'utilité commune. Ainsi les limites des genres ne sont rien moins qu'invariables.

Mais ce qui caractérise le genre *judiciaire*, c'est la discussion contradictoire d'une chose, ou d'un fait, dans son rapport avec les lois, et à l'égard de certaines personnes. C'est accusation ou défense, demande ou dénégation; et des deux causes débattues, le résultat est un jugement. *Judiciale est quod positum in judicio habet in se accusationem et defensionem, aut petitionem et recusationem.* (Cic. De inv. Rh.)

A parler moins à la rigueur, soit que l'éloquence mette en avant des questions spéculatives à décider, ou des résolutions à prendre, ou des éloges et des censures à décerner, elle a des juges, et l'auditoire est toujours pour elle une sorte de tribunal; mais la raison seule y préside : au lieu que dans l'ordre *judiciaire* c'est la loi qui doit prononcer ; et la fonction du juge ne consiste qu'à décider, du rapport de la cause particulière avec la loi commune, ou la règle de droit. Si ce rapport était bien précis et le juge bien équitable, l'éloquence n'aurait plus lieu. On voit même que dans une infinité de causes, dont le fait est simple et le droit vulgairement connu, la plaidoirie est peu de chose : la chicane s'efforce de les brouiller et de les obscurcir ; mais l'éloquence ne s'en mêle point, elle les livre à la logique.

C'est lorsqu'un fait important est douteux, ou sa qualité contestée ; c'est lorsque la loi est obscure ou vague, ou que la relation du fait avec le droit n'est pas directe ou assez marquée ; c'est lorsque les preuves sont équivoques, les titres ambigus, les indices douteux, les conjectures, les probabilités, les vraisemblances balancées par des apparences contraires ; c'est lorsque l'aspect de la cause est favorable, et le caractère de la personne odieux ou suspect ; lorsque le procès paraît juste et le procédé malhonnête ; que la forme est nuisible au fond ; que l'esprit et la lettre de la loi se contrarient, ou semblent se contrarier ; c'est alors que le genre *judiciaire* est susceptible d'éloquence. S'il s'agit du fait, la question est de savoir s'il est, ce qu'il est, quel il est relativement à la loi : *Sit ne, quid sit, aut quale sit quæritur.* (Cic.) *S'il est,* se plaide par les indices ; *ce qu'il est,* par les définitions ; *quel il est,* par les règles du juste et de l'injuste : *Sit ne, signis ; quid sit, definitionibus ; quale sit, recti pravique partibus.* (Cic. De inv. Rh.) Ainsi, quand le fait est constant, c'est de ses qualités absolues ou relatives que l'on dispute ; et il s'agit pour le défenseur de prouver qu'il n'y a rien d'illégitime ou de criminel : *Aut rectè factum, aut alterius culpâ, aut injuriâ, aut ex lege, aut non contra legem, aut imprudentiâ, aut necessariò, aut non eo nomine usurpandum quo arguitur.* (Cic. de Orat.) Bien entendu que la tâche contraire est celle de l'accusateur.

Dans la demande, il y a de même un fait, que la question de droit suppose ; et selon que ce fait est contesté ou convenu, on le discute, ou des deux côtés on s'accorde à l'admettre ; et la contestation se réduit à le définir et à l'appliquer à la loi. C'est là ce qui décide de l'*état de la cause*; et il est évident que c'est le défendeur qui l'établit, puisqu'il dépend de lui, ou de tout contester, ou de réduire sa défense à tel ou tel article de la demande ou de l'accusation, en accordant le reste. Mais sur les points dont on ne convient pas, il ne dépend de lui ni de changer l'objet de la question, ni de la diviser si elle est indivisible, ni d'en circonscrire l'objet.

Chez les anciens, les causes purement civiles, les questions litigieuses et de peu d'importance, n'occupaient guère que la plaidoirie ; l'éloquence les dédaignait. Elle se réservait les causes qui mettaient en péril l'état, la dignité, la vie ou la fortune des citoyens considérables; et ces deux genres de plaidoyers distinguaient les avocats et les orateurs romains, comme ils distinguent parmi nous, proportion gardée, les avocats et les procureurs.

L'accusation et la défense personnelle étaient alors, dans le genre *judiciaire*, la grande lice de l'éloquence; et c'était là, comme je l'ai dit plus d'une fois, ce qui rendait, à Rome et dans Athènes, le talent de la parole si redoutable d'un côté, et si nécessaire de l'autre.

On va voir quelle idée les orateurs anciens se faisaient eux-mêmes de l'importance et des difficultés de leur art, dans le genre *judiciaire* : c'est Cicéron qui fait parler Antoine, au second livre de l'Orateur. *In causarum contentionibus, magnum est quoddam opus, atque haud sciam an de humanis operibus longè maximum : in quibus vis oratoris plerumque ab imperitis, exitu et victoriâ judicatur : ubi adest armatus adversarius, qui sit et feriendus et repellendus : ubi sæpè is qui rei dominus futurus est, alienus atque iratus, aut etiam amicus adversario et inimicus tibi est : quum aut docendus is est, aut omni ratione, ad tempus, ad causam, oratione moderandus.*

Ainsi, dans toute cause, l'éloquence de l'orateur est employée à l'attaque et à la défense : en même temps qu'il frappe il doit savoir parer, et, pour cela, se tenir en garde contre les surprises et les ruses de l'adversaire. De là cette étude profonde que recommandaient les anciens de l'intérieur d'une cause et de ses différentes faces; de là leur attention à choisir leurs moyens, à s'attacher aux forts, à passer sur les faibles, à rejeter tous les mauvais; de là l'importance qu'ils attachaient à ne jamais laisser échapper un mot qui donnât prise à l'adversaire, et non-seulement à dire ce qu'il fallait, mais, sur toute chose, à ne jamais dire ce qu'il ne fallait pas; de là le soin qu'ils prenaient de connaître le caractère, le génie, le tour d'esprit, et, pour ainsi dire, le jeu de l'adversaire, et de cacher le leur, en variant leur marche et en déguisant leur dessein.

Il se présente ici une question à résoudre : lequel des deux est le plus favorable à l'orateur, de l'attaque ou de la défense?

Le mot de Henri IV, *Ils ont raison tous deux*, semble décider pour l'égalité d'avantages. Mais à l'égard du commun des hommes, il est vrai de dire comme le proverbe, *Le dernier qui parle a raison.* L'agresseur a pour lui une première impression donnée. Mais dans les choses contentieuses, l'auditeur se défie des premières impressions, le juge s'en défend : et cet avantage, affaibli par la réflexion qu'*il faut entendre tout le monde*, ne laisse guère à l'agresseur que la difficulté de prévoir la défense, ou le péril de s'y exposer le bandeau sur les yeux; tandis que le défendeur a pour lui tout le temps d'observer les dispositions et les mouvements de l'attaque, et de reconnaître le fort et le faible de l'ennemi.

On voit un exemple frappant du désavantage de l'agresseur et de l'avantage du défendeur, dans les célèbres plaidoyers d'Eschine et de Démosthène l'un contre l'autre.

Eschine, après s'être informé avec le plus grand soin des moyens de défense que lui opposera Démosthène, semble les avoir tous prévenus, et détruits d'avance. Démosthène prend la parole : il se trouve qu'Eschine n'a rien prévu; son édifice est renversé. Ce qu'il a dit de plus pressant, Démosthène l'élude, et l'auditeur l'oublie, entraîné par la véhémence du nouveau discours qu'il entend : ce qu'il a dit de hasardé, de favorable à la réplique, Démosthène ne manque pas de s'en saisir; et c'est par là qu'il le confond. Eschine l'accuse de s'être vendu à Philippe; et cette imputation retombe sur lui-même; il lui reproche la mort des braves citoyens qui ont péri dans la bataille de Chéronée; et Démosthène, évoquant les manes de leurs ancêtres, qui ont combattu pour la même cause à Platée et à Marathon, jure par ces grands hommes, que leurs neveux, en se dévouant pour la liberté et pour le salut de la Grèce, n'ont fait que leur devoir : « Et qui de vous, dit-il aux Athéniens, ne m'eût pas justement massacré sur l'heure, si je vous avais conseillé des lâchetés et des bassesses? » Eschine vante et regrette le temps où Athènes avait des héros auxquels elle ne décernait ni des couronnes d'or, ni des honneurs personnels et distincts de la gloire de la patrie ; et en effet elle avait refusé à Miltiade une couronne d'olivier. Mais l'usage ayant prévalu d'accorder des encouragements à la vertu, et des récompenses au mérite, si Démosthène a bien mérité de l'état, cet éloge du temps passé ne conclut rien, c'est de l'éloquence perdue. Eschine fait une peinture très-oratoire du malheur des Thébains; mais si Démosthène n'en est pas la cause, ce pathétique est encore superflu. Eschine présente, à sa manière, la chaîne des événements, leurs causes, et leurs circonstances. Démosthène brise tous les anneaux de cette chaîne artificielle, et rejette sur l'accusateur tous les malheurs et tous les crimes dont lui-même il est accusé. Eschine annonce que Démosthène s'efforcera, en éludant l'accusation, de changer l'état de la cause, et de jeter le trouble et l'émotion dans les esprits.

« Ctésiphon produira, dit-il, sur la scène cet imposteur, ce brigand, ce bourreau de la république, franc bateleur, qui pleure avec plus de facilité que les autres ne rient, et celui des hommes qui craint le moins de se jouer de la sainteté des serments..... Lorsqu'un torrent de larmes, ajoute-t-il, coulera de ses yeux; lorsque vous entendrez ses accents lamentables; lorsqu'il s'écriera : *Où me refugier ? Citoyens, me bannirez-vous d'Athènes, moi qui n'ai point d'a-*

syle? Répondez-lui : *Mais les Athéniens, où se refugieront-ils, Démosthène?* » Rien de plus animé, de plus pressant en apparence.

Mais Démosthène parle, et ne dit rien de tout cela. Il n'emploie ni larmes, ni accents lamentables : une noble assurance en parlant de lui-même, une franchise encore plus noble en parlant des Athéniens, une indignation véhémente et le plus accablant mépris en parlant de son adversaire, un exposé rapide et lumineux de sa conduite dans tous les temps, l'éloquence des faits, celle de la raison appuyée par des exemples, et entremêlée des mouvements les plus impétueux de l'invective et de l'imprécation; partout l'assurance de la bonne cause, modeste dans l'exorde, mais bientôt fière et haute lorsqu'il commence à prendre l'ascendant et à s'emparer des esprits; voilà ce que Démosthène réservait à Eschine; et celui-ci, en s'efforçant de parer des coups qu'il ne prévoyait pas, n'a fait que battre l'air.

Talis prima Dares caput altum in prœlia tollit;
Ostenditque humeros latos, alternaque jactat
Brachia protendens, et verberat ictibus auras. (AEneid.)

Par cet exemple, j'ai voulu montrer que, si dans l'attaque on prétend faire face à tous les points de la défense, on se déploie sur un trop grand front, et que l'on s'affaiblit soi-même. Il faut, pour ainsi dire, attaquer en colonne, ne présenter que des points principaux et en petit nombre, afin que le juge n'en perde aucun de vue, et que l'adversaire n'en puisse éluder aucun ; les appuyer, les soutenir, ne mettre en avant que des masses de raisonnements et de preuves; et pour repousser la défense, garder en réserve des forces inconnues à l'ennemi.

Ce n'est que par-là, ce me semble, que l'agresseur peut balancer l'avantage du défendeur : et si le feu est également bien ménagé de part et d'autre, et si aucun des deux ne s'épuise en efforts perdus; s'ils s'attendent, s'ils ne déployent et ne font agir qu'à propos leurs réserves et leurs ressources; je pense qu'après le même nombre de répliques de part et d'autre, le combat se trouvant égal, le seul avantage marqué sera celui de la bonne cause. Mais je répète encore que l'agresseur doit succomber, s'il fait la faute que fit Eschine de trop étendre ses moyens dans une harangue diffuse, de présenter un trop grand nombre de points d'attaque, et de donner lieu à l'adversaire d'éluder les plus forts, d'aller droit aux plus faibles; et après avoir enfoncé la ligne, de culbuter les forces dispersées que l'accusateur lui opposait.

Il est à croire que chez les Grecs l'accusateur n'était point admis à la réplique. Chez les Romains mêmes, où plusieurs avocats se succédaient dans la même cause, je présume que, des deux parts, la preuve et la réfutation allaient de suite et sans alternative. Ainsi le désavantage de l'agresseur n'avait point de compensation.

C'est donc une institution sage, dans le barreau moderne, que d'avoir donné à l'une et à l'autre cause la ressource d'être plaidées à plusieurs reprises; et la grande habileté de l'avocat consiste à tirer avantage de cette forme de plaidoyers. Nous en avons vu dans ce siècle un grand exemple : c'était Cochin. Son attaque se réduisait à un simple exposé de l'affaire, à sa demande, et à l'énoncé le plus précis de ses moyens. Personne, à ne pas le connaître, n'aurait cru devoir redouter un concurrent si dénué des fortes armes de l'éloquence. Mais lorsque son adversaire l'avait échauffé en le réfutant, et croyait l'avoir terrassé, tout-à-coup il se relevait avec une force effrayante. On croyait voir l'Ulysse d'Homère provoqué par Irus, déployer son manteau de pauvre, et dépouiller la stature imposante, les membres nerveux d'un héros. Aussi le combat se terminait-il le plus souvent comme celui de l'Odyssée, à moins que l'adversaire de Cochin ne fût un Le Normand. C'était alors que le barreau devenait une arène intéressante par le contraste des deux athlètes, l'un plus vigoureux et plus ferme, l'autre plus souple et plus adroit; Cochin avec un air austère et imposant, qui lui donnait quelque ressemblance avec Démosthène; Le Normand avec un air noble, intéressant, qui rappelait la dignité de Cicéron. Le premier redoutable, mais suspect à ses juges, qui, à force de le croire habile, le regardaient comme dangereux; le second précédé au barreau par cette réputation d'honnête homme, qui est la plus forte recommandation d'une cause, et peut-être la première éloquence d'un orateur. *Voyez* Orateur.

De tout ce que je viens de dire de l'art de ménager ses forces, il ne s'ensuit pas que l'orateur doive mettre en avant ce qu'il y a de plus faible, mais seulement qu'il doit réserver pour sa conclusion ce qu'il a de plus éminent. C'est un grand avantage pour une cause que de paraître la meilleure dès le premier aspect : mais la dernière impression est encore plus décisive que la première; et l'oracle que je ne cesse de consulter, Cicéron, nous fournit encore ce précepte.

In illo reprehendo eos qui, quæ minimè firma sunt, ea prima collocant : res enim hoc postulat, ut eorum expectationi qui audiunt quam celerrimè occurratur : cui si initio satisfactum non sit, multo plus sit in reliquá causá elaborandum. Male enim se res habet, quæ non, statim ut cœpta est, melior fieri videtur. In oratione firmissimum sit quodque primum : dum illud tamen teneatur, ut ea quæ excellant serventur etiam ad perorandum. Si quæ erunt mediocria (nam vitiosis nusquam esse oportet locum) in mediam turbam, atque in gregem conjiciantur. (De Orat.)

Si l'on fait attention au choix des mots dont

Cicéron se sert dans ce passage, on trouvera que c'est d'abord une logique forte que l'orateur doit employer; et que pour le moment décisif de l'action, il doit se réserver les grands moyens de l'éloquence.

L.

LICENCE. Les *licences* données à la poésie française ne sont pas, comme on l'a dit, certains mots réservés au style sublime, et que la haute éloquence emploie aussi-bien que la poésie. Bossuet ne fait pas plus de difficulté que Racine, de dire les *mortels* pour les *hommes*, les *forfaits* pour les *crimes*, le *glaive* pour *l'épée*, les *ondes* pour les *eaux*, *l'éternel*, etc.; et quant aux expressions exclusivement permises à la poésie, les unes sont figurées, les autres sont prises du système fabuleux ou du merveilleux poétique : ce sont pour la plupart des hardiesses, mais non pas des *licences*.

La *licence* est une incorrection, une irrégularité de langage permise en faveur du nombre, de l'harmonie, de la rime, ou de l'élégance du vers. C'est une ellipse qui sort des règles de la syntaxe, comme dans ces exemples :

>Je t'aimais inconstant; qu'aurais-je fait, fidèle?
>.............Peuple-roi que je sers,
>Commandez à César; César, à l'univers.

C'est une voyelle supprimée, parce qu'elle altère la mesure si on ne la compte pas, ou quelle affaiblit le nombre et le sentiment de la cadence, si on la compte pour une syllabe : ainsi l'*e* muet d'*assiduement*, d'*ingénuement*, d'*enjouement*, d'*effraiera*, d'*avouera*, d'*encore*, de *gaieté*, se retranche, parce qu'il ne ferait pas à l'oreille un temps assez marqué. C'est de même une consonne supprimée en faveur de l'élision ou de la rime : ainsi dans ces noms de villes, *Naples*, *Londres*, *Athènes*, etc., il est permis aux poëtes d'écrire *Naple*, *Londre*, *Athène* sans *s*; ainsi à la première personne de certains verbes, comme je *dois*, je *vois*, je *produis*, je *frémis*, je *lis*, j'*avertis*, les poëtes se sont permis de retrancher l'*s*, et d'écrire je *doi*, je *voi*, je *produi*, je *frémi*, je *li*, j'*averti*, etc. Ce sont des adverbes absolus mis à la place des adverbes relatifs, comme *alors que*, *cependant que*, au lieu de *lorsque*, *pendant que*. C'est quelquefois le *ne* supprimé de l'interrogation négative, comme lorsqu'on dit, *savez-vous pas? voyez-vous pas? dois-je pas?* au lieu de *ne savez-vous pas? ne voyez-vous pas? ne dois-je pas?* Enfin ce sont quelques inversions peu forcées, mais qui, n'ayant pas pour raison dans la prose la nécessité du nombre, de la rime, et de la mesure, y paraîtraient gratuitement employées, quoiqu'elles fussent quelquefois très-favorables à l'harmonie, et que par conséquent il fût à désirer que l'usage les y reçût. On les trouvera presque toutes rassemblées dans ces vers de la *Henriade*, où la Discorde dit à l'Amour :

Ah ! si *de la discorde* allumant le tison,
Jamais à tes fureurs tu mêlas mon poison,
Si *tant de fois pour toi* j'ai troublé la nature,
Viens, vole sur mes pas, viens venger mon injure.
Un roi victorieux écrase mes serpents ;
Ses mains joignent l'olive aux lauriers triomphants.
La clémence *avec lui* marchant d'un pas tranquille,
Au sein tumultueux de la guerre civile,
Va *sous ses étendards, flottants de tous côtés*,
Réunir tous les cœurs *par moi seule* écartés.
Encore une victoire, et mon trône est en poudre.
Aux remparts de Paris Henri porte la foudre.
Ce héros va combattre, et vaincre, et pardonner ;
De cent chaînes d'airain son bras va m'enchaîner.
C'est à toi d'arrêter ce torrent dans sa course.
Va *de tant de hauts faits* empoisonner la source ;
Que *sous ton joug, Amour*, il gémisse abattu :
Va dompter son courage au sein de la vertu.

LITTÉRATURE. Entre l'érudition et la *littérature* il y a une différence.

La *littérature* est la connaissance des belles-lettres ; l'érudition est la connaissance des faits, des lieux, des temps, des monuments antiques, et des travaux des érudits pour éclaircir les faits, pour fixer les époques, pour expliquer les monuments et les écrits des anciens.

L'homme qui cultive les lettres jouit des travaux de l'érudit ; et lorsque, aidé de ses lumières, il a acquis la connaissance des grands modèles en poésie, en éloquence, en histoire, en philosophie morale et politique, soit des siècles passés, soit des temps plus modernes, il est profond *littérateur*. Il ne sait pas ce que les scoliastes ont dit d'Homère, mais il sait ce qu'a dit Homère. Il n'a pas confronté les diverses leçons de Juvénal et d'Aristophane, mais il sait Aristophane et Juvénal. L'érudit peut être ou n'être pas un bon *littérateur*; car un discernement exquis, une mémoire heureuse et meublée avec choix, supposent plus que de l'étude : de même le *littérateur* peut manquer d'érudition. Mais si ces deux qualités se réunissent, il en résulte un savant et un homme très-cultivé. L'un et l'autre cependant ne feront pas un homme de lettres : le don de produire caractérise celui-ci; et avec de l'esprit, du talent, et du goût, il peut produire des ouvrages ingénieux, sans aucune érudition et avec peu de *littérature*. Fréret fut un érudit profond; Malésieu, un grand *littérateur*; et Marivaux, un homme de lettres.

LYRIQUE. Le poëme *lyrique*, chez les Grecs, était, non-seulement chanté, mais composé aux accords de la *lyre* : c'est là d'abord ce qui le distingue de tout ce qu'on appelle *poésie lyrique* chez les Latins et parmi nous. Le poëte était musicien ; il préludait, il s'animait au son de ce prélude; il se donnait à lui-même la mesure, le mouvement, la période musicale : les vers naissaient avec le chant, et de là l'unité de rhythme, de caractère, et d'expression, entre la musique et les vers : ce fut ainsi qu'une poésie chantée fut naturellement soumise au nombre et à la cadence; ce fut ainsi que chaque poëte *lyrique* inventa, non-seulement le vers qui lui convint, mais aussi la strophe analogue au chant qu'il s'était fait lui-même, et sur lequel il composait.

A cet égard le poëme *lyrique*, ou l'ode, chez les Latins et chez les nations modernes, n'a été qu'une frivole imitation du poëme *lyrique* des Grecs : on a dit, *Je chante*, et on n'a point chanté; on a parlé des accords de la *lyre*, et on n'avait point de *lyre*. Aucun poëte, depuis Horace inclusivement, ne paraît avoir modelé ses odes sur un chant. Horace, en prenant tour-à-tour les diverses formules des poëtes Grecs, semble avoir si fort oublié qu'une ode dût être chantée, qu'il lui arrive souvent de laisser le sens suspendu à la fin de la strophe, où le chant doit se reposer, comme on le voit dans cet exemple, si sublime d'ailleurs par les pensées et par les images :

Districtus ensis cui super impiâ
Cervice pendet, non siculæ dapes
Dulcem elaborabunt saporem;
 Non avium citharæque cantus

Somnum reducent. Somnus agrestium
Lenis virorum, non humiles domos
Fastidit, umbrosamque ripam,
 Non zephyris agitata Tempe.

Nos odes modernes ne sont pas plus *lyriques*; et à l'exception de quelques chansons bachiques ou galantes, qui se rapprochent de l'ode ancienne, parce qu'elles ont été faites réellement dans le délire de l'amour ou de la joie, et chantées par le poëte, aucune de nos odes n'est susceptible de chant. On a essayé de mettre en musique l'ode de Rousseau à la fortune; c'était un mauvais choix : mais que l'on prenne entre les odes du même poëte, ou de Malherbe, ou de tel autre, celle qui a le plus de mouvement et d'images; on ne réussira guère mieux.

La seule forme qui convienne au chant, parmi nos poésies *lyriques*, est celle de nos cantates : mais Rousseau, qui en a fait de si belles, n'avait ni le sentiment, ni l'idée de la poésie *mélique* ou chantante; et sa cantate de Circé, qui passe pour être la plus susceptible de l'expression musicale, sera l'écueil des compositeurs. Métastase lui seul, dans ses *oratorio*, a excellé dans ce genre, et en a donné des modèles parfaits.

Mais le grand avantage des poëtes *lyriques* de la Grèce fut l'importance de leur emploi, et la vérité de leur enthousiasme.

Le rôle d'un poëte *lyrique*, dans l'ancienne Rome et dans toute l'Europe moderne, n'a jamais été que celui d'un comédien; chez les Grecs, au contraire, c'était une espèce de ministère public, religieux, politique ou moral.

Ce fut d'abord à la religion que la *lyre* fut

consacrée, et les vers qu'elle accompagnait furent le langage des dieux; mais elle obtint plus de faveur encore en s'abaissant à louer les hommes.

La Grèce était plus idolâtre de ses héros que de ses dieux; et le poëte qui les chantait le mieux, était sûr de charmer, d'enivrer tout un peuple. Les vivants furent jaloux des morts : l'encens qu'ils leur voyaient offrir ne s'exhalait point en fumée; les vers chantés à leur louange passaient de bouche en bouche, et se gravaient dans tous les esprits. On vit donc les rois de la Grèce se disputer la faveur des poëtes, et s'attacher à eux pour sauver leur nom de l'oubli.

Et quelle émulation ne devaient pas inspirer des honneurs qui allaient jusqu'au culte! Si l'on en croit Homère, le plus fidèle peintre des mœurs, la *lyre*, dans la cour des rois, faisait les délices des festins; le chantre y était révéré comme l'ami des muses et le favori d'Apollon : ainsi l'enthousiasme des peuples et des rois allumait celui des poëtes; et tout ce qu'il y avait de génie dans la Grèce se dévouait à cet art divin. Mais ce qui acheva de le rendre imposant et grave, ce fut l'usage qu'en fit la politique, en l'associant avec les lois, pour aider à former les mœurs.

Ce n'était pas seulement à louer l'adresse d'un homme obscur, la vîtesse de ses chevaux, ou sa vigueur au combat de la lutte, mais à élever l'ame des peuples, que l'ode olympique était destinée ; et dans l'éloge du vainqueur étaient rappelés tous les titres de gloire du pays qui l'avait vu naître : puissant moyen pour exciter l'émulation des vertus! Ainsi, née au sein de la joie, élevée, ennoblie par la religion, accueillie et honorée par l'orgueil des rois et par la vanité des peuples, employée à former les mœurs, en rappelant de grands exemples, en donnant de grandes leçons, la poésie *lyrique* avait un caractère aussi sérieux que l'éloquence même. Il n'est donc pas étonnant qu'un poëte, honoré à la cour des rois, dans les temples des Dieux, dans les solennités de la Grèce assemblée, fût écouté dans les conseils et à la tête des armées, lorsqu'animé lui-même par les sons de sa *lyre*, il faisait passer dans les ames, aux noms de liberté, de gloire et de patrie, les sentiments dont il était rempli.

On ne veut pas ajouter foi au pouvoir de cette éloquence, secondée de l'harmonie, et aux transports qu'elle excitait en remuant l'ame des peuples par les ressorts les plus puissants; on ne veut pas y croire, tandis qu'en Italie on voit encore la musique, par la voix d'un homme affaibli, et dans la fiction la plus vaine, enivrer tout un peuple froidement assemblé.

Supposez, au milieu de Rome, Pergolèse, la *lyre* à la main, avec la voix de Timothée et l'éloquence de Démosthène, rappelant aux Romains leur ancienne splendeur et les vertus de leurs ancêtres; vous aurez l'idée d'un poëte *lyrique*, et des grands effets de son art.

En voyant en chaire le missionnaire Bridaine, les yeux enflammés ou remplis de larmes, le front ruisselant de sueur, faisant retentir les voûtes d'un temple des sons de sa voix déchirante, et unissant, à la chaleur du sentiment le plus exalté, la véhémence de l'action la plus éloquente et la plus vraie; je l'ai supposé quelquefois transformé en poëte, et fortifiant, par les accents d'une harmonie pathétique, les sentiments ou les images dont il frappait l'ame des peuples; et j'ai dit : Tel devait être Épiménide au milieu d'Athènes, Therpandre ou Tyrtée au milieu de Lacédémone, Alcée au milieu de Lesbos.

Le poëte *lyrique* n'avait pas toujours ce caractère sérieux; mais il avait toujours un caractère vrai. Anacréon chantait le vin et les plaisirs, parce qu'il était buveur et voluptueux; Sapho chantait l'amour, parce qu'elle brûlait d'amour.

Ces deux sortes d'ivresse ont pu, dans tous les temps et dans tous les pays, inspirer les poëtes : mais dans quel autre pays que la Grèce la poésie *lyrique* a-t-elle eu son caractère sérieux et sublime, si ce n'est chez les Hébreux, et peut-être aussi dans nos climats du nord, du temps des druides et des bardes?

Chez les Romains et parmi nous, Horace,

Malherbe, Rousseau, feignaient de chanter sur la *lyre* : mais Orphée, Amphion, ne feignaient rien lorsqu'ils apprivoisaient les peuples, les rassemblaient, les engageaient à se bâtir des murs, à vivre sous des lois; mais Therpandre, pour adoucir les mœurs des Lacédémoniens; Tyrtée, pour les ranimer et les renvoyer aux combats; Épiménide, pour appaiser le trouble des esprits et la voix des remords, quand les Athéniens se croyaient menacés, poursuivis par les Euménides; Alcée, enfin, pour déclarer la guerre à la tyrannie, et rallumer dans l'ame des Lesbiens l'amour de la liberté, chantaient réellement aux accords de la *lyre*, peut-être même au son des instruments analogues au caractère et à l'intention de leur chant. Les Grecs disaient que la déesse Harmonie était fille de Mars et de Vénus, pour dire qu'elle était douée d'une force et d'une grâce irrésistibles.

Dans l'ancienne Rome, une poésie éloquente eût souvent pu se signaler. Mais un peuple long-temps inculte, uniquement guerrier, peu curieux de vers et de musique, peu sensible aux arts d'agrément, et trop austère dans ses mœurs pour songer à mêler ses plaisirs avec ses affaires, aurait trouvé ridicule une *lyre* dans la main de Brutus ou des Gracques, ou dans celle de Marius : une éloquence mâle pour plaider sa cause, une épée pour la défendre, voilà tout ce qu'il demandait; et un tribun comme Tyrtée, ou un consul comme

Épiménide, venant soulever en chantant, ou calmer le peuple romain, aurait été mal accueilli. *Voyez* Poésie.

Dans ce même *article* Poésie, j'ai appliqué à l'Italie moderne ce que je viens de dire de l'Italie ancienne; et je n'ai pas dissimulé ma surprise, de voir que l'église ait négligé celui de tous les arts qui pouvait le plus dignement embellir ses solennités. *Voyez* Hymne. Quant à l'ode profane, elle n'y a jamais fait qu'un rôle fictif, sans objet et sans ministère : aussi les hommes de génie que l'Italie a pu produire dans ce genre sublime, comme Chiabrera et Crudeli, n'ayant à s'exercer que sur des sujets vagues, n'ont-ils été, comme Horace, que de faibles imitateurs de ces hommes passionnés, qui, dans la Grèce, ajoutaient aux mouvements de la plus sublime éloquence, le charme de la poésie et la magie des accords.

En Espagne nul encouragement, et aussi nul succès pour le *lyrique* sérieux et sublime, quoique la langue y fût disposée. On ne laisse pourtant pas de trouver dans les poëtes espagnols quelques odes d'un ton élevé : celle de Louis de Léon sur l'invasion des Maures, est remarquable, en ce que la fiction en est la même que l'allégorie du Camoëns pour le cap de Bonne-Espérance. Dans le poëte espagnol, plus ancien que le portugais, c'est le génie d'un fleuve qui prédit la descente des Maures et la désolation de l'Espagne; dans le portugais, c'est le génie protecteur du promontoire des tempêtes et gardien de la mer des Indes, qui s'élève pour en défendre le passage aux Européens : l'image est agrandie; mais l'idée est la même, et la première gloire en est à l'inventeur.

L'ode, en Angleterre, a eu plus d'émulation et plus de succès: mais ce n'est encore là qu'un enthousiasme factice. Si on y veut trouver l'ode antique, il faut la chercher dans les poësies des anciens bardes; c'est Ossian qu'il faut entendre, gémissant sur le tombeau de son père et se rappelant ses exploits :

« A côté d'un rocher élevé sur la montagne et sous un chêne antique, le vieux Ossian, le dernier de la race de Fingal, était assis sur la mousse: sa barbe, agitée par le vent, se repliait en ondes; triste et pensif, privé de la vue, il entendait la voix du Nord : le chagrin se ranima dans son cœur; il commença ainsi à se plaindre et à pleurer sur les morts.

« Te voilà tombé comme un grand chêne, avec toutes tes branches autour de toi. Où es-tu, ô roi Fingal, ô mon père? Et toi, mon fils Oscar, où es-tu? où est toute ma race? Hélas! ils reposent sous la terre : j'étends les bras, et de mes mains glacées je tâte leur tombeau, j'entends le torrent qui gronde en roulant entre les pierres qui les couvrent. O torrent! que viens-tu me dire? tu m'apportes le souvenir du passé.

Les enfants de Fingal étaient sur ton rivage, comme une forêt dans un terrain fertile. Ils étaient perçants, les fers de leurs lances! Celui-là était audacieux qui se présentait à leur colère. Fillan le grand était ici; tu étais ici, Oscar, ô mon fils! Fingal lui-même était ici, puissant et fort, avec les cheveux blancs de la vieillesse: il s'affermissait sur ses reins nerveux, et il étalait ses larges épaules : malheur à celui qui rencontrait son bras dans la bataille! Le fils de Morny arriva, Gaul, le plus robuste des hommes: il s'arrêta sur la montagne, semblable à un chêne; sa voix était comme le son des torrents; il cria : *Pourquoi le fils du puissant Corval veut-il régner seul? Fingal n'est pas assez fort pour défendre son peuple, et pour en être le soutien; je suis fort comme la tempête sur l'Océan, comme l'ouragan sur les montagnes : cède, fils de Corval, et fléchis devant moi.* Il descendit de la montagne comme un rocher; il retentissait dans ses armes.

« Oscar s'avança, et s'arrêta pour l'attendre : Oscar, mon fils, voulait rencontrer l'ennemi ; mais Fingal vint dans sa force, et sourit aux menaces insultantes de Gaul. Ils s'élancèrent l'un contre l'autre, se pressèrent dans leurs bras nerveux, et luttèrent dans la plaine. La terre était sillonnée par leurs talons; le bruit de leurs os était semblable à celui d'un vaisseau ballotté par les vagues dans la tempête. Leur combat fut long; ils tombèrent avec la nuit sur la plaine retentissante, comme deux chênes tombent en entrelaçant leurs branches et en ébranlant la montagne : le robuste fils de Morny est terrassé, le vieillard est vainqueur.

« Belle, avec ses tresses d'or, son cou poli, et son sein de neige, belle comme les esprits des montagnes, quand ils effleurent dans leur course la surface d'une bruyère paisible pendant le silence de la nuit; belle comme l'arc des cieux, la jeune Minvane arrive : Fingal, dit-elle avec douceur, rends-moi mon frère; rends-moi l'espérance de ma race, la terreur de tous, excepté de Fingal. Puis-je refuser, dit le roi, ce que demande l'aimable fille des montagnes? Emporte ton frère, ô Minvane! plus belle que la neige du nord. Telles furent tes paroles, ô Fingal! Hélas! je n'entends plus les paroles de mon père : privé de la vue, je suis appuyé sur son tombeau : j'entends le sifflement des vents dans la forêt, et je n'entends plus la voix de mes amis : le cri du chasseur a cessé, et la voix de la guerre ne retentit plus autour de moi. »

Voilà l'ode héroïque de ces peuples sauvages; et voici leur ode amoureuse : c'est une fille qui attend son amant.

« Il est nuit; et je suis seule, abandonnée sur la colline des orages. Le vent souffle sur la montagne; le torrent gémit au bas de ce rocher; aucune cabane ne m'offre un asyle contre la pluie : je suis abandonnée sur la colline des orages.

« Lève-toi, ô lune; sors du sein de tes nuages! Étoiles de la nuit, paraissez! Quelque lumière ne me guidera-t-elle pas vers le lieu où repose mon amant, fatigué des travaux de la chasse, son arc détendu à ses côtés, et ses chiens haletants autour de lui?... Je suis obligée de m'arrêter ici seule, sur le rocher couvert de mousse, qui borde ce ruisseau. J'entends le murmure des vents et des flots; mais je n'entends point la voix de mon amant!

« Pourquoi ne viens-tu point, ô mon Shalgar! pourquoi le fils de la colline tarde-t-il à remplir sa promesse? Voici l'arbre, le rocher, le ruisseau murmurant. Tu m'avais promis d'être ici avant la nuit..... Ah! où est allé mon Shalgar! pour toi j'ai quitté la maison de mon père; je voulais fuir avec toi. Nos familles ont été long-temps ennemies; mais Shalgar et moi nous ne sommes point ennemis.

« O vent! cesse un moment. Ruisseau, suspends un instant ton murmure! Que ma voix se fasse entendre sur la bruyère; qu'elle frappe les oreilles du chasseur que j'attends. Shalgar! c'est moi qui t'appelle; voici l'arbre et le rocher. Shalgar! ô mon amant! me voici : pourquoi tardes-tu à paraître? Hélas! rien ne me répond.

« Enfin la lune paraît, les eaux brillent dans la vallée; les rochers sont grisâtres sur la surface de la colline; mais je ne le vois point sur le sommet : ses chiens, en le devançant, ne m'annoncent point sa présence; resterai-je donc ici solitaire et abandonnée?

« Mais quels objets aperçois-je couchés devant moi sur la bruyère?.... Serait-ce mon amant et mon frère?.... Parlez-moi, mes amis.... Hélas! ils ne me répondent point! la crainte glace mon cœur..... Ah! ils sont morts! leurs épées sont teintes de sang. O mon frère! mon frère! pourquoi as-tu tué mon Shalgar?.. pourquoi, ô Shalgar! as-tu tué mon frère? vous m'étiez si chers l'un et l'autre! Que dirai-je pour célébrer votre mémoire! Tu étais beau sur la colline dans la foule de tes compagnons; il était terrible dans le combat.... Parlez-moi, écoutez ma voix, enfants de ma tendresse.... Mais, hélas! ils se taisent pour toujours; le froid habite dans leur sein.

« O vous! ombres des morts, faites-vous entendre du haut de ce rocher, du sommet de la montagne des vents; parlez, et je ne serai point effrayée... Où êtes-vous allées vous reposer? dans quelle caverne de la colline vous trouverai-je? Mais le vent ne m'apporte point de réponse; je ne distingue point, dans les orages de la colline, les sons faibles de la voix des morts.

« Je vais m'asseoir ici dans ma douleur; j'attendrai le matin dans les larmes. Élevez un tombeau, ô vous! amis des morts; mais ne le fermez pas avant que j'arrive. Je sens ma vie s'échapper de moi comme un songe. Pourquoi resterais-je après mes amis? il vaut mieux que je repose avec eux sur le bord de ce ruisseau. Quand la nuit descendra sur la colline, quand le vent soufflera sur la bruyère, mon ombre s'assiéra sur les nuages, et déplorera la mort de mes amis. Le chasseur écoutera du fond de sa cabane; il craindra ma voix, mais il l'aimera, parce que ma voix sera douce pour mes amis; car ils étaient chers à mon cœur. »

Si telle était l'éloquence des bardes, il ne faut pas s'étonner qu'un tyran les eût fait détruire; le courage et l'élévation d'ame que ces poëtes inspiraient aux peuples s'accordaient mal avec le projet qu'il avait de les asservir. Ce trait de prudence et d'atrocité d'Édouard Ier fait le sujet d'une ode de Gray, la plus belle peut-être dont l'Angleterre se glorifie, et dans laquelle, faisant parler un barde échappé au glaive, le poëte semble inspiré par le génie d'Ossian.

J'ai dit que l'on trouvait le grand caractère de l'ode antique dans les poésies des Hébreux, parce que l'enthousiasme en est sincère, et que l'objet en est sérieux et sublime; ce n'est point un jeu de l'imagination, que les cantiques de Moïse et que ceux de David; ils chantaient l'un et l'autre avec une verve que l'on appellerait *génie*, si ce n'était pas l'inspiration même de l'esprit divin. C'est cette inspiration et les élans rapides qu'elle donnait à leur ame, que les poëtes allemands ont imités de nos jours. Ils se sont efforcés de ployer leur langue aux formules des vers latins, et de la cadencer sur les mêmes nombres; leur oreille en est satisfaite; et c'est un plaisir qu'aucune nation n'a droit de leur disputer; mais le vague de leurs peintures, l'allégorie continuelle de leur style, les détails recherchés de leurs descriptions, font trop voir que leur enthousiasme est simulé.

Le seul de ces poëtes qui ait donné à l'ode le caractère antique, c'est le célèbre M. Gleim, dans ses chants de guerre prussiens. On l'a appelé, avec raison, le *Tyrtée* de son pays; on l'a comparé aux bardes des Germains et aux scaldes des anciens Danois.

Gleim est prussien; il parle en homme persuadé de la justice des armes de son roi; et le rôle qu'il a pris est celui d'un grenadier plein de génie et de courage.

« Le mérite de ces chants de guerre, disent les auteurs du *Journal étranger*, consiste dans une extrême simplicité unie à beaucoup de verve, d'harmonie et de force. » Les traits suivants, quoique affaiblis par la traduction, en peuvent donner une idée.

Ils sont pris du chant de victoire, après la bataille de Lowositz.

« Le héros, assis sur un tambour, méditait sa bataille, ayant le firmament pour tente et la nuit autour de lui. En méditant, il dit : Ils sont en grand nombre; mais, fussent-ils encore plus nombreux, je les battrai.

« Il vit l'aurore, et il vit nos visages enflammés de désirs : ah! combien le bonjour qu'il nous donna était ravissant!

« Libre, comme un dieu, de crainte et de terreur, plein de sensibilité, il est là, et distribue les rôles de la grande tragédie.

« Cependant le soleil se montra tout-à-coup sur la carrière du firmament, et tout-à-coup nous pûmes voir devant nous.

« Et nous vîmes une armée innombrable qui couvrait les montagnes et les vallées, et (ce qui est bien permis à des héros) nous fûmes étonnés pendant un clin-d'œil, et nous reculâmes la tête de l'épaisseur d'un cheveu; mais pas un seul pied ne recula.

« Car aussitôt nous pensâmes à Dieu et à la patrie : soudain, soldats et officiers furent remplis du courage des lions.

« Et nous nous approchâmes de l'ennemi à grands pas égaux. *Halte!* cria Frédéric, *halte!* et ce ne fut qu'un même pas.

« Il s'arrête; il considère l'ennemi, et ordonne ce qu'il faut faire. Aussitôt, comme le tonnerre du Très-Haut, on vit la cavalerie s'élancer, etc. »

L'ode française a de la pompe, du coloris, de l'harmonie; mais elle est peu rapide, et encore moins passionnée : c'est que jamais nos poëtes *lyriques* n'ont été animés d'un véritable enthousiasme. Quel moment que la mort de Henri IV, si Malherbe avait eu l'ame de Sully, et si, frappé, comme il devait l'être, de ce monstrueux parricide, il avait fait éclater sa douleur, ou plutôt celle de la patrie, qui voyait massacrer son père dans ses bras ! Malherbe, Racan, Rousseau lui-même, ont voulu être élégants, nombreux, fleuris; ils n'ont presque jamais parlé à l'ame. Leurs odes sont froidement belles; et on les lit comme ils les ont faites, c'est-à-dire sans être ému. *Voy.* Ode.

Les modernes ont une autre espèce de poëme *lyrique* que les anciens n'avaient pas, et qui mérite mieux ce nom, parce qu'il est réellement chanté; c'est le drame appelé *opéra. Voy.* Opéra.

M.

Marotique. Depuis que Pascal et Corneille, Racine et Boileau, ont épuré et appauvri la langue de Marot et de Montaigne, quelques-uns de nos poëtes, regrettant la grâce naïve des anciens tours qu'elle avait perdus, l'heureuse liberté de supprimer l'article, une foule de mots injustement bannis par le caprice de l'usage, et quelques inversions faciles, qui, sans troubler le sens, rendaient l'expression plus vive et plus piquante, essayèrent, en écrivant dans le genre de Marot, d'imiter jusqu'à son langage; mais comme, pour manier avec grâce un style naïf, il faut être naïf soi-même, et que rien n'est plus rare que la naïveté, La Fontaine est le seul poëte qui ait excellé dans cette imitation. Boileau n'accordait guère que ce mérite à La Fontaine. Boileau n'avait pas reçu de la nature l'organe avec lequel on sent les beautés simples et touchantes de notre divin fabuliste. Rousseau, dans l'épigramme, a très-bien réussi à imiter le style de Marot; mais dans l'épître familière, il a fait de ce style un jargon bizarre et pénible, très-éloigné du naturel.

Il est à souhaiter qu'on n'abandonne pas ce langage du bon vieux temps, il perpétue le souvenir et il peut ramener l'usage des anciens tours, qui avaient de la grâce, et des anciens mots, qui, doux à l'oreille, avaient un sens clair et précis. La Bruyère en a réclamé quelques-uns : il y en a un bien plus grand nombre ; et l'on ferait un joli dictionnaire de ceux qu'on a eu tort d'abandonner et de laisser vieillir, tels que *félon, félonne, félonie; courtoisie* et *courtois; loyal, déloyal, loyauté; servage, alléger, allégeance, discords, perdurable, animeux, tromperesse, esmoi, charmeresse, oblivieux, brandir, concéder, dévaler, pâtir, dolent, douloir, blême, blémir*, etc. *Voyez* Usage.

L'ancienne langue française était un arbre qu'il fallait émonder, mais qu'on a mutilé impitoyablement ; et il n'est personne qui, en lisant Montaigne, ne reproche à la délicatesse du goût d'avoir été trop loin ; d'autant moins excusable dans cet excès de sévérité, qu'elle n'a pas été fort éclairée, et qu'en retranchant des rameaux utiles, elle en a laissé un grand nombre d'infructueux.

Mémoires. Si chacun écrivait ce qu'il a vu, ce qu'il a fait, ce qui lui est arrivé de curieux, et dont le souvenir mérite d'être conservé, il n'est personne qui ne pût laisser quelques lignes intéressantes. Mais combien peu de gens ont droit de faire un livre de leurs *mémoires !*

Ce n'est pas que si nous voulions en croire

notre vanité, les choses même les plus communes ne nous parussent mémorables, dès qu'elles nous seraient personnelles; mais c'est la première illusion dont il faut savoir se préserver en écrivant ou en parlant de soi.

Il n'y a que des traits de caractère piquants et rares, des situations, des aventures d'une singularité marquée, ou d'une moralité frappante, qui puissent mériter la peine qu'on se donne de raconter sérieusement ce qu'on a fait ou ce qu'on a été.

L'un des plus misérables travers et des plus indignes manéges de l'amour-propre, c'est d'affecter, en parlant de soi, une sincérité cynique, et de mettre une sorte d'ostentation et d'honneur à révéler sa propre honte, soit pour faire dire qu'on a osé ce que nul autre n'avait osé encore, soit pour accréditer, par quelques aveux humiliants, les éloges qu'on se réserve, et par lesquels on se dédommage; soit pour s'autoriser à dire impudemment d'autrui encore plus de mal que de soi-même. Observez attentivement celui qui emploie cet artifice; vous verrez que dans ses principes il attache peu d'importance à ces fautes dont il s'accuse; qu'il les fait dériver d'un fonds de caractère dont il se glorifie; qu'il les attribue à des qualités dont il se pique et dont il s'applaudit; qu'en les avouant, il les environne de circonstances qui les colorent; qu'il les rejette sur un âge, ou sur quelque situation qui sollicite l'indulgence; qu'il se garde bien de confesser de même des torts plus graves, ou des vices plus odieux; qu'en feignant de s'arracher le voile, il ne fait que le soulever adroitement et par un coin; qu'après avoir exercé sur lui-même une sévérité hypocrite, il en prend droit de ne rien ménager, de révéler, de publier les confidences les plus intimes, de trahir les secrets les plus inviolables de l'amour et de l'amitié, de percer même ses bienfaiteurs des traits de la satire et de la calomnie; et que le résultat de ses aveux sera, qu'il est encore ce qu'il y a de meilleur au monde. Il n'y a point de succès plus assuré que celui d'un pareil ouvrage; mais il ne laissera pas d'être une tache ineffaçable pour son auteur; et il faut espérer que ce moyen d'amuser la malice humaine, ne sera jamais employé deux fois.

Il en est un moins odieux d'égayer le tableau d'une vie ordinaire; c'est celui qu'Hamilton a pris dans les *mémoires* de Grammont; mais, s'il m'est permis de le dire, plus le badinage en est léger et séduisant, plus il est immoral. Il ne fallait pas moins que le ministère de Mazarin pour mettre l'escroquerie à la mode; et l'on a peine à concevoir que sous le règne de Louis XIV, qui fut celui des bienséances et du point-d'honneur le plus délicat, Hamilton ait eu l'art de faire passer comme des gentillesses les friponneries de son héros. Le succès de ce livre fut un avis pour les gens du bel air, qu'ils seraient dispensés d'avoir des mœurs, s'ils avaient de l'audace et de la bravoure, de l'esprit et de l'enjouement; et rien n'était plus dangereux.

Les *mémoires* de madame de Staal sont d'un caractère plus estimable, mais moins léger, moins naturel et moins piquant. La plume d'Hamilton se joue; celle de madame de Staal s'étudie; ses récits ont de l'agrément, mais cet agrément a de la manière. On voit qu'elle a vécu dans une cour où sans cesse, et à toute force, il fallait avoir de l'esprit.

Du reste, ni les *mémoires* du comte de Grammont, ni ceux de madame de Staal, n'ont l'intérêt qu'ils pouvaient avoir, liés comme ils l'étaient avec les circonstances des temps auxquels ils appartiennent; et en les lisant, on regrette qu'une foule de personnalités futiles y tiennent la place des détails instructifs qu'auraient pu nous donner, sur les affaires de ces temps-là, deux témoins aussi clairvoyants. C'est là le mérite sérieux et durable qu'ont les *mémoires* de madame de Motteville, dont l'esprit n'est que du bon sens, et dont le naturel ne laisse désirer ni plus d'art, ni plus de parure.

Si l'on considère le monde politique et moral comme un spectacle, on y distingue deux parties, ce qui se passe sur la scène, et ce qui se passe derrière la toile; les événements et leurs causes visibles; les premiers mobiles et leurs ressorts cachés. Ces deux objets de la curiosité et de l'attention de l'observateur ne sont pas si absolument distincts dans le partage, entre celui qui écrit l'histoire de son temps et celui qui écrit ses *mémoires*, que ce qui est propre à l'un soit étranger à l'autre : celui-ci, quoique plus occupé des épisodes que de l'action, et des détails que de l'ensemble, ne laisse pas de lier ses récits aux grands événements par tous les points qui l'intéressent ; l'autre, en suivant le cours des fortunes publiques, ne néglige pas d'observer la mécanique intérieure du jeu des passions humaines, dans les mouvements qu'il décrit ; ainsi l'histoire générale et les *mémoires* particuliers se communiquent et s'entremêlent toutes les fois que l'intérêt public et l'intérêt privé ont des rapports communs.

Mais ces deux intérêts occupent inégalement l'homme qui écrit l'histoire et celui qui écrit ses *mémoires*. Le dernier ne songe qu'à dire ce qu'il a fait ou ce qu'il a vu ; et l'objet qui l'occupe le plus essentiellement, c'est lui-même. Le premier au contraire ne se compte pour rien dans cette longue suite d'événements publics qui entraînent son attention. L'un s'affecte sur-tout de ses relations avec les hommes de son temps ; et de là sa pénétration à démêler le caractère, le génie, les talents, les vertus, les vices, en deux mots, le fort et le faible de ceux qu'il a vus autour de lui et de plus près, en action ou en situation : l'autre embrasse tout le système de l'intérêt public dans ses rapports les plus étendus, et au-dedans et au-dehors, et ne considère la morale elle-même que dans ses liaisons avec la politique; de là son attention profonde pour tout ce qui influe essentiellement sur le cours des événements, et sa négligence pour tous les détails qui n'ont qu'un intérêt de personnalité, ou de société privée.

Parmi les singularités qui distinguent les *mémoires* écrits par des femmes, il en est une qui leur est naturelle, et qu'on retrouve dans leurs mœurs; c'est que le plus souvent ce n'est ni l'intérêt public, ni leur intérêt propre qui les a dominées, mais un intérêt d'affection. Un homme, en parlant des affaires au milieu desquelles il s'est trouvé, comme acteur ou comme témoin, s'oublie rarement lui-même pour ne s'occuper que d'un autre; une femme, au contraire, s'attache à un objet qui n'est pas elle, mais qui dans ce moment est tout pour elle; et c'est de lui, c'est d'après lui, c'est pour lui qu'elle écrit. Les grands événements ne la touchent que par des rapports individuels; et dans les révolutions de la sphère du monde, elle ne voit que les mouvements du tourbillon qui l'environne : son esprit et son ame ne s'étendent point au-delà. Il est possible que la passion l'enivre; mais la passion même est rarement aussi aveugle que l'amour-propre, et comme il arrive souvent que le sentiment dont une femme est préoccupée est assez calme pour lui laisser la liberté de sa raison et son équité naturelle, il ne fait qu'animer son style sans en altérer la candeur. C'est ce qu'on voit dans les *mémoires* de madame de Motteville et de madame de La Fayette. Mademoiselle de Montpensier, toujours occupée d'elle-même, ne laisse pas de peindre au vif le prince de Condé, Gaston, Mazarin, la régente, tout l'intérieur de la cour, l'esprit et les mœurs de son temps.

Ainsi la préoccupation d'un intérêt particulier parmi les affaires publiques, loin de diminuer la valeur et le poids des *mémoires* dont nous parlons, ne fait que les rendre plus précieux encore à qui sait comme on doit les lire. De deux témoignages, le moins suspect n'est pas celui que l'on dépose, mais celui qu'on laisse échapper. Ce n'est pas à ce qu'on nous dit, ou de soi ou des autres, directement, expressément, et de propos délibéré, que nous donnons le plus de foi, mais à ce qu'on nous dit sans y avoir réfléchi, sans même vouloir nous le dire. Or, c'est ainsi que dans ses *mémoires*, une femme, en suivant son objet personnel, indique involontairement les motifs, les arrière-causes des révolutions les plus inexplicables, et nous révèle quelquefois des mystères, dont ses liaisons, ses relations, les confidences qu'elle a reçues, la familiarité où elle a été admise, l'intimité de l'intérieur dont elle a vu les mouvements, le besoin qu'on aura eu d'elle pour se plaindre ou se consoler, s'affliger ou se réjouir, les caractères que sa position lui a fait connaître jusques dans leurs replis, n'auront bien instruit qu'elle seule. *Les cabinets des rois sont des théâtres où se jouent continuellement des pièces qui occupent tout le monde : il y en a qui sont simplement comiques; il y en a aussi de tragiques, dont les plus grands événements sont toujours causés par des bagatelles* (Motteville). C'est de là que s'échappent les grands secrets; c'est là que les inquiétudes, les craintes, les désirs, les espérances, les passions enfin, ne craignent pas de se trahir, et c'est là qu'elles se trahissent.

La première place entre les *mémoires* expressément écrits pour servir à l'Histoire, me semble due à ceux de Commines, pour leur solidité, leur ingénuité, et leur vérité lumineuse. Ce seraient des trésors pour les historiens qu'une suite complète de pareilles instructions. Commines est le Thucydide des Français, comme de Thou en est le Tite-Live. Le cardinal de Retz semblait né pour en être le Tacite, s'il avait eu des mœurs, et si son temps lui eût présenté des faits d'une importance plus sérieuse. Comme écrivain, on le voit s'élever entre tous ceux du même genre, avec une originalité de génie et de style qui les efface tous. Mais la chaleur et l'énergie de ses récits et de ses peintures ne tenaient-elles pas à cette inquiétude et à cette fougue de caractère, qui, dans l'intrigue et les factions, ne cherchait que le bruit; et tel qu'il s'est dépeint lui-même, eût-il été plus grand, sur un plus grand théâtre, comme acteur et comme écrivain? C'est de quoi j'oserais douter. La tragi-comédie de la Fronde paraît avoir été faite exprès pour ce caractère héroï-comique : Turenne et Condé y étaient déplacés; de Retz s'y trouvait dans son centre. Il fallait aux Anglais un factieux comme Cromwel; aux Parisiens, il en fallait un comme le cardinal de Retz. Chacun des deux fut le Catilina de son temps et de son pays, *cujuslibet rei simulator ac dissimulator*, mais chacun des deux à sa manière : Cromwel, en politique sombre, en triste et profond hypocrite; de Retz, en intrigant adroit, hardi, déterminé, habile, prompt à changer de rôle, et jouant toujours au naturel celui qui convenait le mieux au lieu, au moment, à la scène, au caractère des esprits, et au genre d'illusion et d'émotion qu'il avait à répandre. Je ne serais donc pas surpris d'entendre dire que son caractère s'était accommodé aux mœurs de son théâtre; et qu'avec son ardeur, son habileté, son courage, son audace et son éloquence, la prodigieuse activité et la souplesse de son ame, il aurait été, dans d'autres circonstances, le premier homme de son siècle dans l'art de remuer et de dominer les esprits. Quoi qu'il en soit, ce sera de lui qu'on apprendra comme tout s'anime sous la plume d'un écrivain, qui, principal acteur sur la scène du monde, dans des temps de crise et de trouble, ne fait que peindre ce qu'il a vu, et raconter ce qu'il a fait.

D'un genre absolument contraire à l'esprit des *mémoires* du cardinal de Retz, fut celui des *mémoires* du sage et vertueux Sully. Ce livre, que l'abbé de l'Écluse a rajeuni et fait revivre, n'a pas moins contribué que la Henriade à rendre le souvenir du bon roi Henri IV présent et cher à tous les Français. Mais *les économies royales et les servitudes loyales* (c'était le titre de ces *mémoires*), négligemment écrites et dans un vieux langage, seraient restées ensevelies dans la poussière des cabinets; et les lettres n'ont peut-être rien fait de plus utile, que de rendre la lecture de ce précieux ouvrage facile et attrayante pour tous les bons esprits. Avec quelle joie n'y voit-on pas le meilleur des ministres et le meilleur des rois se rencontrer dans l'espace des temps, se reconnaître, et, pour ainsi dire, s'embrasser et se réunir, pour travailler au bonheur des peuples! Un ancien a dit que si la vertu se rendait visible aux hommes dans toute sa beauté, elle gagnerait tous les cœurs : c'est là ce qu'on éprouve à la lecture de ces *mémoires*; et la Minerve du Télémaque se présente en réalité dans les *mémoires* de Sully.

Les *mémoires* de Torcy, comme leçons de politique ne sont guère moins intéressants que les *mémoires* de Sully, comme leçons d'économie. Torcy fut chargé du fardeau des malheurs de Louis XIV; et dans des temps de calamité et d'humiliation, il fit parler et agir son maître avec modération, mais avec courage et avec dignité; et le compte qu'il a rendu de sa conduite dans les conseils et dans les négociations, honore également et le ministre et le monarque.

Les *mémoires* de Villars ont répondu, par le récit des faits, à l'envieuse malignité de ceux qui de son temps ne voulaient voir en lui que jactance et que vanité; et l'on a enfin reconnu que ce n'était pas sans de grands talents que Villars avait eu le bonheur de sauver la France. Mais ce qui donne encore plus de valeur à ses *mémoires*, c'est d'avoir fait connaître le fond de l'ame de ce grand roi, que l'orgueil et la dureté de quelques-uns de ses ministres, comme le Tellier et Louvois, calomniaient aux yeux de la postérité.

Les *mémoires* du maréchal de Noailles ont aussi ce mérite; mais il leur manque essentiellement celui d'avoir été rédigés par lui-même. C'est une observation qui n'a point échappé à l'homme de lettres estimable qui a fait l'éloge de l'abbé Millot. « Il manquait, dit-il, à cet écrivain une disposition sans laquelle des *mémoires* particuliers ne sauraient avoir le mérite qui leur est propre. Cette disposition est l'intérêt, qui ne peut se trouver que dans l'acteur ou le témoin.

Depuis *les Commentaires* de César, ajoute M. l'abbé Morellet, que sont tous les *mémoires* connus, sinon les souvenirs de celui qui les a écrits? et pour ne citer que ceux qui appartiennent à notre nation, Commines, Montluc, Rohan, la Rochefoucault, Retz, Villeroi, Torcy, ont tous vécu au milieu des événements qu'ils racontent; ils nous intéressent parce qu'ils se peignent eux-mêmes, et ne retracent que des objets dont ils ont été constamment entourés. Leurs regards ont été frappés, leur imagination saisie, leur ame émue; lorsqu'ils entreprennent d'écrire, ils trouvent toutes leurs idées présentes, toutes leurs passions encore vives, tous leurs sentiments en activité; et communiquant à leur style l'intérêt dont ils sont remplis, ils peignent toujours avec énergie; et ceux même qui nous laissent entrevoir la partialité des passions, nous attachent encore à leurs récits, lorsque nous les soupçonnons d'altérer la vérité. »

Ce n'est donc qu'avec défiance et beaucoup de précaution que l'historien doit lire et consulter les *mémoires* qu'on lui transmet. Ils sont écrits par des témoins, mais par des témoins intéressés et souvent récusables. Les confronter avec eux-mêmes, les uns avec les autres, et chacun avec tous; en étudier le caractère et l'art; choisir avec discernement les mieux instruits et les plus sincères; examiner quel sentiment, quelle opinion les dominait, de quel œil ils ont vu les hommes et les choses, en quoi leur jugement a été libre de faveur et de haine, en quoi il a été prévenu et séduit; quels motifs d'adulation, d'inclination, d'amour-propre, ils pouvaient avoir d'altérer, de déguiser les faits, de colorer les uns et de noircir les autres, d'atténuer ou de grossir le mal, d'exagérer, de dépriser le bien, de glisser, d'appuyer sur le blâme ou sur la louange; c'est l'unique moyen de n'être pas surpris, ou de l'être plus rarement par des relations infidèles. On doit prendre garde sur-tout de ne pas se laisser séduire par cet air de sincérité qui accuse quelques torts légers, pour en pallier de plus graves, et qui accorde au mérite quelques éloges vains, pour se donner le droit de le calomnier. Enfin, lors même qu'on n'a pas à douter de la bonne foi de l'écrivain, l'on doit sans cesse épier en lui cet intérêt personnel et furtif, qui souvent se cache aux yeux même de celui qu'il obsède, et qui le rend injuste à son insu. J'ai vu des *mémoires* où un homme religieux, et qui se croyait la vérité même, malheureusement dominé par des aversions personnelles, a répandu des flots de fiel et de venin.

C'est une fraude répréhensible que de publier, sous le nom des personnages les plus illustres, ce que l'on ose appeler leurs *mémoires*, et il serait bien à souhaiter que le soin de leur renommée leur fît prendre celui de les rédiger de leur propre main. Combien ceux de Turenne, par exemple, et d'Eugène, seraient précieux, s'ils étaient authentiques; et quel présent le grand Condé, Luxembourg, Créqui, Catinat, n'auraient-ils pas fait à la postérité, si, comme Montluc et Rohan, Montecuculli et Berwick, ils avaient décrit leurs campagnes! Si nos généraux ont étudié avec tant de fruit les relations de Polybe et les *mémoires* de César; si, dans la tactique et dans la discipline, ils ont profité de l'expérience des Grecs et des Romains; s'ils ont savamment employé les manœuvres d'Aratus, de Cimon, de Philopœmen, d'Épaminondas, de Pyrrhus, de Sylla, de Fabius et d'Annibal; si, dans les campements, les marches, l'ordre et l'appareil des batailles, les mouvements et les évolutions des armées; si dans tous les détails enfin de la science militaire ils se sont instruits à l'école de ces grands capitaines, malgré la distance des lieux et la différence des temps, soit du côté des hommes, soit du côté des armes; combien plus lumineuse n'eût pas été pour eux, par sa proximité, l'expérience des généraux qui, dans les mêmes temps, avec les mêmes armes, sur le même terrain, leur avaient comme tracé leurs camps, leurs routes, leurs campagnes, leur avaient indiqué les postes les plus sûrs ou les plus périlleux, et le plus ou moins d'avantage des positions qu'ils avaient prises, des lieux qu'ils avaient occupés?

Dans cette partie, l'histoire générale ne peut

jamais qu'imparfaitement suppléer aux *mémoires* particuliers; et c'est sur-tout par les détails dont elle serait surchargée, que les exemples et les leçons d'un art si compliqué peuvent avoir toute leur étendue et toute leur utilité.

S'il est vrai, comme je l'ai dit en parlant de l'histoire, qu'elle n'a point de style qui lui soit exclusivement propre, et si son langage varie comme les sujets qu'elle traite, à plus forte raison le style des *mémoires* particuliers et personnels n'aura-t-il point de ton ni de couleur invariable.

Les *Commentaires* de César sont l'expression la plus naïve du caractère de son ame. Il s'y montre si supérieur à toute vanité, si étranger à sa propre gloire, qu'on a peine à croire que ce soit lui qui ait parlé de lui-même avec tant de simplicité. Dans les périls les plus pressants, dans les résolutions les plus audacieuses, dans les moments où il y va de sa fortune et de celle du monde, il a l'air impassible et inaltérable d'un dieu. C'est là le style qui convient à des *mémoires* militaires; car celui qui dans ses relations n'est pas capable de ce sang-froid, l'aura eu difficilement dans l'attaque et dans la mêlée. Raconter simplement et modestement de grandes choses; parler de ses fautes et de ses revers avec la même ingénuité que de ses plus heureux exploits, et de son ennemi avec autant d'impartialité que de soi-même; laisser douter lequel des deux a fait le récit de l'action; ou plutôt donner à penser que ce récit ne vient ni de l'un ni de l'autre, mais d'un témoin fidèle et désintéressé, tel est le mérite éminent des *mémoires* d'un homme de guerre.

Il en est à-peu-près de même des relations qu'un homme d'état nous fait de sa conduite ou des événements qui se sont passés sous ses yeux. Tout y doit respirer cette modération qui est la dignité d'un ministre. Au milieu de l'agitation et du tumulte des affaires, on aime à voir dans son esprit le même calme que sur le front d'un bon pilote au milieu des orages; et c'est à lui sur-tout de s'appliquer ce précepte d'Horace.

AEquam memento rebus in arduis
Servare mentem, non secùs in bonis.

Mais ce que j'ai dit de la gravité de l'historien, je le dirai de même de la dignité de l'homme d'état: elle n'exclut ni le sentiment, ni l'expression modérée de l'intérêt public; et l'équité, l'humanité, l'amour du bien, comme infus dans son style, en feront l'attrait et le charme.

A l'égard des *mémoires*, où, sans attention pour ces convenances de mœurs, l'auteur n'aura voulu qu'obéir à son propre génie, le ton, le style, la couleur, tout doit s'y ressentir et de son caractère, et de la situation où étaient son esprit et son ame. De là une variété infinie dans ce genre d'écrits, lorsqu'ils sont naturels; et ils le sont presque toujours, par une raison bien sensible : on y parle de soi, et c'est dans l'amour-propre que le naturel se décèle, lors même qu'il veut se cacher. Rien donc ne sera plus facile que de démêler dans des *mémoires* quel esprit les aura dictés, quel motif les aura fait écrire, et quel sentiment, quelle passion aura dominé dans l'écrivain. Si c'est la vanité, il attachera de l'importance aux intérêts les plus futiles, dès qu'ils lui seront personnels; si c'est l'orgueil, il rabaissera tout ce qui peut lui faire ombrage, et réservera ses éloges pour la médiocrité dont il n'a rien à craindre, ou pour un mérite qui n'entre avec le sien dans aucune rivalité : si c'est l'envie, toute espèce de gloire, de succès, de prospérité, lui sera importune; il ne souffrira point que de belles actions soient sans tache; il cherchera, ou dans le fond de l'ame, ou dans l'intérieur de la vie privée d'un homme illustre, des faiblesses à révéler; et dans tout ce qu'il y a de plus généreux et de plus magnanime, il épiera quelque motif secret de personnalité et d'intérêt qui le ravale; il voudrait ternir le soleil; si c'est la haine ou la vengeance, on le verra tantôt flatter et parer sa victime avant de l'immoler, vanter quelque faible mérite, quelque talent sans importance, quelques formes superficielles, et puis, sous ces dehors, montrer les qualités les plus avilissantes, les vices les plus odieux; tantôt plus violent et moins perfide, insulter, outrager la cendre de son ennemi, et secouer toute pudeur pour démentir les faits, la renommée, et l'opinion de tout un siècle. Avec la même facilité on reconnaîtra l'homme qui aura porté à la cour un génie étroit et une ame servile; on le reconnaîtra, dis-je, à son attention pour les menus détails de l'étiquette et de l'intrigue : on reconnaîtra l'homme chagrin que la cour aura rebuté, à la sombre misanthropie qui lui fera dépriser ou blâmer tout ce qu'on aura fait sans lui, et n'attribuer les malheurs des temps qu'aux artisans de son propre malheur, et aux causes de sa disgrâce. Au contraire l'homme vendu au crédit et à la fortune se trahira par toutes les bassesses de la complaisance et de l'adulation. Enfin l'homme immoral, aux yeux duquel rien n'est important que l'utile, et qui regarde et le juste et l'honnête comme des règles à prescrire, et à ne s'imposer jamais, décelera son caractère par son mépris pour la simple droiture, et par son admiration pour l'adresse et l'habileté. Écoutez-le, et voyez quel sera l'objet qui aura captivé son estime : ce sera le fourbe profond qui aura su le mieux intriguer à la cour, ou gagner la faveur du peuple, en imposer aux gens de bien, tromper les plus habiles, surprendre les plus sages, s'insinuer et s'introduire dans la confiance des grands, en abuser à son profit, employer à propos la bassesse et l'audace, la calomnie ou l'adulation, et ne rougir de rien, que d'échouer dans ses entreprises devant un plus fourbe que lui.

Si des *mémoires* prennent l'empreinte d'un caractère vicieux, ils ne reçoivent pas moins celle d'une ame honnête et vertueuse; et le commun symbole de ceux-ci sera la probité. Mais quoique la probité soit une, elle se modifie encore selon la trempe de l'esprit et de l'ame. L'homme de bien, dans son témoignage, ne dira que ce qu'il aura vu, mais les témoins même les plus fidèles n'auront pas vu la même chose, ou ne l'auront pas vue avec les mêmes yeux. Le moment ou la position, telle circonstance échappée ou saisie, un mot bien ou mal entendu, peut faire seul que deux témoins diffèrent. Rien de plus ingénu que les *mémoires* de Montpensier, rien de plus sincère que ceux de Motteville; et souvent l'une blâme ce que l'autre a loué.

Dans la manière de s'affecter de ce qu'on voit, les différences ne sont pas moins sensibles; et c'est la principale cause de la diversité des styles. Supposez des témoins également sincères, également instruits, mais diversement organisés; le même événement consterne l'un, soulève l'autre, n'inspire à celui-ci qu'une molle tristesse, pénètre celui-là d'une douleur vive et profonde; et leur manière de le raconter se ressent de ces impressions. Je crains bien moins ceux qui rougissent que ceux qui pâlissent, disait César. Celui qui aura rougi de colère sera véhément dans sa narration; celui qui aura pâli d'horreur, sera terrible dans ses peintures. Mais chacun aura dans son style l'intérêt de la vérité, si, librement et de bonne foi, il a laissé couler sa plume, si son langage porte l'empreinte de son esprit et de son caractère, et si dans toutes les situations il se peint tel qu'il a été, ne disant que ce qu'il a vu, et sans vouloir nous affecter de ses récits, plus que l'objet présent n'aura dû l'affecter lui-même.

MERVEILLEUX. On peut distinguer dans la poésie deux espèces de *merveilleux*.

Le *merveilleux naturel* est pris, si je l'ose dire, sur la dernière limite des possibles : la vérité y peut atteindre, et la simple raison peut y ajouter foi. Tels sont les extrêmes en toutes choses, les événements sans exemple, les caractères, les vertus, les crimes inouïs, les jeux du hasard qui semblent annoncer une fatalité marquée, ou l'influence d'une cause puissante qui préside à ces accidents : telles sont les grandes révolutions dans le physique, les déluges, les tremblements de terre, les bouleversements qui ont changé la face du globe, ouvert un passage à l'Océan dans les profondes vallées qui séparaient l'Europe de l'Afrique, ou la Suède de l'Allemagne, rompu la communication du nord de l'Amérique et de l'Europe, englouti peut-être la grande île Atlantique, et mis à sec les bancs de sable qui forment l'Archipel de la Grèce et celui de l'Inde, peut-être aussi élevé si haut les volcans de l'ancien et du nouveau monde ; telles sont aussi, dans le moral, les grandes incursions et les vastes conquêtes, le renversement des empires et leur succession rapide, sur-tout lorsque c'est un seul homme dont le génie et le courage ont produit ces grands changements ; tels sont par conséquent les caractères et les génies d'une force, d'une vigueur, d'une élévation extraordinaire : tels sont enfin les événements particuliers, dont la rencontre semble ordonnée par une puissance supérieure.

Aristote en donne pour exemple la chûte de la statue de Miris sur le meurtrier de Miris. Le théâtre grec est rempli de ces rencontres *merveilleuses* : tel est le sort d'Oreste, cru meurtrier d'Oreste, et sur le point d'être immolé par Iphigénie sa sœur ; tel est le sort d'Égisthe, cru meurtrier d'Égisthe, et sur le point d'être immolé par Mérope sa mère ; tel est le sort d'OEdipe, meurtrier de Laïus son père, et cherchant lui-même à découvrir le meurtrier de Laïus.

L'histoire présente plusieurs de ces hasards, dont la poésie pourrait, au besoin, faire une sorte de prodige : de ce nombre est la naissance d'Alexandre, le même jour que fut brûlé le temple de Diane à Éphèse ; Carthage et Corinthe détruites dans une même année ; Prague emporté d'assaut le 28 novembre 1631, par Jean-George, électeur de Saxe, et par escalade le même jour 28 novembre 1641, par son arrière petit-fils ; la pluie qui lave le visage de Britannicus à ses funérailles, et y fait découvrir les traces du poison ; l'orage qu'il y eut à Pau le jour de la mort de Henri IV, où l'on dit que le tonnerre brisa les armes du roi sur la porte du château dans lequel ce prince était né, et qu'un taureau, appelé *le roi des taureaux*, à cause de sa beauté, effrayé de ce coup de foudre, se tua en se précipitant dans les fossés du château ; ce qui fit que dans toute la ville le peuple cria : *Le roi est mort.*

Ces circonstances, que l'on remarque dans les événements publics sont aussi quelquefois assez singulières et assez frappantes, dans les événements particuliers, pour y jeter du *merveilleux.* Tel serait, par exemple, l'aventure de ce comte de Guiches, qui, par amour, portant sur son cœur le portrait d'Henriette d'Angleterre, le jour d'une bataille, reçut une balle à l'endroit même où était la boîte qui l'enfermait, et dut la vie à ce bouclier précieux.

De ce même genre de *merveilleux*, sont toutes ces descriptions des poëtes, où sans sortir des bornes de la nature, l'imagination renchérit tant qu'elle peut sur la réalité ; ce qui fait de la fiction un continuel enchantement.

Le *merveilleux surnaturel* est l'entremise des êtres qui, n'étant pas soumis aux lois de la nature, y produisent des accidents au-dessus de ses forces, ou indépendants de ses lois.

On a dit, en parlant du *merveilleux* poétique : « Minerve et Junon, Mars et Vénus, qui jouent de si grands rôles dans *l'Iliade* et dans *l'Énéide*, ne seraient aujourd'hui, dans un poëme épique, que des noms sans réalité, auxquels le lecteur n'attacherait aucune idée distincte, parce qu'il est né dans une religion toute contraire, ou élevé dans des principes tout différents. » On a dit que la chûte de la mythologie entraîne nécessairement l'exclusion de cette sorte de *merveilleux*, et que l'illusion ne peut être complète qu'autant que la poésie se renferme dans la créance commune. On a dit qu'en vain se fonderait-on, dans les sujets profanes, sur le *merveilleux* admis dans nos opéra; et que, si on le dépouille de tout ce qui l'y accompagne, on ose répondre que ce *merveilleux* ne nous amusera pas une minute.

Ces spéculations, démenties par l'expérience, ne sont fondées que sur une fausse supposition, savoir, que la poésie, pour produire son effet, demande une illusion complète.

Il est démontré qu'au théâtre, où le prestige poétique a tant de force et de charmes, non-seulement l'illusion n'est pas entière, mais ne doit pas l'être; il en est de même à la lecture : sans quoi l'impression faite sur les esprits serait souvent pénible et douloureuse. *Voyez* ILLUSION.

Le lecteur n'a donc pas besoin que le *merveil-*

leux soit pour lui un objet de créance, mais un objet d'opinion hypothétique et passagère. C'est, en poésie, une donnée dont tous les peuples éclairés sont d'accord : tout ce qu'on y exige, ce sont les convenances, ou la vérité relative; et celle-ci consiste à ne supposer dans un sujet que le *merveilleux* reçu dans l'opinion du temps et du pays où l'action s'est passée; en sorte qu'on ne nous donne à croire que ce que les peuples de ce temps-là, ou de ce pays-là, semblent avoir dû croire eux-mêmes. Alors, par cette complaisance que l'imagination veut bien avoir pour ce qui l'amuse, nous nous mettons à la place de ces peuples; et pour un moment nous nous laissons séduire par ce qui les aurait séduits.

Ainsi, autant il serait ridicule d'employer le *merveilleux* de la mythologie ou de la magie dans une action étrangère aux lieux et aux temps où l'on croyait à l'une ou à l'autre, autant il est raisonnable et permis de les employer dans les sujets auxquels l'opinion du temps et du pays les rend comme adhérentes. Eh! qui jamais a reproché l'emploi de la magie au Tasse; et à l'auteur du *Télémaque*, l'emploi du *merveilleux* d'Homère? Une piété trop délicate et trop timide pourrait seule s'en alarmer; mais ce que blâmerait un scrupule mal entendu, le goût et le bon sens l'approuvent.

La seule attention qu'on doit avoir est de saisir bien au juste l'opinion des peuples à la place desquels on veut nous mettre, afin de ne pas faire du *merveilleux* un usage dont eux-mêmes ils seraient blessés. C'est ainsi, par exemple, qu'un poëte qui traiterait aujourd'hui le sujet de la *Pharsale*, serait obligé de faire ce qu'a fait Lucain, de s'interdire l'entremise des dieux dans la querelle de César et de Pompée. La raison en est, qu'on ne se prête à l'illusion qu'autant qu'on suppose que les témoins de l'événement auraient pu s'y livrer eux-mêmes. Cette convention paraît singulière; et cependant rien n'est plus réel.

Il s'ensuit que, dans les sujets modernes, le *merveilleux* ancien ne peut être sérieusement employé; et c'est une perte immense pour la poésie épique.

Ce n'est pas que le *merveilleux* soit réduit pour nous, comme on l'a prétendu, à l'allégorie des passions humaines personnifiées. Avec de l'art, du goût, et du génie, nos prophètes, nos anges, nos démons, et nos saints, peuvent agir décemment et dignement dans un poëme; et à la maladresse du Camoëns, de Sannazar, de Saint-Didier, de Chapelain, etc., on peut opposer les exemples du Tasse, de Milton, de l'auteur d'*Athalie* et de celui de *la Henriade*.

Mais ce qui manque au *merveilleux* moderne, c'est d'être passionné. La divinité est inaltérable par essence; et tout le génie des poëtes ne saurait faire de Dieu qu'un homme : ce qui est une ineptie ou une impiété. Nos anges et nos saints, exempts de passions, seront des personnages froids, si on les peint dans leur état de calme et de béatitude; ou indécemment dénaturés, si on leur donne les mouvements tumultueux du cœur humain.

Nos démons, plus favorables à la poésie, sont susceptibles de passions, mais sans aucun mélange ni de bonté, ni de vertu : une fureur plus ou moins atroce, une malice plus ou moins artificieuse et profonde, en deux mots, le vice et le crime sont les seules couleurs dont on puisse les peindre.

Voilà les véritables raisons pour lesquelles on serait insensé de croire pouvoir substituer, sans un extrême désavantage, le *merveilleux* de la religion à celui de la mythologie.

Les dieux d'Homère sont des hommes plus grands et plus forts que nature, soit au physique, soit au moral. La méchanceté, la bonté, les passions, les vices, les vertus, le pouvoir et l'intelligence au plus haut degré concevable, tout le système enfin du bien et du mal mis en action par le moyen de ces agens surnaturels; voilà le *merveilleux* favorable à la poésie. Mais quel effet produire sur l'ame des hommes avec de pures intelligences, sans passions, ni vices, ni vertus, qui n'ont plus rien à espérer, à désirer, ni à craindre, et dont une tranquillité éternelle est l'immobile élément? Voyez aussi combien est absurde et puéril, dans le poëme de Milton, le péril où il met les anges, et leur combat contre les démons.

Les deux magies rapprochent un peu plus le *merveilleux* de la religion de celui de la fable, en donnant aux deux puissances, infernale et céleste, des ministres passionnés, et dont il semble qu'on peut animer et varier les caractères : mais les magiciens eux-mêmes sont décidés bons ou méchants, par cela seul que le Ciel, ou que l'enfer les seconde; et il n'est guère possible de les peindre que de l'une de ces deux couleurs. Les premiers poëtes qui, avec succès, ont employé cette machine, en doivent donc avoir usé tous les ressorts.

Quelle comparaison avec un système religieux, où non-seulement les passions, les vertus, les talents, les arts, le génie, toute la nature intellectuelle et morale, mais les éléments, les saisons, tous les grands phénomènes de la nature physique, toutes ses grandes productions avaient leurs dieux, plus ou moins dépendants, mais assez libres pour agir, chacun, selon leur caractère !

Cet avantage des anciens sur les modernes est élégamment exprimé dans le poëme de l'Anti-Lucrèce.

O utinam, dum te regionibus infero sacris,
Arentem in campum liceat deducere fontes
Castalios, versis lœta in viridaria dumis;

> *Ac totam in nostros Aganippida fundere versus !*
> *Non mihi, quæ vestro quondam facundia vati,*
> *Nec tam dulce melos, nec par est gratia cantûs.*
> *Reddidit ille suâ Graïorum somnia linguâ ;*
> *Nostra peregrinæ mandamus sacra loquelæ.*
> *Ille voluptatem et veneres, charitumque choreas*
> *Carmine concelebrat; nos veri dogma severum :*
> *Triste sonant pulsæ nostrâ testudine chordæ.*
> *Olli suppeditat dives natura leporis*
> *Quidquid habet, lætos summittens prodiga flores....*
> *Æneadûm genitrix felicibus imperat arvis,*
> *Aëriasque plagas recreat, pelagusque profundum.*

Quant aux personnages allégoriques, il faut renoncer à en faire jamais la machine d'un poëme sérieux. On pourra bien les y introduire en épisodes passagers, lorsqu'on aura quelque idée abstraite, quelque circonstance morale à présenter sous des traits plus sensibles ou plus intéressants que la vérité nue; ou que celle-ci aura besoin d'un voile pour se montrer avec décence, ou passer avec modestie : c'est ainsi que, dans *la Henriade,* la politique personnifiée est un ingénieux moyen de nous peindre la cour de Rome; c'est ainsi que, dans le même poëme, la peinture allégorique des vices rassemblés aux portes de l'enfer, est l'exemple le plus parfait de la vérité philosophique, animée, embellie, et rendue sensible aux yeux par la fiction :

> Là gît la sombre Envie, à l'œil timide et louche,
> Versant sur des lauriers les poisons de sa bouche :
> Le jour blesse ses yeux dans l'ombre étincelants;

Triste amante des morts, elle hait les vivants.
Elle aperçoit Henri, se détourne, et soupire.
Auprès d'elle est l'Orgueil, qui se plaît et s'admire;
La Faiblesse au teint pâle, aux regards abattus,
Tyran qui cède au crime et détruit les vertus;
L'Ambition sanglante, inquiète, égarée,
De trônes, de tombeaux, d'esclaves entourée;
La tendre Hypocrisie, aux yeux pleins de douceur
(Le ciel est dans ses yeux, l'enfer est dans son cœur);
Le faux Zèle étalant ses barbares maximes;
Et l'Intérêt enfin, père de tous les crimes.

Les anciens ont eux-mêmes allégorisé quelques-uns de leurs épisodes, comme la ceinture de Vénus dans *l'Iliade*, et la jalousie de Turnus dans *l'Enéide*. Mais qu'on se garde bien de compter sur les personnages allégoriques, pour être constamment, comme les dieux d'Homère, les mobiles de l'action. Ces personnages ont deux défauts, l'un d'avoir en eux-mêmes trop de simplicité de caractère, l'autre de n'avoir pas assez de consistance dans l'opinion.

J'oserais comparer un caractère poétique à un diamant qui n'a du jeu qu'autant qu'il a plusieurs faces; ou plutôt à un composé chimique, dont la fermentation et la chaleur a pour cause la contrariété de ses éléments. Un caractère trop simple est uniforme : il peut avoir de l'énergie et de l'impétuosité; mais il n'a qu'une impulsion, sans aucune révolution en sens contraire et sur lui-même : l'envie sera toujours l'envie, et la vengeance, la vengeance : au lieu que le caractère moral de l'homme est composé, divers et changeant ; et des combats qu'il éprouve en lui-même, résulte la variété et l'impétuosité de son action.

Quel personnage allégorique peut-on imaginer jamais qui occupe la scène, comme le caractère d'Hermione ou celui d'Orosmane ?

Les dieux d'Homère, comme je l'ai dit, sont des hommes passionnés : au lieu que les personnages allégoriques sont des définitions personnifiées et immuables par essence.

D'un autre côté, l'opinion n'y attache pas assez de réalité pour donner lieu à l'illusion poétique ; cette illusion n'est jamais complète : mais lorsque le *merveilleux* a été réellement, parmi les hommes, un objet de créance, nous voulons bien, pour un moment, nous mettre à la place des peuples qui croyaient à ces fables ; et dèslors elles ont pour nous une espèce de réalité. Mais les fictions allégoriques n'ont formé le système religieux d'aucun peuple du monde : on les voit naître çà-et-là de l'imagination des poëtes ; et on ne les regarde jamais que comme un jeu de leur esprit, ou comme une façon de s'exprimer symbolique et ingénieuse. L'allégorie ne peut donc jamais être la base du *merveilleux* de l'épopée, par la raison qu'en un simple récit elle ne fait jamais assez d'illusion. Ce n'est que dans le dramatique, où l'objet présent en impose, qu'elle peut quelquefois acquérir, par l'erreur des yeux, assez d'ascendant sur l'esprit ; et de là vient que, dans l'opéra d'*Armide*, l'épisode de la haine fait toute son illusion.

Il n'y a donc plus pour nous que deux moyens d'introduire le *merveilleux* dans l'épopée : ou de le rendre épisodique, accidentel et passager, si c'est le *merveilleux* moderne, et d'employer alors les vices, les vertus, les passions humaines, non pas allégoriquement, mais en réalité, à produire, animer et soutenir l'action; ou, si l'on veut faire usage du *merveilleux* de la mythologie ou de celui de la magie, de prendre son sujet dans les temps et les lieux où l'on croyait à ces prodiges. C'est ce qu'ont fait les deux hommes de génie à qui la France doit la gloire d'avoir deux poëmes épiques dignes d'être placés à côté des anciens, Fénélon et Voltaire.

Mœurs. Dans un état républicain, presque toutes les habitudes se ressemblent; dans un état monarchique elles diffèrent toutes, entre ce qu'on appelle le grand monde et le peuple. Il fut un temps où la bourgeoisie tenait le milieu entre ces deux classes, et alors ce qui ressemblait aux *mœurs* bourgeoises, était encore d'assez bon goût pour amuser les esprits les plus délicats. Ce temps n'est plus. Les *mœurs*, le goût, et les usages du grand monde, ont passé dans la bourgeoisie. Il n'y a presque plus que deux tons, et il n'est plus permis à celui du peuple de dominer, même dans la comédie. Au théâtre, comme dans le monde, un valet et une soubrette parlent la langue de leurs maîtres. Le bourgeois gentilhomme est un homme bien élevé, madame Jourdain est une femme du monde. Tout s'est poli, et tout s'est émoussé. Mais remontons plus haut.

En morale et en politique on entend par les *mœurs* des hommes, leurs inclinations habituelles, ou la forme que l'habitude a donnée à leur naturel. Mais relativement aux arts d'imitation, et particulièrement à l'égard de la poésie, l'idée qu'on attache aux *mœurs* est plus étendue : elle embrasse le naturel, l'habitude, et les accidents passagers qui se combinent avec l'un et l'autre. Ainsi, dans le systême des *mœurs* poétiques sont comprises les inclinations et les affections de l'ame.

Celui qui veut peindre les *mœurs* doit donc se proposer ces trois objets d'étude : la nature, l'habitude, et la passion.

Le premier soin d'un peintre qui veut exceller dans son art, est de chercher des modèles dans lesquels les proportions, les formes, les contours, les mouvements, les attitudes, soient tels que les donne la nature avant que l'habitude en altère la pureté. Le même soin doit occuper le poëte : il est comme impossible que, dans l'homme en société, le naturel soit pur et sans mélange; mais peut-être, avec un esprit juste et capable de réflexion, n'est-il pas aussi mal-aisé qu'il le semble, de distinguer, en soi-même et dans ses pareils, ce que le naturel y produit, de ce que la culture y transplante. Le soin de sa vie et de sa défense, de son repos et de sa liberté; le ressentiment du bien et du mal; les retours d'affection et de haine; les liens du sang et ceux de l'amour; la bienfaisance, la douce pitié, la jalousie et la vengeance, la répugnance à obéir, et le désir de dominer; tout cela se voit dans l'homme inculte bien mieux que dans l'homme civilisé. Or plus ces formes primitives seront senties sous le voile bizarrement varié de l'éducation et de l'habitude, plus ces mouvements libres et naturels s'observeront à travers la gêne où les retiennent le manége des bienséances et l'esclavage des préjugés, plus l'effet de l'imitation sera infaillible; car la nature est au-dedans de nous-mêmes avide de tout ce qui lui ressemble et empressée à le saisir. Voyez dans nos spectacles avec quels transports elle applaudit un trait qui la décèle et qui l'exprime vivement. Si donc le poëte me demande où il doit chercher la nature pour la consulter; je lui répondrai, En vous-même : *nosce te ipsum.* C'est moi que j'étudie quand je veux connaître les autres, disait Fontenelle; c'était aussi le secret de l'éloquent Massillon : et sous combien de faces Montaigne nous peint tous tant que nous sommes, en ne nous parlant que de lui!

La différence des climats et des âges est la première qu'il faut étudier dans les *mœurs*, parce qu'elle tient à la nature.

Le climat décide sur-tout du degré d'énergie, d'activité, de sensibilité, de chaleur dans le caractère, et des inclinations qui lui sont analogues. Les climats froids produiront des hommes moins ardents que d'autres, mais plus laborieux, plus actifs, plus vigoureux par leur complexion, plus entreprenants par l'impulsion du mal-aise, plus occupés de leurs besoins, moins délicats dans leurs plaisirs, moins sensibles à la douleur, moins enclins à la volupté, peu susceptibles des passions adhérentes à la faiblesse, doués d'un esprit sérieux et mâle, d'une ame ferme et d'un courage patient. Sévèrement traités par la nature, ils en contractent l'âpreté; et comme ils attachent peu de prix à la vie, ils comptent pour peu de chose les dangers qu'elle court. Durs pour eux-mêmes, ils le sont pour les autres, sans croire leur faire injustice. L'indépendance, la liberté, le droit de la force, la gloire de l'invasion, et le butin pour prix de la victoire; voilà leur code naturel. Les climats chauds donnent au caractère plus d'ardeur et de véhémence, mais moins d'activité, de force, et de courage. La chaleur est dans les fluides, mais les solides énervés s'y refusent; en sorte que les hommes sont à-la-fois amollis et passionnés. Crime et vertu, tout s'y ressent, et de l'ardeur du sang, et de la faiblesse des organes. L'amour, la haine, la jalousie, la vengeance, l'ambition même, y bouillonnent au fond des cœurs; mais les moyens les plus faciles de s'assouvir sont ceux que la passion préfère. La trahison y est en usage, non parce qu'elle est moins périlleuse, mais parce qu'elle est moins pénible. La lâcheté n'y est point dans l'ame, mais dans le corps: on y est esclave et tyran par indolence; on y semble moins attaché à la vie qu'à la paresse; le besoin seul y fait violence à la nature. Les peuples des climats tempérés tiennent le milieu entre ces deux extrêmes: actifs, mais moins infatigables que les premiers; voluptueux, mais moins amollis que les seconds; leur volonté, leur force, leur ardeur, leur constance, sont également modérées; l'énergie de l'ame, et du corps est la même; les passions, au lieu de fermenter, agissent, et s'appaisent en s'exhalant. De cet accord des facultés morales et physiques, résulte, et dans le bien et dans le mal, un état de médiocrité éloigné de tous les excès, un caractère mitoyen entre le vice et la vertu, incertain dans son équilibre, également susceptible des inclinations contraires, et aussi variable que le climat dont il éprouve l'influence.

Horace a merveilleusement bien décrit les *mœurs* des différents âges de la vie, qu'Aristote avait analysées, et il serait superflu de transcrire ici ces beaux vers que tout le monde sait par cœur. Mais à ces deux causes naturelles de la diversité des *mœurs* se joint l'influence de l'habitude; et celle-ci est un composé des impressions répétées que font sur nous l'instruction, l'exercice, l'opinion, et l'exemple. C'est donc peu d'avoir étudié dans l'homme moral ce que les peintres appellent le *nu* ; il faut s'instruire des différents modes que l'institution a pu donner à la nature, selon les lieux et les temps. *Prendendo la poesia ogni sua luce della luce del historia... senza la quale la poesia camina in oscurissime tenebre.* (Le Tasse.)

« Celui qui sait ce qu'on doit à sa patrie, à ses amis, à ses parents, quels sont les droits de l'hospitalité, les devoirs d'un sénateur et d'un juge, les fonctions d'un général d'armée ; celui-là, dit Horace, est en état de donner à ses personnages le caractère qui leur convient. » Horace parlait des *mœurs* romaines ; mais combien de nuances à observer dans la peinture des mêmes caractères pris en divers climats, ou dans des siècles différents ! C'est là qu'un poëte doit s'instruire en parcourant les annales du monde. Le culte, les lois, la discipline, les opinions, les usages, les diverses formes de gouvernement, l'influence des *mœurs* sur les lois, des lois sur le sort des empires ; en un mot, la constitution physique, morale et politique des divers peuples de la terre, et tout ce qui dans l'homme est naturel ou factice, de naissance ou d'institution, doit entrer essentiellement dans le plan des études du poëte : travail immense, mais d'où résulte cette idée universelle, qui, selon Gravina, est la mère de la fiction, comme la nature est la mère de la vérité.

Encore cette théorie serait-elle insuffisante

sans l'étude pratique des *mœurs*. Le peintre le plus versé dans le dessin et dans l'étude de l'antique, ne rendra jamais la nature avec cette vérité qui fait illusion, s'il n'a sous les yeux ses modèles. Il en est de même du poëte : la lecture et la méditation ne lui tiennent jamais lieu du commerce fréquent des hommes : pour bien les peindre, il faut les voir de près, les écouter, les observer sans cesse : un mot, un coup-d'œil, un silence, une attitude, un geste est quelquefois ce qui donne la vie, l'expression, le pathétique à un tableau qui sans cela manquerait d'ame et de vérité. Mais ce n'est pas d'après tel ou tel modèle que l'on peint la nature dans le moral ; c'est d'après mille observations faites çà-et-là, et qui, semblables à ces molécules organiques, imaginées par un philosophe poëte, attendent au fond de la pensée le moment d'éclore et de se placer :

Respicere exemplar vitæ morumque jubebo
Doctum imitatorem, et veras hinc ducere voces.

C'est dans un monde poli, cultivé, qu'il prendra des idées de noblesse et de décence ; mais pour les mouvements du cœur humain, le dirai-je ? c'est avec des hommes incultes qu'il doit vivre, s'il veut les voir au naturel. L'éloquence est plus vraie, le sentiment plus naïf, la passion plus énergique, l'ame enfin plus libre et plus franche parmi le peuple qu'à la cour : ce n'est pas que les hommes ne soient hommes par-tout ; mais la politesse est un fard qui efface les couleurs naturelles. Le grand monde est un bal masqué.

Je sais combien il est essentiel au poëte de plaire à ce monde qu'il a pour juge, et dont le goût éclairé décidera de ses succès; mais quand le naturel est une fois saisi avec force, il est facile d'y jeter les draperies des bienséances.

La différence la plus marquée dans les *mœurs* sociales, est celle qui distingue les caractères des deux sexes. Elle tient d'un côté à la nature, et de l'autre à l'institution.

Ce qui dérive de la faiblesse et de l'irritabilité des organes; la finesse de perception, la délicatesse de sentiment, la mobilité des idées, la docilité de l'imagination, les caprices de la volonté, la crédulité superstitieuse, les craintes vaines, les fantaisies, et tous les vices des enfants : ce qui dérive du besoin naturel d'apprivoiser et d'attendrir un être sauvage, fier et fort, par lequel on est dominé; la modestie, la candeur, la simple et timide innocence, ou, à leur place, la dissimulation, l'adresse, l'artifice, la souplesse, la complaisance, tous les raffinements de l'art de séduire et d'intéresser : enfin ce qui dérive d'un état de dépendance et de contrainte, quand la passion se révolte et rompt les liens qui l'enchaînent; la violence, l'emportement et l'audace du désespoir; voilà le fonds des *mœurs* du côté du sexe le plus faible, et par-là le plus susceptible des mouvements passionnés.

Du côté de l'homme, un fonds de rudesse, d'âpreté, de férocité même, vices naturels de la force; plus de courage habituel, plus d'égalité, de constance; les premiers mouvements de la franchise et de la droiture, parce que, se sentant plus libre, il en est moins craintif et moins dissimulé; un orgueil plus altier, plus impérieux, plus ouvertement despotique, mais un amour-propre moins attentif et moins adroit à ménager ses avantages; un plus grand nombre de passions, et chacune moins violente, parce que, moins captive et moins contrariée, elle n'a point, comme dans les femmes, le ressort que donne la contrainte aux passions qu'elle retient; voilà le fonds des *mœurs* du sexe le plus fort.

Viennent ensuite les différences des états de la vie. Les *mœurs* d'un peuple chasseur seront sauvages et cruelles; accoutumé à voir couler le sang, l'habitude le rend prodigue, et du sien, et de celui d'autrui : la chasse est la sœur de la guerre. Les *mœurs* d'un peuple pasteur sont douces et voluptueuses; il a les vices de l'oisiveté et les vertus de la paix. Les *mœurs* d'un peuple laboureur sont plus sévères et plus pures : le père et la mère de l'innocence sont le travail et la frugalité. Les *mœurs* d'un peuple navigateur sont corrompues par la soif des richesses; car le commerce est l'aliment et le germe de l'avarice; et celui qui passe sa vie à s'exposer pour de l'argent n'est pas éloigné de se vendre.

Nouvelle différence entre le peuple des campagnes et le peuple des villes : dans l'un, les désirs sont bornés comme les besoins, et les besoins comme les idées; dans l'autre, l'imagination, la cupidité, l'envie, sont incessamment excitées par la vue des jouissances qui environnent la pauvreté. Plus de défiance, de ruse, d'opiniâtreté dans le villageois, parce qu'il est sans cesse exposé aux surprises de la fraude et de l'usurpation; plus de sécurité, de droiture et de bonne foi dans le citadin, parce qu'il est protégé de plus près par les lois, et qu'il n'est pas obligé d'être en garde contre l'injustice et la force.

Parmi les différents ordres de citoyens, encore mille nuances dans les *mœurs*; chaque condition a les siennes : la noblesse, la bourgeoisie, l'homme d'épée, l'homme de robe, l'artisan, et le financier, (je ne parle point de l'église, quoique la censure poétique ne l'ait pas toujours épargnée), tous les rangs, toutes les professions, forment ensemble un tableau vivant et varié à l'infini, où l'éducation, l'habitude, le préjugé, l'opinion, la mode, et le travail continuel de la vanité pour établir des distinctions, donnent aux *mœurs* de la société mille et mille couleurs diverses. Voilà le grand objet des études du poëte.

Mais avec ces *mœurs* générales se combinent les accidents qui les modifient diversement selon les divers caractères, et plus encore selon les circonstances de l'action : d'où résulte une variété inépuisable. Le même caractère a paru dix fois sur la scène, et toujours différent par sa seule position ; c'est comme le modèle d'une école de dessin, qui varie ses attitudes, ou que chacun copie d'un côté différent. Tous les raisonneurs, tous les amoureux de Molière se ressemblent, et tous les amoureux comiques ressemblent à ceux de Molière. Dans Racine, tous les amants, ou tendres ou passionnés, ne diffèrent que par des nuances, ou plutôt par leur situation : supposez qu'ils changent de place; Britannicus sera Hippolyte, Bajazet sera Xipharès, Hermione sera Roxane, et, pour aller plus loin, Ariane sera Didon; Inès sera Monime; Monime, Ariane ou Zaïre.

Au lieu que Racine avait fait ses femmes passionnées et ses hommes tendres, Voltaire a fait ses femmes tendres et ses hommes passionnés; et de ce seul renversement de la même combinaison, il a tiré comme un nouveau théâtre.

A plus forte raison, si le poëte combine la même passion avec de nouveaux caractères, ou deux passions opposées dans un caractère déja connu, produira-t-il de nouvelles *mœurs*. Phocas est un tyran atroce; mais il est père; il désire ardemment de perdre le roi légitime : mais il craint d'immoler son fils : voilà un caractère rare, et pourtant naturel et vrai.

C'est dans la singularité surprenante de ces contrastes que consiste le merveilleux naturel qui convient à l'épopée et à la tragédie. Le modèle le plus parfait dans ce genre, le chef-d'œuvre du génie poétique, est le caractère d'Achille. Rien de plus extraordinaire que l'extrême sensibilité et l'extrême inflexibilité réunies dans le même homme; mais joignez-y l'extrême fierté, révoltée par une injustice outrageante; dès-lors la bonté même et la droiture de son caractère, profondément blessées, doivent le rendre inexorable; et ce ne sera que pour venger un ami passionnément aimé, qu'il oubliera sa propre injure et son propre ressentiment.

Ce merveilleux naturel consiste aussi à contrarier les *mœurs* générales par les *mœurs* personnelles. Des hommes réputés sauvages, qui ont reçu de la nature les lumières, la grandeur d'ame, les vertus simples et touchantes de Zamore et d'Alzire, avec ces principes dans l'ame, qu'il est honteux de manquer à sa foi, qu'il est affreux d'être ingrat et parjure, qu'il est beau de mourir plutôt que de trahir sa conscience, et qu'il est juste et grand de se venger, sont un composé de cet ordre extraordinaire et merveilleux.

Par la même raison, lorsqu'on voit dans une femme une vigueur de caractère dont l'homme est à peine capable, comme dans Pulchérie, dans Viriate, dans Cornélie, dans la Cléopâtre de *Rodogune*; ou, mieux encore, lorsque, dans la même femme, on voit le contraste de la faiblesse naturelle à son sexe avec des élans de fierté, de courage et de force héroïque; ce phénomène doit exciter la surprise et l'étonnement.

Où est donc alors la vérité de l'imitation? Elle est dans les causes morales, dont l'influence a dû modifier ainsi les *mœurs*; dans les circonstances de l'action, qui donnent plus ou moins de force à la nature, à l'habitude, à la passion du moment; et c'est là véritablement ce qu'il y a de plus difficile. Un naturel simple et commun est aisé à imiter ou à feindre avec vraisemblance; mais un naturel extraordinaire et composé de qualités qui semblent se contrarier, quand il est ensemble et d'accord, est le chef-d'œuvre de l'invention. C'est là que l'éloquence est nécessaire au poëte. Sans la véhémence de Cassius et les grands mouvements qu'il oppose à l'horreur naturelle du parricide, quelle apparence y aurait-il que le fils de César, juste, sensible et bon, consentît à l'assassiner? Quelle apparence y aurait-il qu'une mère comme Cléopâtre eût fait poignarder un de ses fils et voulût empoisonner l'autre, si l'éloquence de sa passion n'avait rendu cette atrocité vraisemblable et comme naturelle, dans une ame où l'ambition s'est changée en fureur?

> Trône, à t'abandonner je ne puis consentir;
> Par un coup de tonnerre il vaut mieux en sortir.

Le comique a aussi sa façon de renchérir sur la nature. Un caractère dans la société ne se montre pas à chaque instant: l'avare ne se présente pas sans cesse comme avare; et tous les traits qui le dessinent ne lui échappent pas en un jour. La comédie les rassemble : elle écarte les traits indifférents, elle rapproche ceux qui marquent; tout ce qu'elle fait dire ou faire au personnage ridicule, l'annonce et le caractérise: l'action n'en est que le tableau; et ce tableau, formé de traits pris çà-et-là, fait un ensemble plus continu et plus complet qu'aucun modèle individuel ne peut l'être. Telle est la sorte d'exagération que se permet la comédie; et pour la rendre vraisemblable, il faut que tous les incidents qui font sortir le caractère soient naturellement amenés, de façon que chaque circonstance paraisse naître spontanément pour seconder l'intention du peintre et lui placer le modèle à son gré. C'est le talent sublime de Molière; et aucun poëte jamais ne l'a porté aussi loin que lui.

Sa grande méthode, en imitant les *mœurs*, était d'en marquer les contrastes, en opposant les deux extrêmes l'un à l'autre, et quelquefois à tous les deux un caractère modéré; en sorte que ces deux vers d'Horace,

Est modus in rebus, sunt certi denique fines,
Quos ultrà citràque nequit consistere rectum.

renferment tout l'art de Molière.

A un père avare il oppose des enfants prodigues, des valets fripons, une intrigante intéressée. Au fourbe hypocrite il oppose d'un côté un bon homme et une bonne femme, crédules, simples, engoués de sa fausse dévotion; d'un autre côté, un jeune homme impétueux qui déteste l'hypocrisie, une soubrette fine, adroite et pénétrante, qui dit tout ce qu'elle a dans l'ame; et au milieu un homme sage et une femme vertueuse, qui, l'un par sa raison, l'autre par sa conduite, pressent le fourbe et le démasquent. Après ce groupe, le plus étonnamment conçu, le plus savamment composé qui fut jamais sur aucun théâtre, et qu'on peut regarder comme le prodige du génie comique, il est inutile de citer les contrastes des *Femmes savantes*, du *Misanthrope*, du *Bourgeois Gentilhomme*, et de l'*École des Maris*. Dans presque toutes ses compositions, Molière a suivi sa méthode; et c'est bien là vraiment le moule qu'il semble avoir cassé, pour être inimitable.

On ne lit pas sans impatience, dans le discours de Brumoi sur la comédie, que le coloris d'Aristophane est un coloris outré; celui de Ménandre, un coloris trop faible; *celui de Molière, un vernis singulier, composé de l'un et de l'autre.* Molière avait peint Tartuffe; et le *vernis* de ce tableau ne plaisait pas à tout le monde.

Rapin examine si, dans la comédie, on peut faire des images plus grandes que le naturel; un avare plus avare, un fâcheux plus impertinent et plus incommode qu'il ne l'est ordinairement; et il dit : *Plaute, qui voulait plaire au peuple, l'a fait ainsi; mais Térence, qui voulait plaire aux honnêtes gens, se renfermait dans les bornes de la nature, et il représentait les vices sans les grossir.* Ce même Rapin n'aimait pas Molière, et sous le nom de Plaute on voit qu'il l'attaquait. Mais qui avait dit à Rapin jusqu'où l'importunité d'un fâcheux, et l'avarice d'un harpagon, pouvait aller naturellement? Qui lui avait dit que la comédie dût se borner à l'imitation individuelle de telle ou de telle personne? Pourquoi, si d'une seule action de deux ou trois heures un poëte a le génie et l'art de faire le tableau d'un vice, présenté sous toutes ses faces et dans tous ses effets, sans que l'intrigue soit trop chargée, sans que les incidents soient trop accumulés, sans qu'en un mot la vraisemblance ou l'air de vérité y manquent; pourquoi ne le ferait-il pas? Rapin aurait dû savoir qu'imiter ce n'est pas faire une chose semblable, mais une chose ressemblante; que ce ne serait pas la peine d'aller au théâtre pour ne voir que la copie exacte de ce que l'on voit dans le monde; que toute espèce de poésie doit embellir la nature; que l'embellir, dans le comique, c'est rendre la peinture du ridicule plus vive et plus saillante que la réalité, et que cela ne peut se faire qu'en réunissant les traits les plus marqués du caractère que l'on peint, dans le plus grand nombre possible, sans faire violence à la nature et à la vérité.

Quelques observations relatives à la bonté et

à la vérité des *mœurs*, achèveront d'en développer la théorie.

J'ai distingué dans les *mœurs* les qualités et les inclinations de l'ame. Par les qualités de l'ame, le caractère est décidé naturellement tel ou tel : par les inclinations, il obéit, ou à la nature, ou à l'habitude ; et à celle-ci, secondant ou contrariant celle-là : par les affections, il reçoit une forme accidentelle, souvent analogue, quelquefois opposée à son naturel et à ses penchants. « L'homme, dit Gravina, s'éloigne de son caractère quand il est violemment agité, comme l'arbre est plié par les vents. » Cet effet naturel des passions est le grand objet de la tragédie.

Distinguons à-présent deux sortes de caractères, les uns destinés à intéresser pour eux-mêmes, les autres destinés à rendre ceux-là plus intéressants.

Les *mœurs* du personnage dont vous voulez que le péril inspire la crainte, et que le malheur inspire la pitié, doivent être *bonnes*, dans le sens d'Aristote. « Il y a, dit-il, quatre choses à observer dans les *mœurs* : qu'elles soient bonnes, convenables, ressemblantes, et égales... La première et la plus importante, est qu'elles soient bonnes. » Mais comment accorder ce passage avec celui-ci ? « L'inclination, la résolution exprimée par les *mœurs*, peut-être mauvaise ou bonne ; les *mœurs* doivent l'exprimer telle qu'elle est. » Par la bonté des *mœurs*, n'a-t-il donc entendu que la vérité? Non; il exige que les *mœurs* soient *bonnes*, dans le même sens qu'il a dit qu'un personnage doit être *bon*: ce qui le prouve, c'est l'exemple que lui-même il en a donné. « Une femme, dit-il, peut être bonne, un valet peut être bon, quoique les femmes soient communément plutôt méchantes que bonnes, et que les valets soient absolument méchants. »

« Je crois, dit Corneille, en tâchant de fixer l'idée que ce philosophe attachait à la bonté des *mœurs*, je crois que c'est le caractère brillant et élevé d'une habitude vertueuse ou criminelle, selon qu'elle est propre et convenable à la personne qu'on introduit. »

Mais si l'on observe qu'Aristote ne s'occupe jamais que du personnage intéressant, il est bien aisé de l'entendre. Son principe est que ce personnage doit être digne de pitié. Il exige donc en général la bonté poétique des *mœurs*, c'est-à-dire la convenance, la ressemblance, l'égalité; mais pour le personnage intéressant, il veut encore une bonté morale, c'est-à-dire un fonds de bonté naturelle, qui perce à travers les erreurs, les faiblesses, les passions.

Il est plus difficile de démêler ce caractère primitif dans le vice que dans le crime : le vice est une pente habituelle; le crime n'est qu'un mouvement. Sur la scène on ne voit pas l'instant où l'homme vicieux ne l'était pas encore; on n'y voit pas même les progrès du vice : ainsi dans le vice on confond l'habitude avec la nature; au lieu que l'homme innocent et même vertueux peut être coupable d'un moment à l'autre ; le spectateur voit le passage et la violence de l'impulsion. Or plus l'impulsion est forte et moralement irrésistible, plus aisément le crime obtient grâce à nos yeux, et par conséquent mieux la crainte qu'il inspire se concilie avec l'estime, la bienveillance et la pitié. Du crime on sépare le criminel, mais on confond presque toujours le vicieux avec le vice.

D'ailleurs le vice est une habitude tranquille et lente, peu susceptible de combats et de mouvements pathétiques; au lieu que le crime est précédé du trouble et accompagné du remords. L'un ne suppose que mollesse et lâcheté dans l'ame; l'autre y suppose une vigueur qui, dans d'autres circonstances, pouvait se changer en vertu. Enfin la durée de l'action théâtrale ne suffit pas pour corriger le vice; et un instant suffit pour passer de l'innocence au crime, et du crime au repentir : c'est même la rapidité de ces mouvements qui fait la beauté, la chaleur, le pathétique de l'action.

Le personnage qui, dans l'intention du poëte, doit attirer sur lui l'intérêt, peut donc être coupable, mais non pas vicieux; et s'il l'a été, on ne doit le savoir qu'au moment qu'il cesse de l'être. C'est une leçon que nous a donnée l'auteur de l'*Enfant prodigue*. Encore le vice qu'on attribue au personnage intéressant, ne doit-il supposer ni méchanceté, ni bassesse, mais une faiblesse compatible avec un heureux naturel. Le jeune Euphémon en est aussi l'exemple. *Voyez* Tragédie.

La bonté des *mœurs* théâtrales, dans le sens d'Aristote, n'est donc que la bonté naturelle du personnage intéressant. Ce personnage était le seul qu'il eût en vue; et en effet, voulant qu'il fût malheureux par une faute involontaire, il n'avait pas besoin de lui opposer des méchants : les dieux et la destinée en tenaient lieu dans les sujets conduits par la fatalité : aussi n'y a-t-il pas un méchant dans l'*OEdipe*, et dans l'*Iphigénie en Tauride*, il suffit que Thoas soit timide et superstitieux. Il en est de même des sujets dans lesquels la passion met l'homme en péril, ou le conduit dans le malheur; il ne faut que la laisser agir : pour rendre ses effets terribles et touchants, on n'a pas besoin d'une cause étrangère. Tous les caractères sont vertueux dans la tragédie de Zaïre; et Zaïre finit par être égorgée de la main de son amant. C'est même un défaut dans la fable d'Inès, que la cause du malheur soit la scélératesse, au lieu de la passion : l'action est plus pathétique, je l'avoue; mais elle en est beaucoup moins morale. La perfection de la fable, à l'égard des *mœurs*, est que le malheur soit l'effet du crime, et le crime l'effet de l'égarement.

Plus la passion est violente, plus le crime peut être grand, et la peine qui le suit douloureuse et terrible. Alors, en plaignant le coupable, on se dit à soi-même : « Le ciel qui le punit est rigoureux, mais il est juste; » et la pitié qu'on en ressent n'est point mêlée d'indignation. Si, au contraire, une passion faible fait commettre un crime atroce, cela suppose un homme méchant : si une faute légère est punie par un malheur affreux, cela suppose des dieux injustes : si un malheur léger est la peine d'un crime horrible, c'est une sorte d'impunité dont l'exemple est pernicieux. Le moyen de tout concilier est donc de commencer par donner à la passion le plus haut degré de chaleur et de force; et puis de la faire agir dans son accès, sans que la réflexion ait le temps de la ralentir et de la modérer. La scélératesse du crime d'Atrée vient, non pas de ce qu'il est atroce, mais de ce qu'il est médité. Oserais-je le dire? il y avait un moyen de rendre Médée intéressante après son crime : c'était de rendre Jason perfide avec audace; de révolter le cœur de Médée par l'indignité de ses adieux; de saisir ce moment de dépit, de rage, de désespoir, pour lui présenter ses enfants; de les lui faire poignarder soudain; de glacer tout-à-coup ses transports; de faire succéder à l'instant la mère sensible à l'amante indignée; et de la ramener sur le théâtre éperdue, égarée, hors d'elle-même, détestant la vie, et se donnant la mort. Le tableau où l'on a peint les enfants de Médée lui tendant leurs mains innocentes, et la caressant avec un doux sourire, tandis que, le poignard à la main, elle balance à les égorger ; ce tableau, dis-je, est plus touchant, plus terrible, plus fécond en mouvements pathétiques, et plus théâtral que celui que je viens de proposer ; mais j'ai voulu faire voir par cet exemple, qu'il n'est presque rien que l'on ne pardonne à la violence de la passion. Toutefois, pour qu'elle soit digne de pitié dans ces mouvements qui la rendent atroce, il faut la peindre avec ce trouble, cet égarement, ce désordre des sens et de la raison, où l'ame ne se consulte plus, ne se possède plus elle-même.

Les passions les plus intéressantes sont par-là même les plus dangereuses : ainsi la terreur et la pitié naissent d'une même source. La haine est triste et pénible, elle nous pèse et nous importune. L'envie suppose de la bassesse dans l'ame et porte son supplice avec elle. L'ambition a de la noblesse ; mais comme l'orgueil, l'audace, la résolution, la fermeté qu'elle exige, ne sont pas des qualités touchantes, elle intéresse faiblement. La vengeance, la colère, le ressentiment des injures, sont plus dans la nature des hommes nés sensibles, et disposés à la vertu par la bonté de leur caractère : cette sensibilité, cette bonté même, sont quelquefois le principe et l'aliment de ces passions ; c'est ce qu'Homère a merveilleusement exprimé dans la colère d'Achille.

En général le même attrait qui fait le danger de la passion fait l'intérêt du malheur qu'elle cause; et plus il est doux et naturel de s'y livrer, plus celui qui s'est perdu en s'y livrant est à plaindre, et son exemple à redouter. Des crimes et des malheurs dont la bonté d'ame, dont la vertu même ne défend pas, doivent faire trembler l'homme vertueux, et à plus forte raison l'homme faible. On méprise, on déteste les passions qui prennent leur source dans un caractère vil ou méchant; et cette aversion naturelle en est le préservatif; mais celles qu'animent les sentiments les plus chers à l'humanité nous intéressent par leurs causes; leurs excès mêmes trouvent grâce à nos yeux. Voilà celles dont il est besoin que les exemples nous garantissent; et rien n'est plus propre que ces exemples à réunir les deux fins de la tragédie, le plaisir qui naît de la pitié, et la prudence qui naît de la crainte.

D'où il s'ensuit qu'après les sentiments de la nature, que je ne mets pas au nombre des passions funestes, quoiqu'ils puissent avoir leur danger et leur excès, comme dans Hécube, la plus théâtrale de toutes les passions, la plus terrible, la plus touchante par elle-même, c'est l'amour; non pas l'amour fade et langoureux, non pas la froide galanterie, mais l'amour en fureur, l'amour au désespoir, qui s'irrite contre les obstacles, se révolte contre la vertu même, ou ne lui cède qu'en frémissant. C'est dans ses emportements, ses transports, c'est au moment qu'il rompt les liens de la patrie et de la nature, au moment qu'il veut secouer le frein de la honte, ou le joug du devoir; c'est alors qu'il est vraiment tragique. Mais c'est alors, dit-on, qu'il dégrade et déshonore les héros. Il fait bien plus, il dénature l'homme, comme toutes les passions furieuses; et il n'en est que plus digne d'être peint avec ses crimes et ses attraits. Il semble que le bannir du théâtre, ce soit le bannir de la nature; mais s'il n'était plus sur la scène, en serait-il moins dans le cœur? « Le théâtre, dit-on, le rend intéressant, et par-là même contagieux. » Le théâtre, puis-je dire à mon tour, le peint redoutable et funeste; il enseigne donc à le fuir. Mais avec des réponses vagues, on élude tout et l'on n'éclaircit rien : allons au fait. Il est bon qu'il y ait des époux, et il est bon que ces époux s'aiment. Or ce sentiment naturel, cette union, cette harmonie de deux ames, où se cache l'attrait du plaisir, ce n'est pas l'amitié, c'est l'amour. Il est facile de m'entendre. Cet amour chaste et légitime est un bien; il remplit les vues de la nature, il suppose la bonté du cœur, la sensibilité, la tendresse; car les méchants ne s'aiment pas. L'amour est donc intéressant dans sa cause et dans son principe. « Mais cet amour, si pur et si doux, devient souvent furieux et coupable. » Oui, sans doute, et c'est là ce qui le rend digne d'effroi dans ses effets, comme il est digne de pitié dans sa cause. S'il y a quelque passion en même temps plus séduisante et plus funeste que celle de l'amour, elle mérite la préférence; mais si l'amour est celle des passions qui réunit le plus de charmes et de dangers, c'est de toutes les passions celle dont la peinture est en même temps la plus tragique et la plus morale.

Les *mœurs* de l'épopée, je l'ai déja dit, sont les mêmes que celles de la tragédie, aux différences près qu'exigent l'étendue et la durée de l'action. L'épopée demande que le passage d'un état de fortune à l'autre, ou, si l'on veut, de la cause à l'effet, soit progressif et assez lent pour donner aux incidents le temps de se développer. Les passions qu'elle emploie ne doivent donc pas être des mouvements rapides et passagers, mais des sentiments vifs et durables, comme le ressentiment des injures, l'amour, l'ambition, le désir de la gloire, l'amour de la patrie, etc. De là vient que le Bossu croit devoir préférer, pour l'épopée, des *mœurs* habituelles à des *mœurs* passionnées; mais il se trompe, et la preuve en est dans l'avantage du poëme pathétique sur le poëme qui n'est que moral. Les habitudes sont fortes, mais elles sont presque toutes froides, si la passion ne s'y mêle et ne les sauve de la langueur.

« La beauté de l'action tragique consiste, dit le Tasse, dans une révolution soudaine et inattendue, et dans la grandeur des événements qui excitent la terreur et la pitié. La beauté de l'action épique est fondée sur la haute vertu militaire, sur la magnanime résolution de mourir pour son pays, etc. La tragédie admet des personnages qui ne sont ni bons ni méchants, mais d'une qualité mixte. Le poëme épique demande des vertus éminentes, comme la piété dans Énée, la valeur dans Achille, la prudence dans Ulysse; et si quelquefois la tragédie et l'épopée prennent le même sujet, elles le considèrent diversement. Dans Hercule, Thésée, etc., l'épopée considère la valeur et la grandeur d'ame; la tragédie les regarde comme tombés dans le malheur par quelque faute involontaire. »

Cette distinction n'est fondée, ni en exemple, ni en raison; et Gravina me semble avoir mieux vu que le Tasse, lorsqu'il demande pour l'épopée, comme pour la tragédie, des caractères mêlés de vices et de vertus. « Homère, dit-il, voulant peindre des *mœurs* véritables et des passions naturelles aux hommes, ne représente jamais ceux-ci comme parfaits; il ne leur suppose pas même toujours un caractère égal et sans quelque variation. Quiconque peint autrement que lui a un pinceau sans vérité et qui ne peut faire illusion.

« Les hommes, ajoute-t-il, soit bons, soit mauvais, ne sont pas toujours occupés de malice ou de bonté. Le cœur humain flotte dans le tourbillon de ses désirs et de ses affections, comme un vaisseau battu de la tempête; jusque-là qu'on voit dans le même personnage la bassesse d'ame succéder à la magnanimité, la cruauté faire place à la compassion, et celle-ci céder à la rigueur. Dans certaines occasions le vieillard agit en jeune homme, et le jeune homme en vieillard. L'homme juste ne résiste pas toujours à la puissance de l'or; et l'ambition porte quelquefois le tyran à un acte de justice. »

On sent bien cependant que cette théorie, mal entendue, détruirait la règle de l'unité des *mœurs*; il ne suffirait pas même de donner aux poëtes, comme a fait Aristote, l'alternative de peindre des *mœurs* égales ou également inégales; car à la faveur de cette inégalité constante, il n'est point de composé moral si monstrueux qu'on ne pût former. Le précepte d'Horace, de suivre l'opinion ou d'observer les convenances, est un guide beaucoup plus sûr; mais en suivant le précepte d'Horace, il ne faut point perdre de vue le précepte de Gravina.

Homère est divin dans cette partie; et si l'on examine bien pourquoi il dessine si purement, on en trouvera la raison dans la simplicité de ses caractères. Que dans la tragédie un personnage soit agité de divers sentiments; que dans son ame l'habitude, le naturel, la passion actuelle, se combattent; ces mouvements tumultueux sont favorables à une action qui ne dure qu'un jour; mais si elle doit durer une année, comme il faut plus de consistance, il faut aussi plus de simplicité. Je conseillerais donc aux poëtes épiques de prendre des caractères simples, des *mœurs* homogènes, une seule passion, une seule vertu, un naturel bien décidé, bien affermi par l'habitude, et analogue au sentiment dont il sera le plus affecté.

Les convenances relatives au sexe, à l'âge, à l'état, à la qualité des personnes, ne sont pas une règle invariable. Si l'on en croyait certains critiques, on ne peindrait les femmes qu'avec des vices; il est cependant injuste et ridicule de leur refuser des vertus : la faiblesse même et la timidité, qui sont comme naturelles à leur sexe, n'empêchent pas qu'elles ne soient bien souvent fortes et courageuses dans le péril et dans le malheur. Ainsi, lorsqu'on peindra une Camille, une Clorinde, une Cornélie, on sera dans la vérité, comme lorsqu'on peindra une Armide, une Didon, une Calypso. J'observerai cependant qu'on a toujours supposé aux femmes des passions plus vives qu'aux hommes; soit, comme je l'ai dit, que, plus retenues par les bienséances, les mouvements de leur ame en deviennent plus véhéments; soit que la nature leur ayant donné des organes plus déliés, l'irritation en soit plus facile et plus prompte. On peut voir, à l'égard des passions cruelles, que toutes les divinités du Tartare nous sont peintes par les anciens sous les traits du sexe le plus faible, mais qu'ils croyaient le plus passionné. Comme on lui attribue des passions plus violentes, on lui attribue aussi des sentiments plus délicats; et ce n'est pas sans raison qu'on a fait les Grâces et la Volupté du même sexe que les Furies.

Aux traits dont Aristote et Horace ont peint les *mœurs* des différents âges, Scaliger en ajoute encore du côté vicieux; et ce sont de nouvelles études pour les poëtes comiques. « La jeunesse, dit-il, est présomptueuse et crédule; facile à former des liaisons et à s'y livrer; pleine de sensibilité pour les malheurs d'autrui, et indifférente sur les siens; fière, violente, avide de gloire, colère, prompte à se venger, ne pardonnant jamais les mépris qu'elle essuie, et méprisant elle-même tout ce qui ne lui ressemble pas. La vieillesse, dit-il encore, est défiante et soupçonneuse, parce qu'elle a sans cesse présentes les perfidies et les noirceurs dont elle a été tant de fois ou la victime ou le témoin; et comme les jeunes gens mesurent tout sur l'espérance de l'avenir, les vieillards jugent de tout sur le souvenir du passé. Ils se décident rarement sur des choses dont ils n'ont pas vu des exemples; plus rarement encore ils se détachent de leur sentiment; ils ne souffrent presque jamais qu'on préfère celui des autres; pusillanimes et opiniâtres, cruels dans leurs haines, tristes dans leurs réflexions, d'une curiosité importune, et prévoyant toujours quelques désastres près d'arriver.

« Quant à l'état des personnes, le villageois, dit le même critique, est naturellement stupide, crédule, timide, opiniâtre, indocile, présomptueux, enclin à croire qu'on le méprise, et détestant ce mépris. L'habitant des villes est lâche, craintif, plein d'orgueil, indolent, plus prompt en paroles qu'en actions, plongé dans le luxe et dans la mollesse, superbe envers ceux qui lui cèdent, bas avec ceux qui lui imposent, de la nature du crocodile. L'homme de guerre, ajoute-t-il, est malfaisant, ami du désordre, se vantant de ses faits glorieux, soupirant après le repos, et le quittant dès qu'il l'a trouvé. »

On voit, il est vrai, dans tous ces états des exemples de tous ces vices, peut-être même sont-ils plus fréquents que ceux des qualités contraires; et la comédie, qui peint les hommes du côté vicieux et ridicule, a grand soin de recueillir ces traits; mais et les vices et les vertus d'état peuvent souffrir mille exceptions, comme les vices et les vertus qui caractérisent les âges; et en invitant les poëtes à ne pas perdre de vue ces caractères généraux, je crois devoir les encourager à s'en éloigner au besoin, sur-tout dans la poésie héroïque, où l'on peint la nature, non telle qu'elle est communément, mais telle qu'elle est quelquefois. Achille et Télémaque sont du même âge, et rien ne se ressemble moins. On aime sur-tout à voir dans les vieillards les vertus opposées aux défauts qu'on leur attribue. Un vrai sage, comme Alvarès, est bien plus intéressant, et n'est pas moins dans la nature qu'un harangueur comme Nestor.

Cette variété, dans les *mœurs* du même âge ou de la même condition, tient au fonds du naturel, qui n'est ni absolument différent, ni absolument le même dans tous les hommes. Chacun de nous est en abrégé, dans son enfance, ce qu'il sera dans tous les âges de la vie, avec les modifications que les ans doivent opérer. Or ces modifications diffèrent selon la constitution primitive; en sorte, par exemple, que le feu de la jeunesse développe, en l'un des vices, et en l'autre des vertus. Les forces augmentent, mais la direction reste, à moins que la contention de l'habitude n'ait fait violence au naturel : ce qui sort de la règle commune.

Il y a aussi des qualités naturelles et corrélatives, auxquelles il est important d'avoir égard dans la peinture des *mœurs* : je n'en citerai que quelques exemples. De deux amis, le plus tendre est naturellement le plus âgé : en cela Virgile a bien saisi la nature, lorsqu'il a peint Nisus se dévouant à la mort pour sauver le jeune Euryale. Par une raison à-peu-près semblable, la tendresse d'un père pour son fils est plus vive que celle d'un fils pour son père. Ainsi lorsque, dans *l'Odyssée,* Ulysse et Télémaque se retrouvent, les larmes de Télémaque sont essuyées quand celles d'Ulysse coulent encore. L'amour d'une mère pour ses enfants est plus passionné que celui d'un père ; et le marquis de Maffei nous en a donné un exemple bien précieux et bien touchant dans sa Mérope. Cette mère, persuadée qu'elle ne reverra plus son fils, s'abandonne à sa douleur ; un sujet fidèle et zélé l'invite à s'armer d'un courage égal aux malheurs qui l'accablent ; et il lui cite l'exemple d'Agamemnon, à qui les dieux demandèrent sa fille en sacrifice, et qui eut le courage de la livrer à la mort ; à quoi Mérope répond :

> *O Cariso ! non avrian già mai gli dei*
> *Ciò commendato ad una madre.*

Le marquis de Maffei a eu la modestie de dire à ce sujet : « Ce beau sentiment n'est ni sorti de l'ame du poëte, ni emprunté d'aucun écrivain ; il l'a puisé dans le grand livre de la nature et de la vérité, celui de tous qu'il a étudié avec le plus de soin. » Il raconte donc qu'une mère se montrant inconsolable de la perte de son fils unique, enlevé à la fleur de son âge, un saint homme, pour l'en consoler, lui rappela l'exemple d'Abraham, qui s'était soumis avec tant de constance à la volonté de Dieu, quoique le sacrifice qu'il lui demandait fût celui de son fils unique. Ah ! monsieur, lui répondit cette mère désolée, Dieu n'aurait jamais demandé ce sacrifice à une mère. Cette différence est merveilleusement observée dans *l'Orphelin de la Chine*, entre Zamti et Idamé. Fénélon l'a marquée dans un discours pieux, en recommandant à un évêque le peuple que Dieu lui confiait : *Soyez pour lui un père*, lui dit-il : *ce n'est pas assez ; soyez pour lui une mère*. Toutefois la nature même se laisse vaincre quelquefois par la passion ou par le fanatisme; et une Médée, une Cléopâtre, quoique plus rare dans la nature, n'est pas hors de la vérité.

On peut voir, dans l'article CONVENANCE, l'art de rapprocher de nos *mœurs* les *mœurs* qui nous sont étrangères. J'observerai seulement ici que les *mœurs* les plus favorables à la poésie sont celles qui s'éloignent le moins de la nature : 1° parce qu'elles sont plus fortement prononcées, soit dans les vices, soit dans les vertus, et que les passions s'y montrent toutes nues et dans leur plus grande vigueur; 2° parce que ces *mœurs*, affranchies de l'esclavage des préjugés, ont, dans leur simplicité noble, quelque chose de rare et de merveilleux, qui nous saisit et nous enlève. Écoutez ce que disait à Cortès l'un des envoyés du peuple du Mexique : « Si tu es un dieu cruel, voilà six esclaves, mange-les, nous t'en amenerons d'autres. Si tu es un dieu bienfaisant, voilà de l'encens. Si tu es un homme, voilà des fruits. » On raconte que le chef d'une nation sauvage, amie des Anglais, ayant été amené à Londres et présenté à la cour, le roi lui demanda si ses sujets étaient libres. « S'ils sont libres! oui, sans doute, répondit le sauvage; je le suis bien, moi qui suis leur chef. » Voilà de ces traits qu'on chercherait en vain parmi les nations civilisées de l'Europe : leurs vertus, ainsi que leurs vices, ont une couleur artificielle qu'il faut observer avec soin pour les peindre avec vérité.

Une qualité essentielle des *mœurs*, c'est l'intérêt. On en a fait, avec raison, le grand objet de la tragédie; mais dans l'épopée on l'a trop négligé. Or il n'y a de *mœurs* bien intéressantes que les *mœurs* passionnées; et que ce soit l'amour, la colère, l'ambition, la tendresse filiale, le zèle pour la religion ou pour la patrie, qui soit l'ame de l'épopée, plus ce sentiment aura de chaleur, plus l'action sera intéressante. On a distingué assez mal-à-propos, ce me semble, le poëme épique moral du poëme épique passionné; car le poëme moral n'est intéressant qu'autant qu'il est passionné lui-même. Supposons, par exemple, qu'Homère eût donné à Ulysse l'inquiétude et l'impatience naturelles à un bon père, à un bon époux, à un bon roi, qui, loin de ses États et de sa famille, a sans cesse présents les maux que son absence a pu causer; supposons, dans le poëme de *Télémaque*, ce jeune prince plus occupé de l'état d'oppression et de douleur où il a laissé sa mère et sa patrie : leurs caractères plus passionnés n'en seraient que plus touchants; et lorsque Télémaque s'arrache aux plaisirs, on aimerait encore mieux qu'il cédât aux mouvements de la nature qu'aux froids conseils de la sagesse. Si ce poëme divin du côté de la morale, laisse désirer quelque chose, c'est plus de chaleur et de pathétique; et c'est aussi ce qui manque à *l'Odyssée* et à la plupart des poëmes connus.

Je ne prétends pas comparer en tous points le mérite d'un beau roman avec celui d'un beau poëme : mais qu'il me soit permis de demander pourquoi certains romans nous touchent, nous remuent, nous attachent, et nous entraînent jusqu'à nous faire oublier (je n'exagère pas) la nourriture et le sommeil; tandis que nous lisons d'un œil sec, je dis plus, tandis que nous lisons à peine sans une espèce de langueur les plus beaux poëmes épiques. C'est que dans ces romans le pathétique règne d'un bout à l'autre; au lieu que dans ces poëmes il n'occupe que des intervalles, et qu'il y est souvent négligé. Les romanciers en ont fait l'ame de leur intrigue; les poëtes épiques ne l'ont presque jamais employé qu'en épisodes. Il semble qu'ils réservent toutes les forces de leur génie pour les tableaux et les descriptions, qui cependant ne sont à l'épopée que ce qu'est à la tragédie la décoration théâtrale. Or le plus beau spectacle, sans le secours du pathétique, serait froid, languissant, fatigant même, s'il était long; et c'est ce qui arrive à l'épopée quand la passion ne l'anime pas.

Moralité. Quelle est la fin que la poésie se propose? Il faut l'avouer, le plaisir. S'il est vicieux, il la déshonore; s'il est vertueux, il l'ennoblit; s'il est pur, sans autre utilité que d'adoucir de temps en temps les amertumes de la vie, de semer les fleurs de l'illusion sur les épines de la vérité, c'est encore un bien précieux. Horace distingue, dans la poésie, l'agrément sans utilité, et l'utilité sans agrément; l'un des deux peut se passer de l'autre, je l'avoue; mais cela n'est pas réciproque, et le poëme didactique même a besoin de plaire, pour instruire avec plus d'attrait. Mais qu'à l'aspect des merveilles de la nature, plein de reconnaissance et d'amour, le génie, aux ailes de flamme, se rapproche de la divinité par le désir d'être le bienfaiteur du monde; qu'ami passionné des hommes, il consacre ses veilles à la noble ambition de les rendre meilleurs et plus heureux; que dans l'ame héroïque du poëte l'enthousiasme de la vertu se mêle à celui de la gloire; c'est alors que la poésie est digne de cette origine céleste qu'elle s'est donnée autrefois.

Ainsi toute poésie un peu sérieuse doit avoir son objet d'utilité, son but moral; et la vérité de sentiment ou de réflexion qui en résulte, l'impression salutaire de crainte, de pitié, d'admiration, de mépris, de haine, ou d'amour, qu'elle fait sur l'ame, est ce qu'on appelle *moralité*.

Quelquefois la *moralité* se présente directement, comme dans un poëme en préceptes; mais le plus souvent on la laisse à déduire, et l'effet n'en est que plus infaillible, lorsque le mérite de l'avoir saisie trompe et console la vanité que le précepte aurait blessée : c'est l'artifice de l'apologue; c'est, plus en grand, celui de la tragédie et de l'épopée.

Je ferai voir, en parlant de la tragédie, comment elle est une leçon de mœurs.

Dans l'épopée, la *moralité* n'est pas toujours aussi sensible ni aussi généralement reconnue.

Le Bossu veut que ce poëme, pour être moral, soit composé comme l'apologue. « Homère, dit-il, a fait la fable et le dessein de ses poëmes sans penser à ces princes (Achille et Ulysse), et ensuite il leur a fait l'honneur de donner leurs noms aux héros qu'il avait feints. » Homère serait, je crois, bien surpris d'entendre comme on lui fait composer ses poëmes. Aristote ne le serait pas moins du sens qu'on donne à ses leçons. « La fable, dit ce philosophe, est la composition des choses. » « Or deux choses composent la fable, dit le Bossu, la vérité qui lui sert de fondement, et la fiction qui déguise la vérité et qui lui donne la forme de fable. » Aristote n'a jamais pensé à ce déguisement. Il ne veut pas que la fable enveloppe la vérité; il veut qu'elle l'imite. Ce n'est donc pas dans l'allégorie, mais dans l'imitation, qu'il en fait consister l'essence.

Le propre de l'allégorie est que l'esprit y cherche un autre sens que celui qu'elle présente. Or dans la querelle d'Achille et d'Agamemnon, le sens littéral et simple nous satisfait aussi pleinement que dans la guerre civile entre César et Pompée. Le sens moral de *l'Odyssée* n'est pas plus mystérieux : il est direct, immédiat, aussi naturel enfin que dans un exemple tiré de l'histoire; et l'absence d'Ulysse, prise à la lettre, a toute sa *moralité*. La peine inutile que le Bossu s'est donnée pour appliquer son principe à *l'Énéide*, aurait dû l'en dissuader. Qui jamais, avant lui, s'était avisé de voir dans l'action de ce poëme « l'avantage d'un gouvernement doux et modéré sur une conduite dure, sévère, et qui n'inspire que la crainte? » Voilà où conduit l'esprit de système. On s'aperçoit que l'on s'égare, mais on ne veut pas reculer.

Ce n'est pas, comme l'a entendu l'abbé Terrasson, la colère d'Achille en elle-même, mais la colère d'Achille *fatale aux Grecs*, qui fait le sujet de *l'Iliade*. Si par elle une armée triomphante passe tout-à-coup de la gloire de vaincre à la honte de fuir, et de la plus brillante prospérité à la plus affreuse désolation; l'action est grande et pathétique.

Le Tasse prétend qu'Homère a voulu démontrer dans Hector, que c'est une chose très-louable que de défendre sa patrie; et dans Achille, que la vengeance est digne d'une grande ame.

Le quali opinioni essendo per se probabili, non verisimili, per l'artificio d'Homero divennero probabilissime, e provatissime, e similissime al vero. Homère, je crois, n'a pensé à rien de tout cela : car, 1° il n'a jamais été douteux qu'il fût beau de servir sa patrie ; et 2° il n'a jamais été utile de persuader qu'il fût grand de se venger soi-même.

Il est encore moins raisonnable de prétendre que *l'Iliade* soit l'éloge d'Achille ; c'est vouloir que le *Paradis perdu* soit l'éloge de Satan. Un panégyriste peint les hommes comme ils doivent être ; Homère les peint comme ils étaient. Achille et la plupart de ses héros ont plus de vices que de vertus ; et *l'Iliade* est plutôt la satire que l'apologie de la Grèce.

Je ne sais pas pourquoi l'on cherche dans *l'Iliade* une autre *moralité* que celle qui se présente naturellement, celle que le poëte annonce en débutant, et qu'il met encore dans la plainte d'Achille à sa mère, après la mort de son ami Patrocle. « Ah! périssent dans l'univers les contentions et les querelles! puissent-elles être bannies du séjour des hommes et de celui des dieux, avec la colère, qui renverse de son assiette l'homme le plus sage et le plus modéré, et qui, plus douce que le miel, s'enfle et s'augmente dans le cœur comme la fumée! Je viens d'en faire une cruelle expérience, par ce funeste emportement où m'a précipité l'injustice d'Agamemnon. »

On voit ici bien clairement que la passion, pour avoir sa *moralité*, doit être funeste à celui qui s'y livre. C'est un principe qu'Homère seul a connu parmi les poëtes anciens; et s'il l'a négligé à l'égard d'Agamemnon, il l'a observé à l'égard d'Achille.

La *moralité* de *la Henriade* est la même, en un point, que celle de *la Pharsale;* mais elle embrasse de plus grandes vues. A l'effroi des guerres civiles, que l'un et l'autre poëme apprennent à détester, se joint, dans l'exemple de la ligue, la juste horreur du fanatisme et de la superstition, ces deux tisons de la discorde, ces deux fléaux de l'humanité.

Dans quelques-unes de nos tragédies, la *moralité* est exprimée à la fin de l'action : celle de *Sémiramis* est imposante.

> Par ce terrible exemple, apprenez tous du moins,
> Que les crimes cachés ont les dieux pour témoins.
> Plus le coupable est grand, plus grand est le supplice.
> Rois, tremblez sur le trône, et craignez leur justice.

Les comédiens se permettent de supprimer ces beaux vers. Un parterre éclairé les aurait avertis qu'ils n'ont pas plus ce droit-là, que celui de changer la prose de Molière, et d'y substituer la leur.

***

MORALITÉS. Espèce de drame. On représentait les *moralités* avec les farces et les sottises. Le sujet quelquefois en était pris dans la nature, comme celui de *l'Enfant prodigue;* mais plus souvent la fable en était allégorique, et alors les idées les plus abstraites ou les plus fantastiques y étaient personnifiées : c'étaient *la chair, l'esprit, le monde, bonne compagnie, Je bois à vous, accoutumance, passe-temps, friandise,* etc.

Dans la *moralité* de *l'homme juste* et du *mondain*, un ange promenant une ame dans l'autre monde, lui fait voir l'enfer, dont voici la description, un peu différente de celle de *l'Énéide* et de *la Henriade* :

> En cette montagne et haut roc,
>   Pendus au croc,
> Abbé y a, et moine en froc;
> Empereur, roi, duc, comte et pape.
> Bouteiller, avec son broc,
>   De joie a poc.
> Laboureur aussi ô son soc;
> Cardinal, évêque ô sa chape.
> Nul d'eux jamais de là n'échappe,
>   Que ne les happe
> Le diable, avec un ardent broc.
> Mis ils sont en obscure trappe;
>   Puis fort les frappe
> Le diable, qui tous les attrape
>   Avec sa rape,
> Au feu les mettant en un bloc.

La *moralité* de *l'Enfant ingrat* devait être un excellent drame pour le temps. Il y a de l'intérêt, de la conduite, et une catastrophe qui devait faire alors la plus terrible impression. Cet enfant, pour lequel ses père et mère se sont dépouillés de leurs biens, les reçoit avec dureté, lorsque, réduits à l'indigence, ils veulent recourir à lui, et les menace de les méconnaître s'ils se présentent de nouveau. Après les avoir chassés de chez lui, il se met à table, se fait apporter un pâté; et comme il est prêt à l'ouvrir, son père, une seconde fois, vient lui demander l'aumône. Ce fils dénaturé le méconnaît et le chasse de sa maison. Le désespoir s'empare de l'ame du père; il sort, et rend compte à sa femme du traitement qu'il a reçu. L'un et l'autre prononcent contre leur fils les plus terribles malédictions.

Le fils, après le départ du père, veut ouvrir le pâté, et à l'instant il en sort un crapaud qui s'élance sur lui et qui lui couvre le visage. Comme personne ne peut l'en détacher, on s'adresse au curé, à l'évêque, et enfin au pape; et comme le coupable est vraiment repentant, le souverain pontife ordonne au crapaud de se détacher de sa face. Le crapaud tombe, l'enfant ingrat recouvre l'usage de la parole, et, accompagné de son beau-père, de sa femme, de ses amis, et de ses domestiques, il va se jeter aux pieds de son père et de sa mère, et il en obtient son pardon. On voit, par cet exemple, que la *moralité* était une leçon de mœurs, comme son nom même l'annonce. Mais à la fin on s'aperçut du ridicule des allégories qui étaient en usage dans la *moralité*. Dans le prologue d'*Eugène*, Jodelle en fait sentir l'abus :

> On *moralise* un conseil, un écrit,
> Un temps, un tout, une chair, un esprit.

Voyez ALLÉGORIE.

MOUVEMENT DU STYLE. Montaigne a dit de l'ame, « L'agitation est sa vie et sa grâce. » Il en est de même du style : encore est-ce peu qu'il soit en *mouvement*, si ce *mouvement* n'est pas analogue à celui de l'ame; et c'est ici que l'on va sentir la justesse de la comparaison de Lucien, qui veut que le style et la chose, comme le cavalier et le cheval, ne fassent qu'un et se *meuvent* ensemble. Les tours d'expression qui rendent l'action de l'ame, sont ce que les rhéteurs ont appelé *figures de pensées*. Or l'action de l'ame peut se concevoir sous l'image des directions que suit le *mouvement* des corps. Que l'on me passe la comparaison : une analyse plus abstraite ne serait pas aussi sensible.

Ou l'ame s'élève, ou elle s'abaisse; ou elle s'élance en avant, ou elle recule sur elle-même; ou ne sachant auquel de ses *mouvements* obéir, elle penche de tous les côtés, chancelante et irrésolue; ou dans une agitation plus violente encore, et de tous sens retenue par les obstacles, elle se roule en tourbillon, comme un globe de feu sur son axe.

Au *mouvement* de l'ame qui s'élève, répondent tous les transports d'admiration, de ravissement, d'enthousiasme, l'exclamation, l'imprécation, les vœux ardents et passionnés, la révolte contre le ciel, l'indignation qu'excitent l'orgueil, l'insolence, l'iniquité, l'abus de la force, etc. Au *mouvement* de l'ame qui s'abaisse, répondent les plaintes, les humbles prières, le découragement, le repentir, tout ce qui implore grâce ou pitié. Au *mouvement* de l'ame qui s'élance en avant et hors d'elle-même, répondent le désir impatient, l'instance vive et redoublée, le reproche, la menace, l'insulte, la colère et l'indignation, la résolution et l'audace, tous les actes d'une volonté ferme et décidée, impétueuse et violente, soit qu'elle lutte contre les obstacles, soit qu'elle fasse obstacle elle-même à des *mouvements* opposés. Au retour de l'ame sur elle-même, répondent la surprise mêlée d'effroi, la répugnance et la honte, l'épouvante et le remords, tout ce qui réprime ou renverse la résolution, le penchant, l'impulsion de la volonté. A la situation de l'ame qui chancelle, répondent le doute, l'irrésolution, l'inquiétude et la perplexité, le balancement des idées, et le combat de sentiments. Les révolutions rapides que l'ame éprouve au-dedans d'elle-même lorsqu'elle fermente et bouillonne, sont un composé de ces *mouvements* divers, interrompus dans tous les points.

Souvent plus libre et plus tranquille, au moins en apparence, elle s'observe, se possède, et modère ses *mouvements*. A cette situation de l'ame appartiennent les détours, les allusions, les réticences d'un style fin, délicat, ironique, l'artifice et le manége d'une éloquence insinuante, les *mouvements* retenus d'une ame qui se dompte elle-même, et d'une passion naissante qui n'a pas encore secoué le frein.

Les *mouvements* se varient d'eux-mêmes dans le style passionné, lorsqu'on est dans l'illusion et qu'on s'abandonne à la nature; alors ces figures, qui sont si froides quand on les a recherchées, la répétition, la gradation, l'accumulation, etc., se présentent naturellement avec toute la chaleur de la passion qui les a produites. Le talent de les employer à-propos n'est donc que le talent de se pénétrer des affections que l'on exprime : l'art ne peut suppléer à cette illusion ; c'est par elle qu'on est en état d'observer, sans y penser, la génération, la gradation, le mélange des sentiments, et que dans l'espèce de combat qu'ils se livrent, on sait donner tour-à-tour l'avantage à celui qui doit dominer.

A l'égard du style épique, au défaut de ces *mouvements*, il est animé par un autre artifice et varié par d'autres moyens.

Une idée, à mon gré, bien naturelle, bien ingénieuse, et bien favorable aux poëtes, a été celle d'attribuer une ame à tout ce qui donnait quelque signe de vie : j'appelle signe de vie, l'action, la végétation, et en général l'apparence du sentiment. L'action est ce *mouvement* inné qui n'a point de cause étrangère connue, et dont le principe réside ou semble résider dans le corps même qui se meut sans recevoir sensiblement aucune impulsion du dehors : c'est ainsi que le feu, l'air, et l'eau, sont en action.

De ce que leur *mouvement* nous semble être indépendant, nous en inférons qu'il est volontaire; et le principe que nous lui attribuons est une ame pareille à celle qui meut, ou qui semble mouvoir en nous les ressorts du corps qu'elle anime. A la volonté que suppose un *mouvement* libre, nous ajoutons en idée l'intelligence, le sentiment, et toutes les affections humaines. C'est ainsi que des éléments nous avons fait des hommes doux, bienfaisants, dociles, cruels, impérieux, inconstants, capricieux, avares, etc.

Cette induction, moitié philosophique et moitié populaire, est une source intarissable de poésie, et une règle universelle pour la justesse du style figuré.

Mais si le *mouvement* seul nous a induits à donner une ame à la matière, la végétation nous y a comme obligés.

Quand nous voyons les racines d'une plante se glisser dans les veines du roc, en suivre les sinuosités, ou le tourner s'il est solide, et chercher, avec l'apparence d'un discernement infaillible, le terrain propre à la nourrir; comment ne pas lui attribuer la même sagacité qu'à la brebis, qui, d'une dent aiguë, enlève d'entre les cailloux les herbes tendres et savoureuses?

Quand nous voyons la vigne chercher l'appui de l'ormeau, l'embrasser, élever ses pampres pour les entrelacer avec les branches de cet arbre tutélaire; comment ne pas l'attribuer au sentiment de sa faiblesse, et ne pas supposer à cette action le même principe qu'à celle de l'enfant qui tend les bras à sa nourrice pour l'engager à le soutenir?

Quand nous voyons les bourgeons des arbres s'épanouir au premier sourire du printemps, et se refermer aussitôt que le souffle de l'hiver, qui se retourne et menace en fuyant, vient démentir ces caresses trompeuses; comment ne pas attribuer à l'espoir, à la joie, à l'impatience, à la séduction d'un beau jour, le premier de ces *mouvements*, et l'autre au saisissement de la crainte? Comment distinguer entre les laboureurs, les troupeaux, et les plantes, les causes diverses d'un effet tout pareil?

Ac neque jam stabulis gaudet pecus, aut arator igni.

Les philosophes distinguent dans la nature le mécanisme, l'instinct, l'intelligence; mais l'on n'est philosophe que dans les méditations du cabinet; dès qu'on se livre aux impressions des sens, on devient enfant comme tout le monde.

Les spéculations transcendantes sont pour nous un état forcé; notre condition naturelle est celle du peuple : ainsi, lorsque Rousseau, dans *l'illusion poétique*, exprime son inquiétude pour un jeune arbrisseau qui se presse trop de fleurir, il nous intéresse nous-mêmes.

> Jeune et tendre arbrisseau, l'espoir de mon verger,
> Fertile nourrisson de Vertumne et de Flore,
> Des faveurs de l'hiver redoutez le danger;
> Et retenez vos fleurs qui s'empressent d'éclore,
> Séduites par l'éclat d'un beau jour passager.

Dans Lucrèce la peste frappe les hommes, dans Virgile elle attaque les animaux : je rougis de le dire, mais on est au moins aussi ému du tableau de Virgile, que de celui de Lucrèce; et dans cette image,

> .... *It tristis arator,*
> *Mœrentem abjungens fraterná morte juvencum,*

ce n'est pas la tristesse du laboureur qui nous touche. De la même source naît cet intérêt universel répandu dans la poésie, le plaisir de nous trouver par-tout avec nos semblables, de voir que tout sent, que tout pense, que tout agit comme nous : ainsi le charme du style figuré consiste à nous mettre en société avec toute la nature, et à nous intéresser à tout ce que nous voyons, par quelque retour sur nous-mêmes.

Une règle constante et invariable dans le style poétique, est donc d'animer tout ce qui peut l'être avec vraisemblance.

Non-seulement l'action et la végétation, mais le *mouvement* accidentel, et quelquefois même la forme et l'attitude des corps dans le repos, suffisent pour l'illusion de la métaphore. On dit qu'un rocher suspendu *menace;* on dit qu'il est *touché* de nos plaintes : on dit d'un mont très-élevé, qu'il va *défier* les tempêtes; et d'un écueil immobile au milieu des flots, qu'il *brave* Neptune irrité. De même lorsque dans Homère la flèche vole *avide* de sang, ou qu'elle *discerne* et *choisit* un guerrier dans la mêlée, comme dans le poëme du Tasse, son action physique donne de la vraisemblance au sentiment qu'on lui attribue : cela répond à la pensée de Pline l'ancien, « Nous avons donné des ailes au fer et à la mort. » Mais qu'Homère dise des traits qui sont tombés autour d'Ajax sans pouvoir l'atteindre, qu'épars sur la poussière, ils *demandent le sang dont ils sont privés,* il n'y a dans la réalité rien d'analogue à cette pensée. La *pierre impudente* du même poëte, et le *lit effronté* de Despréaux manquent aussi de cette apparence de vérité qui fait la justesse de la métaphore. Il est vrai que dans les livres saints le glaive des vengeances célestes *s'enivre et se rassasie de sang* : mais au moyen du merveilleux tout s'anime : au lieu que dans le système de la nature, la vraisemblance de cette espèce de métaphore n'est fondée que sur l'illusion des sens. Il faut donc que cette illusion ait son principe dans les apparences des choses.

Il y a un autre moyen d'animer le style; et celui-ci est commun à l'éloquence et à la poésie pathétique : c'est d'adresser, ou d'attribuer la parole aux absents, aux morts, aux choses insensibles; de les voir, de croire les entendre et en être entendu. Cette sorte d'illusion que l'on se fait à soi-même et aux autres, est un délire qui doit avoir aussi sa vraisemblance; et il ne peut l'avoir que dans une violente passion, ou dans cette rêverie profonde qui approche des songes du sommeil.

Écoutez Armide après le départ de Renaud.

>   Traître! attends... Je le tiens. Je tiens son cœur perfide.
>   Ah! je l'immole à ma fureur.
>   Que dis-je? où suis-je? Hélas! infortunée Armide,
>   Où t'emporte une aveugle erreur?

C'est cette erreur où doit être plongée l'ame du poëte, ou du personnage qui emploie ces figures hardies et véhémentes, c'est elle qui en fait le naturel, la vérité, le pathétique : affectées de sang froid, elles sont ridicules plutôt que touchantes; et la raison en est, que, pour croire entendre les morts, les absents, les êtres muets, inanimés, ou pour croire en être entendu, pour le croire au moins confusément et au même degré qu'un bon comédien croit être le personnage qu'il représente, il faut, comme lui, s'oublier. *Unus enimque omnium finis persuasio*; et l'on ne persuade les autres, qu'autant qu'on est persuadé soi-même. La règle constante et invariable pour l'emploi de ce qu'on appelle l'hypotypose et la prosopopée, est donc l'apparence du délire : hors de là plus de vraisemblance ; et la preuve que celui qui emploie ces *mouvements* du style est dans l'illusion, c'est le geste et le ton qu'il y met. Que l'inimitable Clairon déclame ces vers de Phèdre :

> Que diras-tu, mon père, à ce récit horrible ?
> Je crois voir de ta main tomber l'urne terrible ;
> Je crois te voir, cherchant un supplice nouveau,
> Toi-même de ton sang devenir le bourreau.
> Pardonne. Un dieu cruel a perdu ta famille.
> Reconnais sa vengeance aux fureurs de ta fille.

L'action de Phèdre sera la même que si Minos était présent. Qu'Andromaque, en l'absence de Pyrrhus et d'Astyanax, leur adresse tour-à-tour la parole :

> Roi barbare, faut-il que mon crime l'entraîne ?
> Si je te hais, est-il coupable de ma haine ?
> T'a-t-il de tous les siens reproché le trépas ?
> S'est-il plaint à tes yeux des maux qu'il ne sent pas ?
> Mais cependant, mon fils, tu meurs si je n'arrête
> Le fer que le cruel tient levé sur ta tête.

L'actrice, en parlant à Pyrrhus, aura l'air et le ton du reproche, comme si Pyrrhus l'écoutait, en parlant à son fils, elle aura dans les yeux, et presque dans le geste, la même expression de tendresse et d'effroi que si elle tenait cet enfant dans ses bras. On conçoit aisément pourquoi ces *mouvements*, si familiers dans le style dramatique, se rencontrent si rarement dans le récit de l'épopée. Celui qui raconte se possède, et tout ce qui ressemble à l'égarement ne peut lui convenir.

Mais il y a dans le dramatique un délire tranquille, comme un délire passionné ; et la profonde rêverie produit, avec moins de chaleur et de véhémence, la même illusion que le transport. Un berger rêvant à sa bergère absente, à l'ombre du hêtre qui leur servait d'asyle, au bord du ruisseau dont le crystal répéta cent fois leurs baisers, sur le même gazon que leurs pas légers foulaient à peine, et qui, après les avoir vus se disputer le prix de la course, les invitait au doux repos ; ce berger, environné des témoins de son amour, leur fait ses plaintes, et croit les entendre partager ses regrets, comme il a cru les voir partager ses plaisirs. Tout cela est dans la nature.

Les facultés de l'éloquence, pour animer ce qu'elle peint, ne s'étendent pas aussi loin que celles de la poésie. Cependant elle se permet, dans des moments de véhémence, des figures assez hardies. Elle évoque les morts, elle parle aux absents, elle croit voir présent ce qui est éloigné, elle adresse la parole à des êtres insensibles, et fait franchir à l'imagination les intervalles des lieux et des temps ; elle ose même faire parler, non-seulement les absents et les morts, mais les choses inanimées. La vérité de ces figures tient au degré d'émotion et de l'ame de l'orateur et des esprits de l'auditoire. Froidement employées, elles sont ridicules; mais si, d'un côté, celui qui parle, et de l'autre, ceux qui l'écoutent, sont émus au point où l'est Phèdre, lorsqu'elle dit,

> Il me semble déja que ces murs, que ces voûtes,
> Vont prendre la parole, et prêts à m'accuser,
> Attendent mon époux pour le désabuser....

Alors l'orateur, comme le poëte, peut tout hasarder : il est maître des *mouvements* de la pensée et de l'ame de l'auditeur.

C'est ainsi qu'après avoir animé à la course un cheval sensible à l'éperon et docile au frein, un cavalier habile et hardi lui fait franchir les plus hautes barrières et les fossés les plus profonds. Mais après cette fougue, il doit savoir le modérer et le réduire à un pas tranquille.

Il en est de même de l'orateur. Toujours de la fougue, serait de la folie. Il doit savoir placer, varier, ménager, distribuer ses *mouvements*. Le clair-obscur de la peinture, le *forte-piano* de la musique, sont des règles pour l'éloquence. Dans les arts comme dans la nature, rien n'a de l'effet que par les contrastes. Il ne s'agit que de concilier les oppositions et les convenances, les dissonnances et les accords, et de marier les contraires de façon que de leur mélange et de leur diversité même se forme un tout harmonieux.

A l'égard des *mouvements* du style analogues à ceux de l'ame, ils sont encore plus familiers à l'éloquence qu'à la poésie. Mais c'est toujours de la correspondance de la parole avec le sentiment, c'est-à-dire, avec le caractère de l'affection, de l'émotion actuelle, que résulte leur vérité. Ainsi la menace, la plainte, l'indignation, la douleur, la résolution, le doute, la frayeur, l'espérance, l'objurgation, l'imprécation, l'exclamation, l'apostrophe, l'interrogation, la communication, la réticence, l'ironie, etc., ont leur place marquée par la nature; et si l'ame, une fois remplie et profondément affectée de son sujet, s'abandonne, elle n'aura plus qu'à obéir à ces *mouvements* : ils se succéderont d'eux-mêmes, d'autant plus vrais, d'autant plus énergiques, qu'ils seront moins étudiés. C'est en cela que l'éloquence diffère de la déclamation; et si l'on demande pourquoi, avec les mêmes *mouvements* que l'orateur, et avec des moyens plus forts en apparence, le rhéteur, le sophiste, en un mot, le déclamateur ne produit nul effet; la raison en est simple : *Non erat hic locus.*

La nature a prescrit des lois, non-seulement aux *mouvements* des corps, mais à ceux de l'ame, et par conséquent à ceux de l'éloquence. Qu'on suive ces lois, tout se place, tout se succède avec aisance, et rien des forces qu'on emploie ne sera perdu. Mais qu'on change l'ordre établi par la nature; plus d'accord entre l'ame factice du déclamateur, et l'ame de ceux qui l'écoutent : les cordes sensibles de celle-ci perdent leur résonnance et ne répondent plus; et l'auditoire tranquille et froid, tandis que l'orateur s'agite et se tourmente, ne conçoit pas pourquoi il ne sent rien de ce qu'on veut lui inspirer. *Voyez* FIGURE.

MUET, ETTE. Voyelle *muette*, syllabe *muette*, e *muet*.

La langue française a une voyelle qui lui est propre : c'est cet *e* faible et bref qui est deux fois dans le mot *demande*, et dont nous avons fait la désinence de nos vers féminins.

On prétend qu'il rend notre langue sourde, et peu susceptible de l'expression musicale : ce qui est au moins exagéré.

L'*e muet* existe dans toutes les langues, quoiqu'il n'ait un signe alphabétique et une valeur appréciable que dans la nôtre : car il est physiquement impossible d'articuler une consonne sans lui donner un son, et toutes les fois qu'elle n'a pas le son de quelque autre voyelle, elle a celui de l'*e muet*. En latin, par exemple, après le *p* d'*aptè*, après l'*r* d'*amor*, après l's d'*honos*, il est impossible de ne pas faire entendre, plus ou moins ce faible son, *apetè, amore, honose*.

C'est donc cette voyelle, prise parmi les sons naturels de la voix, qui dans notre langue a une valeur sensible et prosodique, c'est-à-dire plus de volume et de durée que dans les autres langues, et qui à la fin d'un très-grand nombre de mots français, répond aux désinences brèves et fugitives des mots italiens *amore*, *amante*, *bene*, *cara*, *fedele*, *pianto*, etc.

Lorsqu'elle est jointe à une consonne qui la soutient, comme dans le mot *vive*, elle fait nombre dans le rhythme du vers : lorsqu'elle est seule, comme dans le mot *vie*, elle n'est pas comptée, et c'est alors qu'elle est réellement *muette*, ou éteinte par l'élision. (*Voyez* Élision.) Mais qu'elle soit seule ou articulée, elle n'est reçue à la fin du vers que comme syllabe superflue : le vers qu'elle termine a cette syllabe de plus, et on l'appelle féminin. *Voyez* Vers.

Cette différence de nos vers à finale pleine et de nos vers à finale *muette*, est la même entre les vers italiens où la finale est accentuée, et les vers où elle ne l'est pas. Ceux-ci ont, comme nos vers féminins, une syllabe superflue, c'est-à-dire une syllabe de plus que les vers de même mesure dont la finale porte l'accent; et dans l'une et dans l'autre langue, c'est l'oreille qui a demandé que la finale brève et défaillante qui termine le vers, ne fît pas nombre, et servît seulement à varier les désinences.

Mais les italiens avaient peu de mots dont la finale se soutînt, et ils en avaient un nombre infini dont la finale était brève et tombante : de là vient que leur vers par excellence, et presque le seul qu'ils employent dans la poésie héroïque, est ce vers à finale expirante que nous appelons féminin. Ils appellent *tronco* leur vers de dix syllabes; et en effet il paraît tronqué, parce qu'étant coupé à la sixième, le second hémistiche est plus court de deux syllabes que le premier; au lieu que dans le vers français, coupé à la quatrième, le second hémistiche est le plus long; et c'est pourquoi l'oreille a voulu que le vers italien fût hendecasyllabe, et répondît au vers latin.

*Tuá nunc operá meæ puellæ
Flendo turgiduli rubent ocelli.*

L'italien a donc, comme le français, ses désinences *féminines*. (Qu'on me passe le mot, dont je ne veux pas abuser.) Ces désinences ne sont pas aussi faibles que dans notre langue, et elles sont plus variées; car ce sont les quatre voyelles *a, e, i, o,* sans accent : mais elles sont presque aussi brèves et aussi fugitives que l'*e muet* français : la valeur prosodique en est la même; et soit qu'on parle ou qu'on chante, leur son expire et tombe après la syllabe accentuée, comme celui de l'*e muet*. Tout récemment un *virtuose* a voulu dans son chant donner à ces finales une valeur plus marquée : l'essai lui en a mal réussi; et cette licence, qu'il s'était donnée impunément en Angleterre, a souverainement déplu à l'oreille des Italiens.

Il est donc vrai que l'*ancora* italien et l'encore français, l'*ombra* et l'ombre, l'*onda* et l'onde, l'*amante* et l'amante, *lo pianto, li pianti*, et la plainte, les plaintes, ont une finale de la même valeur, soit métrique soit musicale.

Mais ces finales italiennes sont moins sourdes que l'*e muet* français : j'en conviens; et c'est à-présent qu'il faut examiner de quelle conséquence cela peut être pour l'harmonie, ou de la parole, ou du chant.

Dans l'accent naturel de la parole, ainsi que dans celui du chant, dans la quantité prosodique et dans la mesure vocale, il y a des temps forts et des temps faibles : l'oreille ne demande pas à être également frappée de tous les sons; sur les uns la voix glisse, et les passe rapidement; sur les autres elle s'appuie et se déploie : les uns sont des éclats, les autres de faibles soupirs. Des sons toujours retentissants et soutenus fatigueraient l'oreille, et n'auraient aucune expression. Toute mélodie est composée de force, de douceur, de lenteur, de vîtesse, d'élévation, d'abaissement, et d'inflexion dans la voix. C'est pour donner à la parole ces variétés expressives, que la prosodie et l'accent ont été inventés ; et la langue qui, comme une cloche, n'aurait que des sons résonnants, ne serait favorable ni à l'éloquence, ni à la poésie, ni à la musique, ni même à l'expression familière de la pensée et du sentiment.

Il ne s'agit donc plus que de savoir dans quelle proportion de force et de faiblesse, de mollesse et de fermeté, de vigueur mâle ou de douceur, doivent être les éléments de la parole, pour qu'une langue soit plus ou moins susceptible d'une belle modulation; et la musique est actuellement la seule règle d'après laquelle on puisse résoudre ce problème.

La langue italienne est universellement reconnue pour la plus musicale de nos langues vivantes. Elle est en même temps celle qui abonde le plus en désinences molles, et dont le son s'éteint comme celui de l'*e muet*. De cent mots italiens, il n'y en a pas deux dont la finale soit un son plein.

Il s'ensuit, à la vérité, que la poésie italienne, à rimes plates, serait insoutenable par l'uniformité de ces désinences, toutes accentuées sur la pénultième et défaillantes sur la dernière; et c'est pour remédier à cette monotonie de nombre par la variété des sons, qu'il a fallu, non-seulement croiser les rimes, mais diviser le poëme par octaves, afin d'y ménager à l'oreille des intervalles et des repos.

Mais dans la poésie lyrique, où l'on a su entremêler les désinences faibles de désinences fortes, et placer celles-ci à la fin des périodes, pour servir d'appuis à la voix, le nombre a pris une marche à-la-fois et plus variée et plus ferme. Métastase n'a presque point d'airs dont les deux parties ne se reposent sur un vers masculin.

> *L'onda dal mar divisa,*
> *Bagna la valle el' monte ;*
> *Va passaggiera in fiume,*
> *Va prigioniera in fonte :*
> *Mormora sempre e geme,*
> *Fin che non torna al mar :*
> *Al mar, dove ella nacque,*
> *Dove acquistò gli amori,*
> *Dove, da lunghi errori,*
> *Spera di riposar.*

On voit que tous ces vers sont terminés par une syllabe défaillante, excepté *mar* et *riposar*, qui sont les deux repos de l'air.

Or non-seulement cette multitude de finales presque *muettes* ne nuit point à l'accent musical, mais elle en fait le charme, en ce qu'elle procure continuellement à la voix un passage du fort au faible, du lent au rapide, et du son éclatant au son mollement abaissé. Un autre avantage de ce mélange, c'est le nombre ; car si l'accent est sur l'antépénultième, la voix glisse sur les dernières, et le vers devient dactylique ; et si l'accent est sur la pénultième, la dernière forme avec elle un chorée, dont le mouvement se renverse, et donne ainsi, au gré du poëte, le rhythme trochaïque et le rhythme ïambique.

Cette abondance de mots dont la pénultième est accentuée et la dernière faible rend facile et commune, dans les vers lyriques italiens, telle et telle espèce de rhythme qu'il est presque impossible d'imiter dans les nôtres. Par exemple :

Ardito ti renda
L'accenda
De sdegno,
D'un figlio
Il periglio,
D'un regno
L'amor.
E dolce ad un' alma
Che aspetta
Vendetta,
Il perder la calma,
Fra l'ire del cor.

Che abisso di pene,
Lasciare il suo bene,
Lasciar lo per sempre,
Lasciar lo cosi!

No, la sperenza
Piu non m'alletta;
Voglio vendetta,
Non chiedo amor.

Se il ciel mi divide
D'al caro mio sposo,
Perche non m'occide,
Pietoso il martir?
Divisa un momento
D'al dolce tesoro,
Non vivo, non moro;
Ma provo il tormento
Di viver penoso,
Di longo morir.

Et cet avantage de la langue italienne est tel, qu'il a contribué, au moins autant que la facilité de ses articulations et que la netteté de ses voyelles sonores, à la rendre, de l'aveu de l'Europe entière, la plus musicale des langues vivantes.

Loin donc que la multitude des finales faibles ou féminines soit nuisible à l'accent et à la mélodie d'une langue, elle leur est très-favorable; et jusque-là le préjugé me semble absolument détruit.

Mais dans la langue italienne ces désinences brèves et défaillantes ne laissent pas d'avoir un son distinct et plus sensible que celui de notre *e muet*, dont le vice est d'être trop faible et trop confus; c'est de quoi je tombe d'accord.

Je dirai seulement que ce défaut, qui ne se fait que trop sentir dans la simple élocution, lorsque l'acteur, l'orateur, ou le lecteur néglige ses finales, affecte beaucoup moins le chant, qui donne lui-même à tous les sons une valeur plus décidée; et j'ajouterai que, si dans le chant le son final de l'*e muet* se fait entendre assez pour remplir la mesure, et pour tenir lieu à l'oreille du faible son qui achève, par exemple, les inflexions d'un air de flûte, il suffit à la mélodie; car on n'a jamais reproché à un joueur de flûte de former sur la petite note un son trop faible et trop doux; au contraire, plus ce son expirant sera délicatement lié, pourvu qu'il soit perceptible à l'oreille, plus il aura le caractère de mollesse qu'il doit avoir.

Or dans le chant, la finale faible, que nous appelons *muette*, répond exactement à ce son expirant que la flûte laisse échapper; il a donc toute la valeur qu'il doit avoir, dès qu'il est sensible à l'oreille; et les musiciens français qui, dans leurs ports de voix ridiculement déplacés, ont élevé la finale de *gloire* et de *victoire*, n'avaient le sentiment ni de la prosodie de leur langue, ni des finesses de leur art.

Les poëtes, il est vrai, les ont induits à faire cette faute, en leur donnant pour le repos final une désinence *muette*; ce que les Italiens, et singulièrement Métastase, évitent avec soin, comme on vient de le voir. Mais cette négligence du poëte n'est pas elle-même une excuse pour le compositeur; et lors même que la désinence est *muette* au repos de l'air, un homme habile sait bien lui conserver sa valeur et son caractère. Dans cet air d'Atys, par exemple,

> Je ressens un plaisir extrême
> A revoir ces aimables lieux;
> Où peut-on jamais être mieux
> Qu'aux lieux où l'on voit ce qu'on aime?

M. Piccini, tout novice qu'il était dans notre langue, s'est bien gardé de soutenir la finale d'*aime*; il a mis l'accent et l'expression sur *ai*, et a laissé expirer *me*, comme il expire dans l'élocution naturelle.

Nous voilà parvenus à cette vérité que j'ai voulu rendre sensible, que ce n'est jamais sur les syllabes brèves, fugitives, ou défaillantes, que la musique met les accents, les appuis, le fort de la voix; que ce n'est donc jamais par elles, mais par les syllabes pleines et sonnantes, qu'il faut juger si une langue est elle-même assez sonore pour être favorable au chant; que si cette langue a dans ses éléments une grande abondance de sons pleins et retentissants, plus elle aura d'ailleurs de désinences molles, plus elle sera variée, et plus l'accent qui portera sur les sons pleins et soutenus sera marqué; que c'est de ce mélange que résulte le *piano-forte* d'une langue, et son analogie avec celui de la musique; enfin, qu'il est indifférent ou presque indifférent pour l'accent musical, que la syllabe fugitive ou défaillante soit plus ou moins sonore, pourvu qu'elle se fasse entendre, et que, si l'*e muet* final est sensible à l'oreille, non-seulement ce n'est pas un mal qu'il abonde dans notre langue, mais que, pour tenir lieu des désinences brèves et *cadentes* des Italiens, il n'est pas même encore assez fréquent.

Une propriété essentielle de l'*e muet* (quoique plus d'un grammairien l'ait méconnue), c'est de rendre longue, à la fin des mots, la syllabe qui le précède. Cela n'est presque pas sensible dans le langage familier; mais lorsque l'accent oratoire ou poétique se fait entendre, il n'est personne qui ne s'aperçoive que la pénultième des mots à finale *muette* se prolonge et porte l'accent. Quand je dis qu'elle se prolonge, je ne dis pas qu'elle s'altère; et le plus ou moins de durée n'en change point la qualité. Dans *répéter* et dans *répète*, les deux premiers *e* sont le même, ainsi que l'*a* de *flatter* et de *flatte*, ainsi que l'*i* d'*expirer* et d'*expire*, ainsi que l'*o* de *donner* et de *donne*, ainsi que l'*u* d'*imputer* et d'*impute*; seulement avant l'*e muet* ces sons prennent plus de valeur. La musique sur-tout, qui donne à tous les sons une quantité appréciable, fait sentir ce que je veux dire. Depuis Lambert et Lully jusqu'à nous, et dans le simple vaudeville, comme dans les chants les plus mélodieux, les plus savamment composés, il est presque sans exemple qu'on se soit écarté de cette règle de prosodie; et toutes les fois que l'*e muet* final n'est pas éteint par l'élision, la syllabe qui le précède s'allonge, et devient susceptible de prolation et d'inflexion; ce qui n'arriverait jamais si elle était réellement brève; car en musique les valeurs relatives étant plus décidées, les fautes contre la prosodie y sont aussi plus remarquables que dans la modulation naturelle de la parole; et rien ne serait plus intolérable pour l'oreille, que le retour continuel de ces voyelles brèves que la musique prolongerait. *Voyez* ACCENT.

N.

Narration. La *narration* est l'exposé des faits. comme la description est l'exposé des choses; et celle-ci est comprise dans celle-là, toutes les fois que la description des choses contribue à rendre les faits plus vraisemblables, plus intéressants, plus sensibles.

Il n'est point de genre de poésie où la *narration* ne puisse avoir lieu; mais dans le dramatique elle est accidentelle et passagère; au lieu que dans l'épique, elle domine et remplit le fonds.

Toutes les règles de la *narration* sont relatives aux convenances et à l'intention du poëte.

Quel que soit le sujet, le devoir de celui qui raconte, pour remplir l'attente de celui qui l'écoute, est d'instruire et de persuader; ainsi les premières règles de la *narration* sont la clarté et la vraisemblance.

La clarté consiste à exposer les faits d'un style qui ne laisse aucun nuage dans les idées, aucun embarras dans l'esprit. Il y a dans les faits des circonstances qui se supposent et qu'il serait superflu d'expliquer. Il peut arriver aussi que celui qui raconte ne soit pas instruit de tout, ou qu'il ne veuille pas tout dire; mais ce qu'il ignore ou veut dissimuler ne le dispense pas d'être clair dans ce qu'il expose. L'obscurité même qu'il laisse ne doit être que pour les personnages qui sont en scène. Les circonstances des faits, leurs causes, leurs moyens, le spectateur ou le lecteur veut tout savoir; et si l'acteur est dispensé de tout éclaircir, le poëte ne l'est pas. Il est vrai qu'il a droit de jeter un voile sur l'avenir; mais s'il est habile, il prend soin que ce voile soit transparent, et qu'il laisse entrevoir ce qui doit arriver, dans un lointain confus et vague, comme on découvre les objets éloignés à la faible lumière des étoiles :

Sublustrique aliquid dant cernere noctis in umbrá.
(Vida.)

C'est un nouvel attrait pour le lecteur, un nouveau charme qui se mêle à l'intérêt qui l'attache et l'attire :

Haud aliter, longinqua petit qui forté viator
Mœnia, si positas altis in collibus arces,
Nunc etiam dubias oculis, videt; incipit ultrò
Lætior ire viam, placidumque urgere laborem. (Vida.)

A l'égard du présent et du passé, tout doit être aux yeux du lecteur sans nuage et sans équivoque.

Les éclaircissements sont faciles dans l'épopée, où le poëte cède et reprend la parole quand bon lui semble. Dans le dramatique, il faut un peu plus d'art pour mettre l'auditeur dans la confidence ; mais ce qu'un acteur ne sait pas ou ne doit pas dire, quelque autre peut le savoir et le révéler ; ce qu'ils n'osent confier à personne, ils se le disent à eux-mêmes ; et comme dans les moments passionnés il est permis de penser tout haut, le spectateur entend la pensée. C'est donc une négligence inexcusable, que de laisser, dans l'exposition des faits, une obscurité qui nous inquiète et qui nuise à l'illusion.

Si les faits sont trop compliqués, la méthode la plus sage, en travaillant, c'est de les réduire d'abord à leur plus grande simplicité ; et à mesure qu'on aperçoit dans leur exposé quelque embarras à prévenir, quelque nuage à dissiper, on y répand quelques traits de lumière. Le comble de l'art est de faire en sorte que ce qui éclaircit la *narration* soit aussi ce qui la décore ; c'était le talent de Racine.

Le poëte est en droit de suspendre la curiosité ; mais il faut qu'il la satisfasse ; cette suspension n'est même permise qu'autant qu'elle est motivée ; et il n'y a qu'un poëme folâtre comme celui de l'Arioste, où l'on soit reçu à se jouer de l'impatience de ses lecteurs.

L'art de ménager l'attention sans l'épuiser consiste à rendre intéressant et comme inévitable l'obstacle qui s'oppose à l'éclaircissement, et de paraître soi-même partager l'impatience que l'on cause. On emploie quelquefois un incident nouveau pour suspendre et différer l'éclaircissement; mais qu'on prenne garde à ne pas laisser voir qu'il est amené tout exprès, et sur-tout à ne pas employer plus d'une fois le même artifice. Le spectateur veut bien qu'on le trompe, mais il ne veut pas s'en apercevoir. La ruse est permise en poésie, comme l'était le larcin à Lacédémone; mais on punit les maladroits.

Il n'y a que les faits surnaturels dont le poëte soit dispensé de rendre raison en les racontant. OEdipe est destiné dès sa naissance à tuer son père et à épouser sa mère; Calchas demande qu'on immole Iphigénie sur l'autel de Diane : qu'a fait OEdipe, qu'a fait Iphigénie, pour mériter un pareil sort? Telle est la loi de la destinée, telle est la volonté du Ciel; le poëte n'a pas autre chose à répondre. Il faut avouer que ces traditions populaires, si choquantes pour la raison, étaient commodes pour la poésie.

Les poëtes anciens n'ont pas toujours dédaigné de motiver la volonté des dieux; et le merveilleux est bien plus satisfaisant lorsqu'il est fondé, comme dans *l'Énéide* le ressentiment de Junon contre les Troyens, et la colère d'Apollon contre les Grecs dans *l'Iliade*. Mais pour motiver la conduite des dieux, il faut une raison plausible; il vaut mieux n'en donner aucune, que d'en alléguer de mauvaises. Dans *l'Énéide*, par exemple, les vaisseaux d'Énée, au moment qu'on va les brûler, sont changés en nymphes; pourquoi? parce qu'ils sont faits des bois du mont Ida, consacré à Cybèle. Mais, comme un critique l'observe, plusieurs de ces vaisseaux n'en ont pas moins péri sur les mers; et ce qui ne les a pas garantis des eaux ne devait pas les garantir des flammes.

Ce que je viens de dire de la clarté, contribue aussi à la vraisemblance. Un fait n'est incroyable que parce qu'on y voit de l'incompatibilité dans les circonstances, ou de l'impossibilité dans l'exécution. Or, en l'expliquant, tout se concilie, tout s'arrange, tout se rapproche de la vérité. *Etiam incredibile solertia efficit sæpe credibile esse.* (SCALIGER.) « Mais la crédulité est une mère que sa propre fécondité étouffe tôt-ou-tard. » (BAYLE.) D'un tissu de faits possibles le récit peut être incroyable, si chacun d'eux est si rare, si singulier, qu'il n'y ait pas d'exemple dans la nature d'un tel concours d'événements. Il peut arriver une fois que la statue d'un homme tombe sur son meurtrier et l'écrase, comme fit celle de Myris; il peut arriver qu'un anneau jeté dans la mer se retrouve dans le ventre d'un poisson, comme celui de Polycrate; mais un pareil accident doit être entouré de faits simples et familiers qui lui communiquent l'air de la vérité. C'est une idée lumineuse d'Aristote, que la croyance que l'on donne à un fait, se réfléchit sur l'autre, quand ils sont liés avec art. « Par une espèce de paralogisme qui nous est naturel, nous concluons, dit-il, de ce qu'une chose est véritable, que celle qui la suit doit l'être. » Cette remarque importante prouve combien, dans le récit du merveilleux, il est essentiel d'entremêler des circonstances communes.

Ceux qui demanderaient qu'un poëme fût une suite d'événements inouis, n'ont pas les premières notions de l'art: ce qu'ils désirent dans un poëme, est le vice des anciens romans. Pour me persuader que les héros qu'on me présente ont fait réellement des prodiges dont je n'ai jamais vu d'exemples, il faut qu'ils fassent des choses qui tous les jours se passent sous mes yeux. Il est vrai que parmi les détails de la vie commune, l'on doit choisir avec goût ceux qui ont le plus de noblesse dans leur naïveté, ceux dont la peinture a le plus de charmes; et en cela les mœurs anciennes étaient plus favorables à la poésie que les nôtres. Les devoirs de l'hospitalité, les cérémonies religieuses donnaient un air vénérable à des usages domestiques qui n'ont plus rien de touchant parmi nous. Que les Grecs mangent avant le combat; leurs sacrifices, leurs libations; leurs vœux, l'usage de chanter à table les louanges des dieux ou des héros, rendent ce repas auguste. Que Henri IV ait pris et fait prendre à ses soldats quelque nourriture avant la bataille d'Ivry, c'est un tableau peu favorable à peindre. Il y a donc de l'avantage à prendre ses sujets dans les temps éloignés, ou, ce qui revient au même, dans les pays lointains. Mais dans nos mœurs on peut trouver encore des choses naïves et familières, qui ne laissent pas d'avoir de la noblesse et de la beauté. Eh pourquoi ne peindrait-on pas aujourd'hui les adieux d'un guerrier qui se sépare de sa femme et de son fils, avec cette ingénuité naturelle qui rend si touchants les adieux d'Hector? Homère trouverait parmi nous la nature encore bien féconde, et saurait bien nous y ramener. Le poëte est si fort à son aise lorsqu'il fait des hommes de ses héros! Pourquoi donc ne pas s'attacher à cette nature simple et charmante, lorsqu'une fois on l'a saisie? Pourquoi du moins ne pas se relâcher plus souvent de cette dignité factice où l'on tient ses personnages en attitude et comme à la gêne? Le dirai-je? Le défaut dominant de notre poésie héroïque, c'est la roideur. Je la voudrais souple comme la taille des Grâces. Je ne demande pas que le *plaisant* s'y joigne au sublime; mais je suis persuadé qu'on ne saurait trop y mêler le familier noble, et que c'est sur-tout de ces relâches que dépend l'air de vérité.

La troisième qualité de la *narration*, c'est l'à-propos. Toutes les fois que des personnages qui sont en scène, l'un raconte et les autres écoutent, ceux-ci doivent être disposés à l'attention et au silence, et celui-là doit avoir eu quelques raisons de prendre, pour le récit dans lequel il s'engage, ce lieu, ce moment, ces personnes mêmes. S'il était vrai que Cinna rendît compte à Émilie, dans l'appartement d'Auguste, de ce qui vient de se passer dans l'assemblée des conjurés ; la personne et le temps seraient convenables, mais le lieu ne le serait pas. Théramène raconte à Thésée tout le détail de la mort d'Hippolyte : la personne et le lieu sont bien choisis ; mais ce n'est point dans le premier accès de sa douleur, qu'un père, qui se reproche la mort de son fils, peut entendre la description du prodige qui l'a causée. Les récits dans lesquels s'engagent les héros d'Homère sur le champ de bataille, sont déplacés à tous égards.

Une règle sûre pour éprouver si le récit vient à propos, c'est de se consulter soi-même, de se demander : « Si j'étais à la place de celui qui l'écoute, l'écouterais-je ? Le ferais-je à la place de celui qui le fait ? Est-ce là même et dans ce même instant, que ma situation, mon caractère, mes sentiments ou mes desseins me détermineraient à le faire ? » Cela tient à une qualité de la *narration* plus essentielle que l'à-propos : c'est de l'intérêt que je parle.

La *narration* purement épique, c'est-à-dire du poëte à nous, n'a besoin d'être intéressante que pour nous-mêmes. Qu'elle réunisse à notre égard l'agrément et l'utilité, l'objet du poëte est rempli : elle peut même se passer d'instruire, pourvu qu'elle attache. *Egli è desiderato per se stesso* (dit le Tasse, en parlant du plaisir) *e l'altre cose per lui sono desiderate.* Or le plaisir qu'elle peut causer est celui de l'esprit, de l'imagination, ou du sentiment.

Plaisir de l'esprit, lorsqu'elle est une source de réflexions ou de lumières : c'est l'intérêt que nous éprouvons à la lecture de Tacite. Il suffit à l'histoire : il ne suffit pas à la poésie ; mais il en fait le plus solide prix, et c'est par-là qu'elle plaît aux sages.

Plaisir de l'imagination, lorsqu'on présente aux yeux de l'ame le tableau de la nature : c'est là ce qui distingue la *narration* du poëte de celle de l'historien. Le soin de la varier et de l'enrichir fait qu'on y mêle souvent des descriptions épisodiques ; mais l'art de les enlacer dans le tissu de la *narration*, de les placer dans les repos, de leur donner une juste étendue, de les faire désirer, ou comme délassements, ou comme détails curieux ; cet art, dis-je, n'est pas facile.

Omnia sponte suá veniant, lateatque vagandi
Dulcis amor. (Vida.)

Cet attrait même de la nouveauté, ce plaisir de l'imagination, s'il était seul, serait faible et bientôt insipide ; l'ame ne saurait s'attacher à ce qui ne l'éclaire ni ne l'émeut ; et du moins, si on la laisse froide, ne faut-il pas la laisser vide.

Plaisir du sentiment, lorsqu'une peinture fidèle et touchante exerce en nous cette faculté de l'ame par les vives impressions de la douleur ou de la joie; qu'elle nous émeut, nous attendrit, nous inquiète et nous étonne, nous épouvante, nous afflige et nous console tour-à-tour; enfin qu'elle nous fait goûter la satisfaction de nous trouver sensibles, le plus délicat de tous les plaisirs.

De ces trois intérêts, le plus vif est évidemment celui-ci. Le sentiment supplée à tout, et rien ne supplée au sentiment : seul il se suffit à lui-même, et aucune autre beauté ne se soutient, s'il ne l'anime. Voyez ces récits qui se perpétuent d'âge en âge, ces traits dont on est si avide dès l'enfance, et qu'on aime à rappeler encore dans l'âge le plus avancé; ils sont tous pris dans le sentiment. Mais c'est du concours de ces trois moyens de captiver les esprits, que résulte l'attrait invincible de la *narration* et la plénitude de l'intérêt. C'est donc sous ces trois points de vue que le poëte, avant de s'engager dans ce travail, doit en considérer la matière, pour en mieux pressentir l'effet. Il jugera, par la nature du fond, de sa stérilité ou de son abondance; et glissant sur les endroits qui ne peuvent rien produire, il réservera les forces du génie, pour semer en un champ fécond. *Hæc tu tum* narrabis *parcè, tum dispones aptè.* Scal.

Je n'ai considéré jusqu'ici l'intérêt que du poëte au lecteur, et tel qu'il est même dans l'épopée; mais dans le poëme dramatique il est relatif encore aux personnages qui sont en scène, et c'est par eux qu'il doit commencer. Qu'importe, direz-vous, qu'un autre que moi s'intéresse au récit que j'entends? Il importe beaucoup, et on va le voir. Je conviens que, si le spectateur est intéressé, l'objet du poëte est rempli; mais l'intérêt dépend de l'illusion, et celle-ci de la vraisemblance; or il n'est pas vraisemblable que deux acteurs sur la scène s'occupent, l'un à dire, l'autre à écouter ce qui n'intéresse ni l'un ni l'autre. De plus, l'intérêt du spectateur n'est que celui des personnages; et selon que ce qu'il entend les affecte plus ou moins, l'impression réfléchie qu'il en reçoit est plus profonde ou plus légère.

Les faits contenus dans l'exposition de Rodogune ne manquent ni d'importance ni de pathétique; mais des deux personnages qui sont en scène, l'un raconte froidement, l'autre écoute plus froidement encore, et le spectateur s'en ressent.

L'intérêt personnel de celui qui raconte, est un besoin de conseil, de secours, de consolation, de soulagement : l'intérêt qui lui vient du dehors, est un mouvement d'affection ou de haine pour celui dont la fortune ou la vie est en péril ou comme en suspens. L'intérêt personnel de celui qui écoute, est tranquille ou passionné, de curiosité ou d'inquiétude; et l'une et l'autre est d'autant plus vive, que l'événement le touche de plus près; l'intérêt, s'il lui est étranger, vient d'un sentiment de bienveillance ou d'inimitié, de compassion ou d'humanité simple.

Plus la *narration* est intéressante pour les acteurs, moins elle a besoin de l'être directement pour les spectateurs; je m'explique. Un fait simple, familier, commun, qui vient de se passer sous nos yeux, n'est rien moins qu'intéressant pour nous à entendre raconter; mais si ce récit va porter la joie dans l'ame d'un malheureux qui nous a fait verser des larmes; s'il le tire de l'abyme où nous avons frémi de le voir tomber; s'il jette la désolation, le désespoir dans l'ame d'une mère, d'un ami, d'un amant; si, par une révolution subite, il change la face des choses, et fait passer le personnage que nous aimons d'une extrémité de fortune à l'autre; il devient très-intéressant, quoiqu'il n'ait rien de merveilleux, rien de curieux en lui-même. Si au contraire la *narration* n'a pas cette influence rapide et puissante sur le sort des personnages, si elle ne doit exciter aucune de ces secousses dont l'ébranlement se communique à l'ame des spectateurs; au défaut de cette réaction, elle doit avoir une action directe et relative de l'objet à nous-mêmes. C'est là qu'il faut nous rendre les objets présents par la vivacité des peintures. Énée et Didon, Henri IV et Élisabeth, ne sont pas assez émus pour nous émouvoir et nous attendrir; mais le tableau de l'incendie de Troie et celui du massacre de la S. Barthelemi, nous frappent, nous ébranlent directement et sans contre-coup; c'est ainsi qu'agit l'épopée, lorsqu'elle n'est pas dramatique; et alors, pour suppléer à l'action, elle exige les couleurs les plus vives et les plus vraies, les couleurs même de la nature, mais choisies, distribuées, placées de la main de l'art.

Plus l'exposé d'un événement tragique est nu, simple, et naïf; mieux il fait l'impression de la chose : toute circonstance qui n'ajoute pas à l'intérêt, l'affaiblit; *Obstat quidquid non adjuvat.* Cicér.

Au lieu que, dans les récits tranquilles et qui n'intéressent que l'imagination, le fond n'est rien, la forme est tout; le travail fait le prix de la matière. Alors la poésie se répand en descriptions, en comparaisons; toutes ressources qu'elle dédaigne lorsqu'elle est vraiment pathétique : car ces vains ornements blesseraient la décence, autre règle que le poëte doit s'imposer en racontant. *Quid deceat, quid non,* est un point de vue sur lequel il doit avoir sans cesse les yeux attachés. Ce n'est point là ce qu'on vous demande, dit Horace à l'artiste qui prodigue des ornements étrangers ou superflus. Je lui dis plus : ce n'est point là ce que vous demandez à vous-même. Que faites-vous? c'est le cœur, et non pas les sens que vous devez frapper. Vous voulez nous peindre la nature dans sa touchante simplicité, et vous la chargez d'un voile dont la richesse fait l'épaisseur. Est-ce avec des vers pompeux et de brillantes images que vous prétendez m'arracher des larmes? est-ce avec cet éclat de paroles qu'une amante, sur le tombeau de son amant, une mère, sur le corps froid et livide d'un fils unique et bien aimé, vous pénètre et vous déchire l'ame? Consultez-vous, écoutez la nature, et jetez au feu ces descriptions fleuries qui la glacent au fond de nos cœurs.

Les décences de la *narration*, du poëte à nous, se bornent à n'y rien mêler d'obscène, de bas, de choquant. Contre cette règle pèche, dans le *Paradis perdu*, l'allégorie du péché et de la mort. Le nuage qui dans *l'Iliade* couvre Jupiter et Junon sur le mont Ida, est pour les poëtes une leçon et un modèle de bienséance.

Les décences d'un acteur à l'autre sont dans le rapport de leur rang, de leur situation respective. Un malheureux qui, pour émouvoir la pitié, fait le récit de ses aventures, est réservé, timide et modeste, ménager du temps qu'on lui donne, et attentif à n'en pas abuser :

Telephus et Peleus, dum pauper et exul uterque.
(HORACE.)

Mérope demande à Égisthe quel est l'état, le rang, la fortune de ses parents; vous savez quelle est sa réponse :

Si la vertu suffit pour faire la noblesse,
Ceux dont je tiens le jour, Polyclète, Sirris,
Ne sont pas des mortels dignes de vos mépris.
Le sort les avilit, mais leur sage constance
Fait respecter en eux l'honorable indigence.

> Sous ses rustiques toits, mon père vertueux
> Fait le bien, suit les lois, et ne craint que les dieux.

Ainsi le style, le ton, le caractère de la *narration*, et tout ce qu'on appelle convenance, est dans le rapport de celui qui raconte avec celui qui l'écoute. Si Virgile a une tempête à décrire, il est naturel qu'il emploie toutes les couleurs de la poésie à la rendre présente à l'esprit du lecteur.

> *Incubuere mari, totumque à sedibus imis*
> *Unà Eurusque Notusque ruunt, creberque procellis*
> *Africus; et vastos volvunt ad littora fluctus.*
> *Insequitur clamorque virûm stridorque rudentûm :*
> *Eripiunt subitò nubes cœlumque diemque*
> *Teucrorum ex oculis : ponto nox incubat atra.*
> *Intonuere poli et crebris micat ignibus æther.*

Mais qu'Idoménée, dans la plus cruelle situation où puisse être réduit un père, fasse à l'un de ses sujets la confidence de son malheur, il ne s'amusera point à décrire la tempête qu'il a essuyée : son objet n'est pas d'effrayer celui qui l'entend, mais de lui confier sa peine. « Nous allions périr, lui dira-t-il; j'invoquai les dieux; et pour les appaiser, je jurai d'immoler, en arrivant dans mes États, le premier homme qui s'offrirait à moi. Piété cruelle et funeste! j'arrive, et le premier objet qui se présente à moi, c'est mon fils. » Voilà le langage de la douleur.

Il en est d'un personnage tranquille à-peu-près comme du poëte; le sujet de la *narration* ne doit pas l'affecter assez pour lui faire négliger les détails : par exemple, il est naturel qu'Énée, racontant à Didon la mort de Laocoon et de ses enfants, décrive la figure des serpents qui, fendant la mer, vinrent les étouffer.

> *Pectora quorum inter fluctus arrecta, jubæque*
> *Sanguineæ exsuperant undas ; pars cætera pontum*
> *Ponè legit, sinuatque immensa volumine terga.*

Didon est disposée à l'entendre. Au lieu que, dans le récit de la mort d'Hippolyte, ni la situation de Théramène, ni celle de Thésée, ne comporte ces riches détails.

> Cependant sur le dos de la plaine liquide
> S'élève à gros bouillons une montagne humide.
> L'onde approche, se brise, et vomit à nos yeux
> Parmi des flots d'écume un monstre furieux.
> Son front large est armé de cornes menaçantes ;
> Tout son corps est couvert d'écailles jaunissantes.
> Indomptable taureau, dragon impétueux,
> Sa croupe se recourbe en replis tortueux.

Ces vers sont très-beaux, mais ils sont déplacés. Si le sentiment dont Théramène est saisi était la frayeur, il serait naturel qu'il en eût l'objet présent et qu'il le décrivît comme il l'aurait vu ; mais peu importe à sa douleur et à celle de Thésée, que le front du dragon fût armé de cornes et que son corps fût couvert d'écailles. Si Racine eût dans ce moment interrogé la nature, lui qui la connaissait si bien, j'ose croire qu'après ces deux vers,

> L'onde approche, se brise, et vomit à nos yeux,
> Parmi des flots d'écume, un monstre furieux :

il eût passé rapidement à ceux-ci :

> Tout fuit, et sans s'armer d'un courage inutile,
> Dans le temple voisin chacun cherche un asyle.
> Hippolyte, lui seul, etc.

Il est dans la nature que la même chose, racontée par différents personnages, se présente sous des traits différents, soit qu'ils ne l'aient pas vue de même; soit qu'ils ne se rappellent, de ce qu'ils ont vu, que ce qui les a vivement frappés; soit que le sentiment qui les domine, ou le dessein qui les occupe, leur fasse négliger et passer sous silence tout ce qui ne l'intéresse pas. Pour savoir les détails sur lesquels il faut se reposer, ou bien glisser légèrement, il n'y a qu'à examiner la situation ou l'intention de celui qui raconte : sa situation, lorsqu'il se livre aux mouvements de son ame et qu'il ne raconte que pour se soulager; son intention, lorsqu'il se propose d'émouvoir l'ame de celui qui l'écoute et d'en disposer à son gré. Là, tout ce qui l'affecte lui-même; ici, tout ce qui peut exciter dans l'autre les sentiments qu'il veut lui inspirer, sera placé dans sa *narration*; tout le reste y sera superflu : la règle est simple, elle est infaillible.

Que l'intention de celui qui raconte soit d'instruire, ou seulement d'émouvoir; qu'il révèle des choses cachées, ou qu'il rappelle des choses connues, les détails ne sont pas les mêmes. Le complot d'Égisthe et de Clytemnestre, l'arrivée d'Agamemnon, les embûches qu'on lui a dressées, comment il a été surpris et assassiné dans son palais, Oreste a dû voir tout cela dans le récit que lui a fait Palamède, quand il a voulu l'en instruire; mais s'il ne s'agit plus que de lui rappeler ce crime connu pour l'exciter à la vengeance, c'est à grands traits qu'il le lui peindra.

> Oreste, c'est ici que le barbare Égisthe,
> Ce monstre détesté, souillé de tant d'horreurs,
> Immola votre père à ses noires fureurs :
> Là, plus cruelle encor, pleine des Euménides,
> Son épouse sur lui porta ses mains perfides.
> C'est ici que, sans force et baigné dans son sang,
> Il fut long-temps traîné le couteau dans le flanc.

Il en est de même d'un personnage qui, plein de l'objet qui l'intéresse directement, se le rappelle ou le rappelle à d'autres; il l'effleure, et n'en prend que les traits relatifs à sa situation. Ainsi, dans l'apothéose de Vespasien, Bérénice n'a vu, ne fait voir à Phénice que le triomphe de Titus.

> De cette nuit, Phénice, as-tu vu la splendeur?
> Tes yeux ne sont-ils pas tout pleins de sa grandeur?
> Ces flambeaux, ce bûcher, cette nuit enflammée,
> Ces aigles, ces faisceaux, ce peuple, cette armée,
> Cette foule de rois, ces consuls, ce sénat,
> Qui tous de mon amant empruntaient leur éclat :
> Cette pourpre, cet or que rehaussait sa gloire,
> Et ces lauriers encor témoins de sa victoire;

> Tous ces yeux, qu'on voyait venir de toutes parts
> Confondre sur lui seul leurs avides regards;
> Ce port majestueux, cette douce présence, etc.

Tel est aussi, dans Andromaque, le souvenir de la prise de Troie.

> Songe, songe, Céphise, à cette nuit cruelle,
> Qui fut pour tout un peuple une nuit éternelle.
> Figure-toi Pyrrhus, les yeux étincelants,
> Entrant à la lueur de nos palais brûlants,
> Sur tous mes frères morts se faisant un passage,
> Et de sang tout couvert échauffant le carnage:
> Songe aux cris des vainqueurs, songe aux cris des mourants,
> Dans la flamme étouffés, sous le fer expirants.
> Peins-toi, dans ces horreurs, Andromaque éperdue.

Dans ce tableau, les yeux d'Andromaque ne se détachent point de Pyrrhus; elle ne distingue que lui; tout le reste est confus et vague. C'est ainsi que tout doit être relatif et subordonné à l'intérêt qui domine dans le moment de la *narration*.

Comme elle n'est jamais plus tranquille, plus désintéressée, que dans la bouche du poëte, elle n'est jamais plus libre de se parer des fleurs de la poésie; aussi, dans ce calme des esprits, a-t-elle besoin de plus d'ornements que lorsqu'elle est passionnée. Or ses ornements les plus familiers sont les descriptions et les comparaisons. *Voyez ces mots à leurs articles.*

NARRATION ORATOIRE. Cicéron la définit l'exposition des faits, ou propres à la cause, ou étrangers, mais relatifs et adhérents à la cause même.

Trois qualités lui sont essentielles : la brièveté, la clarté et la vraisemblance.

La *narration* sera courte et précise, si elle ne remonte pas plus haut, et ne s'étend pas plus loin que la cause ne l'exige, et si, lorsqu'on n'aura besoin que d'exposer les faits en masse, elle en néglige les détails (car souvent c'est assez de dire qu'une chose s'est faite, sans exposer comment elle s'est faite); si elle ne se permet aucun écart; si elle fait entendre ce qu'elle ne dit pas; si elle omet non-seulement ce qui nuirait à la cause, mais ce qui n'y servirait point; si elle ne dit qu'une fois ce qu'il y a d'essentiel à dire, et si elle ne dit rien de plus.

Bien des gens se trompent, dit Cicéron, à une apparence de brièveté, et sont très-longs, en croyant être courts. Ils s'efforcent de dire beaucoup de choses en peu de mots; c'est peu de choses qu'il faut dire, et jamais plus qu'il n'est besoin d'en dire. Par exemple, celui-là croit être bref, qui dit : « J'ai approché de sa maison; j'ai appelé son esclave; je lui ai demandé à voir son maître; il m'a répondu qu'il n'y était pas. » Tout cela est dit en peu de mots; mais les détails en sont inutiles. « J'ai été le voir, je ne l'ai pas trouvé, » dirait assez; le reste est superflu. Il faut donc éviter la superfluité des choses, comme la surabondance des mots.

La *narration* sera claire, ajoute l'orateur, si les faits y sont à leur place et dans leur ordre naturel; s'il n'y a rien de louche et rien de contourné, point de digression, rien d'oublié que l'on désire, rien au-delà de ce qu'on veut savoir; car les mêmes conditions qu'exige la brièveté, la clarté les demande; et si une chose n'est pas bien entendue, souvent c'est moins par l'obscurité que par la longueur de la *narration*. Il ne faut pas non plus y négliger la clarté des mots en eux-mêmes, et la lucidité de l'expression en général; mais c'est une règle commune à tous les genres de discours.

Quant à la vraisemblance, elle consiste à présenter les choses comme on les voit dans la nature; à observer les convenances relatives au caractère, aux mœurs, à la qualité des personnes; à faire accorder le récit avec les circonstances du lieu, de l'heure où l'action s'est passée, et de l'espace de temps qu'il a fallu pour l'exécuter; à s'appuyer de la rumeur publique et de l'opinion même des auditeurs.

Il faut de plus observer, dit-il, de ne jamais interposer la *narration* dans un endroit où elle nuise ou ne serve pas à la cause; de ne l'employer qu'à propos, et pour en tirer avantage.

La *narration* nuit lorsqu'elle présente quelque tort grave, qu'on a soi-même, et qu'à force d'excuses et de raisonnements on est ensuite obligé d'adoucir. Si le cas arrive, il faut avoir l'adresse de disperser dans la plaidoirie les parties de l'action, et à chacune d'elles opposer sur-le-champ une raison qui l'affaiblisse, afin que le remède soit incontinent appliqué sur la plaie, et que la défense tempère l'impression d'un fait odieux.

La *narration* ne sert de rien, lorsque par l'adversaire les faits viennent d'être exposés tels que nous voulons qu'ils le soient, ou que l'auditeur en est déjà instruit, et que nous n'avons aucun intérêt de leur donner une autre face.

Enfin la *narration* n'est pas telle que la cause la demande, quand l'orateur expose clairement et avec des couleurs brillantes ce qui ne lui est pas favorable, et qu'il néglige et laisse dans l'ombre ce qui lui est avantageux. Le talent contraire à ce défaut est de dissimuler, autant qu'il est possible, tout ce qui nous accuse; de le passer légèrement, si on ne peut le dissimuler; de n'appuyer et de ne s'étendre que sur les circonstances qui peuvent nous favoriser.

C'est avec ces principes simples que Cicéron a été, je ne dis pas le plus ingénieux, car c'est un don de la nature, mais le plus délié, le plus adroit des orateurs. Quant aux moyens et à la manière d'animer la *narration*, voyez Pathétique.

NASALE. On appelle *voyelle nasale* celle dont le son retentit dans le nez; elle est formée par un son pur que la voix fait d'abord entendre, comme le son de l'*a*, de l'*e*, de l'*o*, etc., lequel, intercepté par l'organe de la parole, va expirer dans les narines, et devient le son harmonique de la voix qui l'a précédé. Ce son fugitif, ce retentissement est exprimé dans l'écriture par les deux consonnes qui désignent les deux manières d'intercepter le son de la voix pour le rendre *nasal*; c'est-à-dire que, si le son doit être intercepté par la même application de la langue au palais qu'exige l'articulation de l'*n*, l'*n* est le signe de la *nasale*; et si le son est intercepté par l'union des deux lèvres, comme pour l'articulation de l'*m*, c'est par l'*m* qu'on le désigne. On voit des exemples de l'un et de l'autre dans les mots *carmen* et *musam* : on y voit aussi que le signe du son *nasal* est précédé par le signe de la voyelle pure qui le modifie; et ce signe distingue chacune des *nasales an*, *en*, *on*, *un*, etc. Dans notre langue, la *nasale in*, qui sans doute nous a paru trop grêle, a cédé sa place à la *nasale en*; et au lieu de *destin*, nous prononçons *desten*. Nous avons substitué de même, et pour la même raison, en prononçant le latin, la *nasale om* à la *nasale um* : ainsi, pour *dominum*, nous disons *dominom*.

Les *nasales* françaises diffèrent des *nasales* grecques et latines, que les Italiens ont prises, en ce que le son de celles-ci est coupé net par l'articulation de l'*n* ou de l'*m*, au lieu que nous laissons retentir le son des nôtres jusqu'à ce qu'il expire ; et l'articulation qui le termine est presque insensible à l'oreille. Ceux qui nous en font un reproche, supposent que le son *nasal* est un vilain son, et en effet ce son est désagréable à l'oreille, lorsqu'il n'a pas un timbre pur : sur quoi l'on peut faire une observation assez singulière : c'est qu'un homme à qui l'on reproche de parler ou de chanter du nez, fait précisément tout le contraire, je veux dire qu'il a dans le nez quelque difficulté habituelle ou accidentelle qui s'oppose au passage du son *nasal*, et qui le rend pénible et dur.

Le son *nasal*, de sa nature, ressemble au retentissement du métal ; et quand l'organe est bien disposé, ce timbre de la voix ne la rend que plus harmonieuse. Mais alors on confond ce retentissement pur de la voix avec la voix même : il ne fait qu'un son avec elle ; au lieu que, s'il est pénible, obscur, et en un mot déplaisant à l'oreille, on aperçoit ce vice, qui n'est pas dans la voix, mais dans l'organe auxiliaire ; et pour en désigner la cause, on appelle cela *parler du nez*, *chanter du nez*. Mais autant le son de la *nasale* est déplaisant lorsqu'il est altéré par quelque vice de l'organe, autant il est agréable lorsqu'il est pur ; et l'on verra dans l'*article* Harmonie, qu'il contribue sensiblement à rendre une langue sonore, et que la nôtre lui doit, en partie, l'avantage d'être moins monotone, plus mâle et plus majestueuse que celle des Italiens.

A l'égard des consonnes *nasales* m, n, il me semble qu'on n'a pas assez distingué les deux sons qu'elles font entendre : l'un, qui précède l'articulation, et qui retentit dans le nez; l'autre, qui accompagne l'articulation, et qui est le son pur de la voyelle. Que la langue appliquée au palais, ou que les lèvres jointes ensemble interceptent le son, et qu'il s'échappe par le nez; vous entendez le son *nasal*, le bruit confus ou de l'*n* ou de l'*m*; et ce bruit diffère de celui qui précède l'articulation de l'*l*, en ce que celui-ci s'échappe par la bouche et ne passe point par le nez. Mais que la langue se détache du palais, ou que les lèvres se séparent, le même souffle qui passait par le nez sort par la bouche, et devient le son pur de la voyelle articulée. Ainsi le son *nasal* n'est pas le son produit par l'articulation, mais le son occasionné par la position de la langue ou des lèvres pour articuler l'*m* ou l'*n*; et M. l'abbé de Dangeau s'est trompé lorsqu'il a dit que l'*m* n'était qu'un *b* qui passait par le nez. Qu'on intercepte absolument le son du nez, et qu'on articule les deux syllabes *ma* et *ba*, on entendra les deux consonnes très-distinctes l'une de l'autre. La cause en est que l'application des deux lèvres n'est pas la même : pour le *b*, la lèvre supérieure prend son appui au-dessous de l'inférieure; et pour l'*m*, les deux lèvres, d'un mouvement égal, ne font que s'unir et se détacher. L'*m* et l'*n*, à la fin d'un mot, ne modifient point la voyelle précédente ; mais après avoir intercepté le son *nasal*, elles donnent une articulation faible, qui est celle de l'*e* muet. (*Examen-e, deum-e.*)

Noblesse. Il y a trois mille ans qu'Homère a défini mieux que personne la *noblesse* politique, son objet, ses titres, sa fin, lorsque dans *l'Iliade* (*lib.* 12) Sarpédon dit à Glaucus : « Ami, pourquoi sommes-nous révérés comme des dieux dans la Lycie? pourquoi possédons-nous les plus fertiles terres, et recevons-nous les premiers honneurs dans les festins? C'est pour braver les plus grands périls et pour occuper au champ de Mars les premières places ; c'est pour faire dire à nos soldats : De tels princes sont dignes de commander à la Lycie. »

C'est d'après cette idée d'élévation dans les sentiments, et d'après les habitudes qu'elle suppose, que s'est formée l'idée de *noblesse* dans le langage. Des ames sans cesse nourries de gloire et de vertu doivent naturellement avoir une façon de s'exprimer analogue à l'élévation de leurs pensées. Les objets vils et populaires ne leur sont pas assez familiers, pour que les termes qui les représentent soient de la langue qu'ils ont apprise. Ou ces objets ne leur viennent pas dans l'esprit, ou si quelque circonstance leur en présente l'idée, et les oblige à l'exprimer, le mot propre qui les désigne est censé leur être inconnu, et c'est par un mot de leur langue habituelle qu'ils y suppléent. Voilà le caractère primitif du langage et du style *noble*. On sent bien qu'il a dû varier dans ses degrés et dans ses nuances, selon les temps, les lieux, les mœurs, et les usages ; qu'il a dû même recevoir et rejeter tour-à-tour les mêmes idées et leurs signes propres, selon que la même chose a été avilie ou *ennoblie* par l'opinion : mais c'est toujours le même rapport de convenance des mœurs avec le langage, qui a décidé de la *noblesse* ou de la bassesse de l'expression.

Quelle est donc la marque infaillible pour savoir si, dans les anciens, un tour, une image, une comparaison, un mot, est *noble* ou ne l'est pas ?

Il n'y a guère d'autre règle de critique, à leur égard, que leur exemple et leur témoignage.

Il en est à-peu-près des étrangers comme des anciens : c'est aux Anglais, dit-on, qu'il faut demander ce qui est trivial et bas, et ce qui est *noble* dans leur langue; l'opinion et les mœurs en décident; et c'est sur-tout en fait de langage qu'on peut dire,

Quand tout le monde a tort, tout le monde a raison.

Il n'en est pas moins vrai qu'il y a dans la nature une infinité d'objets d'un caractère si marqué, ou de grandeur ou de bassesse, que l'expression propre en est essentiellement *noble* ou basse chez toutes les nations cultivées, et qui ne peuvent être avilis ou relevés que par une sorte d'alliance que l'expression métaphorique fait contracter à l'idée, ou par l'espèce de diversion que le mot vague ou détourné fait à l'imagination.

A notre égard et dans notre langue, le seul moyen de se former une idée juste du langage *noble*, c'est, quant au familier, de fréquenter le monde cultivé et poli, et quant au style plus élevé, de se nourrir de la lecture des écrivains qui ont excellé dans l'éloquence et dans la haute poésie.

Du temps de Montaigne et d'Amyot, les Français n'avaient pas encore l'idée du style *noble*. Comparez ces vers de Racine,

> Mais quelque noble orgueil qu'inspire un sang si beau,
> Le crime d'une mère est un pesant fardeau.

avec ceux-ci d'Amyot :

> Qui sent son père ou sa mère coupable
> De quelque tort ou faute reprochable,
> Cela de cœur bas et lâche le rend ;
> Combien qu'il l'eût de sa nature grand.

et ces vers d'un vieux poëte appelé *la Grange*,

> Ceux vraiment sont heureux
> Qui n'ont pas le moyen d'être fort malheureux,
> Et dont la qualité, pour être humble et commune,
> Ne peut pas illustrer la rigueur de fortune.

avec ceux que Racine a mis dans la bouche d'Agamemnon,

Heureux qui, satisfait de son humble fortune,
Libre du joug superbe où je suis attaché,
Vit dans l'état obscur où les dieux l'ont caché !

Ce n'a été que depuis Malherbe, Balzac, et Corneille, que la différence du style noble et du familier populaire s'est fait sentir; mais de leur temps même le style *noble* était trop guindé et ne se rapprochait pas assez du familier décent qui lui donne du naturel. Corneille sentait bien la nécessité d'être simple dans les choses simples; mais alors il descendait trop bas, comme il s'élevait quelquefois trop haut quand il voulait être sublime. Racine a mieux connu les limites du style héroïque et du familier *noble*; et par la facilité des passages qu'il a su se ménager de l'un à l'autre, par le mélange harmonieux qu'il a fait de ces deux nuances, il a fixé pour jamais l'idée de l'élégance et de la *noblesse* du style. *Voyez* Familier.

C'est le plus grand service que le goût ait jamais pu rendre au génie; car tant qu'une langue est vivante, et que l'idée de décence et de *noblesse* dans l'expression est variable d'un siècle à l'autre, il n'y a plus de beauté durable; tout périt successivement. Voyez, dans l'espace d'un demi-siècle, combien le style de la tragédie avait changé; et comparez, aux vers de l'*Andromaque* de Racine, ces vers de l'*Andromaque* de Jean Heudon en 1598.

> O trois et quatre fois plus que très-fortunée
> Celle qui au pays sa misère a bornée,
> Sur la tombe ennemie ayant souffert la mort,
> Et qui n'a comme nous été lottie au sort,
> Pour entrer peu après, captive, dans la couche
> D'un superbe vainqueur et seigneur trop farouche,
> Et lequel pour un autre, étant saoulé de nous,
> Serve, nous a baillée à un esclave époux!

Que manque-t-il à cela pour être touchant? une expression élégante et *noble*. C'est encore pis, si l'on compare à l'*Hermione* de Racine la *Didiame* de Heudon. Celle-ci, en apprenant la mort de Pyrrhus, s'écrie,

> Ah! je sens que c'est fait, je suis morte, autant vaut,
> Hélas! je n'en puis plus; le pauvre cœur me faut.

Dans ce temps-là, voici comment on annonçait à une reine la mort tragique de son fils:

> Votre fils s'est jeté du haut d'une fenêtre,
> La tête contre bas. Envoyez-le querir.
> Hélas! madame, il est en danger de mourir.

Aujourd'hui l'on rirait aux éclats, si sur la scène on entendait pareille chose; et ce qui serait si ridicule pour nous, était touchant pour nos aïeux: tant il est vrai que dans une langue vivante, rien n'est assuré de plaire et de réussir d'un siècle à l'autre, qu'autant que les idées de bienséance et de *noblesse* ont été fixées par des écrits dignes d'en être les modèles. Aujourd'hui même, pour être naturel avec *noblesse*, il faut un goût délicat et sûr.

Il aura donc pour moi combattu par pitié !

dit Aménaïde en parlant de Tancrède ; cela est *noble*.

Il ne s'est donc pour moi battu que par pitié !

eût été du style comique.

Nombre. En poésie et en éloquence, on appelle ainsi le mouvement qui résulte d'une succession de syllabes réunies dans un petit espace de temps distinct et limité. *Quidquid est quod sub aurium mensuram aliquam cadit, numerus vocatur.* (Orat.) Ce petit espace est divisé à l'oreille en parties aliquotes ou unités de temps ; et selon que chaque syllabe occupe une ou deux de ces parties de leur temps commun, elle est brève ou longue. L'espace de temps qu'elles occupent ensemble est ce qu'on appelle *mesure ;* l'articulation de la mesure est ce qu'on appelle *cadence ;* l'égalité ou l'inégalité des syllabes réunies, et, si elles sont inégales, leurs diverses combinaisons font la diversité des *nombres. Distinctio, et æqualium et sæpe variorum intervallorum percussio,* numerum *efficit.* (De Orat.) Un espace de temps divisé en quatre parties aliquotes, peut être occupé par deux, par trois, ou par quatre syllabes, c'est-à-dire par deux longues, par une longue et deux brèves combinées de trois façons, et par quatre brèves de suite. Ainsi, dans la même mesure, il y a cinq *nombres* à former.

Dans les vers le *nombre* et le pied sont synonymes. Mais le pied métrique n'avait guère que quatre temps, et le *nombre* oratoire en avait davantage. Le *pæon*, par exemple, était composé d'une longue et de trois brèves, et *vice versâ*; et le *crétique* d'une brève entre deux longues. Ainsi la mesure de l'un et de l'autre était de cinq temps. Mais les *nombres* oratoires décomposés se réduisaient aux pieds métriques, qu'on divisait en trois espèces : savoir, celle où le pied était formé de deux parties égales, comme le spondée et le dactyle; celle où l'une des deux parties n'était que la moitié de l'autre, comme l'ïambe et le chorée; et celle où d'un côté il y avait d'excédent une moitié de la moitié du tout, comme dans le pæon. *Nullus est* numerus *extrà poëticos pedes...... pes qui adhibetur ad* numeros *partitur in tria... æqualis, dactylus; duplex, ïambus; sesqui, pæon.* (ORAT.)

Les pieds ou *nombres* du vers étaient prescrits. Comment se fait-il donc que de deux vers latins de la même mesure, les uns soient si *nombreux*, et que les autres le soient si peu? Par exemple, dans ces vers d'Horace :

> *Qui fit, Mæcenas, ut nemo, quam sibi sortem*
> *Seu ratio dederit, seu fors objecerit, illâ*

> *Contentus vivat, laudet diversa sequentes?*

pourquoi le *nombre* n'est-il pas aussi sensible à l'oreille qu'il l'est dans ces vers de Virgile?

> *At trepida, et cœptis immanibus effera Dido,*
> *Sanguineam volvens aciem, maculisque trementes*
> *Interfusa genas, et pallida morte futurâ.*

Est-ce la différente contexture des *nombres* et leur mélange qui en est la cause? Cela sans doute y contribue; mais de deux vers spondaïques d'un bout à l'autre, l'un a du *nombre* et l'autre n'en a pas. Que l'oreille compare ce vers de Virgile,

> *Belli ferratos rupit Saturnia postes,*

avec ce vers d'Horace,

> *Qui fit, Mœcenas, ut nemo, quam sibi sortem....*

la force du rhythme dans l'un, et sa nullité dans l'autre, ne sont-elles pas très-sensibles?

Prenons de même deux vers dactyliques; celui-ci d'Horace,

> *Militia est potior : quid enim ? concurritur, horæ....*

et ceux-ci de Virgile,

> *Indè ubi clara dedit sonitum tuba, finibus omnes,*
> *Haud mora, prosiluere suis. Ferit æthera clamor:*

ne sent-on pas la même différence?

Enfin prenons deux vers du même poëte, et du même rhythme, l'un à côté de l'autre;

Ille gravem duro terram qui vertit aratro....
Perfidus hic caupo, miles, nautæque per omnes.

le premier n'est-il pas bien plus *nombreux* que le second ? Deux vers, avec les mêmes pieds, peuvent donc n'avoir pas le même *nombre* ; et voici pourquoi :

1° C'est qu'il y a dans les langues une prosodie naturelle, et une prosodie de convention ; et que l'une est beaucoup plus sensible à l'oreille que l'autre. La prosodie naturelle est donnée par la qualité des sons, par le mécanisme de la parole, quelquefois par l'analogie du mot avec l'idée, le sentiment, et sur-tout l'image. La prosodie artificielle et de fantaisie n'est analogue ni au physique ni au moral de l'expression : ce n'est point la nature, c'est le pur caprice de l'usage qui l'a prescrite. Mon oreille et mon ame sont également indécises sur le mouvement de ces mots, *contrà mercator* : elles ne le sont pas de même sur le mouvement de ceux-ci, *Navim jactantibus austris*, et encore moins sur l'analogie des sons avec l'image dans ce vers de Virgile,

Tam multa in tectis crepitans salit horrida grando.

2° C'est que les *nombres* étant bien placés, ils se fortifient par leur contraste, par leur enchaînement, par leur impulsion commune. *Seu ratio dederit, seu fors objecerit*, sont deux incidentes inanimées dans les sons comme dans la pensée ; c'est de la froide prose comme de la froide raison. Mais ces membres de phrase, *sanguineam volvens aciem, maculisque trementes interfusa genas, et pallida morte futurâ*, font, pour l'oreille comme pour l'ame, une accumulation de force qui l'ébranle profondément.

3° C'est que le *nombre* n'est jamais si sensible que lorsque sa cadence prosodique se trouve coïncidente avec le repos ou la suspension du sens; et en cela le rhythme de la prose, et celui de nos vers a un avantage marqué sur le rhythme des vers anciens, où la ponctuation n'était presque jamais consultée. (*Voyez* Césure.) Cependant il arrivait que, par sentiment, les poëtes observaient cette correspondance ; et alors le *nombre* du vers devenait un *nombre* oratoire, c'est-à-dire, marqué par les repos naturels de la voix. On peut le voir dans ces vers de Virgile.

Olli inter sese magnâ vi brachia tollunt
In numerum. . . . .
Illa graves oculos conata attollere, rursùs
Deficit : infixum stridet sub pectore vulnus.
Ter sese attollens cubitoque innixa levavit;
Ter revoluta toro est : oculisque errantibus alto
Quæsivit cœlo lucem, ingemuitque repertâ.

Qu'on oublie la parité et la continuité des *nombres*, et que l'on prononce ces vers, selon leur ponctuation, comme une prose libre; elle n'aura que le défaut d'être trop nombreuse et trop belle; et ce secret de donner à ses vers, indépendamment de leur contexture métrique, le mouvement le plus analogue à l'impulsion du sentiment, au caractère de la pensée ou de l'image, et en même temps le mieux marqué par les suspensions et les repos du sens; ce secret, dis-je, que Virgile a eu parmi les poëtes latins, comme Cicéron parmi les prosateurs, est ce qui donne, si singulièrement, si éminemment, à ses vers, un charme auquel l'oreille de toutes les nations est sensible, malgré l'extrême altération qu'éprouve, dans la bouche d'un Anglais, d'un Français, d'un Allemand, le *nombre* métrique des vers latins.

Concluons de là que ce n'est point en scandant les vers, mais en les prononçant, qu'on sent la puissance du *nombre*. Les petits élans et les petites pauses, qui, dans la scandaison, divisent les mesures, font une cadence factice. La seule cadence donnée par la nature est celle qui est marquée par les repos du sens; et les intervalles de ces repos, quel que soit le rhythme du vers, seront toujours la mesure du *nombre*. Ainsi, pour en sentir l'effet, ce n'est ni un, ni deux, ni trois pieds seulement qu'il faut entendre, c'est la phrase; et bien souvent d'un vers à l'autre on sent le *nombre* qui se presse, s'accélère, et s'accroît jusqu'à son repos. *Maculisque trementes — interfusa genas, et pallida morte futurâ.*

Cette théorie du *nombre* que je viens d'appliquer aux vers, est encore plus convenable à la prose. Mais une prose libre est-elle susceptible de *nombre?* et peut-il y avoir quelque règle dans l'art de l'y introduire et de l'y placer à-propos?

Les Grecs furent long-temps à s'en apercevoir : mais dès que les rhéteurs en eurent fait l'essai, et qu'Isocrate, en modérant l'usage du *nombre* oratoire, en eut fait sentir la puissance, les orateurs, Eschine, Démosthène, les philosophes, Platon et Théophraste, les historiens, Thucydide et Xénophon, se saisirent avidement de ce moyen de captiver l'oreille de celui des peuples du monde qui fut le plus soumis à l'empire des sens.

Chez les Romains la poésie fut tardive, et plus tardive que l'éloquence, à s'emparer du pouvoir du *nombre.* Les vers *sénaires* de Pacuvius, de Plaute, et de Térence, n'avaient pas même l'harmonie d'une prose variée et *nombreuse. Comicorum senarii, propter similitudinem sermonis, sic sæpe sunt abjecti, ut nonnunquam vix in his* numerus *et versus intelligi possit.* (Cic. Orat.) Et lorsque Lucrèce, le premier des poëtes latins qui ait donné au vers hexamètre de la magnificence et du *nombre,* publia son poëme, il y avait long-temps que Crassus et Marc-Antoine avaient appris du rhéteur Carnéade le secret de communiquer le pouvoir du *nombre* à l'éloquence. Cicéron, âgé alors de trente-cinq ans, possédait ce grand art, et l'avait déja pratiqué. Après y avoir excellé lui-même, il en donna des leçons profondes dans ses livres de l'Orateur. J'en vais extraire quelques détails.

Il ne veut pas que le *nombre* de la prose soit celui des vers (car il parle des vers métriques, dont tous les pieds étaient prescrits); et une prose ainsi cadencée eût paru trop artificielle. Mais comme la prose même a, de sa nature, et sa lenteur, et sa vitesse, et ses mouvements, et ses repos; il demande que, sans l'assujétir, on en règle la marche, soit pour la soutenir, soit pour l'accélérer, soit pour donner au cercle qu'elle doit parcourir l'étendue qui lui convient. *Oratio quoniam tum stabilis est, tum volubilis, necesse est ejusmodi naturam* numeris contineri. *Nam circuitus ille...... incitatior* numero *ipso fertur et labitur, quoad perveniat ad finem et insistat. Perspicuum est igitur* numeris *adstrictam orationem esse debere, carere versibus.* (Orat.)

Quant à l'espèce de *nombre* que reçoit la prose, il décide, contre le sentiment des rhéteurs et d'Aristote même, qu'elle les admet tous. *Ego autem sentio omnes in oratione esse quasi permixtos confusosque pedes.* L'ïambe, *deos*, dans la langue latine, était le plus commun. *Magnam enim partem ex iambis nostra constat oratio.* Le chorée, *musa*, est vicieux dans la désinence des phrases, parce qu'il tombe sur la brève : et Cicéron préfère le spondée, *campos : Habet stabilem quemdam et non expertem dignitatis gradum.* Il le recommande sur-tout dans les *incises* ou petites phrases coupées : *paucitatem enim pedum gravitatis suæ tarditate compensat*. Or il est important de donner aux incises, lorsque la pensée en est remarquable, un *nombre* sensible et frappant : *Nihil tam debet esse* numerosum, *quàm hoc quod minimè apparet, et valet plurimùm.*

Mais si le *chorée* simple est trop léger pour les conclusions de phrases, il y devient plus grave lorsqu'il est redoublé : et Cicéron, en parlant de ce *nombre*, cite un exemple de ses effets dans une harangue de l'orateur Carbon. *O Marce Druse! (patrem appello) tu dicere solebas sacram esse rempublicam; quicumque eam violavissent ab omnibus esse ei pœnas persolutas. Patris dictum sapiens, temeritas filii comprobavit.* Ce dichoréc *comprobavit*, ajoute Cicéron, fit un effet prodigieux : et changez l'ordre des paroles; dites, *comprobavit filii temeritas*, ce n'est plus rien : *jam nihil est.*

Ce mot *temeritas* est pourtant le pæon, qu'Aristote préfère à tous les autres *nombres* pour terminer la période. Mais Cicéron n'est pas de son avis; et il pense que le crétique *languidos* est au moins aussi favorable. Cependant il admet les deux pæons comme très-oratoires : la longue et les trois brèves pour le début de la période, *desinite, comprimite*; et les trois brèves suivies de la longue pour les repos, *domuerant, sonipedes*. Les pæons mêmes lui semblent d'autant plus convenables à l'éloquence, qu'on les rencontre rarement dans les vers. *Pæon minimè est aptus ad versum, quo libentiùs eum recipit oratio.* Tels sont les éléments du *nombre*.

Mais dans les vers il faut que le *nombre* soit sensible et soutenu d'un bout à l'autre. *Nam versús æquè prima et media et extrema pars attenditur; qui debilitatur, in quacumque sit parte titubatum.* (De Orat.) Au lieu que dans la prose, non-seulement le *nombre* n'a pas besoin d'être continu, mais il ne doit pas l'être. C'est dans les points éminents du discours, dans les incises remarquables (*quæ incisìm aut membratìm efferuntur, ea vel aptissimè cadere debent*), aux articulations des membres, aux deux extrémités de la période, qu'il doit être placé; mais plus sensiblement encore dans les phrases correspondantes et symétriquement opposées, dans les antithèses, dans les corrélations, dans ce qu'on appelait *similiter cadens*, ou *similiter desinens.*

Nec numerosa esse ut poëmata, nec extrà numerum, ut sermo vulgi, esse debet oratio. Alterum nimis est vinctum, ut de industriâ factum appareat; alterum nimis dissolutum, ut pervagatum et vulgare videatur. Sit igitur permixta et temperata numeris, *nec dissoluta, nec tota* numerosa, *pæone maximè, sed reliquis* numeris *etiam temperata... Multùm interest utrùm* numerosa *sit, an planè è* numeris *constet oratio. Alterum si fit, intolerabile vitium est; alterum si non fit, dissipata, et inculta, et fluens est oratio.*

Il y avait alors, comme aujourd'hui, des gens qui ne croyaient point au *nombre* de la période, et c'est de ceux-là que Cicéron disait, *nescio quas habeant aures.* Voyez Période.

Il reconnaissait cependant que le style périodique et *nombreux* avait une place plus libre et plus marquée dans les discours uniquement destinés à instruire et à plaire, dans les morceaux de décoration, comme dans les éloges, dans les narrations, dans les descriptions oratoires, où l'ame n'étant attachée par aucun intérêt pressant, on ne pouvait captiver l'attention que par le plaisir de l'oreille. Enfin le *nombre* était comme l'ame de ce que nous appelons harangues : *Nam quum is est auditor, qui non vereatur ne compositæ orationis insidiis sua fides attentetur, gratiam quoque habet oratori voluptati aurium servienti.* Aussi la plus harmonieuse des oraisons de Cicéron, c'est la harangue pour Marcellus.

Mais dans l'éloquence du barreau, cette recherche curieuse et continuelle du *nombre* serait nuisible à l'éloquence. Il ne doit ni en être exclus, ni trop y dominer, sur-tout dans les endroits pathétiques. *Si enim semper utare, quum satietatem affert, tum quale sit etiam ab imperitis agnoscitur. Detrahit præterea actionis dolorem, aufert humanum sensum actoris, tollit funditùs veritatem et fidem.* Cependant Cicéron avoue qu'il l'a recherché très-souvent avec le plus grand soin, et singulièrement dans ses péroraisons, mais lorsqu'il s'était déja rendu le maître de son auditoire, et que les esprits obsédés et captivés n'étaient plus assez en état de prendre garde au prestige du *nombre*. *Id nos fortasse non perficimus, conati quidem sæpissimè sumus : quod plurimis locis perorationes nostræ voluisse nos atque animo contendisse declarant. Id autem tum valet, quum is qui audit ab oratore jam obsessus est ac tenetur. Non enim id agit ut insidietur et observet; sed jam favet, processumque vult, dicentisque vim admirans, non inquirit quod reprehendat.*

Les mêmes *nombres* qui étaient prescrits dans les vers grecs et latins, et qui se faisaient distinctement apercevoir dans leur prose oratoire, se retrouvent dans nos vers et dans notre prose. Et qui ne reconnaît pas la mesure de deux vers français dans ces deux vers d'Horace?

Quem tu Melpomene semel
Nascentem placido lumine videris ?

Qui ne reconnaît pas la mesure des vers latins dans ces vers de Racine?

Aux feux inanimés, dont se parent les cieux,
Il rend de profanes hommages.

Cependant, il faut l'avouer, les mêmes *nombres* sont moins marqués dans notre prosodie que dans la prosodie ancienne; et si quelque chose peut les décider à notre oreille, ce sera la musique.

Mais un mal irremédiable, et un désavantage auquel notre langue est condamnée à l'égard du *nombre*, c'est la barbarie de nos conjugaisons, toutes formées en dépit de l'oreille.

On envie aux anciens leurs inversions; et ce regret est juste, mais bien moins fondé qu'on ne pense. L'un des grands avantages de l'inversion pour les anciens, était de terminer les phrases par le verbe. Mais presque tous les temps des verbes donnaient de belles désinences, toutes les inflexions en étaient *nombreuses*; et c'est la source la plus féconde de l'harmonie de Cicéron.

Dans notre langue au contraire, où les terminaisons du verbe sont si désagréables qu'elles ne peuvent pas même être souffertes dans une prose élégante, *qu'ils commandassent, que nous confondissions, qu'ils entreprissent, que je délibérasse, que vous délibérassiez*, etc.; ou elles se réduisent à la monotonie d'un participe indéclinable avec le verbe auxiliaire; ou elles sont dénuées d'accents et réduites à la mesure du *chorée*, comme dans j'*aime*; du *spondée*, comme dans j'*aimais*; ou de l'*iambe*, comme dans j'*attends*. Si quelques temps conservent encore une faible empreinte de l'ancien *nombre*, comme j'*attendrai*, je *succombe*, je *tenterais*, cela est rare; et quoique l'invariable désinence des noms, dans notre langue, soit une des causes de notre indigence, il n'en est pas moins vrai que le verbe est, à l'égard du *nombre*, ce que nous avons de plus ingrat. Il faut une adresse continuelle pour le faire passer dans la foule des mots, et comme à l'insu de l'oreille, quand nous voulons écrire en style harmonieux.

Je suppose donc que nous eussions, comme les Latins, la liberté de l'inversion, nous ferions encore de nos verbes ce que nous en avons fait en suivant l'ordre naturel des idées : nous les glisserions à la dérobée; et nous emploierions à former la partie ostensible et dominante du discours, les noms, les épithètes, les adverbes, qui dans notre langue sont comme imbus encore du *nombre* des langues éloquentes dont ils sont dérivés.

Quelques exemples feront mieux sentir cette vérité affligeante. Prenons d'abord la description de la grotte de Calypso : « Elle était tapissée d'une jeune vigne qui étendait également ses branches souples de tous côtés. Les doux zéphirs conservaient en ce lieu, malgré les ardeurs du soleil, une délicieuse fraîcheur. Des fontaines, coulant avec un doux murmure sur des prés semés d'amaranthes et de violettes, formaient en divers lieux des bains aussi purs et aussi clairs que le crystal. Mille fleurs naissantes émaillaient les tapis verts dont la grotte était environnée, etc.»

On voit que dans ces phrases non-seulement ce n'est pas le verbe qui fait le *nombre*, mais qu'il ne l'eût pas fait, quand même notre usage eût permis de le transposer; et la même chose est évidente dans l'éloquence de Massillon et de Bossuet, comme dans la poésie de Fénélon.

Au contraire, jetons les yeux sur les endroits les plus *nombreux* de l'ancienne éloquence, et nous reconnaîtrons que le verbe est le plus souvent la pause et l'appui de la voix, soit dans les suspensions, soit dans les désinences.

Ego te, si quid graviter acciderit, *ego te, inquam, Flacce,* prodidero : *mea dextera illa, mea fides, mea promissa, quum te, si rempublicam* conservaremus, *omnium bonorum præsidio, quoad* viveres, *non modo munitum, sed etiam ornatum fore* pollicebar.

Huic, huic misero puero, vestro ac liberorum vestrorum supplici, judices, hoc judicio, vivendi præcepta dabitis.... *Qui etiam me* intuetur, *me vultu* appellat, *meam quodammodo flens fidem* implorat ; *ac repetit eam quam ego patri suo quondam, pro salute patriæ,* spoponderim *dignitatem.* Miseremini *familiæ, Judices,* miseremini *fortissimi patris,* miseremini *filii : nomen clarissimum et fortissimum vel generis, vel vetustatis, vel hominis causâ, reipublicæ* reservate. (Pro Flacco.)

On voit par ces exemples avec quel art Cicéron plaçait le verbe, selon qu'il avait plus ou moins de rapidité ou de lenteur : spoponderim *dignitatem; reipublicæ* reservate. Et ce *miseremini* déchirant, qui le rendra jamais dans notre langue? Telle était la magie de cette prose inimitable ; et si l'on ne veut pas m'en croire, qu'on écoute Cicéron lui-même, parlant de l'art qu'il y employait. Si, dans cette phrase, dit-il, *Neque me divitiæ movent, quibus omnes africanos et cœlios multi venalitii mercatoresque superârunt*, j'avais mis, par exemple, *multi superârunt mercatores venalitiique*; tout était perdu, *perierit tota res*. Il n'aurait pourtant fait que déplacer le verbe. De même, ajoute-t-il, dans celle-ci, *Neque vestis, aut cœlatum aurum et argentum me movet, quo nostros veteres Marcellos Maximosque multi eunuchi è Syriâ Ægyptoque vicerunt*; si j'avais dit *vicerunt eunuchi è Syriâ Ægyptoque* : voyez combien un léger déplacement des mots aurait réduit à rien et l'expression et la pensée, quoiqu'il n'y eût pas un seul mot de changé. *Videsne ut, ordine verborum paulum commutato, iisdem verbis, stante sententiâ, ad nihilum omnia recidant, quùm sint ex aptis dissoluta ?* Au contraire il cite un endroit d'une harangue de Gracchus, où l'orateur a négligé le *nombre* : *Abesse non potest, quin ejusdem hominis sit probos improbare, qui improbos probet*. Combien la phrase n'eût-elle pas été mieux construite, observe-t-il, si Gracchus avait dit : *quin ejusdem hominis sit qui improbos probet, probos improbare ?*

On a reproché à Cicéron l'usage trop fréquent de l'*esse videatur*. Mais on vient de voir que sans *videatur*, il savait clore ses périodes; et que non-seulement il variait les mots, mais qu'il variait aussi avec le plus grand soin le *nombre* de ses désinences.

Je terminerai cet article par les préceptes généraux qu'il nous donne à l'égard du *nombre*, dans le livre *de Oratore*, en faisant parler l'orateur Crassus; et de ces préceptes chacun s'appliquera ce qu'en peut comporter sa langue.

Efficiendum est illud modo vobis, ne fluat oratio, ne vagetur, ne insistat interiùs, ne excurrat longiùs. Neque semper utendum est perpetuitate... sed sæpe carpenda membris minutioribus oratio est; quæ tamen ipsa membra sunt numeris *vincienda.*

Neque vos pæon aut heroüs ille conturbet. Ipsi occurrent orationi : ipsi, inquam, se offerent, et respondebunt non vocati. Consuetudo modo illa sit scribendi atque dicendi, ut sententiæ verbis finiantur eorumque verborum junctio nascatur à proceris numeris *ac liberis, maximè heroo, et pæone priore aut cretico; sed variè, distinctèque considat. Notatur enim maximè similitudo in conquiescendo : et si primi, et postremi illi pedes sunt hác ratione servati, medii possunt latere; modo ne circuitus ipse verborum sit aut brevior quàm aures expectent, aut longior quàm vires atque anima patiatur.*

Clausulas autem diligentiùs etiam servandas esse arbitror quàm superiora: quòd in his maximè perfectio atque absolutio judicatur. Nam versús æquè prima et media et extrema pars attenditur; qui debilitatur, in quácumque sit parte titubatum. In oratione autem, prima pauci cernunt; postrema, plerique: quæ, quoniam apparent et intelliguntur, varianda sunt, ne aut animorum judiciis repudientur aut aurium satietate. (De Orat. l. 3).

Telle fut la théorie de celui des hommes qui, dans sa langue, a donné le plus d'harmonie à la prose.

Le plus souvent je me dispense, ou plutôt je m'abstiens de le traduire, pour trois raisons : 1° parce que, même en fait de goût, ce qui a force de loi doit être cité à la lettre; 2° parce que j'ai de la répugnance à priver le lecteur des charmes d'une langue qui m'enchante moi-même; 3° parce que je ne suppose pas que ceux à qui l'étude de l'éloquence peut être nécessaire, ignorent la langue de Cicéron. Les traductions n'ont déja fait que trop de lecteurs paresseux.

O.

O**de**. Lorsqu'en Italie on entend un habile improvisateur préluder sur le clavecin, se laisser d'abord remuer les fibres par les vibrations harmoniques, et quand tous les organes du sentiment et de la pensée sont en mouvement, chanter des vers faits impromptu sur un sujet donné, s'animer en chantant, accélérer lui-même le mouvement de l'air sur lequel il compose, et produire alors des idées, des images, des sentiments, quelquefois même d'assez longs traits de poésie et d'éloquence, dont il serait incapable dans un travail plus réfléchi, tomber enfin dans un épuisement pareil à celui de la Pythonisse ; on reconnait l'inspiration et l'enthousiasme des anciens poëtes, et l'on est en même temps saisi d'étonnement et de pitié : d'étonnement, de voir réaliser ce délire divin qu'on croyait fabuleux ; et de pitié, de voir ce grand effort de la nature employé à un jeu futile, dont tout le succès, pour l'improvisateur, est d'avoir amusé quelques auditeurs curieux, sans que des peintures, des sentiments, des beaux vers même qui lui sont échappés, il reste plus de trace que des sons de sa voix.

C'était ainsi sans doute que s'animaient les poëtes lyriques anciens; mais leur verve était plus dignement, plus utilement employée : ils ne s'exposaient pas au caprice de l'impromptu, ni au défi d'un sujet stérile, ingrat, ou frivole; ils méditaient leurs chants, ils se donnaient eux-mêmes des sujets graves et sublimes : ce n'était pas un cercle de curieux oisifs qui excitait leur enthousiasme, c'était une armée au milieu de laquelle, au son des trompettes guerrières, ils chantaient la valeur, l'amour de la patrie, les charmes de la liberté, les présages de la victoire, ou l'honneur de mourir les armes à la main; c'était un peuple au milieu duquel ils célébraient la majesté des lois, filles du Ciel, et l'empire de la vertu; c'étaient des jeux funèbres, où, devant un tombeau chargé de trophées et de lauriers, ils recommandaient à l'avenir la mémoire d'un homme vaillant et juste, qui avait vécu et qui était mort pour son pays; c'étaient des festins, où, assis à côté des rois, ils chantaient les héros, et donnaient à ces rois la généreuse envie d'être célébrés à leur tour par un chantre aussi éloquent; c'était un temple, où ce chantre sacré semblait inspiré par les dieux, dont il exaltait les bienfaits, dont il faisait adorer la puissance.

La plus juste idée, en un mot, que l'on puisse avoir d'un poëte lyrique ancien, dans le genre élevé de l'*ode*, est celle d'un vertueux enthousiaste qui accourait, la lyre à la main, ou dans le moment d'une sédition, pour calmer les esprits ; ou dans le moment d'un désastre, d'une calamité publique, pour rendre l'espérance et le courage aux peuples ; ou dans le moment d'un succès glorieux, pour en consacrer la mémoire ; ou dans une solennité, pour en rehausser la splendeur ; ou dans des jeux, pour exciter l'émulation des combattants par les chants promis au vainqueur, et qu'ils préféraient tous au prix de la victoire. Telle fut l'*ode* chez les Grecs. On a vu, dans l'*article* LYRIQUE, combien elle a dégénéré chez les Romains et chez les nations modernes.

L'*ode* française n'est plus qu'un poëme de fantaisie, sans autre intention que de traiter en vers plus élevés, plus animés, plus vifs en couleur, plus véhéments, et plus rapides, un sujet qu'on choisit soi-même ou qui quelquefois est donné. On sent combien doit être rare un véritable enthousiasme dans la situation tranquille d'un poëte qui, de propos délibéré, se dit à lui-même, faisons une *ode*, imitons le délire, et ayons l'air d'un homme inspiré. Quoi qu'il en soit, voyons quelle est la nature de ce poëme.

L'*ode* était l'hymne, le cantique, et la chanson des anciens : elle embrasse tous les genres, depuis le sublime jusqu'au familier noble : c'est le sujet qui lui donne le ton, et son caractère est pris dans la nature.

Il est naturel à l'homme de chanter : voilà le genre de l'*ode* établi. Quand, comment, et d'où lui vient cette envie de chanter ? voilà ce qui caractérise l'*ode*.

Le chant nous est inspiré par la nature, ou dans l'enthousiasme de l'admiration, ou dans le délire de la joie, ou dans l'ivresse de l'amour, ou dans la douce rêverie d'une ame qui s'abandonne aux sentiments qu'excite en elle l'émotion légère des sens.

Ainsi, quels que soient le sujet et le ton de ce poëme, le principe en est invariable : toutes les règles en sont prises dans la situation de celui qui chante, et dans la nature même du chant. Il est donc bien aisé de distinguer quels sont les sujets qui conviennent essentiellement à l'*ode*. Tout ce qui agite l'ame et l'élève au-dessus d'elle-même, tout ce qui l'émeut voluptueusement, tout ce qui la plonge dans une douce langueur, dans une tendre mélancolie; les songes intéressants dont l'imagination l'occupe; les tableaux variés qu'elle lui retrace, en un mot, tous les sentiments qu'elle aime à recevoir et qu'elle se plaît à répandre, sont favorables à ce poëme.

On chante pour charmer ses ennuis, comme pour exhaler sa joie; et quoique dans une douleur profonde, il semble qu'on ait plus de répugnance que d'inclination pour le chant, c'est quelquefois un soulagement que se donne la nature. Orphée se consolait, dit-on, en exprimant ses regrets sur sa lyre :

Te, dulcis conjux, te solo in littore secum,
Te veniente die, te decedente, canebat. (Georg. 4.)

Achille oisif dans sa colère, charmait, en chantant sur la lyre, l'inquiétude de son ame indignée, et la pénible violence de ses ressentiments : c'est une des belles fictions d'Homère.

La sagesse, la vertu même, n'a pas dédaigné le secours de la lyre : elle a plié ses leçons aux règles du nombre et de la cadence; elle a même permis à la voix d'y mêler l'artifice du chant, soit pour les graver plus avant dans nos ames, soit pour en tempérer la rigueur par le charme des accords, soit pour exercer sur les hommes le double empire de l'éloquence et de l'harmonie, de la raison et du sentiment. Ainsi le genre de l'*ode* s'est étendu, élevé, ennobli; mais on voit que le principe en est toujours et par-tout le même : pour chanter il faut être ému. Il s'ensuit que l'*ode* est dramatique, c'est-à-dire que ses personnages sont en action. Le poëte même est acteur dans l'*ode*; et s'il n'est pas affecté des sentiments qu'il exprime, l'*ode* sera froide et sans ame : elle n'est pas toujours également passionnée; mais elle n'est jamais, comme l'Épopée, le récit d'un simple témoin. Dans Anacréon j'oublie le poëte; je ne vois que l'homme voluptueux. De même, si l'*ode* s'élève au ton sublime de l'inspiration, je veux croire entendre un homme inspiré; si elle fait l'éloge de la vertu, ou si elle en défend la cause, ce doit être avec l'éloquence d'un zèle ardent et généreux. Il en est des tableaux que l'*ode* peint comme des sentiments qu'elle exprime : le poëte en doit être affecté, comme il veut m'en affecter moi-même. La Motte a connu toutes les règles de l'*ode*, excepté celle-ci : de là vient qu'il a mis dans les siennes tant d'esprit et si peu de chaleur : c'est de tous les poëtes lyriques celui qui annonce le plus d'enthousiasme, et qui en a le moins. Le sentiment et le génie ont des mouvements qui ne s'imitent pas.

Boileau a dit, en parlant de l'*ode* :

> Son style impétueux souvent marche au hasard;
> Chez elle un beau désordre est un effet de l'art.

On ne saurait croire combien ces deux vers, mal entendus, ont fait faire d'extravagances. On s'est persuadé que l'*ode*, appelée *pindarique*, ne devait aller qu'en bondissant : de là tous ces mouvements qui ne sont qu'au bout de la plume, et ces formules de transports : *Qu'entends-je ? Où suis-je ? Que vois-je ?* qui ne se terminent à rien.

Qu'Horace, dans une chanson à boire, se dise inspiré par le dieu du vin et de la vérité pour chanter les louanges d'Auguste, c'est une flatterie ingénieuse, déguisée sous l'air de l'ivresse : la période est courte, le mouvement est rapide, le feu soutenu, et l'illusion complète. Mais à ce début :

> *Quò me, Bacche, rapis, tui*
> *Plenum ?*

comparez celui de l'*ode*, sur la prise de Namur :

> Quelle docte et sainte ivresse
> Aujourd'hui me fait la loi?

Cette *docte et sainte ivresse* n'est point le langage d'un homme enivré. Supposé même que le style en fût aussi véhément, aussi naturel que dans la version latine :

> *Quis me furor ebrium rapit*
> *Impotens ?*

Ce début serait déplacé : ce n'est point là le premier mouvement d'un poëte qui a devant les yeux l'image sanglante d'un siége.

Celui des modernes qui a le mieux pris le ton de l'*ode*, sur-tout lorsque David le lui a donné, Rousseau, dans l'*ode* à M. du Luc, commence par se comparer au ministre d'Apollon, possédé du dieu qui l'inspire :

> Ce n'est plus un mortel, c'est Apollon lui-même
> Qui parle par ma voix.

Ce début me semble bien haut, pour un poëme dont le style finit par être l'expression douce et touchante du sentiment le plus tempéré.

Pindare, en un sujet pareil, a pris un ton beaucoup plus humble. « Je voudrais voir revivre Chiron, ce centaure ami des hommes, qui nourrit Esculape et qui l'instruisit dans l'art divin de guérir nos maux...... Ah! s'il habitait encore sa caverne, si mes chants pouvaient l'attendrir, j'irais moi-même l'engager à prendre soin des héros, et j'apporterais, à celui qui tient sous ses lois les campagnes de l'Etna et les bords de l'Aréthuse, deux présents qui lui seraient chers, la santé plus précieuse que l'or, et un hymne sur son triomphe. »

Rien de plus imposant, de plus majestueux que ce début prophétique du poëte français que je viens de citer.

> Qu'aux accents de ma voix la terre se réveille :
> Rois, soyez attentifs; peuples, prêtez l'oreille;
> Que l'univers se taise et m'écoute parler.
> Mes chants vont seconder les accords de ma lyre :
> L'esprit saint me pénètre, il m'échauffe, il m'inspire
> Les grandes vérités que je vais révéler.

Mais quelles sont ces vérités inouies? « Que vainement l'homme se fonde sur ses grandeurs et sur ses richesses, que nous sommes tous mortels, et que Dieu nous jugera tous. » Voilà le précis de cette *ode*.

Horace débute comme Rousseau, dans les leçons qu'il donne à la jeunesse romaine, sur l'inégalité apparente et sur l'égalité réelle entre les hommes :

> *Carmina non priùs*
> *Audita, musarum sacerdos,*
> *Virginibus puerisque canto.*

Mais voyez comme il se soutient. C'est peu de

cette vérité que Rousseau a développée :

> *AEquâ lege necessitas*
> *Sortitur insignes et imos.*

Horace oppose les terreurs de la tyrannie, les inquiétudes de l'avarice, les dégoûts, les sombres ennuis de la fastueuse opulence, au repos, au doux sommeil de l'humble médiocrité. C'est de là qu'est prise cette grande maxime qui passe encore de bouche en bouche ;

> *Regum timendorum in proprios greges,*
> *Reges in ipsos imperium est Jovis,*
> *Clari giganteo triumpho,*
> *Cuncta supercilio moventis.*

et ce tableau si vrai, si terrible de la condition des tyrans ;

> *Districtus ensis cui super impiâ*
> *Cervice pendet, non siculæ dapes*
> *Dulcem elaborabunt saporem,*
> *Non avium cytharæque cantus*
> *Somnum reducent.*

et celui que Boileau a si heureusement rendu, quoique dans un genre moins noble :

> *Sed timor et minæ*
> *Scandunt eodem quo dominus, neque*
> *Decedit æratâ triremi, et*
> *Post equitem sedet atra cura.*

Si ces vérités ne sont pas nouvelles, au moins sont elles présentées avec une force inouïe; et cependant l'on reproche au poëte le ton imposant qu'il a pris : tant il est vrai qu'il faut avoir de grandes leçons à donner au monde, pour être en droit de demander silence.

La Motte prétend que ce début, condamné dans un poëme épique,

> Je chante le vainqueur des vainqueurs de la terre,

serait placé dans une *ode*. Oui, s'il était soutenu. « Cependant, dit-il, dans l'Épopée comme dans l'*ode*, le poëte se donne pour inspiré; » et de là il conclut que le style de l'*ode* est le même que celui de l'Épopée. Cette équivoque est de conséquence; mais il est facile de la lever. Dans l'Épopée, on suppose le poëte inspiré, au lieu qu'on le croit possédé dans l'*ode*.

> Muse, dis-moi la colère d'Achille.

La muse raconte, et le poëte écrit : voilà l'inspiration tranquille.

> Est-ce l'esprit divin qui s'empare de moi ?
> C'est lui-même.

Voilà l'inspiration prophétique. Mais il faut bien se consulter avant de prendre un si rapide essor : par exemple, il ne convient pas à celui qui va décrire un cabinet de médailles; et après avoir dit, comme La Motte,

> Docte fureur, divine ivresse,
> En quels lieux m'as-tu transporté ?

l'on ne doit pas tomber dans de froides réflexions sur l'incertitude et l'obscurité des inscriptions et des emblêmes.

Le haut ton séduit les jeunes gens, parce qu'il marque l'enthousiasme : mais le difficile est de le soutenir; et plus l'essor est présomptueux, plus la chûte sera risible.

L'air du délire est encore un ridicule que les poëtes se donnent, faute d'avoir réfléchi sur la nature de l'*ode*. Il est vrai qu'elle a le choix entre toutes les progressions naturelles des sentiments et des idées, avec la liberté de franchir les intervalles que la réflexion peut remplir : mais cette liberté a des bornes; et celui qui prend un délire insensé pour l'enthousiasme, ne le connaît pas.

L'enthousiasme est, comme je l'ai dit, la pleine illusion où se plonge l'ame du poëte. Si la situation est violente, l'enthousiasme est passionné : si la situation est voluptueuse, c'est un sentiment doux et calme. *Voyez* ENTHOUSIASME.

Ainsi, dans l'*ode*, l'ame s'abandonne ou à l'imagination ou au sentiment. Mais la marche du sentiment est donnée par la nature, et si l'imagination est plus libre, c'est un nouveau motif pour lui laisser un guide qui l'éclaire dans ses écarts.

On ne doit jamais écrire sans dessein; et ce dessein doit être bien conçu avant que l'on prenne la plume, afin que la réflexion ne vienne pas ralentir la chaleur du génie. Entendez un musicien habile préluder sur des touches harmonieuses : il semble voltiger en liberté d'un mode à l'autre, mais il ne sort point du cercle étroit qui lui est prescrit par la nature : l'art se cache, mais il le conduit ; et dans ce désordre tout est régulier. Rien ne ressemble mieux à la marche de l'*ode*. Gravina en donne une idée encore plus grande, en parlant de Pindare, dont il semble avoir pris le style pour le louer plus magnifiquement. « Pindare, dit-il, pousse son vaisseau sur le sein de la mer : il déploie toutes les voiles, il affronte la tempête et les écueils : les flots se soulèvent et sont prêts à l'engloutir ; déja il a disparu à la vue du spectateur, lorsque tout-à-coup il s'élance du milieu des eaux, et arrive heureusement au rivage. »

Cette allégorie, en déguisant le défaut essentiel de Pindare, ne laisse pas de caractériser l'*ode*, dont l'artifice consiste à cacher une marche régulière sous l'air de l'égarement, comme l'artifice de l'apologue consiste à cacher un dessein rempli de sagesse, sous l'air de la naïveté. Mais ces idées, vagues dans les préceptes, sont plus sensibles dans les exemples. Étudions l'art du poëte dans ces belles *odes* d'Horace : *Justum et tenacem*, etc. *Descende cœlo*, etc. *cœlo tonantem*, etc.

Dans l'une, Horace voulait combattre le dessein proposé de relever les murs de Troie, et d'y transférer le siége de l'empire. Voyez le tour qu'il a pris. Il commence par louer la constance dans le bien. C'est par-là, dit-il, que Pollux, Hercule, Romulus lui-même, s'est élevé au rang des dieux. Mais quand il fallut y admettre le fondateur de Rome, Junon parla dans le conseil des immortels, et dit qu'elle voulait bien oublier que Romulus fût le sang des Troyens, et consentir à voir dans leurs neveux les vainqueurs et les maîtres du monde, pourvu que Troie ne sortît jamais de ses ruines, et que Rome en fût séparée par l'immensité des mers. Cette *ode* est, pour la sagesse du dessein, un modèle peut-être unique; mais ce qu'elle a de prodigieux, c'est qu'à mesure que le poëte approche de son but, il semble qu'il s'en écarte, et qu'il a rempli son objet lorsqu'on le croit tout-à-fait égaré.

Dans l'autre, il veut faire sentir à Auguste l'obligation qu'il a aux muses, non seulement d'avoir embelli son repos, mais de lui avoir appris à bien user de sa fortune et de sa puissance. Rien n'était plus délicat, plus difficile à manier. Que fait le poëte? D'abord il s'annonce comme le protégé des muses. Elles ont pris soin de sa vie dès le berceau; elles l'ont sauvé de tous les périls; il est sous la garde de ces divinités tutélaires; et en actions de grâces, il chante leurs louanges. Dès-lors il lui est permis de leur attribuer tout le bien qu'il imagine, et en particulier la gloire de présider aux conseils d'Auguste, de lui inspirer la douceur, la générosité, la clémence :

> *Vos lene consilium et datis, et dato*
> *Gaudetis almæ.*

Mais de peur que la vanité de son héros n'en soit blessée, il ajoute qu'elles n'ont pas été moins utiles à Jupiter lui-même dans la guerre contre les Titans ; et sous le nom de Jupiter et des divinités célestes qui président aux arts et aux lettres, il représente Auguste environné d'hommes sages, humains, pacifiques, qui modèrent dans ses mains l'usage de la force, *de la force*, dit le poëte, *l'instigatrice de tous les forfaits*,

> *Vires omne nefas animo moventes.*

Dans la troisième, veut-il louer les triomphes d'Auguste et l'influence de son génie sur la discipline des armées romaines ; il fait voir le soldat, fidèle, vaillant, invincible sous ses drapeaux ; il le fait voir, sous Crassus, lâche déserteur de sa patrie et de ses dieux, s'alliant avec les Parthes, et servant sous leurs étendards. Il va plus loin, il remonte aux beaux jours de la république; et dans un discours plein d'héroïsme, qu'il met dans la bouche de Régulus, il représente les anciens Romains posant les armes et recevant des chaînes de la main des Carthaginois, en opposition avec les Romains du temps d'Auguste, vainqueurs des Parthes, et qui vont, dit-il, subjuguer les Bretons.

Cet art de flatter est comme imperceptible : le poëte n'a pas même l'air de s'apercevoir du parallèle qu'il présente. On le prendrait pour un homme qui s'abandonne à son imagination, et qui oublie les triomphes présents, pour s'occuper des malheurs passés. Tel est le prestige de l'*ode*.

<blockquote>C'est là qu'un beau désordre est un effet de l'art.</blockquote>

En réfléchissant sur ces exemples, on voit que l'imagination, qui semble égarer le poëte, pouvait prendre mille autres routes, au lieu que dans l'*ode*, où le sentiment domine, la liberté du génie est réglée par les lois que la nature a prescrites aux mouvements du cœur humain.

L'ame a son tact comme l'oreille ; elle a sa méthode comme la raison : or chaque son a un générateur, chaque conséquence un principe ; de même chaque mouvement de l'ame a une force qui le produit, une impression qui le détermine. Le désordre de l'*ode* pathétique ne consiste donc pas dans le renversement de cette succession, ni dans l'interruption totale de la chaîne, mais dans le choix de celle des progressions naturelles, qui est la moins familière, la plus inattendue, et, s'il se peut, en même temps la plus favorable à la poésie : j'en vais donner un exemple pris du même poëte latin.

Virgile s'embarque pour Athènes. Horace fait des vœux pour son ami, et recommande à tous les dieux favorables aux matelots ce navire où il a déposé la plus chère moitié de lui-même. Mais tout-à-coup le voyant en mer, il se peint les dangers qu'il court, et sa frayeur les exagère. Il ne peut concevoir l'audace de celui qui le premier osa s'abandonner, sur un fragile bois, à cet élément orageux et perfide. Les dieux avaient séparé les divers climats de la terre par le profond abyme des mers : l'impiété des hommes a franchi cet obstacle ; et voilà comme leur audace ose enfreindre toutes les lois. Que peut-il y avoir de sacré pour eux? Ils ont dérobé le feu du ciel; et de là ce déluge de maux qui ont inondé la terre et précipité les pas de la mort. N'a-t-on pas vu Dédale traverser les airs, Hercule forcer les demeures sombres? Il n'est rien de trop pénible, de trop périlleux pour les hommes. Dans notre folie, nous attaquons le Ciel, et nos crimes ne permettent pas à Jupiter de poser un moment la foudre.

Quelle est la cause de cette indignation? Le danger qui menace les jours de Virgile : cette frayeur, ce tendre intérêt qui occupe l'ame du poëte, est comme le ton fondamental de toutes les modulations de cette *ode*, à mon gré le chef-d'œuvre d'Horace dans le genre passionné, qui est le premier de tous les genres.

J'ai dit que la situation du poëte et la nature

de son sujet déterminent le ton de l'*ode*. Or sa situation peut être, ou celle d'un homme inspiré qui se livre à l'impulsion d'une cause surnaturelle, *velox mente nová*; ou celle d'un homme que l'imagination ou le sentiment domine, et qui se livre à leurs mouvements. Dans le premier cas, il doit soutenir le merveilleux de l'inspiration par la hardiesse des images et la sublimité des pensées : *nil mortale loquar*. On en voit des modèles divins dans les prophètes : tel est le cantique de Moïse, que le sage Rollin a cité; tels sont quelques-uns des psaumes de David, que Rousseau a paraphrasés avec beaucoup d'harmonie et de pompe; telle est la prophétie de Joad dans l'*Athalie* de l'illustre Racine, le plus beau morceau de poésie lyrique qui soit sorti de la main des hommes, et auquel il ne manque, pour être une *ode* parfaite, que la rondeur des périodes dans la contexture des vers.

Mais d'où vient que mon cœur frémit d'un saint effroi ?
Est-ce l'esprit divin qui s'empare de moi ?
C'est lui-même : il m'échauffe, il parle, mes yeux s'ouvrent :
Et les siècles obscurs devant moi se découvrent.
Lévites, de vos sons prêtez-moi les accords,
Et de ses mouvements secondez les transports.

Cieux, écoutez ma voix; terre, prête l'oreille.
Ne dis plus, ô Jacob, que ton Seigneur sommeille.
Pécheurs, disparaissez, le Seigneur se réveille.
Comment en un plomb vil l'or pur s'est-il changé ?

Quel est dans le lieu saint ce pontife égorgé?
Pleure, Jérusalem, pleure, cité perfide,
Des prophètes divins malheureuse homicide.
De son amour pour toi ton Dieu s'est dépouillé;
Ton encens à ses yeux est un encens souillé.

    Où menez-vous ces enfants et ces femmes?
Le Seigneur a détruit la reine des cités:
Ses prêtres sont captifs, ses rois sont rejetés;
Dieu ne veut plus qu'on vienne à ses solennités.
Temple, renverse-toi; cèdres, jetez des flammes.
    Jérusalem, objet de ma douleur,
Quelle main en ce jour t'a ravi tous tes charmes?
Qui changera mes yeux en deux sources de larmes,
        Pour pleurer ton malheur?
    Quelle Jérusalem nouvelle
Sort du fond du désert brillante de clartés,
Et porte sur le front une marque immortelle?
    Peuples de la terre, chantez :
Jérusalem renaît plus charmante et plus belle.
    D'où lui viennent de tous côtés
Ces enfants qu'en son sein elle n'a point portés?
Lève, Jérusalem, lève ta tête altière;
Regarde tous ces rois de ta gloire étonnés :
Les rois des nations, devant toi prosternés,
    De tes pieds baisent la poussière;
Les peuples à l'envi marchent à ta lumière.
Heureux qui, pour Sion, d'une sainte ferveur
    Sentira son ame embrasée!
    Cieux, répandez votre rosée,
  Et que la terre enfante son Sauveur.

Dans cette inspiration, l'ordre des idées est le même que dans un simple récit : c'est la chaleur, la véhémence, l'élévation, le pathétique, en un mot, c'est le mouvement de l'ame du prophète, qui rend comme naturelle, dans l'enthousiasme de Joad, la rapidité des passages; et voilà, dans son essor le plus hardi, le plus sublime, le seul égarement qui soit permis à l'*ode*.

A plus forte raison, dans l'enthousiasme purement poétique, le délire du sentiment et de l'imagination doit-il cacher, comme je l'ai dit, un dessein régulier et sage, où l'unité se concilie avec la grandeur et la variété. C'est peu de la plénitude, de l'abondance, et de l'impétuosité qu'Horace attribue à Pindare, lorsqu'il le compare à un fleuve qui tombe des montagnes, et qui, enflé par les pluies, traverse de riches campagnes :

> *Fervet, immensusque ruit profundo*
> *Pindarus ore.*

Il faut, s'il m'est permis de suivre l'image, que les torrents qui viennent grossir le fleuve se perdent dans son sein; au lieu que dans la plupart des *odes* qui nous restent de Pindare, ses sujets sont de faibles ruisseaux qui se perdent dans de grands fleuves. Pindare, il est vrai, mêle à ses récits de grandes idées et de belles images; c'est d'ailleurs un modèle dans l'art de raconter et de peindre en touches rapides. Mais pour le dessein de ses *odes*, il a beau dire qu'il rassemble une multitude de choses, afin de prévenir le dégoût de l'uniformité; il néglige trop l'unité et l'ensemble : lui-même il ne sait quelquefois comment revenir à son héros, et il l'avoue de bonne foi. Il est facile sans doute de l'excuser par les circonstances; mais si la nécessité d'enrichir des sujets stériles et toujours les mêmes, par des épisodes intéressants et variés, si la gêne où devait être son génie dans ces poëmes de commande, si les beautés qui résultent de ses écarts, suffisent à son apologie, au moins n'autorisent-elles personne à l'imiter : c'est ce que j'ai voulu faire entendre.

Du reste ceux qui ne connaissent Pindare que par tradition, s'imaginent qu'il est sans cesse dans le transport; et rien ne lui ressemble moins : son style n'est presque jamais passionné. Il y a lieu de croire que, dans celles de ses poésies où son génie était en liberté, il avait plus de véhémence; mais dans ce que nous avons de lui, c'est de tous les poëtes lyriques le plus tranquille et le plus égal. Quant à ce qu'il devait être en chantant les héros et les dieux, lorsqu'un sujet sublime et fécond lui donnait lieu d'exercer son génie, le précis d'une de ses *odes* en va donner une idée : c'est la première des pythiques, adressée à Hiéron, tyran de Syracuse, vainqueur dans la course des chars.

« Lyre d'Apollon, dit le poëte, c'est toi qui donnes le signal de la joie, c'est toi qui préludes au concert des Muses. Dès que tes sons se font entendre, la foudre s'éteint, l'aigle s'endort sous le sceptre de Jupiter; ses ailes rapides s'abaissent des deux côtés, relâchées par le sommeil; une sombre vapeur se répand sur le bec recourbé du roi des oiseaux, et appesantit ses paupières; son dos s'élève et son plumage s'enfle au doux frémissement qu'excitent en lui tes accords. Mars, l'implacable Mars, laisse tomber sa lance, et livre son cœur à la volupté. Les dieux mêmes sont sensibles au charme des vers inspirés par le sage Apollon, et émanés du sein profond des Muses. Mais ceux que Jupiter n'aime pas, ne peuvent souffrir ces chants divins. Tel est ce géant à cent têtes, ce Typhée accablé sous le poids de l'Etna, de ce mont, colonne du ciel, qui nourrit des neiges éternelles, et du flanc duquel jaillissent à pleines sources des fleuves d'un feu rapide et brillant. L'Etna vomit le plus souvent des tourbillons d'une fumée ardente; mais la nuit, des vagues enflammées coulent de son sein et roulent des rochers avec un bruit horrible jusques dans l'abyme des mers. C'est ce monstre rampant qui exhale ces torrents de feu : prodige incroyable pour ceux qui entendent raconter aux voyageurs, comment, enchaîné dans les gouffres profonds de l'Etna, le dos courbé de ce géant ébranle et soulève sa prison, dont le poids l'écrase sans cesse. »

De là Pindare passe à l'éloge de la Sicile et d'Hiéron, fait des vœux pour l'une et pour l'autre, et finit par exhorter son héros à fonder son règne sur la justice et la vertu.

Il n'est guère possible de rassembler de plus belles images ; et la faible esquisse que j'en ai donnée, suffit, je crois, pour le persuader. Mais comment sont-elles amenées? Typhée et l'Etna, à-propos des vers et du chant ; l'éloge d'Hiéron, à-propos de l'Etna et de Typhée, voilà la marche de Pindare. Ses liaisons le plus souvent ne sont que dans les mots, et dans la rencontre accidentelle et fortuite des idées. Ses ailes, pour me servir de l'image d'Horace, sont attachées avec de la cire ; et quiconque voudra l'imiter éprouvera le destin d'Icare. Aussi voyez dans l'*ode* à la louange de Drusus, *Qualem ministrum*, etc., avec quelle précaution, quelle sagesse le poëte latin suit les traces du poëte grec.

« Tel que le gardien de la foudre, l'aigle à qui le roi des dieux a donné l'empire des airs, l'aigle est d'abord chassé de son nid par l'ardeur de la jeunesse et la vigueur de son naturel. Il ne connaît point encore l'usage de ses forces ; mais déja les vents lui ont appris à se balancer sur ses ailes timides. Bientôt d'un vol impétueux il fond sur les bergeries. Enfin le désir impatient de la proie et des combats le lance contre les dragons, qui, enlevés dans les airs, se débattent sous ses griffes tranchantes. Ou tel qu'une biche, occupée au pâturage, voit tout-à-coup paraître un jeune lion que sa mère a écarté de sa mamelle et qui vient essayer au carnage une dent nouvelle encore ; tels les habitants des Alpes ont vu dans la guerre le jeune Drusus. Ces peuples, long-temps et par-tout vainqueurs, ces peuples vaincus à leur tour par l'habileté prématurée de ce héros, ont reconnu ce que peut un naturel formé sous de divins auspices, et l'influence de l'ame d'Auguste sur les neveux des Nérons. Des grands hommes naissent les grands hommes. Les taureaux, les coursiers héritent de la vigueur de leurs pères. L'aigle audacieux n'engendre point la timide colombe. Mais dans l'homme, c'est à l'instruction à faire éclore le germe des vertus naturelles, et à la culture à leur donner des forces. Sans l'habitude des bonnes mœurs, la nature est bientôt dégradée. O Rome! que ne dois-tu pas aux Nérons? Témoins le fleuve Métaure, et Asdrubal vaincu sur ses bords, et l'Italie, dont ce beau jour, ce jour serein dissipa les ténèbres. Jusqu'alors le cruel Africain se répandait dans nos villes comme la flamme dans les forêts, ou le vent d'orient sur les mers de Sicile. Mais depuis, la jeunesse romaine marcha de victoire en victoire, et les temples saccagés par la fureur impie des Carthaginois, virent leurs autels relevés. Le perfide Annibal dit enfin : Nous sommes des cerfs timides en proie à des loups ravissants. Nous les poursuivons, nous, dont le plus beau triomphe est de pouvoir leur échapper! Ce peuple qui, fuyant Troie enflammée, à travers les flots, apporta dans les villes d'Ausonie ses dieux, ses enfants, ses vieillards, semblable aux forêts qui renaissent sous la hache qui les dépouille, ce peuple se reproduit au milieu des débris et du carnage, et reçoit du fer même qui le frappe une force, une vigueur nouvelle. L'hydre mutilée renaissait moins obstinément sous les coups d'Hercule, indigné de se voir vaincu. Thèbes et Colchos n'ont jamais vu de monstre plus terrible. Vous le submergez, il reparaît plus beau; vous luttez contre lui, il se relève de sa chûte; il terrasse son vainqueur, sans se donner même le temps de l'affaiblir. Non, je n'enverrai plus à Carthage les nouvelles de mes triomphes; tout est perdu, tout est désespéré par la défaite d'Asdrubal. »

Il faut avouer qu'Horace doit à Pindare cet art d'agrandir ses sujets; mais les éloges qu'il donne à son maître ne l'ont pas aveuglé sur le manque de liaison qui était le défaut de Pindare, dont il avait à se garantir en l'imitant.

Nous avons peu de ces exemples d'un délire naturel et vrai; je vois presque par-tout le poëte qui compose, et c'est là ce qu'on doit oublier : *Unus idemque omnium finis persuasio* (SCALIGER): je le répéterai sans cesse.

L'air de vérité fait le charme des poésies de Chaulieu : on voit qu'il pense comme il écrit, et qu'il est tel qu'il se peint lui-même. On ne s'attend pas à le voir cité à côté de Pindare et d'Horace; je ne connais cependant aucune *ode* française qui remplisse mieux l'idée d'un beau délire,

que ce morceau de son épître au chevalier de
Bouillon :

> Heureux qui, se livrant à la philosophie,
> A trouvé dans son sein un asyle assuré ;

jusqu'à ces vers,

> Je sais mettre, en dépit de l'âge qui me glace,
> Mes souvenirs à la place
> De l'ardeur de mes plaisirs.

Passons-lui les négligences, les longueurs, le défaut d'harmonie; quelle marche libre et naturelle! quels mouvements! quels tableaux! l'heureux enchaînement, le beau cercle d'idées! l'aimable et touchante poésie! Celui qui est sensible aux beautés de l'art est saisi de joie, et celui qui est sensible aux mouvements de la nature, est saisi d'attendrissement en lisant ce morceau, comparable aux plus belles *odes* d'Horace.

Nous avons tous droit d'exiger du poëte qu'il nous parle le langage de la nature, et qu'il nous mène par les routes du sentiment et de la raison. Il vaut cependant mieux s'égarer quelquefois, que d'y marcher d'un pas trop craintif, comme on a fait le plus souvent dans ce genre tempéré, qu'on appelle l'*ode philosophique*. Son mouvement naturel est celui de l'éloquence véhémente, c'est-à-dire du sentiment et de l'imagination, animés par de grands objets. Par exemple, Tyrtée appelant aux combats les Spartiates, et Démosthène les Athéniens, doivent parler le même langage; à cela près que l'expression du poëte doit être encore plus hardie et plus impétueuse que celle de l'orateur.

Une *ode* froidement raisonnée est le plus mauvais de tous les poëmes : ce n'est pas le fond du raisonnement qu'il en faut bannir, mais la forme dialectique. « Cet enchaînement de discours qui n'est lié que par le sens, » et que La Bruyère attribue au style des femmes, est celui qui convient ici à l'*ode*. Les pensées y doivent être en images ou en sentiments, les exposés en peintures, les preuves en exemples. Raimond de Saint-Mard a eu quelque raison de reprocher à Rousseau une marche trop didactique. Mais il donne à La Motte sur Rousseau une préférence évidemment injuste. La première qualité d'un poëme est la poésie, c'est-à-dire la chaleur, l'harmonie, et le coloris : il y en a dans les *odes* de Rousseau; il n'y en a point dans celles de La Motte. Il manquait à Rousseau d'être philosophe et sensible; son génie (s'il en est sans beaucoup d'ame) était dans son imagination : mais avec cette faculté imitative, il s'est élevé au ton de David; et personne, depuis Malherbe, n'a mieux senti que Rousseau la coupe de notre vers lyrique. La Motte pense davantage; mais il ne peint presque jamais, et la dureté de ses vers est un supplice pour l'oreille. On ne conçoit pas comment l'auteur d'*Inès* a si peu de chaleur dans ses *odes*. Il était persuadé sans doute qu'il n'y fallait que de l'esprit; et le succès incompréhensible de ses premières *odes* ne fit que l'engager plus avant dans l'opinion qui l'égarait.

Comment un écrivain aussi judicieux, en étudiant Pindare, Horace, Anacréon, ne s'est-il pas détrompé de la fausse idée qu'il avait prise du genre dont ils sont les modèles? comment s'est-il mépris au caractère même de ces poëtes, en tâchant de les imiter? Il fait de Pindare un extravagant qui parle sans cesse de lui; il fait d'Horace, qui est tout images et sentiments, un froid et subtil moraliste; il fait du voluptueux, du naïf, du léger Anacréon, un bel esprit qui s'étudie à dire des gentillesses.

Si La Motte est didactique, il l'est plus que Rousseau, et l'est avec moins d'agrément : s'il s'égare, c'est avec un sang-froid qui rend son enthousiasme risible : les objets qu'il parcourt ne sont liés que par des *que vois-je?* et *que vois-je encore?* C'est une galerie de tableaux, et, qui pis est, de tableaux mal peints. Ce n'est pas ainsi que l'imagination d'Horace voltigeait; ce n'est pas même ainsi que s'égarait celle de Pindare. Si l'un ou l'autre abandonnait son sujet principal, il s'attachait du moins à son épisode, et ne se jetait point au hasard sur tout ce qui se présentait à lui.

La Motte n'est pas plus heureux lorsqu'il imite Anacréon; il avoue lui-même qu'il a été obligé de se feindre un amour chimérique, et d'adopter des mœurs qui n'étaient pas les siennes; ce n'était pas le moyen d'imiter celui de tous les poëtes anciens qui avait le plus de naturel.

Mais avant de passer à l'*ode* anacréontique, rendons justice à Malherbe. C'est à lui que l'*ode* est redevable des progrès qu'elle a faits parmi nous. Non-seulement il nous a fait sentir le premier de quelle cadence et de quelle harmonie les vers français étaient susceptibles; mais ce qui me semble plus précieux encore, il nous a donné des modèles dans l'art de varier et de soutenir les mouvements de l'*ode*, d'y répandre la chaleur d'une éloquence véhémente, et ce désordre apparent des sentiments et des idées, qui fait le style passionné. Lisez les premières stances de l'*ode* qui commence par ces vers :

> Que direz-vous, races futures,
> Si quelquefois un vrai discours
> Vous récite les aventures
> De nos abominables jours?

Le style en a vieilli sans doute; mais pour les mouvements de l'ame, l'*ode* française n'a eu rien encore de plus sensible ni de plus véhément.

On a raison de citer avec éloge son *ode* à *Louis XIII*: pleine de verve, riche en images, variée dans ses mouvements, elle a cette marche libre et fière qui convient à l'*ode* héroïque. Seulement je n'aime pas à voir un poëte exciter son roi à la vengeance contre ses sujets. Les muses sont des divinités bienfaisantes et conciliatrices;

il leur appartient d'apprivoiser les tigres, et non pas de rendre les hommes cruels.

Ce n'est pas que l'*ode* ne soit quelquefois guerrière; mais c'est la valeur qu'elle inspire, c'est le mépris de la mort, c'est l'amour de la patrie, de la liberté, de la gloire; et dans ce genre les chants prussiens sont à-la-fois des modèles d'enthousiasme et de discipline. Le poëte éloquent qui les a faits, et le héros qui prend soin qu'on les chante, ont également bien connu l'art de remuer les esprits.

Si l'on savait diriger ainsi tous les genres de poésie vers leur objet politique; ce don de séduire et de plaire, d'instruire et de persuader, d'exalter l'imagination, d'attendrir et d'élever l'ame, de dominer enfin les hommes par l'illusion et le plaisir, ne serait rien moins qu'un frivole jeu.

Je viens de considérer l'*ode* dans toute son étendue; mais quelquefois réduite à un seul mouvement de l'ame, elle n'exprime qu'un tableau. Telles sont les *odes* voluptueuses dont Anacréon et Sapho nous ont laissé des modèles parfaits.

Un naturel aimable fait l'essence de ce genre; et celui qui a dit d'Anacréon que la persuasion l'accompagne, *Suada Anacreontem sequitur*, a peint le caractère du poëte et du poëme en même temps.

Après La Fontaine, celui de tous les poëtes qui est le mieux dans sa situation, et qui communique le plus l'illusion qu'il se fait à lui-même, c'est, à mon gré, Anacréon. Tout ce qu'il peint, il le voit; il le voit, dis-je, des yeux de l'ame; et l'image qu'il fait éclore est plus vive que son objet. Dans sa tasse a-t-on représenté Vénus fendant les eaux à la nage; le poëte, enchanté de ce tableau, l'anime; son imagination donne au bas-relief la couleur et le mouvement.

> *Trahit ante corpus undam;*
> *Secat indè fluctus ingens*
> *Roseis deæ quod unum*
> *Supereminet papillis,*
> *Tenero subestque collo:*
> *Medio deindè sulco,*
> *Quasi lilium implicatum*
> *Violis, renidet illa*
> *Placidum maris per æquor.*

Horace, le digne émule de Pindare et d'Anacréon, a fait le partage des genres de l'*ode*. Il attribue à la lyre de Pindare les louanges des dieux et des héros; et à celle d'Anacréon, le charme des plaisirs, les artifices de l'amour, ses jaloux transports et ses tendres alarmes.

> *. . . . . Et fide Teiâ*
> *Dices laborantem in uno*
> *Penelopen vitreamque Circen.*

L'*ode* anacréontique rejette ce que la passion a de sinistre. On peut l'y peindre dans toute son ivresse, mais avec les couleurs de la volupté. L'*ode* de Sapho, que Longin a citée et que Boileau a si bien traduite, est le modèle peut-être inimitable d'un amour à-la-fois voluptueux et brûlant.

Du reste, les tableaux les plus riants de la nature, les mouvements les plus ingénus du cœur humain, l'enjouement, le plaisir, la mollesse, la négligence de l'avenir, le doux emploi du présent, les délices d'une vie dégagée d'inquiétude, l'homme enfin ramené par la philosophie aux jeux de son enfance; voilà les sujets que choisit la muse d'Anacréon. Le caractère et le génie du français lui sont favorables; aussi a-t-elle daigné nous sourire.

Nous avons peu d'*odes* anacréontiques dans le genre voluptueux, encore moins dans le genre passionné; mais beaucoup dans le genre galant, délicat, ingénieux et tendre. Tout le monde sait par cœur celle de Bernard,

> Tendres fruits des pleurs de l'Aurore, etc.

En voici une du même auteur, qui n'est pas aussi connue, et qu'on peut citer à côté de celles d'Anacréon :

> Jupiter, prête-moi ta foudre,
> S'écria Lycoris un jour;
> Donne, que je réduise en poudre
> Le temple où j'ai connu l'Amour.
>
> Alcide, que ne suis-je armée
> De ta massue et de tes traits,
> Pour venger la terre alarmée,
> Et punir un dieu que je hais !

Médée, enseigne-moi l'usage
De tes plus noirs enchantements :
Formons pour lui quelque breuvage
Égal au poison des amants.

Ah ! si dans ma fureur extrême
Je tenais ce monstre odieux !...
Le voilà, lui dit l'Amour même,
Qui soudain parut à ses yeux.

Venge-toi ; punis, si tu l'oses.
Interdite à ce prompt retour,
Elle prit un bouquet de roses
Pour donner le fouet à l'Amour.

On dit même que la bergère,
Dans ses bras n'osant le presser,
En frappant d'une main légère,
Craignait encor de le blesser.

Le sentiment, la naïveté, l'air de la négligence, et une certaine mollesse voluptueuse dans le style, font le charme de l'*ode* anacréontique ; et Chaulieu, dans ce genre, aurait peut-être effacé Anacréon lui-même, si, avec ces grâces qui lui étaient naturelles, il eût voulu se donner le soin d'être moins diffus et plus châtié. Quoi de plus doux, de plus élégant que ces vers à M. de La Fare ?

O toi ! qui de mon ame es la chère moitié ;
    Toi, qui joins la délicatesse
    Des sentiments d'une maîtresse
A la solidité d'une sûre amitié ;
La Fare, il faut bientôt que la Parque cruelle

> Vienne rompre de si doux nœuds ;
> Et malgré nos cris et nos vœux,
> Bientôt nous essuierons une absence éternelle.
> Chaque jour je sens qu'à grands pas
> J'entre dans ce sentier obscur et difficile
> Qui va me conduire là-bas
> Rejoindre Catulle et Virgile.
> Là sous des berceaux toujours verts,
> Assis à côté de Lesbie,
> Je leur parlerai de tes vers
> Et de ton aimable génie.
> Je leur raconterai comment
> Tu recueillis si galamment
> La muse qu'ils avaient laissée ;
> Et comme elle sut sagement,
> Par la Paresse autorisée,
> Préférer avec agrément,
> Au tour brillant de la pensée,
> La vérité du sentiment.

Voltaire a joint à ce beau naturel de Chaulieu plus de correction et de coloris ; et ses poésies familières sont pour la plupart d'excellents modèles de la gaieté noble et de la liberté qui doivent régner dans l'*ode* anacréontique.

Le temps de l'*ode* bachique est passé. C'était autrefois la mode de chanter à table. Les poëtes composaient le verre à la main, et leur ivresse n'était pas simulée. Cet heureux délire a produit des chansons pleines de verve et d'enthousiasme. J'en ai cité quelques exemples dans l'article de la Chanson. En voici deux qu'Anacréon n'eût pas désavouées :

> Je ne changerais pas, pour la coupe des rois,
>   Le petit verre que tu vois :
> Ami, c'est qu'il est fait de la même fougère
>   Sur laquelle cent fois
>   Reposa ma bergère.

L'autre roule sur la même idée, mais le même sentiment n'y est pas.

> Vous n'avez pas, humble fougère,
> L'éclat des fleurs qui parent le printemps :
>   Mais leur beauté ne dure guère,
>   Les vôtres plaisent en tout temps.
>   Vous offrez des secours charmants
> Aux plaisirs les plus doux qu'on goûte sur la terre :
>   Vous servez de lit aux amants,
>   Aux buveurs vous servez de verre.

Dans tous les genres que je viens de parcourir, non-seulement l'*ode* est dramatique dans la bouche du poëte; mais elle le devient expressément lorsque le poëte introduit et fait parler un autre personnage : on en voit des exemples dans Pindare, dans Anacréon, dans Sapho, dans Horace, etc.; mais celui-ci est, je crois, le premier qui ait mis l'*ode* en dialogue; et l'exemple qu'il en a laissé, *Donec gratus eram tibi*, est un modèle de délicatesse. *Voyez* Lyrique et Chanson.

Opéra. Le caractère de ce spectacle a si fort varié depuis quelque temps, qu'il serait difficile de le bien définir, à moins d'en distinguer deux genres, l'un pris dans l'hypothèse du merveilleux, l'autre réduit à la simple nature. J'examinerai l'un et l'autre ; et après en avoir balancé les avantages réciproques, je tâcherai de les concilier.

Le premier de ces deux systèmes fut celui de l'*opéra* français, inventé par Quinault et perfectionné par son inventeur. Voici quelle en est l'hypothèse.

Le caractère de l'épopée est de transporter la scène de la tragédie dans l'imagination du lecteur. Là, profitant de l'étendue de son théâtre, elle agrandit et varie ses tableaux, se répand dans la fiction, et manie à son gré tous les ressorts du merveilleux. Dans l'*opéra*, la muse dramatique, à son tour, jalouse des avantages que la muse épique a sur elle, essaie de marcher son égale ou plutôt de la surpasser, en réalisant pour les yeux ce qui, dans les récits, ne se peint qu'en idée. Pour bien concevoir ces deux révolutions, supposez qu'on ait vu sur le théâtre une reine de Phénicie qui, par ses grâces et sa beauté, eût attendri, intéressé pour elle les chefs les plus vaillants de l'armée de Godefroi, en eût même attiré quelques-uns dans sa cour, y eût donné asyle au fier Renaud dans sa disgrâce, l'eût aimé, eût tout fait pour lui, et l'eût vu s'arracher aux plaisirs pour suivre la gloire ; voilà le sujet d'Armide en tragédie. Le poëte épique s'en empare ; et au lieu d'une reine, tout naturellement belle, sensible, intéressante, il en fait une enchanteresse : dès-lors, dans une action simple, tout devient magique et surnaturel. Dans Armide, le don de plaire est un prestige; dans Renaud, l'amour est un enchantement : les plaisirs qui les environnent, les lieux même qu'ils habitent, ce qu'on y voit, ce qu'on y entend, la volupté qu'on y respire, tout n'est qu'illusion; et c'est le plus charmant des songes. Telle est Armide embellie des mains de la muse héroïque. La muse du théâtre la réclame et la reproduit sur la scène avec toute la pompe du merveilleux. Elle demande, pour varier et pour embellir ce brillant spectacle, les mêmes licences que la muse épique s'est données; et appelant à son secours la musique, la danse, la peinture, elle nous fait voir, par une magie nouvelle, les prodiges que sa rivale ne nous a fait qu'imaginer. Telle est Armide sur le théâtre lyrique; et voilà l'idée qu'on peut se former d'un spectacle qui réunit les prestiges de tous les arts.

Dans ce composé tout est mensonge, mais tout est d'accord; et cet accord en fait la vérité. La musique y fait le charme du merveilleux, le merveilleux y fait la vraisemblance de la musique : on est dans un monde nouveau; c'est la nature dans l'enchantement et visiblement animée par une foule d'intelligences, dont les volontés sont ses lois.

Une intrigue nette et facile à nouer et à dénouer; des caractères simples; des incidents qui naissent d'eux-mêmes; des tableaux variés; des passions douces, quelquefois violentes, mais dont l'accès est passager; un intérêt vif et touchant, mais qui par intervalles laisse respirer l'ame: tels sont les sujets de Quinault.

La passion qu'il a préférée est de toutes la plus féconde en images et en sentiments; celle où se succèdent avec le plus de naturel toutes les nuances de la poésie, et qui réunit le plus de tableaux riants et sombres tour-à-tour.

L'autre système est celui d'Apostolo-Zeno et de Métastase, mais renforcé et plus tragique que la tragédie elle-même, c'est-à-dire plus noir, plus sanglant, plus pressé dans le tissu de l'action, et d'une expression plus outrée, soit dans la pantomime, soit dans l'accent des passions.

Il est aisé de sentir combien ce nouveau genre a d'avantage sur le premier du côté de l'émotion; et ce que j'ai dit de la pantomime peut s'appliquer à ce nouveau genre. C'est là, sans contredit, que la musique passionnée trouve à produire ses grands effets; et si l'on ajoute à ces avantages l'extrême facilité d'emprunter du théâtre français et de celui des Grecs les tragédies les plus intéressantes, et de n'avoir qu'à les réduire à leurs situations pittoresques pour les accommoder au théâtre lyrique, on s'expliquera aisément la préférence que les poëtes, les musiciens, le public lui-même, ont donnée, au moins pour quelque temps, à ce genre nouveau.

Mais l'ancien genre ne laisse pas d'avoir de son côté des avantages dignes de nos regrets, et auxquels je ne saurais croire qu'on ait renoncé sans retour. Le premier de ces avantages est la convenance; le second, la variété; et le troisième, la richesse et la pompe.

Sur un théâtre où tout est prodige, il paraît tout simple que la façon de s'exprimer ait son charme comme tout le reste; mais à un spectacle où tout se passe comme dans la nature et selon l'exacte vérité, par quoi serait-on préparé à entendre, comme en Italie, Fabius, Régulus, Thémistocle, Titus, Adrien, parler en chantant? Nous accoutumera-t-on de même à entendre les Horaces, Camille, Auguste, Cornélie, Agrippine, ou Brutus, s'exprimer ainsi? Les Italiens s'y sont habitués, me direz-vous; je répondrai que les Italiens n'écoutent point la scène, et ne s'occupent que du chant.

Quelques-unes de nos tragédies, dont les sujets tiennent au merveilleux, répugnent moins à la forme lyrique; il en reste encore au théâtre français cinq ou six dont l'action est réductible en pantomime, et qui peuvent souffrir l'espèce de mutilation que l'on exerce à *l'opéra;* mais quand celles-ci auront été gâtées, on sera obligé d'inventer soi-même; et Corneille, Racine, et Voltaire, ne seront plus défigurés.

Voltaire, dans ses derniers jours, ne pouvait voir sans un violent chagrin qu'on se permît ainsi d'estropier nos belles tragédies. Il entendait parler d'*Électre*; il tremblait pour *Alzire*, pour *Sémiramis*, pour *Tancrède* et pour *l'Orphelin de la Chine*; et à ce propos on a feint qu'en s'adressant à la muse lyrique, il lui avait parlé en ces mots :

>D'un suppliant à son heure dernière,
>Muse, dit-il, écoutez la prière.
>Daignez laisser tout son enchantement
>A l'*Opéra*, lieu magique et charmant,
>« Où les beaux vers, la danse, la musique,
>« L'art de tromper les yeux par les couleurs,
>« L'art plus heureux de séduire les cœurs,
>« De cent plaisirs font un plaisir unique. »
>La tragédie a son trône à Paris :
>Nous arracher des larmes et des cris,
>C'est son partage; elle est terrible et sombre,
>C'est son génie; elle ne permet pas
>Que les plaisirs accompagnent ses pas;
>Sur des tombeaux elle gémit dans l'ombre.
>Laissez-la donc aux pleurs s'abandonner.
>De temps en temps vous serez sa rivale;
>Mais votre plainte aura quelque intervalle,
>Et les amours viendront vous couronner.
>Toujours austère en sa mâle énergie,
>Elle n'a point de fête à nous donner.
>Son éloquence est sa seule magie.
>Sur son théâtre, où règne la douleur,
>On n'attend point ces doux moments de joie,
>Ce calme heureux où l'ame se déploie,
>Où l'espérance interrompt la douleur.
>Vous vous plaisez à cet heureux mélange.
>A tout moment vous voulez que tout change;
>De vos tableaux conservez la couleur.

En sons notés faire mugir Oreste,
Changer OEdipe en acteur d'*Opéra*,
La coupe en main faire chanter Thyeste,
C'est faire un monstre, et quelqu'un le fera.
Ce n'est pas tout, le Velche applaudira;
Et si le goût n'y met d'heureux obstacles,
Sur les débris de nos deux grands spectacles
La barbarie enfin triomphera.

Si au théâtre des illusions et des illusions agréables, on ne porte plus que des sens blasés et que des ames engourdies; et si, pour sortir d'une espèce d'assoupissement léthargique, on a besoin de rapides secousses et de violentes agitations, il n'est pas douteux que les compositeurs feront bien de tâcher sans cesse à produire ce qu'on appelle aujourd'hui exclusivement des *effets*; mais en serions-nous réduits là, et de douces émotions ne sont-elles plus des *effets* pour nous? Je sais bien que cette douceur sans mélange de force serait de la mollesse, et finirait bientôt par dégénérer en langueur; mais il y a loin de ce mélange à la continuité d'un spectacle triste et funeste d'un bout à l'autre. C'est ce qu'on a fait dire à Piccini, en parlant d'Atys qu'on lui avait défendu de mettre en musique, parce qu'il n'était pas, disait-on, assez fort.

Hélas! disait le chantre d'Ausonie,
Atys me plaît, il m'inspire, il m'émeut.
Laissez-le-moi. Chacun suit son génie :
On ne fait bien qu'en faisant ce qu'on veut.
Vous demandez que je sois pathétique;

> Je le serai, mais non pas frénétique.
> Le chant n'est pas un long cri de douleur,
> Et ma palette a plus d'une couleur.
> D'un lieu charmant, que le plaisir décore,
> Pourquoi bannir la tendre volupté?
> Atys ressemble à ces beaux jours d'été :
> D'un doux éclat il brille à son aurore.
> Vers le midi, sous un ciel plus brûlant,
> On voit l'orage avancer à pas lent;
> Mais sous l'ormeau l'on peut danser encore.
> Enfin le soir, un nuage orageux
> Tonne, épouvante, et dissipe les jeux.
> Vernet et moi, nous aimons ces contrastes;
> Et n'en déplaise aux froids enthousiastes
> Du genre noir, j'oserais parier
> Qu'on s'ennuiera de ne voir que du sombre.
> Entremêlons la lumière avec l'ombre :
> Le don de plaire est l'art de varier.
> Laissez-moi donc, fût-ce dans l'élégie,
> Du clair-obscur employer la magie;
> Car je suis peintre, et non pas teinturier.

C'est par cette magie du clair-obscur, qu'il est possible, à ce que je crois, de concilier les deux genres et d'en réunir les avantages.

Rien de plus beau sans doute, rien de plus précieux que ces récitatifs passionnés, que ces airs pathétiques et déchirants dont les Italiens nous ont donné tant de modèles, et dont ils ont eux-mêmes enrichi l'*opéra* français. Mais les passions violentes ne sont pas les seules qui donnent lieu à une expression qui touche et qui pénètre l'ame. La tendresse, l'inquiétude, l'espérance, la volupté s'animent; et c'est par le contraste et la variété de ces caractères, mêlés avec des passions plus fortes, que la mélodie enchante l'oreille, sans la rassasier jamais. Or Quinault n'a presque pas une fable qu'on ne puisse citer pour modèle de cette variété si favorable à la musique, lorsqu'on saura y accommoder ses poëmes, et leur donner plus d'énergie dans les moments passionnés. Je me borne à l'exemple de l'*opéra* d'Alceste.

Le théâtre s'ouvre par les noces d'Alceste et d'Admète, et l'allégresse publique règne autour de ces heureux époux. Lycomède, roi de Scyros, désespéré de voir Alceste au pouvoir de son rival, feint de leur donner une fête. Il attire Alceste sur son vaisseau, et l'enlève en présence d'Alcide, autre rival d'Admète, mais rival généreux et qui sait vaincre son amour. A cet enlèvement, le trouble et la douleur prennent la place de la joie. Alcide s'embarque avec Admète pour aller délivrer Alceste et la venger. Lycomède, assiégé dans Scyros, résiste et refuse de rendre sa captive : l'effroi règne durant l'assaut. Alcide enfin brise les portes, la ville est prise ; Alceste est délivrée, et la joie reparaît avec elle. Mais à l'instant la douleur lui succède : on ramène Admète mortellement blessé ; il est expirant dans les bras d'Alceste. Alors Apollon descend des cieux ; il annonce que si quelqu'un veut se dévouer à la mort pour lui, les destins consentent qu'il vive ; et l'espérance vient suspendre la douleur. Cependant nul ne se présente pour mourir à la place d'Admète, et c'est l'instant où il va expirer. Le trouble, l'effroi, la douleur, règnent de nouveau sur la scène. Tout-à-coup paraît Admète environné de son peuple qui célèbre son retour à la vie. Il va revoir Alceste, il est au comble du bonheur. Apollon a promis que les arts éleveraient un monument à la gloire de la victime qui se serait immolée pour lui. Ce monument s'élève; et dans l'image de celle qui s'est dévouée à la mort, Admète reconnaît sa femme : à l'instant même tout le palais retentit de ce cri de douleur : *Alceste est morte!* l'allégresse se change en deuil, et Admète lui-même ne peut souffrir la vie que le ciel lui rend à ce prix. Mais vient Alcide, qui lui déclare l'amour qu'il avait pour Alceste, et lui propose, s'il veut la lui céder, d'aller forcer l'enfer à la lui rendre. Admète y consent, pourvu qu'elle vive; et l'espoir de revoir Alceste suspend les regrets de sa mort. Alcide descend aux enfers ; et les obstacles qui l'arrêtent redoublent encore l'intérêt : Pluton, touché du courage et de l'amour d'Alcide, lui permet de ramener Alceste à la lumière; on le revoit sortant des enfers avec elle, et ce triomphe répand la joie dans tous les cœurs. Mais à peine Admète a-t-il revu son épouse, qu'il est obligé de la céder; et leurs adieux sont mêlés de larmes. Alceste présente sa main à son libérateur; Admète au désespoir veut s'éloigner ; Alcide l'arrête, et refuse le prix qu'il avait demandé.

> Non, non, vous ne devez pas croire
> Qu'un vainqueur des tyrans soit tyran à son tour.
> Sur l'enfer, sur la mort j'emporte la victoire.
> Il ne manquait plus à ma gloire
> Que de triompher de l'amour.

A la place d'une fable ainsi variée, prenez l'intrigue d'une tragédie dont l'intérêt soit continu, pressant et douloureux sans mélange et sans intervalle ; retranchez-en tous les développements, toutes les gradations, tous les morceaux d'éloquence poétique, et serrez les situations de manière qu'elles se pressent et se succèdent sans relâche ; alors vous aurez une suite de tableaux et de scènes très-pathétiques : rien ne languira, je l'avoue ; le spectateur se sentira remué d'un bout à l'autre de l'action ; il aura un plaisir approchant de celui que lui ferait la tragédie ; mais ce plaisir ne sera pas l'enchantement d'une musique mélodieuse et variée dans ses tons et dans ses couleurs. Il entendra des traits d'harmonie épars et mutilés, des coups d'archet pleins d'énergie ; mais il entendra peu de chant. Un tel spectacle pourra plaire dans sa nouveauté, mais à la longue il paraîtra monotone et triste, et il laissera désirer le charme d'un spectacle fait pour enivrer tous les sens.

Cette même succession d'incidents, de situations, et de tableaux que suppose et qu'exige une musique variée, contribue aussi à la richesse et à la pompe du spectacle; et il n'a jamais tant de magnificence que dans le genre du merveilleux : la raison en est bien sensible.

1° Les décorations font une partie essentielle du spectacle de l'*opéra*; et l'on sent combien les sujets pris dans le merveilleux sont plus favorables au décorateur et au machiniste, que les sujets pris dans l'histoire. Le changement de lieu que les poëtes italiens se sont permis non-seulement d'un acte à l'autre, mais de scène en scène, et à tout propos, et contre toute vraisemblance, amène des décorations où l'architecture, la peinture, et la perspective, peuvent éclater avec magnificence; et la grandeur des théâtres d'Italie donne un champ libre et vaste au génie des décorateurs. Mais combien plus fécond en spectacles inattendus et variés, ne doit pas être le système ou de la fable, ou de la magie ?

Dans un poëme, quel qu'il soit, si les événements sont conduits par des moyens naturels, le lieu ne peut changer que par ces moyens mêmes. Or, dans la nature, le temps, l'espace, et la vîtesse ont des rapports immuables. On peut donner quelque chose à la vîtesse; on peut aussi étendre un peu le temps fictif au-delà du réel; mais à cela près le changement de lieu n'est permis qu'autant qu'il est possible dans les intervalles donnés. Le poëme épique a la liberté de franchir l'espace, parce qu'il a celle de franchir la durée. Il n'en est pas de même du poëme dramatique : le temps lui mesure l'espace, et la nature le mouvement. Un char, un vaisseau peut aller un peu plus ou un peu moins vîte ; le temps fictif qu'on lui accorde peut-être un peu plus ou un peu moins long : mais si on abuse de cette licence, il n'y aura plus d'illusion. Ainsi, par exemple, si le premier acte du Régulus de Métastase se passait à Carthage, et le second à Rome ; ce poëme aurait beau être lyrique, ce changement de scène choquerait le bon sens.

Mais dans un spectacle où le merveilleux règne, il y a deux moyens de changer de lieu qui ne sont pas dans la nature, et qui sont dans la vraisemblance. Le premier est un changement passif : c'est le lieu même qui se transforme, non par un accident naturel, comme lorsqu'un palais s'embrase ou qu'un temple s'écroule, mais par un pouvoir surnaturel, comme lorsqu'à la place du palais et des jardins d'Armide, paraissent tout-à-coup un désert, des torrents, des précipices : c'est ce qui ne peut s'opérer sans le secours du merveilleux. Le second changement est actif ; et c'est dans la vîtesse du passage qu'est le prodige. On ne demande pas quel temps emploient les dragons d'Armide à traverser les airs. Leur vîtesse n'a d'autre règle que la pensée qui les suit.

2° La danse, qui est l'une des plus brillantes décorations du spectacle lyrique, ne peut avoir lieu que dans des fêtes; et les fêtes doivent tenir à l'action, du moins comme incidents : il est naturel que les plaisirs, les amours et les Grâces présentent, en dansant, à Énée les armes dont Vénus sa mère lui fait don; il est naturel que les démons, formant un complot funeste au repos du monde, expriment leur joie par des mouvements furieux et terribles; il est naturel que des chasseurs, des bergers, ou (dans le merveilleux) des nymphes, des sylvains, des fées, des génies embellissent la scène par des jeux et par des concerts; mais presque toute réjouissance est exclue d'un *opéra* dont l'action est grave et tragique d'un bout à l'autre : les Italiens n'ont pas même tenté d'y introduire des fêtes; et s'ils se donnent le plaisir d'y voir des danses, ce n'est jamais qu'au moment de l'entr'acte, et dans des ballets détachés et d'un genre contraire à celui du spectacle.

La difficulté de bien placer les fêtes dans l'*opéra*, vient donc de ce que le tissu de l'action est trop serré et l'intérêt trop sérieux, et cette difficulté sera presque toujours invincible dans le tragique austère : car c'est le propre de la tragédie que l'action n'ait point de relâche, que tout y inspire la crainte ou la pitié, et que le danger ou le malheur des personnages intéressants croisse et redouble de scène en scène. Si donc on veut avoir des fêtes et des danses à l'*opéra*, il est de l'essence de ce spectacle que l'action n'en soit affligeante ou terrible que par intervalle, et que les passions qui l'animent ayant des moments de repos, quelques rayons d'espérance et de joie viennent de temps en temps éclairer le théâtre.

Quinault, en formant le projet de réunir tous les moyens d'enchanter les yeux et l'oreille, sentit donc bien qu'il devait prendre ses sujets dans le système de la fable ou dans celui de la magie. Par-là il rendit son théâtre fécond en prodiges ; il se facilita le passage de la terre aux cieux, des cieux aux enfers; se soumit la nature, s'empara de la fiction, ouvrit à la tragédie la carrière de l'épopée, et réunit les avantages de l'un et de l'autre poëmes en un seul.

Du reste, pour juger du genre qu'a pris notre poëte, il ne faut pas se borner à ce qu'il a fait: aucun des arts qui devaient le seconder n'était au même degré que le sien : il a été obligé de remplir souvent, avec de froids épisodes, un temps qu'il eût mieux employé s'il avait eu plus de secours. Il ne faut pas même le juger tel que nous le voyons au théâtre; et sans parler de la musique, il serait ridicule de borner l'idée qu'on doit avoir du spectacle de *Persée* et de *Phaëton*, à ce qu'on peut exécuter dans un espace aussi étroit avec aussi peu de moyens. Mais qu'on suppose la musique, la danse, la décoration, les machines, le talent des acteurs, soit pour le chant, soit pour l'action, au même degré que la partie essentielle des poëmes d'*Atys*, de *Thésée*, ou d'*Armide*; on aura l'idée de ce spectacle tel que l'avait conçu le génie de l'inventeur. La théorie de ce système sera peut-être encore plus sensiblement énoncée dans les vers que voici :

> Le chant lui-même est fabuleux, magique;
> Que tout soit donc magique et fabuleux
> Avec le chant, tantôt sombre et tragique,
> Tantôt serein, tendre et voluptueux.
> Si vous voulez entendre Cornélie,
> César, Brutus, Orosmane, ou Néron,
> Le vieil Horace, ou la fière Émilie;
> C'est au théâtre où florissait Clairon
> Qu'il faut aller. Vous cherchez la nature;
> Là tout est vrai dans sa noble peinture.
> Mais attirés par de plus doux accents,
> Aimez-vous mieux, dans une heureuse ivresse,
> De tous les arts jouir par tous les sens?
> De l'*opéra* la muse enchanteresse
> Va vous causer ces songes ravissants.
> L'illusion est son brillant empire :
> Là tout s'exalte et se met au niveau.
> N'êtes-vous pas dans un monde nouveau?
> Faites-vous donc à l'air qu'on y respire.
> Ainsi Quinault, que l'on attaque en vain,
> L'avait conçu, ce spectacle divin.
> Tout est fictif, dans son hardi système,
> Hormis le cœur, qui sans cesse est le même.
> Ah! plût au ciel qu'il revînt ce Quinault,
> Avec sa plume élégante et flexible,

Plier au chant le langage sensible
D'Atys, d'Églé, d'Armide et de Renaud!
Qui chantera l'amour tendre et timide,
Si ce n'est pas Atys et Sangaride?
Qui chantera l'amour fier et jaloux
Mieux que Roland et Médée en courroux?
Qui chantera, si ce n'est pas Armide?

Ce n'est pourtant pas encore là le dernier degré de beauté où notre *opéra* peut atteindre. Du temps de Lulli, la musique ne connaissait pas bien ses forces; et ce langage passionné, ces accents déchirants, ces traits si énergiques de mélodie et d'harmonie, que Pergolèse, Leo, Galuppi et leurs dignes émules, ont inventés depuis un demi-siècle, Lulli n'en avait point l'idée. Soit donc qu'en essayant les moyens de Lulli, Quinault se fût accommodé à la faiblesse de son art; soit qu'ayant lui-même plus de douceur, de grâce et de mollesse dans le génie et dans le style, que de vigueur et d'énergie, il eût suivi son propre naturel, il est certain qu'il n'a poussé aucune des passions jusqu'au degré de chaleur dont elles étaient susceptibles. Quinault n'est pas assez tragique : Metastase l'est davantage, mais dans quelques moments; et ces moments sont rares. C'est de Racine et de Voltaire qu'il faut apprendre à l'être, même dans l'*opéra*; et sans le dépouiller de sa magnificence, sans lui ôter aucun de ses charmes, il est possible d'y répandre le feu des passions à son plus haut degré.

Mais le plus grand avantage du genre merveilleux, c'est d'épargner aux poëtes une infinité de détails et d'éclaircissements qu'exige une action toute prise dans la nature; et c'est pour cela qu'on a trouvé beaucoup plus facile de transplanter à l'*opéra* les sujets du théâtre grec, qui sont tous fabuleux, que ceux du théâtre moderne : car dans une action purement historique, il faut tout expliquer, tout motiver, tout rendre vraisemblable ; au lieu que dans une action dont un décret de la destinée, un oracle, un ordre des dieux est le premier mobile, tout est préparé d'un seul mot; mais comme le théâtre grec où la fatalité domine, ne laisse pas d'être pathétique, et ne l'en est même que davantage, le poëme lyrique peut l'être aussi dans le système du merveilleux, qui, fécond en prodiges et en révolutions soudaines, donnera lieu à des retours fréquents de l'une et de l'autre fortune, et à toute la variété des mouvements du cœur humain.

Voilà, selon moi, les moyens de concilier les deux genres, et d'en réunir les beautés; voilà peut-être aussi une réponse satisfaisante aux reproches que l'on a faits au genre fabuleux de l'ancien *opéra* français.

« Un dieu, a-t-on dit, peut étonner, il peut paraître grand et redoutable; mais peut-il intéresser ? Comment s'y prendra-t-il pour nous toucher ? »

Le dieu ne vous touchera point; mais les malheurs dont il sera la cause vous toucheront, et c'est assez. Dans la tragédie de Phèdre est-ce Vénus ou Neptune qui nous touche? est-ce Appollon ou les Euménides dans la tragédie d'Oreste? est-ce l'oracle dans OEdipe? est-ce Diane dans l'une et l'autre Iphigénie? serait-ce Jupiter dans l'*opéra* de Didon? avons-nous besoin de nous intéresser à Cybèle pour être émus et attendris sur le malheur d'Atys? Ce serait sans doute une grande bévue que de vouloir faire d'un personnage merveilleux, l'objet de l'intérêt théâtral : il n'en doit être que le mobile; et ce mot tranche la difficulté.

« Mais supposé, dit-on, que la colère d'un dieu ou sa bienveillance influe sur le sort d'un héros, quelle part pourrai-je prendre à une action où rien ne se passe en conséquence de la nature et de la nécessité des choses ? »

Vous ne prenez-donc aucune part au malheur de Phèdre, brûlant d'un amour incestueux et adultère, parce qu'on le dit allumé par la colère de Vénus? aucune part au malheur d'Oreste, parce qu'un ordre des dieux l'a condamné au parricide? aucune part à la fuite d'Énée et au désespoir de Didon, parce que telle a été la volonté de Jupiter? Je demanderai à mon tour si ce ne sont là, comme on l'a dit, que des jeux propres à émouvoir des enfants? Tout ce que vous direz de l'*opéra*, je le dirai de ces tragédies ; et il sera également faux que le merveilleux y soit *incompatible avec l'unité d'action*, et qu'il en fasse *une suite d'incidents sans nœud, sans liaison, sans ordre et sans mesure.* Et qu'importe que le ressort, le mobile de l'action soit naturel ou merveilleux ? Souvenez-vous qu'il est merveilleux dans presque toutes les tragédies grecques, et l'action n'en est pas moins une, moins régulière ni moins complète : elle n'en est même que plus simple et plus étroitement réduite à l'unité.

« Mais comment, nous dit-on encore, en nous prenant par notre faible, comment le style musical se serait-il formé dans un pays où l'on ne fait chanter que des êtres de fantaisie, dont les accents n'ont nul modèle dans la nature ? »

Le style musical aura été en France tout ce que l'on voudra ; mais le merveilleux n'y fait rien : soit parce que les dieux et les personnages allégoriques n'étant que des hommes sur la scène, rien n'empêche qu'on ne les fasse parler et chanter comme des hommes ; soit parce qu'il est absolument faux qu'on ne fasse chanter dans l'*opéra* français que des êtres de fantaisie, puisque Roland, Thésée, Atys, Armide, Amadis, sont des hommes comme Régulus et Caton ; soit enfin parce que les accents des êtres même fantastiques ou allégoriques, comme l'amour, la haine, la vengeance, ont pour modèles dans la nature les accents des mêmes passions. En supposant donc à l'ancienne musique française tous les défauts qu'on lui attribue, il sera vrai que le système du merveilleux était associé avec une mauvaise musique; mais non pas que le caractère de cette musique fût adhérent au système du merveilleux.

« Des dieux de tradition pourraient-ils émouvoir un peuple et l'intéresser comme les objets de son culte et de sa croyance? »

A cela je réponds, il n'est pas besoin de croire au merveilleux pour qu'il nous fasse illusion. Dans la poésie dramatique comme dans l'épopée, l'illusion n'est jamais complète ; elle n'exige donc pas une croyance sérieuse, mais une adhésion de l'esprit au système qui lui est offert, et on obtient cette adhésion à tous les spectacles du monde. *Voyez* MERVEILLEUX ET ILLUSION.

« Que faudrait-il penser du goût d'un peuple, s'il pouvait souffrir sur ses théâtres un Hercule en taffetas couleur de chair, un Apollon en bas blancs et en habit brodé? »

Il faudrait penser que ce peuple a donné quelque chose aux bienséances théâtrales; que, par égard pour la décence, il a permis que les dieux et les héros ne fussent pas nus sur la scène ; qu'il veut bien les supposer vêtus comme on l'était dans le pays et dans le temps où l'action s'est passée : et si ces convenances ne sont pas assez bien gardées, c'est une négligence à laquelle il est facile de remédier. Est-ce bien sérieusement qu'on critique des bas blancs et un habit brodé? Est-ce que l'idée du dieu de la lumière manque d'analogie avec l'éclat de l'or? Et que fait la couleur ou des bas ou des brodequins? Supposez même que dans cette partie on ait manqué de goût, le génie de Quinault est-il responsable des maladresses du tailleur de l'*opéra?* le genre de Corneille et de Racine est-il mauvais ou ridicule, parce que nous avons vu long-temps Auguste et Agamemnon en longue perruque et en chapeau avec un panache, Hermione et Camille avec de grands paniers? et si dans l'opéra de Didon l'ombre d'Anchise vêtue en moine sort ridiculement du parquet, sans qu'aucune vapeur l'annonce et l'environne, est-ce la faute du poëte?

Je me souviens d'avoir entendu tourner en ridicule les ciels de l'*opéra*, parce que c'étaient des lambeaux de toile. Eh! les ciels de Claude Lorrain ne sont-ils pas des lambeaux de toile? Demandez que les ciels soient peints à faire illusion; demandez de même que les dieux et les héros soient vêtus avec goût, selon leur caractère : mais ne jugez ni de Racine, ni de Quinault, ni de Métastase, par les négligences accidentelles qui vous choquent sur leur théâtre; et ne nous donnez pas pour un défaut du genre, ce qui est commun à tous les genres et ce qui leur est étranger à tous.

On demande « si *le bon goût et le bons sens*

permettraient de personnifier tous les êtres que l'imagination des poëtes a enfantés, un génie aérien, un jeu, un ris, un plaisir, une heure, une constellation, etc. »

Pourquoi non, si la poésie leur a donné une existence et une forme idéale, si la peinture l'a secondée, et si nos yeux par elle y sont accoutumés? La fable et la féerie une fois reçues, tout le système en existe dans notre imagination. Dès qu'Armide paraît, on s'attend à voir des génies; dès que Vénus ou l'Amour s'annonce, on serait surpris de ne pas voir les Grâces, les Jeux, les Plaisirs. Le Guide a peint les Heures entourant le char de l'Aurore; il en a fait un tableau divin: pourquoi ce qui nous charme dans le tableau du Guide choquerait-il le bon sens et le goût sur le théâtre du merveilleux?

On a voulu tourner en ridicule l'allégorie de la Haine dans l'*opéra* d'*Armide*; et après en avoir fait un détail burlesque, on a dit : « Voilà le tableau de Quinault. »

Une parodie n'est pas une critique, comme une injure n'est pas une raison. Jamais allégorie, je le répète, ne fut plus juste, ni plus ingénieuse. Elle est d'autant plus belle, qu'en laissant d'un côté à la vérité simple tout ce qu'elle a de pathétique, de l'autre elle se saisit d'une idée abstraite qui nous serait échappée, et dont elle fait un tableau frappant. Je vais tâcher de me faire entendre. Armide aime Renaud et désire de le haïr : ainsi, dans l'ame d'Armide, l'amour est en réalité, et la haine n'est qu'en idée. On ne parle point le langage d'une passion que l'on ne sent pas. Le poëte ne pouvait donc, au naturel, exprimer vivement que l'amour d'Armide. Comment s'y est-il pris pour rendre sensible, actif et théâtral le sentiment qu'Armide n'a pas dans le cœur ? Il en a fait un personnage : et quel développement eût jamais eu le relief de ce tableau, la chaleur et la véhémence de ce dialogue ?

LA HAINE.

Sors, sors du sein d'Armide ; amour, brise ta chaîne.

ARMIDE.

Arrête, arrête, affreuse Haine.

Est-ce là mettre l'allégorie à la place de la passion ? Nullement. Je suppose qu'au lieu du tableau que je viens de rappeler, on vît sur le théâtre Armide endormie, et l'Amour et la Haine personnifiés, se disputant son cœur : ce combat purement allégorique serait froid. Mais la fiction de Quinault ne prend rien sur la nature : la passion qui possède Armide est exprimée dans sa vérité toute simple ; et le poëte ne fait que lui opposer, au moyen de l'allégorie, la passion que Armide n'a pas. Plus on réfléchit sur la beauté de cette fable, plus on y trouve de génie et de goût. Le moyen de la rendre grotesque et ridicule serait de faire tirailler Armide par la Haine et par les Démons.

A l'égard de la vraisemblance, la Haine est un personnage réalisé par le système de la mythologie, comme l'Envie, la Vengeance, le Désespoir, etc. Dans le système de la féerie, c'est un Démon, c'est l'un des esprits infernaux auxquels le magicien commande. Le système une fois reçu, ce personnage a donc sa vraisemblance, comme celui d'Armide et comme celui de Pluton.

Mais « l'hypothèse d'un spectacle où les personnages parlent quoiqu'en chantant, n'est-elle pas beaucoup trop voisine de notre nature, pour être employée dans un drame dont les acteurs sont des dieux? »

C'est au contraire parce que la langue de ce spectacle s'éloigne de notre nature, qu'elle convient mieux à des êtres surnaturels ou fabuleux. Les dieux et les héros, tels que les poëtes et les peintres nous ont accoutumés à les concevoir, ne sont autre chose que des hommes perfectionnés : la langue musicale est donc comme leur langue naturelle; et voilà ce qui donne à l'*opéra* français une vérité relative que l'*opéra* italien n'aura jamais : car l'imagination déjà exaltée par le merveilleux de la fable ou de la magie, attribue aisément un accent fabuleux ou magique aux personnages de l'un ou de l'autre système; au lieu que si l'action théâtrale ne me présente que la vérité historique et que des hommes tels que j'en vois et que j'en entends tous les jours, c'est alors que j'ai de la peine à me persuader qu'ils parlaient en chantant. Ainsi, à l'égard de la vraisemblance, l'hypothèse du merveilleux s'accommode mille fois mieux de ce langage musical, que la vérité historique.

On nous oppose enfin l'exemple des Italiens, lesquels ayant d'abord adopté pour l'*opéra* le système du merveilleux, l'ont quitté pour la tragédie.

La vérité simple est que les premiers essais du spectacle lyrique en Italie, furent faits aux dépens des ducs de Florence, de Mantoue, et de Ferrare; que leur magnificence n'y épargna rien; qu'alors le merveilleux, qui exige de grands frais, put paraître sur leur théâtre; et que dans la suite les villes d'Italie, obligées de faire elles-mêmes les dépenses de leur spectacle, allèrent à l'épargne, et donnèrent par économie la préférence à la tragédie dénuée de merveilleux.

Or je soutiens qu'au lieu de l'embellir, ils ont gâté la tragédie, non-seulement par les sacrifices que leurs poëtes ont été obligés de faire à leurs musiciens, mais parce qu'il est impossible à la musique de compenser le tort qu'elle fait à la vérité, à la rapidité, à la chaleur de l'expression. Pour s'en convaincre, on n'a qu'à voir si un *opéra* italien a causé jamais cette émotion continue, ce saisissement gradué, cette alternative pressante d'espérance et de crainte, de terreur et de compassion, ce trouble enfin qui nous agite du commencement jusqu'à la fin de *Mérope* ou d'*Iphigénie*. Non-seulement cela n'est pas, mais cela n'est pas possible, parce que la modulation altérée du récitatif, quel qu'il soit, ne peut jamais avoir le naturel, la véhémence, et l'énergie du langage passionné : aussi voit-on qu'en Italie l'*opéra* n'est point écouté; que dans les loges on ne pense à rien moins qu'à ce qui se passe sur le théâtre, et que l'attention n'y est ramenée que lorsqu'une ritournelle brillante annonce l'air postiche qui termine la scène et qui en refroidit l'intérêt.

Pourquoi avons-nous donc aussi adopté un spectacle où la vérité de l'expression est sans cesse altérée par l'accent musical? Le poëte n'est-il pas soumis à la même contrainte? les gradations, les nuances, les développements, ne lui sont-ils pas également interdits? n'est-il pas de même obligé d'esquisser plutôt que de peindre, et d'indiquer les mouvements de l'ame plutôt que de les exprimer? ne s'impose-t-il pas encore d'autres gênes que le poëte italien ne connaît pas? Oui, sans doute : mais le spectateur en est dédommagé par des plaisirs d'un autre genre; et c'est en quoi le système français est plus conséquent que le système italien.

L'expression musicale, nous dit-on, ne convient qu'aux situations violentes et aux mouvements passionnés. Mais les passions violentes sont-elles les seules dont l'accent s'élève au-dessus de la simple déclamation? et toutes les fois que l'ame est en mouvement, soit que ce mouvement ait plus ou moins de violence et de rapidité, ne donne-t-il pas lieu à une expression plus vive et plus marquée que le langage tranquille et froid? C'est là sur-tout ce qui distingue l'air d'avec le simple récitatif, et ce qui le rend susceptible d'une infinité de nuances : c'est aussi, comme je l'ai dit, ce qui, dans le système du merveilleux, rendra l'*opéra* susceptible d'une variété inépuisable dans les caractères du chant.

Il me reste à examiner quel est le style qui convient au poëme lyrique; et je n'hésite point à dire que, pour le simple récitatif, Quinault est le modèle de l'élégance, de la grâce, de la facilité, quelquefois même de la splendeur et de la majesté que la scène demande.

Le moyen, par exemple, de ne pas déclamer avec de doux accents ces vers de l'*opéra* d'*Isis?* C'est Hiérax qui se plaint d'Io.

    Depuis qu'une nymphe inconstante
A trahi mon amour et m'a manqué de foi,
Ces lieux, jadis si beaux, n'ont plus rien qui m'enchante :
Ce que j'aime a changé; tout a changé pour moi.
L'inconstante n'a plus l'empressement extrême
De cet amour naissant qui répondait au mien :
Son changement paraît en dépit d'elle-même;
    Je ne le connais que trop bien.
Sa bouche quelquefois dit encor qu'elle m'aime;
Mais son cœur ni ses yeux ne m'en disent plus rien....
Ce fut dans ces vallons où, par mille détours,
Inachus prend plaisir à prolonger son cours,

Ce fut sur son charmant rivage
  Que sa fille volage
Me promit de m'aimer toujours.
Le zéphyr fut témoin, l'onde fut attentive,
Quand la nymphe jura de ne changer jamais;
Mais le zéphyr léger et l'onde fugitive
Ont enfin emporté les serments qu'elle a faits.

Et en parlant de la nymphe elle-même, écoutez comme ses paroles semblent solliciter une déclamation touchante!

Vous juriez autrefois que cette onde rebelle
Se ferait vers sa source une route nouvelle,
Plutôt qu'on ne verrait votre cœur dégagé :
Voyez couler ces flots dans cette vaste plaine;
C'est le même penchant qui toujours les entraîne;
Leur cours ne change point, et vous avez changé.

IO.

Non, je vous aime encor.

HIÉRAX.

Quelle froideur extrême!
Inconstante! est-ce ainsi qu'on doit dire qu'on aime?

IO.

C'est à tort que vous m'accusez :
Vous avez vu toujours vos rivaux méprisés.

HIÉRAX.

Le mal de mes rivaux n'égale point ma peine :
La douce illusion d'une espérance vaine
Ne les fait point tomber du faîte du bonheur;
Aucun d'eux, comme moi, n'a perdu votre cœur.

On voit encore un exemple plus sensible de

l'aisance et du naturel du dialogue lyrique, dans la scène de Cadmus :

> Je vais partir, belle Hermione.

Mais un modèle parfait dans ce genre est la scène du cinquième acte d'*Armide*.

> Armide, vous m'allez quitter! etc.

RENAUD.

> D'une vaine terreur pouvez-vous être atteinte,
> Vous qui faites trembler le ténébreux séjour?

ARMIDE.

> Vous m'apprenez à connaître l'amour;
> L'amour m'apprend à connaître la crainte.
> Vous brûliez pour la gloire avant que de m'aimer;
> Vous la cherchiez par-tout d'une ardeur sans égale :
>   La gloire est une rivale
>   Qui doit toujours m'alarmer.

RENAUD.

> Que j'étais insensé de croire
> Qu'un vain laurier, donné par la victoire,
> De tous les biens fût le plus précieux!
>   Tout l'éclat dont brille la gloire,
>   Vaut-il un regard de vos yeux!

C'est en étudiant l'art dans ces modèles, qu'on sentira, ce que je ne puis définir, le tour élégant et facile, la précision, l'aisance, le naturel, la clarté d'un style arrondi, cadencé, mélodieux, tel enfin qu'il semble que le poëte ait lui-même écrit en chantant. Mais ce n'est pas seulement dans les choses tendres et voluptueuses que son vers est doux et harmonieux ; il sait réunir, quand il le faut, l'élégance avec l'énergie, et même avec la sublimité. Prenons pour exemple le début de Pluton dans l'*opéra* de *Proserpine :*

>Les efforts d'un géant qu'on croyait accablé,
>Ont fait encor frémir le ciel, la terre et l'onde.
>Mon empire s'en est troublé ;
>Jusqu'au centre du monde
>Mon trône en a tremblé.
>L'affreux Typhée, avec sa vaine rage,
>Trébuche enfin dans des gouffres sans fonds.
>L'éclat du jour ne s'ouvre aucun passage
>Pour pénétrer les royaumes profonds
>Qui me sont échus en partage.
>Le ciel ne craindra plus que ses fiers ennemis
>Se relèvent jamais de leur chûte mortelle ;
>Et du monde ébranlé par leur fureur rebelle
>Les fondements sont affermis.

Il était impossible, je crois, d'imaginer un plus digne intérêt pour amener Pluton sur la terre, et de l'exprimer en de plus beaux vers.

Si l'amour est la passion favorite de Quinault, ce n'est pas la seule qu'il ait exprimée en vers lyriques, c'est-à-dire en vers pleins d'ame et de mouvement. Écoutez Cérès au désespoir après avoir perdu sa fille, et, la flamme à la main, embrasant les moissons :

>J'ai fait le bien de tous. Ma fille est innocente,
>Et pour toucher les dieux mes vœux sont impuissants :
>J'entendrai sans pitié les cris des innocents.

> Que tout se ressente
> De la fureur que je sens.

Écoutez Méduse dans l'*opéra* de *Persée*.

> Pallas, la barbare Pallas
> Fut jalouse de mes appas,
> Et me rendit affreuse autant que j'étais belle;
> Mais l'excès étonnant de la difformité
> Dont me punit sa cruauté,
> Fera connaître, en dépit d'elle,
> Quel fut l'excès de ma beauté.
> Je ne puis trop montrer sa vengeance cruelle.
> Ma tête est fière encor d'avoir pour ornement
> Des serpents dont le sifflement
> Excite une frayeur mortelle.
> Je porte l'épouvante et la mort en tous lieux;
> Tout se change en rocher à mon aspect horrible.
> Les traits que Jupiter lance du haut des cieux,
> N'ont rien de si terrible
> Qu'un regard de mes yeux.
> Les plus grands dieux du ciel, de la terre et de l'onde,
> Du soin de se venger se reposent sur moi.
> Si je perds la douceur d'être l'amour du monde,
> J'ai le plaisir nouveau d'en devenir l'effroi.

Boileau avait-il lu ces vers, lorsqu'en se moquant d'un genre dans lequel il s'efforça inutilement lui-même de réussir, il disait des *opéras* de Quinault :

> Et jusqu'à *Je vous hais*, tout s'y dit tendrement?

Avait-il lu le cinquième acte d'*Atys?*

> Quoi! Sangaride est morte! Atys est son bourreau!
> Quelle vengeance, ô dieux! quel supplice nouveau!

Quelles horreurs sont comparables
Aux horreurs que je sens!
Dieux cruels, dieux impitoyables,
N'êtes-vous tout-puissants,
Que pour faire des misérables?

Quelle force! quelle harmonie! quelle incroyable facilité! Personne n'a croisé les vers et arrondi la période poétique avec tant d'intelligence et de goût; et celui qui sera insensible à ce mérite, ou n'aura point d'oreille, ou n'aura pas la première idée de la difficulté de l'art de bien écrire en vers.

Dans les vers lyriques destinés au récitatif libre et simple, on doit éviter le double excès d'un style ou trop diffus ou trop concis; et c'est ce que l'oreille de Quinault a senti avec une extrême justesse. Les vers dont le style est diffus sont lents, pénibles à chanter, et d'une expression monotone; les vers d'un style coupé par des repos fréquents, obligent le musicien à briser de même son style. Cela est réservé au tumulte des passions, et par conséquent au récitatif obligé : car alors la chaîne des idées est rompue, et à chaque instant il s'élève dans l'ame un mouvement subit et nouveau.

Pour cette partie de la scène où règne une passion tumultueuse et violente, comme dans les rôles d'Armide, de Cérès, de Médée, et surtout dans celui d'Atys, Métastase est encore un modèle supérieur à Quinault lui-même. Mais dans le simple récitatif, le style de Métastase me semble trop concis, et moins susceptible de belles modulations, que le style nombreux et développé de Quinault.

A l'égard des peintures, un grand tableau dont les traits sont distincts et se succèdent rapidement, exige, comme la passion, un style concis et articulé. Par exemple, dans les beaux vers du début des *Éléments*, voyez comme chaque image est détachée par un silence; c'est dans ces silences de la voix que l'harmonie va se faire entendre.

> Les temps sont arrivés : cessez, triste chaos.
> Paraissez, éléments. Dieux, allez leur prescrire
>   Le mouvement et le repos.
> Tenez-les renfermés chacun dans son empire.
> Coulez, ondes, coulez. Volez, rapides feux.
> Voile azuré des airs, embrassez la nature.
> Terre, enfante des fruits, couvre-toi de verdure.
>   Naissez, mortels, pour obéir aux dieux.

Si au contraire les sentiments ou les images que l'on peint sont destinés à former un air d'un dessein continu et simple, l'unité de couleur et de ton est essentielle au sujet même; et c'est le vague de l'expression qui facilitera le chant. Dans le *Démophon* de Métastase, Timante, qui frémit de se trouver le frère de son fils, n'exprime sa pitié pour le malheur de cet enfant qu'en termes vagues : le poëte laisse au musicien à dire ce qu'il ne dit pas.

Misero pargoletto,
Il tuo destin non sai.
Ah! non gli dite mai
Quel' era il genitor.
Come in un ponto, o dio!
Tutto cangio d'aspetto!
Voi foste il mio diletto;
Voi siete il mio terror.

C'est à l'accent de la nature à faire entendre quel est ce père, quel est cet enfant malheureux. *Voyez* AIR, CHANT, RÉCITATIF.

Il n'est pas exactement vrai que l'expression musicale soit réservée, comme on l'a dit, au langage des passions. C'est là sans doute son triomphe; mais ce n'est pas dans la nature le seul objet que l'harmonie et la mélodie soient en état de peindre, d'animer, d'embellir.

« Si vous choisissez, nous dit-on, deux compositeurs d'*opéra;* que vous donniez à l'un à exprimer le désespoir d'Andromaque lorsqu'on arrache Astyanax du tombeau où sa piété l'avait caché, ou les adieux d'Iphigénie qui va se soumettre au couteau de Calchas, ou bien les fureurs de sa mère éperdue au moment de cet affreux sacrifice; et que vous disiez à l'autre, faites-moi une tempête, un tremblement de terre, un chœur d'Aquilons, un débordement du Nil, une descente de Mars, une conjuration magique, un sabbat infernal : n'est-ce pas dire à celui-ci, je vous choisis pour faire peur ou plaisir aux enfants; et à l'autre, je vous choisis pour être l'admiration des nations et des siècles? »

Mais à quoi bon ce partage exclusif de l'art d'imiter par des accents, par des accords, et par des nombres? Le même compositeur à qui l'on donnerait à exprimer le désespoir d'Andromaque, se croirait-il déshonoré, si on lui donnait aussi à exprimer les gémissements de l'ombre d'Hector qui se feraient entendre du fond de son tombeau? Celui qui aurait exprimé les adieux d'Iphigénie ou le désespoir de sa mère, rougirait-il d'exprimer aussi la descente de Diane par une symphonie auguste? Celui qui aurait à exprimer la douleur d'Idoménée obligé d'immoler son fils, dédaignerait-il d'imiter la tempête de l'avant-scène? La chûte du Nil serait-elle un objet moins magnifique à peindre aux yeux et à l'oreille, que le triomphe de Sésostris? et sans être un peuple d'enfants, ne pourrait-on pas être ému de la beauté de ces peintures? Un chœur infernal peut aussi n'être pas *un bruit de sabbat :* les Grecs ne l'appelaient pas ainsi sur le théâtre d'Eschyle; il n'y ressemble pas davantage dans l'*opéra* de *Castor;* et quant à l'exécution, il est possible et facile encore d'y faire observer plus de décence.

La musique a, de sa nature, un caractère d'analogie et des moyens d'imitation pour tout ce qui affecte l'oreille. Quant aux objets des autres sens, elle n'a rien qui leur ressemble; mais au lieu de l'objet même, elle peint le caractère de la sensation qu'il nous cause : par exemple, dans ces vers de Renaud,

> Plus j'observe ces lieux, et plus je les admire.
> Ce fleuve coule lentement ;
> Il s'éloigne à regret d'un séjour si charmant ;
> Les plus aimables fleurs et le plus doux zéphyre
> Parfument l'air qu'on y respire.

la musique ne peut exprimer ni le parfum, ni l'éclat des fleurs ; mais elle peint l'état de volupté où l'ame, qui reçoit ces douces impressions, languit amollie et comme enchantée.

Dans ces vers de Castor et Pollux,

> Tristes apprêts, pâles flambeaux,
> Jour plus affreux que les ténèbres !

la musique ne pouvait jamais rendre l'effet des lampes sépulcrales ; mais elle a exprimé la douleur profonde qu'imprime au cœur de Thélaïre la vue du tombeau de Castor. Telle est, d'un sens à l'autre, l'analogie que la musique observe et saisit, lorsqu'elle veut réveiller, par l'organe de l'oreille, la réminiscence des impressions faites sur tel ou sur tel autre sens ; c'est donc aussi cette analogie que la poésie doit rechercher dans les tableaux qu'elle lui donne à peindre.

Quant aux affections et aux mouvements de l'ame, la musique ne les exprime qu'en imitant l'accent naturel. L'art du musicien est de donner à la mélodie des inflexions qui répondent à celles du langage; et l'art du poëte est de donner au musicien des tours et des mouvements susceptibles de ces inflexions variées, d'où résulte la beauté du chant.

Un poëme peut donc être ou n'être pas lyrique, soit par le fonds du sujet, soit par les détails et le style.

Tout ce qui n'est qu'esprit et raison est inaccessible pour la musique; elle veut de la poésie toute pure, des images, des sentiments. Tout ce qui exige des discussions, des développements, des gradations, n'est pas fait pour elle. Faut-il donc mutiler le dialogue, brusquer les passages, précipiter les situations, accumuler les incidents, sans les lier l'un avec l'autre, ôter aux détails et à l'ensemble d'un poëme cet air d'aisance et de vérité d'où dépend l'illusion théâtrale, et ne présenter sur la scène que le squelette de l'action? C'est l'excès où l'on donne, et qu'on peut éviter en prenant un sujet analogue au genre lyrique, où tout soit simple, clair et rapide, en action et en sentiment.

L'*opéra* italien a des morceaux du caractère le plus tendre; il en a aussi du plus passionné : c'est sa partie vraiment lyrique. Du milieu de ces scènes, dont le récit noté n'a jamais ni la délicatesse, ni la chaleur, ni la grâce de la simple déclamation, parce que les inflexions de la parole sont inappréciables, que dans aucune langue on ne peut les écrire, et que le chanteur le plus habile ne peut jamais les faire passer dans ses modulations; du milieu de ces scènes, dis-je, sortent par intervalle des mouvements de sensibilité, auxquels la musique donne une expression plus animée et plus touchante que l'expression même de la nature; et le premier mérite en est au poëte qui a su rendre ces morceaux susceptibles de toute l'énergie de l'accent musical. Voyez, dans l'*Iphigénie* d'Apostolo-Zeno, imitée de Racine, combien ces paroles de Clytemnestre sont dociles à recevoir l'accent de la douleur et du reproche:

> *Prepari a svenar e figlia e madre,*
> *Consorte e padre,*
> *Ma sensa amore*
> *Sensa pietà.*
> *Si, si,*
> *L'amor si perverti;*
> *E nel tuo cuore*
> *Entrò col fasto*
> *La crudeltà.*

Dans l'*Andromaque* du même poëte, lorsque entre deux enfants qu'on présente à Ulysse, réduit au même choix que Phocas, il ne sait lequel est son fils Télémaque, ni lequel est le fils d'Hector; les paroles de Léontine dans la bouche d'Andromaque sont, il faut l'avouer, d'une mère bien plus sensible, et ont quelque chose de bien plus animé dans l'italien que dans le français:

> *Guarda pur. O quello, o questo*
> *E tua prole, e sangue mio.*

Tu non sai ; ma il so ben io ;
Ne a te, perfido, il dirò.
Chi di voi li vol per padre ?
Vi arretrate ! ah ! voi tacendo
Sento dir : tu mi sei madre ;
Ne colui me generò.

Dans l'*Olympiade* de Métastase, lorsque Mégaclès cède sa maîtresse à son ami et la laisse évanouie de douleur, quoi de plus favorable au pathétique du chant que ces paroles :

Se cerca, se dice :
L'amico dov'è ?
L'amico infelice,
Rispondi, morì.
Ah no : si gran duolo
Non dar le per me ;
Rispondi ma solo :
Piangendo parti.
Che abisso di pene !
Lasciare il suo bene !
Lasciar lo per sempre !
Lasciar lo cosi !

Dans le *Démophon* du même poëte, imité d'*Inès de Castro*, combien les adieux des deux époux sont plus touchants, dans ce dialogue de Timante et de Dircé, que dans la scène de Pèdre et d'Inès !

TIMANTE.

La destra ti chiedo,
Mio dolce sostegno,
Per ultimo pegno
D'amore e di fè.

DIRCÉ.

*Ah! questo fu il segno
Del nostro contento;
Ma sento che adesso
L'istesso non è.*

TIMANTE.

Mia vita, ben mio.

DIRCÉ.

Addio, sposo amato.

ENSEMBLE.

*Che barbaro addio!
Che fato crudel!
Che attendono i rei
Dagli astri funesti,
Si premi son questi
D'un' alma fedel!*

C'est là que triomphe la musique italienne; et dans l'expression qu'elle y met, on ne sait ce qu'on doit admirer le plus, ou des accents, ou des accords.

Mais on aurait beau multiplier ces morceaux pathétiques, ils ont toujours la couleur sombre d'un sujet uniquement tragique; et pour y répandre de la variété, l'on est obligé d'avoir recours à un moyen qui répugne à la tragédie et fait violence à la nature. Je parle de ces sentences, de ces comparaisons que les poëtes ont eu la complaisance de mettre dans la bouche des personnages les plus graves, dans les situations même les plus douloureuses; de ces airs sur lesquels une voix efféminée, qu'on donne pour celle d'un héros, vient badiner à contre-sens. En vain les poëtes ont mis tout leur soin à faire, de ces vers détachés, des peintures vives et nobles; il y a de quoi éteindre le feu de l'action la plus animée. Celui qui chante peut flatter l'oreille, mais il est sûr de glacer les cœurs. Que devient, par exemple, l'intérêt de la scène, lorsque Arbace, dans la plus cruelle situation où la vertu, l'amour, l'amitié, la nature, puissent jamais être réduits, s'amuse à chanter ces beaux vers?

> *Vo solcando un mar crudele,*
> *Sensa vele*
> *E sensa sarte.*
> *Freme l'onda, il ciel s'imbruna,*
> *Cresce il vento e manca l'arte;*
> *E il voler della fortuna*
> *Son costreto a seguitar.*
> *Infelice in questo stato,*
> *Son da tutti abandonato;*
> *Meco sola è l'innocenza,*
> *Che mi porta a naufragar.*

Cette manière de varier, de brillanter le chant, dans l'*opéra* italien, est un luxe très-vicieux, très-éloigné du naturel. Métastase, qui s'en est plaint, l'a trop favorisé lui-même; il a eu trop de complaisance pour la vanité des chanteurs qui voulaient faire applaudir, au théâtre, la flexibilité, la justesse, l'agilité d'une voix brillante; il a trop adhéré à la fausse émulation des compositeurs et au mauvais goût de la multitude, qui, rassasiée des beautés simples dans l'expression musicale, voulait un chant plus *artialisé*, si je puis me servir de ce mot de Montaigne. Le dirai-je enfin? Métastase a lui-même contribué à introduire ce mauvais goût, en donnant lieu à une foule d'airs, qui, dans ses *opéras*, ne seraient rien, s'ils n'étaient pas un vain ramage. Et que voulait-il qu'un musicien fît de toutes ces comparaisons façonnées en ariettes, qui terminent ses scènes comme des culs-de-lampe, ou qui plutôt sont dans le chant comme des bouquets d'artifice, pour obtenir l'applaudissement?

Un grand musicien m'a dit que les airs de bravoure qu'il était obligé de composer en Italie avaient fait son supplice durant vingt ans. Mais ce luxe contagieux ne se fût pas introduit dans le chant, et n'eût pas corrompu l'oreille et le goût des Italiens, s'il n'eût pas commencé par se glisser dans les paroles, si la poésie lyrique n'eût jamais elle-même été que l'expression pure et simple du sentiment donné par la situation et inspiré par la nature ; et c'est à quoi, dans l'*opéra* français, nous espérons de la réduire.

Dès-lors toutes les beautés véritables de la musique italienne, cette déclamation rapide et naturelle, ce pathétique véhément du récitatif obligé, ce *cantabile* si touchant et si mélodieux, ces airs, le charme de l'oreille, et en même temps l'expression la plus vraie et la plus sensible des affections de l'ame, tout cela, dis-je, nous appartient; et la musique française n'est plus que la musique italienne dans sa plus belle simplicité.

Et qu'on ne dise pas que ce n'est point encore ce que Métastase eût voulu, s'il avait dépendu de lui d'être fidèle à ses principes. Il s'en est clairement expliqué dans ses lettres à l'auteur de l'*Essai de l'Alliance de la Poésie avec la Musique*. Dans cet essai, l'air régulier, l'air périodique, est célébré comme ce qu'il y a de plus ravissant dans la musique italienne; et Métastase, dans ses lettres, donne les éloges les moins équivoques au bon goût, aux lumières, à la saine doctrine répandue dans cet essai. Métastase et M. le marquis de Chastellux sont d'accord sur la beauté de l'air et sur le charme qu'il ajoute à la scène; mais tous les deux condamnent le luxe efféminé qui s'est introduit dans cette partie de la musique théâtrale, au mépris de toutes les convenances, et aux dépens de l'intérêt de l'action et de l'expression. Tel est sur ces deux points le sentiment de Métastase. Et comment le génie inspirateur des plus beaux chants aurait-il été l'ennemi de la musique chantante? Comment le poëte qui a mesuré, symétrisé avec le plus de soin les paroles de ses *duo* et de ses airs, aurait-il réprouvé cette période musicale dont lui-même il traçait le cercle, et ces phrases correspondantes qu'il dessinait avec tant d'étude et tant d'art? On voit évidemment que, pour prendre une forme régulière et parfaite, la musique n'avait besoin que d'être moulée sur ses paroles; et ce moule, dont il est impossible de ne pas reconnaître la destination, n'était pas formé sans dessein. Mais pour sauver la tragédie de la tristesse monotone qui lui est naturelle, Métastase a été forcé d'y semer une foule d'airs accessoires et purement lyriques; et il a mis à orner ce défaut un talent, un goût, un travail, qui le font admirer et plaindre.

Il fut un temps, nous dira-t-on, où Métastase, après avoir été esclave des musiciens, pouvait leur imposer : en changeant de manière, il aurait corrigé la leur. Mais l'habitude était formée, le mauvais goût avait prévalu; et un obstacle plus invincible encore était l'attachement de ce poëte au genre austère qu'il avait pris, et qu'il ne pouvait tempérer et varier que par ces petits épilogues, où il donnait aux voix la liberté de voltiger : *Plebis aucupium.*

Le seul moyen de se passer de cette ressource aurait été, pour lui, de travailler sur des sujets plus variés et plus dociles, où le mélange des situations douloureuses et des situations consolantes, des moments de trouble et de crainte, et des moments de calme et d'espérance, eût donné lieu tour-à-tour au caractère du chant pathétique et à celui du chant gracieux et léger.

Ainsi l'exemple même des Italiens me confirme dans la pensée qu'un genre mêlé de tableaux gracieux et de tableaux terribles, de situations douces et de situations fortes, de scènes tendres et touchantes et de scènes passionnées, de clair, de sombre dans ses couleurs et dans ses tons, de pastoral et d'héroïque dans son action et dans ses caractères; qu'un genre susceptible d'un merveilleux décent et de fêtes bien amenées, est en même temps le plus favorable à la musique, et le plus susceptible de toutes les beautés que peut réunir un spectacle fait pour enchanter tous les sens. M. Piccini en a fait deux essais. On a contesté d'abord le succès d'*Atys*; celui de *Roland* est incontestable. (Celui d'*Atys* n'a pas été moins décidé à diverses reprises.) Et qu'avec son style enchanteur cet homme célèbre et ses pareils aient le courage de s'exercer dans le même genre, le temps décidera si ce n'est pas celui qui nous convient le mieux.

L'*opéra* ne s'est pas borné aux sujets tragiques et merveilleux. La galanterie noble, la pastorale, la bergerie, le comique, le bouffon même, sont embellis par la musique. Mais tout cela demande un naturel très-animé; le mouvement en est la vie, la variété en fait le charme, le gracieux même y doit être mêlé du vif et du piquant. Le comique sur-tout, par ses mouvements, ses saillies, ses traits naïfs, ses peintures vivantes, donne à la musique un jeu et un essor que les Italiens nous ont fait connaître, et dont, avant la *Serva Padrona*, l'on ne se doutait point en France.

Mais les arts connaissent-ils la différence des climats? leur patrie est par-tout où l'on sait les goûter. Les beautés de l'*opéra* italien seront celles du nôtre quand nous le voudrons bien. Déja, dans le comique, nous avons réussi : en élevant ce genre au-dessus du bouffon, nous en avons étendu la sphère. Il dépend de nous, en donnant à Quinault plus d'énergie et de mouvement dans les situations pathétiques, et des formes lyriques qu'il ne pouvait connaître, de faire de ses beaux poëmes l'objet de l'émulation des plus célèbres compositeurs. Laissons aux voix brillantes et légères que l'Italie admire, les ariettes qui, dans ses *opéras*, déparent les scènes les plus touchantes; et tâchons d'imiter ces accents si vrais, si sensibles, ces accords si simples et si expressifs, ces modulations dont le dessein est si pur et si beau, enfin ce chant, qui, pour émouvoir, n'a presque pas besoin d'être chanté, et qui, avec un clavecin et une voix faible, a le pouvoir d'arracher des larmes. Mais gardons-nous de renoncer à ce beau genre de Quinault : encourageons les jeunes poëtes à l'accommoder au goût d'une musique dont il est si digne; et n'allons pas croire que, dans ce nouveau genre, le récitatif, quelque bien fait qu'il soit et de quelque harmonie que son expression soit soutenue, ait seul assez d'attraits et assez de charmes pour nous. La période musicale, le chant mélodieux, dessiné, arrondi, décrivant son cercle avec grâce, l'air enfin une fois connu, fera par-tout et dans tous les temps, les délices de l'oreille; et jamais des phrases tronquées, des mouvements rompus, des desseins avortés, un chant heurté ou mutilé ne satisfera pleinement. Les Italiens le disent, et l'on doit les en croire : l'excellence de la musique est dans le chant, et la mélodie en est l'âme.

A l'égard des fêtes et des danses, évitons avec soin de les amener sans raison et en dépit de la vraisemblance; mais gardons-nous aussi de les trop négliger et d'en dépouiller ce spectacle. Ce ne sera point au moment où la désolation régnera dans le lieu de la scène, que les Satyres et les Dryades viendront célébrer la fête du dieu Pan, comme dans l'*opéra* de Callirhoé; ce ne sera point lorsqu'un amant furieux, courant à l'autel où l'on veut immoler sa maîtresse, dira :

> Le bûcher brûle; et moi j'éteins sa flamme impie
> Dans le sang du cruel qui veut vous immoler....
> J'attaquerai vos dieux, je briserai leur temple,
> Dût leur ruine m'accabler.

Ce ne sera point alors que les bergers des coteaux voisins viendront danser et chanter gaiement autour de celle qui doit être immolée. Mais les amants qui viendront s'enivrer à la fontaine de l'amour formeront par leurs danses un contraste agréable avec la douleur d'Angélique. Quinault, par un trait de sentiment, donne la leçon aux poëtes, lorsque Renaud dit aux plaisirs qui viennent le distraire de ses ennuis :

Allez, éloignez-vous de moi,
Doux plaisirs; attendez qu'Armide vous ramène.

Ce créateur de la scène lyrique est encore celui qui a le mieux connu l'art d'amener les fêtes. La pastorale de Roland fut son chef-d'œuvre dans ce genre; et lorsque je remis au théâtre cet *opéra* charmant, j'eus grand soin de la conserver : mais à la dernière répétition, une troupe de gens ameutés pour faire tomber cet essai de la musique italienne, cherchant dans le poëme quelque endroit à reprendre, s'avisèrent de trouver ridicule la scène de la pastorale, et firent tant par leurs clameurs, que les directeurs effrayés vinrent me conjurer d'en retrancher ces vers de situation que les cabaleurs attaquaient.

CORIDON.
Quand le festin fut prêt, il fallut les chercher.
BÉLISE.
Ils étaient enchantés dans ces belles retraites.
CORIDON.
On eut peine à les arracher
De ce lieu charmant où vous êtes.
ROLAND.
Où suis-je? Juste ciel! où suis-je, malheureux?

Je résistai long-temps, comme on peut croire; mais il fallut céder, pour ne pas entendre huer le lendemain ce qui avait fait les plaisirs de la cour de Louis XIV et l'admiration de Voltaire.

Je me permets ce petit détail, non-seulement pour me disculper de cette indigne mutilation, mais pour faire voir de quels juges les arts ont quelquefois le malheur de dépendre.

ORAISON FUNÈBRE. Le sentiment d'intérêt qui attache l'homme à l'opinion de la postérité, et qui le fait jouir d'avance du souvenir qui restera de lui quand il ne sera plus, l'émulation qu'inspirent aux vivants les éloges qu'on donne aux morts, et l'impression que font sur les ames de grands exemples retracés avec une vive éloquence, sont les principes d'utilité sur lesquels a été fondé dans tous les temps l'usage des *oraisons funèbres*: il fut institué chez les Grecs par Solon; chez les Romains, par Valérius Publicola.

L'éloge funèbre, en Égypte, était personnel comme il le fut à Rome. Dans la Grèce il fut consacré à la gloire commune des citoyens qui avaient péri dans les combats pour la défense de la patrie. Cette institution le rendait en même temps plus pur, plus juste, et plus utile : plus pur, parce qu'il était exempt de l'adulation personnelle, à laquelle ne manque pas de donner lieu, même à l'égard des morts, la complaisance pour les vivants : plus juste, en ce qu'il embrassait tous ceux qui l'avaient mérité : plus utile, en ce que l'exemple de la vertu et de la gloire regardait tous les citoyens, et pouvait être également pour tous un objet d'espérance et d'émulation. De là l'espèce d'enivrement que les Athéniens rapportaient de l'assemblée où leurs enfants, leurs pères, leurs frères, leurs amis, venaient d'être solennellement honorés des regrets et des éloges de la patrie. A Rome, sous les empereurs, on vit à quel degré de bassesse et de servitude l'*oraison funèbre* pouvait êre réduite, lorsque l'orgueil la commandait. *Voyez* DÉMONSTRATIF.

Parmi nous elle est personnelle et réservée pour la haute naissance, ou pour les premières dignités; et, quoique moins servile et moins adulatrice qu'elle ne le devint à Rome, elle n'a pas été exempte du reproche de corruption. L'on a quelquefois entendu célébrer en chaire des hommes que la voix publique n'avait jamais loués de même, et qu'elle était loin de bénir. Mais sans insister sur l'abus que l'on a fait souvent, et que l'on fera peut-être encore, de ces éloges de bienséance, considérons ce qu'ils auraient d'utile, si l'orateur, en s'interdisant le mensonge et la flatterie, se proposait pour règle et pour objet la décence et la vérité.

En premier lieu, on ne louerait que des morts dignes de mémoire. En second lieu, comme tous les hommes, même les plus recommandables, ont été un mélange de force et de faiblesse, de vertus et de vices, ce serait le côté vraiment louable que l'éloquence exposerait à la lumière; et au lieu de donner du lustre aux vices qui sont susceptibles du fard de la louange, elle les laisserait dans l'ombre, et son silence exprimerait ce que sa voix ne dirait pas. En troisième lieu, elle s'attacherait aux traits de caractère, aux vertus, aux talents dont la peinture aurait, non pas le plus d'éclat, mais le plus d'influence; et la véritable destination de la gloire serait remplie, puisqu'elle serait réservée aux qualités et aux actions qui auraient le plus contribué au bien public et au bonheur des hommes. En quatrième lieu, les vertus privées et domestiques obtiendraient aussi le tribut de louanges dont elles seraient dignes ; mais ces peintures de fantaisie, ces lieux communs d'adulation, où l'adresse et l'esprit de l'orateur s'épuisent pour tout défigurer et pour tout embellir, seraient exclus de l'*oraison funèbre;* et s'il était permis à l'orateur de ne peindre son modèle que de profil, du côté le plus favorable, et avec des couleurs plus vives que celles de la vérité, au moins serait-il obligé d'en bien saisir la ressemblance. Enfin l'utilité publique, qui est le fruit de l'exemple, étant le seul objet moral de ces tristes solennités, l'éloquence s'attacherait aux résultats que lui présenteraient les détails d'une vie habituellement occupée des intérêts de la société; et de ces particularités de mœurs, de fortune, d'emplois, de fonctions, de devoirs, de conduite, qu'il aurait à développer, il aurait soin de s'élever à des principes lumineux et féconds, qui donneraient plus d'étendue à l'instruction publique.

un objet d'espérance et d'émulation. De là l'espèce d'enivrement que les Athéniens rapportaient de l'assemblée où leurs enfants, leurs pères, leurs frères, leurs amis, venaient d'être solennellement honorés des regrets et des éloges de la patrie. A Rome, sous les empereurs, on vit à quel degré de bassesse et de servitude l'*oraison funèbre* pouvait ère réduite, lorsque l'orgueil la commandait. *Voyez* DÉMONSTRATIF.

Parmi nous elle est personnelle et réservée pour la haute naissance, ou pour les premières dignités; et, quoique moins servile et moins adulatrice qu'elle ne le devint à Rome, elle n'a pas été exempte du reproche de corruption. L'on a quelquefois entendu célébrer en chaire des hommes que la voix publique n'avait jamais loués de même, et qu'elle était loin de bénir. Mais sans insister sur l'abus que l'on a fait souvent, et que l'on fera peut-être encore, de ces éloges de bienséance, considérons ce qu'ils auraient d'utile, si l'orateur, en s'interdisant le mensonge et la flatterie, se proposait pour règle et pour objet la décence et la vérité.

En premier lieu, on ne louerait que des morts dignes de mémoire. En second lieu, comme tous les hommes, même les plus recommandables, ont été un mélange de force et de faiblesse, de vertus et de vices, ce serait le côté vraiment louable que l'éloquence exposerait à la lumière; et au lieu de donner du lustre aux vices qui sont susceptibles du fard de la louange, elle les laisserait dans l'ombre, et son silence exprimerait ce que sa voix ne dirait pas. En troisième lieu, elle s'attacherait aux traits de caractère, aux vertus, aux talents dont la peinture aurait, non pas le plus d'éclat, mais le plus d'influence; et la véritable destination de la gloire serait remplie, puisqu'elle serait réservée aux qualités et aux actions qui auraient le plus contribué au bien public et au bonheur des hommes. En quatrième lieu, les vertus privées et domestiques obtiendraient aussi le tribut de louanges dont elles seraient dignes; mais ces peintures de fantaisie, ces lieux communs d'adulation, où l'adresse et l'esprit de l'orateur s'épuisent pour tout défigurer et pour tout embellir, seraient exclus de l'*oraison funèbre;* et s'il était permis à l'orateur de ne peindre son modèle que de profil, du côté le plus favorable, et avec des couleurs plus vives que celles de la vérité, au moins serait-il obligé d'en bien saisir la ressemblance. Enfin l'utilité publique, qui est le fruit de l'exemple, étant le seul objet moral de ces tristes solennités, l'éloquence s'attacherait aux résultats que lui présenteraient les détails d'une vie habituellement occupée des intérêts de la société; et de ces particularités de mœurs, de fortune, d'emplois, de fonctions, de devoirs, de conduite, qu'il aurait à développer, il aurait soin de s'élever à des principes lumineux et féconds, qui donneraient plus d'étendue à l'instruction publique.

Par ce moyen, l'*oraison funèbre*, au lieu d'être une école de flatterie, serait une leçon ou de politique ou de mœurs.

On voit dès-lors combien lui seraient étrangers et superflus tous ces ornements d'un langage fleuri, maniéré, futile. Dès que la vérité porte avec elle son caractère de candeur, de dignité, d'utilité solide, un vain luxe d'expressions lui devient inutile, et l'éloquence peut se montrer avec une majesté simple comme une vierge pure et modeste, belle de sa seule beauté. *Grandis et, ut ità dicam, pudica oratio non est maculosa, nec turgida, sed naturali pulchritudine exsurgit.*(Pétrone.)

Mais si l'objet de l'*oraison funèbre* n'est peint que ressemblant et d'après la vérité même; si l'homme qu'elle doit louer fut véritablement louable, et si sa renommée autorise d'avance l'éloge qu'on va prononcer; quel combat l'éloquence aura-t-elle à livrer? quel obstacle aura-t-elle à vaincre du côté de l'opinion? quelle affection, quelle inclination, quelle résolution à changer du côté de l'ame? de quoi veut-elle persuader ou dissuader un auditoire qui sait déja, qui croit d'avance ce qu'elle vient lui rappeler?

Il est certain qu'elle n'a pas les mêmes révolutions à produire que l'éloquence de la tribune, la même résistance à vaincre, les mêmes assauts à livrer ou à soutenir que l'éloquence du barreau, et que souvent, plus comparable à l'éloquence poétique, elle ne semble faire consister ses succès qu'à émouvoir pour émouvoir. Mais au-delà de l'émotion, nous venons de voir qu'il est pour elle un but d'utilité publique qui consacre ses fonctions et la rend digne de la chaire.

Dans l'*oraison funèbre*, comme dans les sermons, l'auditoire est persuadé avant que l'orateur commence; mais cette persuasion froide et vague n'est pas celle que l'éloquence doit opérer, et qu'elle opère : celle-ci doit être profonde, animée, active, entraînante; elle doit ressembler à celle qui, dans le genre délibératif, produit des révolutions, soulève tout un peuple, lui fait briser sa chaîne, lui fait prendre les armes pour la défense de ses foyers, de ses femmes, de ses enfants. Ici l'effet n'en est pas si sensible, parce qu'elle n'a point d'objet présent et décidé. Mais qu'à l'ouverture d'une campagne et à la tête d'une armée un homme éloquent fît, comme Périclès, l'éloge des guerriers qui seraient morts pour leur pays, et qu'il parlât de la valeur avec un digne enthousiasme; que cet éloge, par exemple, eût été prononcé à la tête de la noblesse française, au moment que Louis XIV l'aurait assemblée, comme il y était résolu avant la victoire de Denain; et que chacun se demande à soi-même si cette éloquence eût été sans effet. Or cet effet soudain, rapide, éclatant, que l'occasion lui eût fait produire, elle l'opère avec moins d'énergie, mais très-sensiblement encore par les impressions qu'elle laisse dans les esprits et dans les cœurs; et si vous en doutez, voyez ce qui se passe, lorsque ces femmes respectables qui parmi nous sont les tutrices des pauvres orphelins, veulent en leur faveur ranimer la piété publique. Quel est l'innocent artifice qu'elles y emploient le plus communément? Elles convoquent les fidèles dans un temple, elles y font prononcer l'éloge de celui des hommes, qui, après l'homme-Dieu, a été sur la terre le plus parfait modèle de la miséricorde et de la charité, l'éloge de Vincent de Paul; et l'orateur, en descendant de chaire, voit répandre dans le trésor des pauvres l'argent et l'or à pleines mains.

L'effet constant et infaillible du digne éloge des vertus héroïques, sera toujours d'élever nos esprits par la sublimité des pensées et des images; d'agrandir, d'ennoblir nos ames par les émotions qu'elles reçoivent des grands exemples, et par cet attendrissement si doux qu'excite en nous la magnanimité.

L'éloquence de l'*oraison funèbre* a donc aussi ses effets à produire; et ce n'est pas sans difficulté qu'elle obtient les succès d'où dépend sa gloire. Elle n'a pas à vaincre la prévention, l'aliénation des esprits; mais leur froideur, leur nonchalance, leur molle irrésolution : elle n'a pas à vaincre dans les ames, des aversions, des ressentiments; mais une langueur plus funeste à la vertu que les passions mêmes, et tous les vices qui dégradent en nous ce naturel qu'elle veut ennoblir. La volonté ne lui oppose ni les transports de la colère, ni les mouvements du dépit, de la haine, et de la vengeance; mais une sorte d'inertie qui résiste à ses mouvements; mais une lâcheté qui se refuse à ses impulsions; mais des inclinations que l'habitude a eu tout le temps de former et de rendre comme invincibles.

Captiver, fixer, attacher sur l'image de la vertu, des yeux distraits, des esprits légers, des imaginations mobiles, des caractères indécis; les forcer d'en prendre l'empreinte, les renvoyer avec une plus haute idée de leur dignité naturelle et de celle de leur devoir; leur en inspirer le courage, et du moins pour quelques moments l'enthousiasme et la passion; tel est le genre de persuasion de l'éloquence des éloges : et si on demande encore quels sont les ennemis qu'elle se propose de vaincre, je répondrai, tout ce que la nature et l'habitude ont de vicieux et d'incompatible avec cette vertu qu'elle vient nous recommander.

Le procédé le plus raisonnable, et, je crois, le plus infaillible de ce genre d'éloquence, serait de montrer l'homme dans le héros, en même temps que le héros dans l'homme : car si je ne vois pas en lui mon semblable du côté faible, son exemple ne m'inspirera ni l'espérance, ni le courage de lui ressembler du côté fort; et ce serait pour l'*oraison funèbre* une raison de se détendre et de s'abaisser quelquefois jusqu'à nous laisser voir, dans le modèle de vertu et de grandeur qu'elle nous présente, quelques traits de fragilité. Un seul exemple va me faire entendre. Dans le plus accompli et le plus intéressant de nos héros modernes, Fléchier avait deux fautes à confesser, ou à dissimuler. En avouant l'une des deux, il a mis toute l'adresse de l'élocution et tout le prestige des figures à la couvrir comme d'un nuage; et celle qu'il n'aurait pu attribuer à la fatalité des circonstances, il n'a pas même osé la laisser entrevoir.

A l'égard de l'une et de l'autre, j'oserai dire que la crainte qu'il eut d'affaiblir l'admiration que l'on devait à son héros, n'était pas fondée. Son silence n'a fait oublier à personne ce moment de faiblesse, où Turenne crut déposer dans le sein d'un autre lui-même le secret important qui lui était confié. Mais, en même temps que l'aveu de cette faute, dans la bouche de l'orateur, aurait été une grande leçon, il lui aurait donné lieu de publier un trait de magnanimité qui compense bien cette faute, et qui fait presque dire à ceux qui l'entendent, *felix culpa!* Ce fut l'aveu qu'il en fit au roi. Il n'était pas temps encore de révéler toute la gloire de cet aveu : Louvois était vivant; mais aujourd'hui combien ce trait de vertu, dans l'éloge de Turenne, ne serait-il pas éloquent!

Louvois était son ennemi : le projet du siége de Gand n'avait pour confidents que ces deux hommes. Louis XIV, qui ne doutait pas de la prudence et de la discrétion de Turenne, lui dit : « Mon secret n'a été confié qu'à vous et à M. de Louvois; et ce n'est pas vous qui l'avez trahi. » Turenne n'avait qu'à laisser croire à Louis XIV ce qu'il pensait déjà, Louvois était perdu. *Pardonnez-moi, sire,* dit-il, *c'est moi qui suis coupable;* et Louvois fut sauvé.

Sa rebellion dans la guerre civile avait été réparée par tant de si belles actions, que l'orateur pouvait l'avouer ingénument sans répugnance; et au lieu de l'art ingénieux, mais inutile, dont il se sert pour l'envelopper dans le tourbillon des malheurs publics, il ne tenait qu'à lui de tirer de la mémoire de ces temps-là, et de l'esprit de trouble et de vertige qui s'était emparé des têtes les plus sages, de solides instructions. Ce n'est même qu'en se donnant cette importance politique et morale, que l'éloquence des éloges peut remplir dignement sa tâche. Mais il faut avouer aussi que la proximité des temps, et les égards auxquels l'orateur est soumis, ne le permettent pas toujours. Un point de vue plus éloigné lui est infiniment plus favorable; et cet avantage n'a pas échappé à l'Académie française, lorsqu'elle s'est déterminée à donner pour sujet de ses prix d'éloquence l'éloge des hommes illustres qu'ont produits les siècles passés. Mais dans ces éloges on doit se souvenir que ce ne sont pas de froids détails, de longues analyses, ni des récits inanimés que demande l'Académie; mais des tableaux, des mouvements, des peintures vivantes, de l'éloquence enfin, dont le propre est d'agir sur les esprits et sur les ames, d'inspirer plutôt que d'instruire, de répandre encore plus de chaleur que de lumière, d'animer la raison encore plus que de l'embellir, de prêter à la vérité le charme et l'intérêt du sentiment, et de ne chercher dans le style que les moyens à-la-fois les plus simples, les plus sûrs, et les plus puissants, d'émouvoir pour persuader, ou de persuader pour émouvoir.

ORATEUR. Pour se former une idée complète de *l'orateur*, il faut considérer ses mœurs, ses talents, ses lumières.

I. *Mœurs ou caractère de l'orateur.* Il semble que dans tous les temps l'estime publique, attachée à la personne de *l'orateur*, ait dû être une condition inséparable de l'éloquence. Et en effet, si la bonne foi, la droiture, la sincérité, l'austère probité de celui qui parle est connue, sa cause est recommandée par sa personne; et avant même qu'il ait ouvert la bouche, on est à demi-persuadé. Si le droit qu'il défend ne lui était pas connu; si ce qu'il veut persuader n'était pas juste; si ce qu'il va louer n'était pas louable; si l'homme qu'il accuse n'était pas criminel; si le conseil que donne un citoyen si sage, si vertueux, n'était pas ce qu'il y a de plus utile et de plus honnête; il n'aurait garde de profaner son ministère; le parti qu'il embrasse doit être le meilleur. Ainsi raisonne, ou doit raisonner l'opinion, la considération publique, en faveur de l'homme de bien, connu, révéré comme tel.

Si au contraire la conduite, les mœurs, le caractère d'un homme éloquent l'ont rendu méprisable, suspect, et dangereux; que souillé de vices il parle de vertu; vénal, il parle de droiture; dissolu, de décence; vendu à la faveur, de zèle pour le bien public; il semble qu'il doive être ou ridicule ou révoltant, et que la cause la meilleure doive être décriée par un *orateur* diffamé. *Si cela est vrai, pourquoi le dit-il?* Ce mot naïf, au sujet d'un menteur qui par hasard venait de dire la vérité, semble devoir être le cri de l'auditoire, lorsqu'un malhonnête homme travaille à le persuader.

Il faut avouer cependant qu'une conduite irréprochable, des mœurs pures, un caractère manifestement vertueux, n'auraient pas seuls assez de force contre le don de l'éloquence; et que, sans être soutenue de cette recommandation personnelle, qui devrait être d'un si grand poids, elle ne laisse pas encore d'en imposer: si grande est la légèreté et la facilité des hommes, qu'on voit presque tous se livrer à l'impression du moment, et dont l'*orateur* se rend maître, ainsi que le comédien, dès qu'il sait faire illusion.

« Avez-vous peur de l'affliger en lui refusant une couronne (disait Eschine aux Athéniens en leur parlant de Démosthène), lui qui dédaigne la gloire attachée à votre estime, et la dédaigne à tel excès, que de ses propres mains il a mille fois taillardé cette tête maudite, que Ctésiphon, malgré toutes nos lois, nous a prescrit de couronner; lui qui de ces taillades faites à dessein, a su tirer des profits immenses, en intentant à ce sujet des accusations lucratives; lui enfin à qui le soufflet qu'il reçut de Midias en plein théâtre, soufflet si bien asséné que la marque en est encore empreinte sur son visage, a été d'un si bon rapport? »

Si c'étaient là de grossiers mensonges, comment le calomniateur impudent ne fut-il pas chassé de la tribune? comment Démosthène, dans sa défense, négligea-t-il de réfuter de si honteuses imputations? et s'il y avait quelque vérité dans ces faits, qui, pour être allégués, devaient être notoires; comment un homme enrichi des soufflets qu'il avait reçus et des taillades qu'il s'était faites, un homme dont on osait dire devant le peuple et le sénat qu'*il portait sur ses épaules, non une tête, mais une ferme*, pouvait-il avoir dans sa patrie tant de crédit et d'autorité?

Comment Eschine, de son côté, faisait-il lire et admirer à ses disciples, dans son exil, une harangue où Démosthène le traitait bien plus mal encore? Serait-ce que dans la tribune les injures n'étaient qu'un des lieux oratoires, et que du style de barreau?

Chez les Romains, on voit de même que la considération personnelle tenait plus aux talents qu'aux mœurs. *Regarde*, Scaurus, *voilà un mort qui passe*, disait Memmius à son adversaire : *ne pourrais-tu pas te saisir de son bien?* Et ces Romains ne se bornaient pas à ces épigrammes légères; ils se reprochaient comme les Grecs, les plus obscènes infamies. *On ne m'écoute point*, disait Sextius, *je suis Cassandre. Il est vrai*, lui répondit l'orateur M. Antoine, *que je te connais plus d'un Ajax. Multos possum tuos Ajaces Oïleos nominare.*

Mais de quelque austérité de mœurs que l'*orateur* fît profession, on voit que dans son art il se détachait de lui-même et se donnait tout à sa cause : bonne ou mauvaise, juste ou injuste; la bien défendre et la gagner, était sa tâche, son devoir, son unique religion.

Ils avaient tous pour règle, en amplifiant, d'exagérer ce qui leur était favorable, d'affaiblir et d'atténuer ce qui leur était opposé. *Voyez* AMPLIFICATION.

Pour rendre ridicule l'adversaire ou sa cause, il fallait savoir employer à propos de petits mensonges, souvent même tout inventer. *Sive habeas verè quod narrare possis, quod tamen est mendaciunculis aspergendum, sive fingas.* (De Orat.)

Ils devaient être en état de plaider le pour et

le contre sur toutes sortes de sujets; et même sur les plus sacrés : *De virtute, de officio, de æquo et bono, de dignitate, honore, utilitate, ignominiâ, præmio, pœnâ, similibusque rebus, in utramque partem dicendi animos, et vim, et artem habere debemus.* Ibid.

L'éloquence s'était détachée de la philosophie; et de là le divorce de la langue et du cœur. *Hinc discidium illud linguæ atque cordis.* La droiture stoïque était exclue du barreau; l'opinion et les convenances y avaient pris la place de la vérité et de la vertu. *Alia enim et bona et mala videntur stoïcis et ceteris civibus.* Ibid. Pour être un parfait *orateur*, il fallait non-seulement savoir, à la manière des philosophes, mais plus éloquemment encore, soutenir le pour et le contre : *Sin aliquis extiterit aliquandò, qui, aristotelico more, de omnibus rebus in utramque sententiam possit dicere, et in omni causâ duas contrarias orationes, præceptis illius cognitis, explicare; aut, hoc Arcesilæ modo et Carneadis, contrà omne quod propositum sit disserat; quique ad eam rationem adjungat hunc rhetoricum usum, moremque, exercitationemque dicendi; is sit verus, is perfectus et solus* orator. (*De orat.*)

Voilà bien nettement, dans la définition d'un parfait *orateur*, celle d'un excellent sophiste. Et à cette qualité éminente, s'il ajoutait l'art de se montrer personnellement tel qu'il voulait paraître, et d'affecter à son gré l'auditoire, il ne laissait

plus rien à désirer, pas même de la bonne foi :
Si verò assequetur ut talis videatur qualem se videri velit, et animos eorum ità afficiet apud quos aget, ut eos quocumque velit vel trahere vel rapere possit; nihil profectò prætereà ad dicendum requiret. (De orat.)

Ainsi, sophiste, hypocrite, comédien, et charlatan au plus haut degré; voilà ce qui formait l'*orateur* accompli. Et pour avoir une idée de son manége, qu'on lise ce passage où il est décrit avec tant de soin et en si peu de mots :

Sic igitur dicet ille quem expetimus, ut verset sæpè multis modis eamdem et unam rem; et hæreat in eàdem commoreturque sententià : sæpè etiam ut extenuet aliquid : sæpè ut irrideat : ut declinet à proposito deflectatque sententiam : ut proponat quid dicturus sit : ut, quum transegerit jàm aliquid, definiat : ut se ipse revocet : ut quod dixit iteret : ut argumentum ratione concludat : ut interrogando urgeat : ut rursùs, quasi ad interrogata, sibi ipse respondeat : ut contrà ac dicat accipi et sentiri velit : ut addubitet quid potiùs, aut quomodò dicat : ut dividat in partes : ut aliquid relinquat ac negligat : ut antè præmuniat : ut in eo ipso, in quo reprehendatur, culpam in adversarium conferat : ut sæpè cum his qui audiunt, nonnunquàm etiam cum adversario, quasi deliberet : ut hominum sermones moresque describat : ut muta quædam loquentia inducat : ut ab eo quod agitur avertat animos : ut sæpè in hilaritatem risumve convertat : ut antè occupet quod videat opponi : ut comparet similitudines : ut utatur exemplis : ut aliud alii tribuens dispertiat : ut interpellatorem coerceat : ut aliquid reticere se dicat : ut denunciet quid caveat : ut liberiùs quid audeat : ut irascatur etiam : ut objurget aliquandò : ut deprecetur : ut supplicet : ut medeatur : ut à proposito declinet aliquantulùm : ut optet : ut exsecretur : ut fiat iis apud quos dicet familiaris. Atque alias etiam dicendi quasi virtutes sequetur : brevitatem, si res petet; sæpè etiam rem dicendo subjiciet oculis; sæpè suprà feret quàm fieri possit; significatio sæpè erit major quàm oratio; sæpè hilaritas; sæpè vitæ naturarumque imitatio. (Orat.)

Qu'on ajoute à cela tous les moyens qu'il indique ailleurs de rendre l'exorde insinuant, la preuve artificieuse, la péroraison pathétique, l'action et la diction propres à captiver en même temps les yeux, l'oreille, et l'ame; on concevra faiblement encore l'art oratoire de ce temps-là : et c'est une étude que je propose singulièrement aux juges, afin qu'ils sachent de combien de manières on peut s'y prendre pour les tromper.

Cicéron a beau dire que l'éloquence, la sagesse, la probité, doivent aller ensemble : *Est enim eloquentia una quædam de summis virtutibus.... Quæ, quò major est vis, hoc est magis probitate jungenda summáque prudentiá : quarum virtutum expertibus si dicendi copiam tradiderimus, non eos quidem* oratores *effecerimus, sed furentibus quædam arma dederimus.* Il n'en est pas moins vrai que les livres de l'*orateur* sont comme un arsenal, où la bonne et la mauvaise foi, la vérité et le mensonge, la justice et la fraude trouvent également des armes; que Cicéron nous y enseigne à feindre, à dissimuler, à éluder la vérité, à déguiser le côté faible d'une cause, en un mot, à séduire, à émouvoir les auditeurs, et à les pousser, sans distinction, vers le but que l'on se propose : *ut eos qui audiunt quocumquè incubuerit possit impellere.*

Quelques hommes de mœurs sévères dédaignaient le secours de l'éloquence; et ils succombaient. Il a donc fallu que l'*orateur*, homme de bien, se soit servi, pour la défense de la vérité, de la justice, et de l'innocence, des mêmes armes que la fraude, l'injure, et le mensonge employaient à les attaquer.

Mais s'il a ce principe stable de ne plaider jamais que la cause qu'il croira bonne, non pas au gré des tribunaux, dont la jurisprudence est douteuse et changeante, mais selon ses propres lumières et sur le témoignage intime de sa conscience et de sa raison; alors son éloquence prendra le caractère de son ame : tous ses moyens de plaire et d'émouvoir seront ceux de la vérité qui veut se rendre intéressante; et l'art, innocent dans sa bouche, ne sera que le don de gagner des amis au bon droit et à l'innocence, de garantir les juges des piéges du mensonge, et de les éclairer ou de les affermir dans les voies de l'équité.

J'ai fait déja sentir combien, dans l'éloquence politique, religieuse, et morale, il importait à *l'orateur* de se donner, par son caractère, une autorité personnelle : et quoique trop d'exemples semblent persuader que l'éloquence du barreau n'a pas toujours besoin de la sanction des mœurs de l'avocat ; j'ose penser qu'un homme droit, honnête, incorruptible, et reconnu pour tel, aura par-tout un grand avantage sur un déclamateur mercenaire, et dont l'art s'est prostitué. *In homine virtutis opinio valet plurimùm.* (Cic. Topica.)

Voici des vers où l'on a essayé de marquer ce contraste :

>Écoutez au barreau, parmi ces longs débats
>Que suscite la fraude ou qu'émeut la chicane,
>Écoutez le suppôt qui leur vend son organe.
>Le fourbe atteste en vain l'auguste vérité ;
>En vain sa voix parjure implore l'équité ;
>Le mensonge, qui perce à travers son audace,
>L'accuse et le confond. Il s'agite, et nous glace.
>Des passions d'autrui satellite effréné,
>Il se croit véhément, il n'est que forcené :
>Charlatan maladroit, dont l'impudence extrême
>Donne l'air du mensonge à la vérité même.

>Qu'avec plus de décence et d'ingénuité
>L'ami de la justice et de la vérité,
>La candeur sur le front, la bonne foi dans l'ame,
>Présente l'innocence aux lois qu'elle réclame !

Profondément ému, saintement pénétré,
Dans l'enceinte sacrée à peine est-il entré,
Le respect l'environne. On l'observe en silence,
Et d'un juge en ses mains on croit voir la balance.
Loin de lui l'imposture et son masque odieux.
Loin de lui les détours d'un art insidieux.
Il ne va point du style emprunter la magie :
Précis avec clarté, simple avec énergie,
Il arme la raison de traits étincelants;
Il les rend à-la-fois lumineux et brûlants;
Et si, pour triompher, sa cause enfin demande
Que son ame au-dehors s'exhale et se répande,
A ces grands mouvements on voit qu'il a cédé
Pour obéir au dieu dont il est possédé :
Sa voix est un oracle; et ce grand caractère
Change l'art *oratoire* en un saint ministère.

II. *Talents de l'orateur.* Les talents sont des dons naturels, relatifs à certains objets. Selon l'objet, cette aptitude tient plus ou moins aux dispositions du corps, de l'esprit, ou de l'ame. L'élégance des formes, l'agilité, la force, la souplesse des mouvements, et la justesse de l'oreille, forment le talent de la danse : la sensibilité l'anime, la grâce le perfectionne. Le talent du chant se compose de la beauté de la voix, de la justesse de l'oreille, et de la sensibilité de l'ame. Celui de la poésie est le résultat de tous les dons de l'ame et du génie; et une oreille délicate et juste est la seule des qualités physiques qu'il exige essentiellement. Le comédien est l'extérieur du poëte : son talent est de s'identifier avec lui, de se pénétrer de son ame, et de lui prêter tout le charme de la parole et de l'action. Ainsi la beauté, la décence, la vérité de l'expression, soit dans la voix, soit dans le geste, soit dans le langage muet des yeux et des traits du visage, une extrême facilité à s'affecter du caractère et des sentiments qu'il exprime, une mobilité d'ame et d'imagination qui se prête rapidement à toutes les métamorphoses de l'imitation théâtrale : voilà ce que l'acteur met du sien dans sa société de talents avec le poëte.

Or l'*orateur* est son acteur lui-même : il doit donc réunir, en quelque sorte, le poëte et le comédien; penser, sentir, imaginer, inventer, disposer, produire comme l'un, et représenter comme l'autre. *Non enim inventor, aut compositor, aut actor; hæc complexus est omnia.* (Orat.) Ainsi, du côté de l'inventeur et du compositeur, un esprit juste, étendu, pénétrant, mobile à volonté, une conception vive et prompte, une imagination forte, une mémoire docile et sûre, une profonde sensibilité, une élocution correcte, pure, élégante, facile et noble; du côté de l'acteur, une figure au moins décente, un visage docile à tout exprimer, un regard où se peigne l'ame, une action mêlée de grâce et de dignité, une voix juste, flexible et sonore, une articulation distincte; enfin cet accord, cet ensemble qui rend harmonieuse, expressive, éloquente, toute l'habitude du corps : voilà ce qui doit concourir à former *l'orateur*, si l'on veut qu'il soit accompli : et je n'ai pas besoin de dire que si un tel prodige est rare, même quand l'exercice et l'habitude ont pris le plus grand soin de tout perfectionner; à plus forte raison serait-il au-dessus de toutes les forces de la nature, si l'éducation, le travail, et l'étude, ne venaient pas achever son ouvrage, et corriger ou déguiser ce qu'elle a de défectueux.

Avouons cependant qu'une partie de ces talents désirables dans l'*orateur*, lui sont plus ou moins nécessaires, selon les lieux, les temps, le genre d'éloquence, et le caractère de l'auditoire. On peut voir en effet que pour un peuple aussi délicat que les Grecs, aussi léger, aussi frivole, aussi dominé par les sens, aussi passionnément épris du beau dans tous les genres, le fond de l'éloquence n'était que l'accessoire, et la forme était l'essentiel. Les Athéniens voulaient bien s'occuper du vrai, du juste, de l'honnête, des intérêts de leur liberté, de leur gloire, et de leur salut : mais ils voulaient s'en occuper en s'amusant; et la tribune était comme un théâtre, où pour captiver l'ame, l'esprit, et la raison, il fallait charmer les oreilles et ne pas offenser les yeux : *Nihil ut possent nisi incorruptum audire et elegans.* (Orat.)

Les Romains, quoique bien plus graves et bien moins curieux des choses d'agrément, portaient cependant au *forum* une grande sévérité de goût pour la pureté du langage, et une oreille très-sensible aux beautés de l'élocution. C'était moins la grâce que la décence qu'ils exigeaient dans l'*orateur*. Le moindre oubli des bienséances était funeste à celui qui s'en écartait; et la sagesse de l'*orateur* consistait à ne rien dire que de convenable. *Sed est eloquentiæ, sicut reliquarum rerum, fundamentum sapientia. Ut enim, in vitâ, sic in oratione, nihil est difficilius quàm quid deceat videre..... Hujus ignoratione, non modò in vitâ, sed sæpissimè et in poëmatibus et in oratione peccatur. Est autem, quid deceat, oratori videndum, non in sententiis solùm, sed etiam in verbis. Non enim omnis fortuna, non omnis honos, non omnis auctoritas, non omnis ætas, nec verò locus, aut tempus, aut auditor omnis, eodem aut verborum genere tractandus est aut sententiarum.... Quàm indecorum est, de stillicidiis quùm apud unum judicem dicas, amplissimis verbis et locis uti communibus; de majestate populi romani summissè et subtiliter.* (Orat.)

En général, moins la matière de l'éloquence est grave et moins l'auditoire en est occupé, plus la forme en doit être ornée et l'extérieur agréable. De là vient que celle des sophistes était si curieusement travaillée; de là vient que de simples harangues exigent un style fleuri et une belle prononciation; de là vient que des oraisons funèbres doivent relever, agrandir, décorer leur sujet, souvent futile et vain, de toutes les pompes de l'éloquence.

Mais dans un discours où la religion annonce

des vérités terribles; dans un conseil national, où s'agitent les grands intérêts de l'État; dans un barreau, où devant des juges, esclaves de la loi, on plaide pour l'honneur, pour la fortune, ou pour la vie d'un citoyen; les accessoires cèdent au fond : la forme extérieure de l'éloquence, le style, l'élocution, l'action de l'*orateur*, ne sont plus de la même importance; et celui qui a le talent d'instruire, de prouver, d'émouvoir, n'a plus besoin des dons de plaire. Peut-être même un air austère, inculte, et négligé, est-il ce qui convient le mieux à un *orateur* des communes, comme à un bon missionnaire; et par-tout, même sous les plus belles formes de la diction et de l'action, le premier attribut de l'éloquence et le plus essentiel, c'est l'air de vérité. Rien n'est persuasif que ce qui paraît naturel.

III. *Études de l'orateur.* Chez les anciens, la qualité la plus recommandable d'un homme d'état était d'être éloquent; le premier soin d'un homme éloquent était de se rendre homme d'état, de s'instruire profondément de la constitution, de l'administration, des intérêts de la république. *Voyez* Délibératif. Il en est de même aujourd'hui dans le seul pays de l'Europe où l'éloquence républicaine fasse encore entendre sa voix.

Par-tout ailleurs la politique est interdite à l'éloquence. Dans la chaire, une morale religieuse, et quelquefois le dogme; dans le barreau, le droit civil, et auxiliairement le droit naturel, sont, quant au fond, l'objet de l'éloquence et des études de l'*orateur;* et si de bonne heure il ne s'est pas abreuvé à ces sources, s'il n'en est pas profondément imbu, il sera toute sa vie aride, et haletant après les connaissances essentielles à son art.

Le premier travail de l'*orateur* chrétien doit être la lecture bien méditée des livres saints; le premier travail de l'avocat doit être l'étude des lois; et pour l'un et l'autre la meilleure méthode est de se faire eux-mêmes, par des extraits, une mémoire artificielle, habituée à les servir avec une prompte docilité. Sans cela ils seront sans cesse errants et fatigués de recherches infructueuses; et si les tables que l'on a faites pour favoriser la paresse, leur facilitent le travail, au moins ne remédieront-elles pas à la stérilité d'une tête vide et toujours en défaut dans les cas imprévus et les besoins pressants.

Après ces études, qui sont la base des connaissances de l'*orateur*, vient celle des modèles de l'art et des écrivains analogues au genre d'éloquence auquel on se destine. *Voyez* Rhétorique, Chaire, Style, etc.

Mais une étude non moins essentielle, quoique moins propre à l'*orateur*, est celle de l'homme et des hommes. Car c'est toujours de l'homme qu'il s'agit, et c'est toujours avec des hommes et devant des hommes qu'on parle. Les faits, les choses, tout prend son caractère, ou de ses relations avec l'homme de tous les lieux et de tous les temps, ou de ses relations avec l'homme de tel temps et de telle société, dans telle ou telle condition de la vie, ou de ses relations avec tel homme en particulier et dans telle position.

La philosophie morale embrasse les plus étendus de ces rapports, et Cicéron l'appelle la nourrice de l'éloquence : *Quasi nutrix* oratoris. On distinguera toujours le disciple des philosophes à l'abondance de ses moyens. *Omnis enim ubertas et quasi sylva dicendi ducta ab illis est.* On le distinguera sur-tout à la netteté, à la précision, à l'ordre, à l'étendue, au développement de ses idées : *Nec verò sine philosophorum disciplinâ genus et speciem cujusque rei cernere, neque eam definiendo explicare, nec tribuere in partes possumus; nec judicare quæ vera, quæ falsa sint; neque cernere consequentia, repugnantia videre, ambigua distinguere. Quid dicam de naturâ rerum?* (et s'il s'agit des choses morales) *de vitâ, de officiis, de virtute, de moribus?* (Orat.)

C'est l'exercice de l'esprit sur ces idées universelles que Cicéron compare, dans le jeune *orateur*, aux exercices de la palestre pour le jeune comédien : *Positum sit igitur in primis sine philosophiâ non posse effici quem quærimus eloquentem; non ut in eâ tamen omnia sint, sed ut sic adjuvet ut palæstro histrionem.* (Orat.) Et c'est là véritablement ce qui donne à l'éloquence des mouvements libres et de beaux développements. *Latiùs enim de genere quàm de parte disceptare licet.* Mais il ne faut pas se tromper à cet axiome du même *orateur* : *Ut quod in universo sit probatum, id in parte sit probari necesse.* Car il arrive assez souvent que les généralités ne prouvent rien, et que les circonstances qui modifient la cause, la distinguent absolument et la détachent de la thèse.

Il y a donc tous les jours pour l'*orateur* une étude nouvelle à faire, et c'est la plus indispensable. Il semble inutile de dire que c'est l'étude de la cause; et cependant on a eu besoin de la recommander dans tous les temps. C'est sur ce point que Cicéron insiste. C'est de sa cause, dit Marc-Antoine, que l'*orateur* doit se remplir, se pénétrer; c'est la source d'où coulera le fleuve de son éloquence; et en comparaison de cette source pleine et féconde, tous les lieux communs des rhéteurs ne sont que de faibles ruisseaux.

Mais toute cause est compliquée de considérations morales : ainsi la grande étude et de l'homme et des hommes, revient sans cesse et à tous propos; elle est perpétuelle, elle est inépuisable; et à l'école de l'humanité, l'*orateur* le plus consommé a toujours des leçons à prendre. *Voyez* Rhétorique et Délibératif.

Je finirai par une observation qui peut n'être pas du goût de tout le monde, mais qui regarde la multitude et cette masse d'auditeurs que l'éloquence doit remuer. En réduisant à la vérité l'hyperbole de Démosthène, que *des parties de l'orateur la première est l'action, la seconde l'action, et la troisième l'action;* en adoptant, dans un certain sens, la pensée de Cicéron, qu'en fait d'éloquence *savoir ce qu'on doit dire et savoir le dire à propos, est l'affaire de la prudence; que le bien dire est l'affaire de l'art; que le dire le mieux possible est le partage du génie et le triomphe de l'orateur;* je pense qu'en effet la vérité, la décence, l'énergie de l'action, le naturel, la force, et la chaleur du style sont les parties éminentes de l'art oratoire; mais ni dans l'action, ni dans l'élocution, la grâce, l'élégance, en un mot, l'agrément, ne me semble aussi nécessaire à la haute éloquence; et je crois voir que, sans cet avantage, elle a dans tous les temps produit ses grands effets. *Qu'importe,* disait Démosthène aux Athéniens, *quand je vous parle de vos intérêts les plus pressants, les plus sacrés, qu'importe de quel côté s'étend mon bras, et quels sont les mots que j'emploie?* Démosthène n'est pas inculte, mais il n'est pas orné. Gracchus ne l'était pas. Bossuet dédaigne souvent de l'être. Cochin n'avait jamais pensé à bien clore une période. Massillon, le plus élégant de nos *orateurs* sacrés, n'a rien tant soigné que son *Petit Carême.* Dans son sermon *du pécheur mourant* il est simple comme Bourdaloue, et n'en est que plus éloquent. Cicéron a parlé d'un talent qui lui était propre, de ce coloris, de cette harmonie, de cette magie de style où il excellait; il en a parlé comme on parle toujours de ce que l'on fait bien, avec complaisance et avec emphase : mais lorsqu'il résume son opinion sur les talents de l'*orateur*, et que la vérité le presse, on peut le prendre sur ses paroles. Tout l'art oratoire, dit-il, se réduit *à prouver*, *à plaire*, et *à fléchir*. Par *fléchir*, il entend plier à son gré l'opinion et la volonté de l'auditoire, dominer ses affections, et subjuguer son jugement. Or, ajoute-t-il, *prouver est de nécessité, fléchir décide la victoire*; et lorsqu'il s'agit d'expliquer à quelle fin l'*orateur* cherche à plaire, il ne trouve lui-même, pour sa raison, qu'un synonyme, qui veut dire *plaire pour plaire*. *Ità dicet* (orator) *ut probet, ut delectet, ut flectat. Probare, necessitatis est; delectare*, suavitatis; *flectere, victoriæ*.

Et en effet, quand l'*orateur* a le don de convaincre et celui d'émouvoir, c'en est assez. La chaire et le barreau ne sont pas un lieu d'amusement. Le tribunal et l'auditoire ne sont pas un amphithéâtre. L'impression profonde de la raison et du sentiment, voilà ce qui reste long-temps après que les paroles sont oubliées; tout ce qui n'est que séduction, qu'illusion, s'efface; et le discours d'où l'on revient le plus charmé du côté de l'esprit, de l'imagination, et de l'oreille, est bien souvent celui dont on est le moins persuadé et le moins pénétré. *Voyez* Chaire, Délibératif, Judiciaire, Pathétique, etc.

P.

Pantomime. C'est le langage de l'action, l'art de parler aux yeux, l'expression muette.

L'expression du visage et du geste accompagne naturellement la parole, et s'accorde avec elle pour peindre la pensée; en sorte que, plus l'expression de la parole est faible au gré de celui qui s'énonce, plus l'expression du geste et du visage s'anime pour y suppléer. De là vient que, chez les peuples doués d'une imagination vive et d'une grande sensibilité, la *pantomime* naturelle est plus marquée, ainsi que l'accent de la parole. De là vient aussi que, plus on a de difficulté à s'exprimer par la parole, soit à cause de la distance ou de quelque vice d'organe, soit manque d'habitude de la langue qu'on veut parler, plus on donne de force et de vivacité à cette expression visible. C'est donc sur-tout aux mouvements de l'ame les plus passionnés que la *pantomime* est nécessaire : alors, ou elle seconde la parole, ou elle y supplée absolument.

L'expression du geste et du visage, unie à celle de la parole, est ce qu'on appelle *action*, ou *théâtrale* ou *oratoire*. Voyez Déclamation.

La même expression, sans la parole, est ce

qu'on appelle plus particulièrement *pantomime*.

Chez les anciens l'action théâtrale se réduisait au geste. Les acteurs, sous le masque, étaient privés de l'expression du visage, qui, chez nous, est la plus sensible; et si on demande pourquoi ils préféraient un masque immobile à un visage où tout se peint, c'est, 1° que, pour être entendu dans un amphithéâtre qui contenait au moins six mille spectateurs, il fallait que l'acteur eût à la bouche une espèce de trompe; 2° que dans l'éloignement le jeu du visage eût été perdu, quand même on eût joué sans masque. Or l'action théâtrale étant privée de l'expression du visage, on s'efforça d'y suppléer par l'expression du geste, et l'immensité des théâtres obligea de l'exagérer.

Par degrés cet art fut porté au point d'oser prétendre à se passer du secours de la parole, et à tout exprimer lui seul. De là cette espèce de comédiens muets, qu'on n'avait point connus dans la Grèce, et qui eurent à Rome un succès si follement outré.

Ce succès n'est pourtant pas inconcevable; et en voici quelques raisons.

1° La tragédie grecque, transplantée à Rome, y était étrangère, et n'y devait pas faire la même impression que sur les théâtres de Corinthe et d'Athènes. *Voyez* Poésie, Tragédie.

2° Elle était faiblement traduite; et Horace le fait entendre, en disant qu'on y avait *assez* bien réussi.

3° Elle était aussi faiblement jouée; et il y a apparence que les comédiens n'auraient pas été chassés par les *pantomimes*, s'ils avaient tous été des Æsopus et des Roscius.

4° Les Romains n'étaient pas un peuple sensible, comme les Grecs, aux plaisirs de l'esprit et de l'ame : leurs mœurs austères ou dissolues, selon les temps, n'eurent jamais la délicatesse des mœurs attiques; il leur fallait des spectacles, mais des spectacles faits pour les yeux. Or la *pantomime* parle aux yeux un langage plus passionné que celui de la parole; elle est plus véhémente que l'éloquence même, et aucune langue n'est en état d'en égaler la force et la chaleur. Dans la *pantomime* tout est action, rien ne languit; l'attention n'est point fatiguée : en se livrant au plaisir d'être ému, on peut s'épargner presque la peine de penser; ou s'il se présente des idées, elles sont vagues comme les songes. La parole retarde et refroidit l'action; elle préoccupe l'acteur et rend son art plus difficile. Le *pantomime* est tout à l'expression du geste; ses mouvements ne lui sont point tracés; la passion seule est son guide. L'acteur est continuellement le copiste du poëte; le *pantomime* est original : l'un est asservi au sentiment et à la pensée d'autrui, l'autre se livre et s'abandonne aux mouvements de son ame. Il doit donc y avoir, entre l'action du comédien et celle du *pantomime*, la différence et la distance de l'esclavage à la liberté.

5° La difficulté vaincue avait un autre charme ; et cette surprise continuelle de voir un acteur muet se faire entendre devait être un plaisir très-vif.

6° Enfin, dans l'expression du geste, les *pantomimes*, uniquement occupés des grâces, de la noblesse, et de l'énergie de l'action, donnaient à la beauté du corps des développements inconnus aux comédiens, dont le premier talent était celui de la parole ; et, comme on en peut juger encore par l'impression que font nos danses, l'idolâtrie des Romains et des Romaines pour les *pantomimes* était un culte rendu à la beauté.

Si l'on joint, à ces avantages de la *pantomime*, celui de dispenser le siècle et le pays où elle florissait de produire de grands poëtes ; de ne demander qu'une esquisse de l'action qu'elle imitait ; de sauver son spectacle de tous les écueils qui environnent la poésie ; de tout réduire à l'éloquence du geste, et de n'avoir pour juges que les yeux, bien plus faciles à séduire que l'oreille, que l'esprit, et que la raison : on ne sera pas étonné qu'un art, dont les moyens étaient si simples, si puissants, et les succès si infaillibles, eût prévalu sur l'attrait d'un spectacle où l'esprit et le goût étaient rarement satisfaits.

On pourrait même présumer, d'après l'exemple des Romains, que, dans tous les temps et chez tous les peuples du monde, la *pantomime*, portée au même degré de perfection, éclipserait la comédie et la tragédie elle-même ; et c'est le danger de ce spectacle, de dégoûter de tous les autres, semblable à une liqueur forte, qui blase et qui détruit le goût.

Qu'importe, dit-on communément, *à quel spectacle on s'amuse? Le meilleur est celui que l'on aime le plus.* On pourrait dire également, *Qu'importe de quelle liqueur on s'abreuve et de quels mets on se nourrisse?* Mais comme l'aliment le plus agréable n'est pas toujours le plus sain, le spectacle le plus attrayant n'est pas toujours le plus utile. De la *pantomime*, rien ne reste que des impressions quelquefois dangereuses; on sait qu'elle acheva de corrompre les mœurs de Rome; au lieu que de la bonne tragédie et de la saine comédie, il reste d'utiles leçons. Au spectacle de la *pantomime* on n'est qu'ému; aux deux autres on est instruit. Dans l'un, la passion agit seule et ne parle qu'aux sens; rien ne la corrige et rien ne la modère : dans les deux autres, la raison, la sagesse, la vertu, parlent à leur tour; et ce que la passion a de vicieux ou de criminel est exposé à leur censure; le remède est toujours à côté du poison. Un gouvernement sage aura donc soin de préserver les peuples de ce goût dominant des Romains pour la *pantomime*, et de favoriser les spectacles où la raison s'éclaire et où le sentiment s'épure et s'ennoblit.

Par induction, à mesure que l'action théâtrale donne moins à l'éloquence et plus à la *pantomime*, et qu'elle néglige de parler à l'ame pour ne plus frapper que les yeux, le spectacle devient, pour la multitude, plus attrayant et moins utile. On ne forme point les esprits avec des tableaux et des coups de théâtre. Aristote n'admet les mœurs qu'à cause de l'action : la règle contraire est la nôtre; et sur le théâtre moderne l'action n'est destinée qu'à peindre et corriger les mœurs.

C'est une théorie que j'ai développée avec soin dans l'article Drame, et sur laquelle j'insiste encore. La multitude veut des effets, c'est-à-dire des coups de théâtre et des tableaux qui la remuent; et sans cela plus de succès. Mais si, au lieu d'en faire les moyens de l'art, on en fait son objet unique, l'art est perdu; et à la place de la poésie et de l'éloquence, on n'aura plus que la *pantomime* : de temps en temps encore on fera crier la nature, mais on ne la fera plus parler. Or pour m'instruire et me corriger ce n'est pas assez qu'elle crie, j'ai besoin qu'elle parle, et qu'elle parle éloquemment. Combien les scènes de *l'Enfant prodigue* pouvaient être plus déchirantes, si, à l'expression des regrets et des peines de l'ame, Voltaire eût préféré celle des souffrances du corps! Pourquoi donc ne l'a-t-il pas fait? parce que le but du pathétique n'est pas de nous faire souffrir.

Quant au projet qu'on a proposé, d'associer la parole avec la danse *pantomime*, l'exécution n'en fût-elle pas impossible, ce projet de faire chanter le danseur, ou de le faire accompagner par une voix que l'on croirait la sienne, serait encore bien étrange; et l'exemple d'Andronicus, sur lequel on veut le fonder, ne l'autorise pas assez. On raconte, il est vrai, que, dans un temps où les Romains devaient être peu délicats sur l'imitation théâtrale, la voix ayant manqué à ce comédien, il fit réciter son rôle par un esclave qu'on ne voyait pas, tandis qu'il en faisait les gestes. Je ne crois pas que sur aucun théâtre sérieux un pareil exemple soit jamais suivi; mais s'il pouvait être imité, ce serait dans la déclamation toute simple, et non pas dans une action aussi violente, aussi exagérée que doit l'être la *pantomime*. Andronicus ne dansait pas.

Dès que l'action est parlée, elle a deux signes, celui de la parole et celui du geste; le geste n'a donc plus alors aucune raison d'être exagéré. C'est l'hypothèse d'un acteur muet, ou trop éloigné pour se faire entendre, qui donne de la vraisemblance à l'exagération des mouvements *pantomimes*. Un acteur qui, en parlant ou en chantant, gesticulerait comme un danseur *pantomime*, nous semblerait outré jusqu'à l'extravagance. D'ailleurs qu'arriverait-il si, tandis que le *pantomime* danse, une voix étrangère exprimait ce qu'il peint? De son côté, le mérite de faire entendre aux yeux le sentiment et la pensée, et du nôtre le plaisir de le deviner, de l'admirer, seraient détruits: la *pantomime* y perdrait tous ses charmes, et ne serait plus qu'une expression exagérée sans raison et hors de toute vraisemblance.

Il n'y a que deux circonstances où il soit possible de réunir ainsi fictivement la parole avec l'action de la danse : c'est dans les mouvements tumultueux d'une multitude agitée de quelque passion violente, comme dans un chœur de combattants; ou lorsque la danse n'est que l'expression vague d'un sentiment qui met l'ame en activité, et que la parole et le chant n'ont avec elle aucune identité, mais seulement de l'analogie, comme lorsqu'on voit des bergers, animés par la joie, chanter et danser à-la-fois. Dans l'un et l'autre cas, ce serait une illusion agréable que de croire entendre chanter les mêmes personnes qui dansent; et pour faire cette illusion, il est un moyen bien aisé; c'est de cacher les chœurs dans les coulisses et de ne faire paraître que les ballets. Mais dans la scène, dans le dialogue, le monologue, le duo, imaginer de faire danser les acteurs, tandis que des chanteurs invisibles parleraient, chanteraient pour eux; c'est une invention qui, je crois, ne sera jamais adoptée.

La seule voix qu'on peut donner à l'acteur *pantomime*, est celle de la symphonie, parce qu'elle est vague et confuse; qu'elle ne gêne point l'action; qu'en nous aidant à deviner le sentiment et la pensée, elle nous laisse encore jouir de notre pénétration, ou plutôt du talent qui sait tout exprimer sans le secours de la parole.

Le projet de substituer sur la scène lyrique la danse *pantomime* aux ballets figurés me semble encore peu réfléchi. Le ballet *pantomime* est placé quelquefois, et nous en avons des exemples; mais premièrement il n'y a aucune raison de vouloir que la danse soit toujours *pantomime*; chez tous les peuples, même les plus sauvages, le goût de la danse est inné, aussi-bien que celui du chant; l'un et l'autre a été donné par la nature, comme l'expression vague de la joie et du plaisir, ou plutôt comme un mouvement analogue à cette situation de l'ame. On ne danse pas pour exprimer son sentiment ou sa pensée; on danse pour danser, pour obéir à l'activité naturelle où nous met la jeunesse, la santé, le repos, la joie, et que le son d'un instrument invite à se développer : la danse alors est mesurée; et pour la rendre plus agréable, on imagine d'en varier les formes, les figures et les tableaux; mais elle n'est point *pantomime*. L'expression d'un sentiment vague, qui n'est le plus souvent que le désir de plaire, ou l'attrait du plaisir, en fait le caractère; et le choix des attitudes, des pas, des mouvements qui lui sont les plus analogues, est tout ce qu'elle se prescrit. Voilà l'intention du ballet figuré : son modèle est dans la nature. Il est aussi dans les coutumes, dans les rites, dans les cérémonies des différents peuples du monde;

alors le caractère du ballet, dans un triomphe, dans une fête, à des noces, à des funérailles, dans des expiations, des sacrifices, ou des enchantements, est relatif à ces usages. Les convenances en sont les règles; mais l'expression en est vague, et ne peint point, comme la *pantomime*, tel ou tel mouvement de l'ame que la parole exprimerait.

Quant au plaisir que cette expression vague et confuse peut nous causer, il ressemble assez à celui d'une belle symphonie. Celle-ci, en même temps qu'elle charme l'oreille, cause à l'esprit de douces rêveries, et porte à l'ame des émotions confuses, dont l'ame se plaît à jouir; il en est de même de la danse. D'un côté, l'ame est émue d'un sentiment vague et confus comme l'expression qui le cause; d'un autre côté, les yeux jouissent de tous les développements de la beauté présentée sous mille attitudes, et sous les formes variées d'une infinité de tableaux ingénieusement groupés. La grâce, la noblesse, la légèreté, l'élégance, la précision et le brillant des pas, la souplesse des mouvements, tout ce qui peut charmer les yeux s'y réunit et s'y varie; et c'en est bien assez, je crois, pour en justifier le goût.

La danse en général est une peinture vivante. Or un tableau, pour nous intéresser, n'a pas besoin de rendre expressément tel sentiment, telle pensée; et pourvu que, dans les attitudes, dans le caractère des têtes, dans l'ensemble de l'action, il y ait assez d'analogie avec telle espèce de sentiments et de pensées, pour induire l'ame et l'imagination du spectateur à chercher dans le vague de cette expression muette une intention décidée, ou plutôt à l'y supposer, la peinture a son intérêt; et si d'ailleurs elle réunit à tout le prestige de l'art tous les charmes de la nature, les yeux, l'esprit, et l'ame en jouiront avec délices sans y désirer rien de plus. Il en est de même de la danse.

On a dit que dans l'opéra français presque tous les ballets étaient inutiles et déplacés, et qu'il n'y avait que celui des bergers de Roland, qui fût lié avec l'action. Mais les plaisirs, dans le palais d'Armide, et dans la prison de Dardanus; mais le ballet des armes d'Énée dans l'opéra de Lavinie, et dans le même le ballet des Bacchantes; et celui de la Rose dans les Indes galantes; et celui des Lutteurs aux funérailles de Castor; et une infinité d'autres, qui sont également et dans le système et dans la situation et dans le caractère du poëme, faut-il les bannir du théâtre? Un ballet peut être moins heureusement lié à l'action que la pastorale de Roland, chef-d'œuvre unique en ce genre, sans pour cela être déplacé. On a sans doute abusé de la danse; mais les excès ne prouvent rien, sinon qu'il faut les éviter.

Parodie. On appelle ainsi, parmi nous, une imitation ridicule d'un ouvrage sérieux; et le moyen le plus commun que le *parodiste* y emploie, est de substituer une action triviale à une action héroïque. Les sots prennent une *parodie* pour une critique; mais la *parodie* peut être plaisante, et la critique très-mauvaise. Souvent le sublime et le ridicule se touchent; plus souvent encore, pour faire rire, il suffit d'appliquer le langage sérieux et noble à un sujet ridicule et bas. La *parodie* de quelques scènes du *Cid* n'empêche pas que ces scènes ne soient très-belles; et les mêmes choses, dites sur la perruque de Chapelain et sur l'honneur de don Diègue, peuvent être risibles dans la bouche d'un vieux rimeur, quoique très-nobles et très-touchantes dans la bouche d'un guerrier vénérable et mortellement offensé. *Rime ou crève*, à la place de *Meurs ou tue*, est le sublime de la *parodie;* et le mot de don Diègue n'en est pas moins terrible dans la situation du *Cid*. Dans *Agnès de Chaillot*, les enfants trouvés qu'on amène et l'ample mouchoir d'Arlequin nous font rire. Les scènes d'*Inès parodiées* n'en sont pas moins très-pathétiques. Il n'y a rien de si élevé, de si touchant, de si tragique, que l'on ne puisse travestir et *parodier* plaisamment, sans qu'il y ait, dans le sérieux, aucune apparence de ridicule.

Une excellente *parodie* serait celle qui porterait avec elle une saine critique, comme l'éloquence de *Petit-Jean* et de l'*Intimé* dans *les Plaideurs* : alors on ne demanderait pas si la *parodie* est utile ou nuisible au goût d'une nation. Mais celle qui ne fait que travestir les beautés sérieuses d'un ouvrage, dispose et accoutume les esprits à plaisanter de tout, ce qui fait pis que de les rendre faux; elle altère aussi le plaisir du spectacle sérieux et noble; car au moment de la situation *parodiée*, on ne manque pas de se rappeler la *parodie*, et ce souvenir altère l'illusion et l'impression du pathétique. Celui qui la veille avait vu *Agnès de Chaillot*, devait être beaucoup moins ému le lendemain des scènes touchantes d'*Inès*. C'est d'ailleurs un talent bien trivial et bien méprisable que celui du *parodiste*, soit par l'extrême facilité de réussir sans esprit à travestir de belles choses, soit par le plaisir malin qu'on paraît prendre à les avilir.

Le mérite et le but de la *parodie*, lorsqu'elle est bonne, est de faire sentir entre les plus grandes choses et les plus petites, un rapport qui, par sa justesse et par sa nouveauté, nous cause une vive surprise: contraste et ressemblance, voilà les sources de la bonne plaisanterie; et c'est par-là que la *parodie* est ingénieuse et piquante. Mais si dans le sujet comique ne se présentent pas naturellement les mêmes idées, les mêmes sentiments, les mêmes images, presque les mêmes caractères, les mêmes passions que dans le sujet sérieux ; la *parodie* est forcée et froide. C'est la justesse des rapports, c'est l'à-propos, le naturel, la vraisemblance, qui en fait le sel, l'agrément, la finesse. *Voyez* PLAISANT.

Le même poëme nous fournira les deux exemples opposés. Dans *le Lutrin*, rien de plus juste et de plus naturellement placé que l'épisode de la Discorde ; on sait qu'elle règne dans une église comme dans un camp, parmi des moines et des chanoines comme parmi des généraux d'armées ; et lorsqu'on lui entend tenir dans *le Lutrin* le même langage à-peu-près qu'elle tiendrait dans *l'Iliade*, lorsqu'on la voit

............Encor toute noire de crimes,
Sortir des cordeliers pour aller aux minimes,

ce rapprochement des extrêmes, cette manière ingénieuse de nous faire sentir que les grandeurs sont relatives, et que les passions égalisent tous les intérêts ; cette manière, dis-je, qui est le grand art de La Fontaine, rend l'intervention de la Discorde, dans les démêlés d'un chapitre, aussi plaisante qu'elle est juste. On est agréablement surpris de retrouver dans la bouche de cette fière divinité les mêmes discours qu'elle a coutume de tenir dans les grands poëmes, et de l'entendre parler d'une querelle de chanoines, comme Junon, dans *l'Énéide*, parle de la guerre de Troie et de la fondation de l'empire romain.

> Suis-je donc la Discorde? et parmi les mortels,
> Qui voudra désormais encenser mes autels?

Mais lorsque, dans le même poëme, pour le seul plaisir de *parodier* Virgile, Boileau amène une querelle qui n'a aucun rapport à celle du Chapitre; lorsque, pour s'élever au ton héroïque dans un sujet plaisant, il fait dire à un perruquier des choses qui n'ont jamais dû lui passer par la tête;

> Et le Rhin de ses flots ira grossir la Loire,
> Avant que tes bienfaits sortent de ma mémoire.

qu'il fait dire à la perruquière, pour imiter Didon;

> Ni ton épouse enfin toute prête à périr, etc.

et au perruquier, pour rappeler Énée :

> Je ne veux point nier les solides bienfaits
> Dont ton amour prodigue a comblé mes souhaits.

tout cela grimace, et n'a rien de vraisemblable ni de plaisant.

Boileau a tourmenté cet endroit de son poëme. Il avait mis d'abord un horloger à la place du perruquier. Il trouva que ce personnage n'était pas assez comique; il changea, et ne fit pas mieux. C'est que la situation n'avait rien d'assez analogue à celle de Didon et d'Énée; qu'il n'était ni plus vraisemblable, ni plus amusant de voir une perruquière, qu'une horlogère, se désoler de ce que son mari allait passer la nuit à monter un lutrin; et que leur querelle n'avait aucun trait à la vanité ridicule du chantre et du trésorier, les deux héros du poëme.

PARTERRE. C'est, dans nos salles de spectacle, l'aire ou l'espace qu'on laisse vide au milieu de l'enceinte des loges, entre l'orchestre et l'amphithéâtre, et où le spectateur est placé moins à son aise et à moins de frais.

Les anciens appelaient *orchestre* ce que nous appelons *parterre*. Cet orchestre était, chez les Grecs, la place des musiciens; chez les Romains, celle des sénateurs et des vestales.

Ce n'est pas sans raison qu'on a mis en problème s'il serait avantageux ou non qu'à nos *parterres*, comme à ceux d'Italie, les spectateurs fussent assis. On croit avoir remarqué qu'au *parterre* où l'on est debout, tout est saisi avec plus de chaleur; que l'inquiétude, la surprise, l'émotion du ridicule et du pathétique, tout est plus vif et plus rapidement senti : on croit, d'après ce vieux proverbe, *anima sedens fit sapientior*, que le spectateur plus à son aise serait plus froid, plus réfléchi, moins susceptible d'illusion, plus indulgent peut-être, mais aussi moins disposé à ces mouvements d'ivresse et de transport qui s'excitent dans un *parterre* où l'on est debout.

Ce que l'émotion commune d'une multitude

assemblée et pressée ajoute à l'émotion particulière, ne peut se calculer : qu'on se figure cinq cents miroirs se renvoyant l'un à l'autre la lumière qu'ils réfléchissent, ou cinq cents échos le même son; c'est l'image d'un public ému par le ridicule ou par le pathétique. C'est là sur-tout que l'exemple est contagieux et puissant. On rit d'abord de l'impression que fait l'objet risible, on reçoit de même l'impression directe que fait l'objet attendrissant; mais de plus, on rit de voir rire, on pleure aussi de voir pleurer; et l'effet de ces émotions répétées va bien souvent jusqu'à la convulsion du rire, jusqu'à l'étouffement de la douleur. Or c'est sur-tout dans le *parterre*, et dans le *parterre* debout, que cette espèce d'électricité est soudaine, forte, et rapide; et la cause physique en est dans la situation plus pénible et moins indolente du spectateur, qu'une gêne continuelle et un flottement perpétuel doivent tenir en activité.

Mais une différence plus marquée entre un *parterre* où l'on est assis, et un *parterre* où l'on est debout, est celle des spectateurs mêmes. Chez nous, le *parterre* (car on appelle aussi de ce nom la partie de l'assemblée qui occupe l'espace dont nous avons parlé) est composé communément des citoyens les moins riches, les moins maniérés, les moins raffinés dans leurs mœurs; de ceux dont le naturel est le moins poli, mais aussi le moins altéré; de ceux en qui l'opinion et le sentiment tiennent le moins aux fantaisies passagères de la mode, aux prétentions de la vanité, aux préjugés de l'éducation ; de ceux qui communément ont le moins de lumières, mais peut-être aussi le plus de bon sens, et en qui la raison plus saine et la sensibilité plus naïve forment un goût moins délicat mais plus sûr, que le goût léger et fantasque d'un monde où tous les sentiments sont factices ou empruntés.

Dans la nouveauté d'une pièce de théâtre, le *parterre* est un mauvais juge, parce qu'il est ameuté, corrompu, et avili par les cabales : mais lorsque le succès d'une pièce est décidé, et que la faveur et l'envie ne divisent plus les esprits ; le meilleur de tous les juges, c'est le *parterre*. On est surpris de voir avec quelle vivacité unanime et soudaine tous les traits de finesse, de délicatesse, de grandeur d'ame et d'héroïsme, toutes les beautés de Racine, de Corneille, de Molière, enfin tout ce que le sentiment, l'esprit, le langage, le jeu des acteurs, ont de plus ingénieux et de plus exquis, est aperçu, saisi dans l'instant même par cinq cents hommes à-la-fois ; et de même avec quelle sagacité les fautes les plus légères et les plus fugitives contre le goût, le naturel, la vérité, les bienséances, soit du langage, soit des mœurs, sont aperçues par une classe d'hommes dont chacun pris séparément aurait semblé ne rien savoir de tout cela. On ne conçoit pas comment, par exemple, les rôles de

Viriate, d'Agrippine, et du Méchant, sont si bien jugés par le peuple ; mais il faut savoir que dans le *parterre* tout n'est pas ce qu'on appelle peuple, et que, parmi cette foule d'hommes sans culture, il y en a de très-éclairés. Or c'est le jugement de ce petit nombre qui forme celui du *parterre :* la multitude les écoute, et elle n'a pas la vanité d'être humiliée de leurs leçons; au lieu que dans les loges chacun se croit instruit, chacun prétend juger d'après soi-même.

Une différence qui, à certains égards, est à l'avantage des loges, mais qui ne laisse pas de décider en faveur du *parterre*, c'est que dans celui-ci, n'y ayant point de femmes, il n'y a point de séduction : le goût du *parterre* en est moins délicat, mais aussi moins capricieux, et sur-tout plus mâle et plus ferme.

Au petit nombre d'hommes instruits qui sont répandus dans le *parterre*, se joint un nombre plus grand d'hommes habitués au spectacle, et dont c'est l'unique plaisir; dans ceux-ci un long usage a formé le goût; et ce goût de comparaison est bien souvent plus sûr qu'un jugement plus raisonné; c'est comme une espèce d'instinct qu'a perfectionné l'habitude. A cet égard, le *parterre* change lorsqu'un spectacle se déplace, et que les habitués ne le suivent pas. On croit avoir remarqué, par exemple, que, depuis que la comédie française est aux Tuileries (1), on ne re-

---

(1) Elle y était alors.

connaît plus dans le *parterre* cette vieille sagacité que lui donnaient ses chefs de meute, quand ce spectacle était au faubourg Saint-Germain ; car il en est d'un *parterre* nouveau comme d'une meute de jeunes chiens ; il s'étourdit et prend le change.

Par la même raison, le goût dominant du public, le même jour et dans la même ville, n'est pas le même d'un spectacle à un autre ; et la différence n'est pas dans les loges, car le même monde y circule ; elle est dans cette partie habituée du public, que l'on appelle *les piliers du parterre* : c'est elle qui donne le ton ; et c'est son indulgence ou sa sévérité, sa bonne ou sa mauvaise humeur, son naturel inculte ou sa délicatesse, son goût plus ou moins difficile, plus ou moins raffiné, qui, par contagion, se communique aux loges, et fait comme l'esprit du lieu et du moment.

Le *parterre* est donc habituellement composé d'hommes sans culture et sans prétentions, dont la sensibilité ingénue vient se livrer aux impressions qu'elle recevra du spectacle, et qui, de plus, suivant l'impulsion qu'on leur donne, semblent ne faire qu'un esprit et qu'une ame avec ceux qui, plus éclairés, les font penser et sentir avec eux.

De là vient cette sagacité singulière, cette promptitude admirable, avec laquelle tout un *parterre* saisit à-la-fois les beautés ou les défauts d'une pièce de théâtre ; de là vient aussi que certaines beautés délicates ou transcendantes ne sont senties qu'avec le temps, parce que l'influence des bons esprits n'est pas toujours également rapide, quoique la partie du public où il y a le moins de vanité soit aussi celle qui se corrige et se rétracte le plus aisément. C'est le *parterre* qui a vengé la *Phèdre* de Racine, de la préférence que les loges avaient donnée à celle de Pradon.

Telle est chez nous la composition et le mélange de cette partie du public, qui, pour être admise à peu de frais au spectacle, consent à s'y tenir debout, et souvent très-mal à son aise.

Mais que le *parterre* soit assis, ce sera tout un autre monde, soit parce que les places en seront plus chères, soit parce qu'on y sera plus commodément. Alors le public des loges et celui du *parterre* ne feront qu'un; et dans le sentiment du *parterre* il n'y aura plus, ni la même liberté, ni la même ingénuité, osons le dire, ni les mêmes lumières : car dans le *parterre*, comme je l'ai dit, les ignorants ont la modestie d'être à l'école et d'écouter les gens instruits; au lieu que dans les loges, et par conséquent dans un *parterre* assis, l'ignorance est présomptueuse : tout y est caprice, vanité, fantaisie, ou prévention.

On trouvera que j'exagère; mais je suis persuadé que, si le *parterre*, tel qu'il est, ne captivait pas l'opinion publique, et ne la réduisait pas à l'unité en la ramenant à la sienne, il y aurait le plus souvent autant de jugements divers qu'il y a de loges au spectacle, et que de long-temps le succès d'une pièce ne serait unanimement ni absolument décidé.

Il est vrai du moins que cette espèce de république qui compose nos spectacles, changerait de nature, et que la démocratie du *parterre* dégénérerait en aristocratie : moins de licence et de tumulte, mais aussi moins de liberté, d'ingénuité, de chaleur, de franchise, et d'intégrité. C'est du *parterre*, et d'un *parterre* libre, que part l'applaudissement; et l'applaudissement est l'ame de l'émulation, l'explosion du sentiment, la sanction publique des jugements intimes, et comme le signal que se donnent toutes les ames pour jouir à-la-fois, et pour redoubler l'intérêt de leurs jouissances par cette communication mutuelle et rapide de leur commune émotion. Dans un spectacle où l'on n'applaudit pas, les ames seront isolées, et le goût toujours indécis.

Je ne dois pourtant pas dissimuler que le désir très-naturel d'exciter l'applaudissement, a pu nuire au goût des poëtes et au jeu des acteurs, en leur faisant préférer ce qui était plus saillant à ce qui eût été plus vrai, plus naturel, plus réellement beau : de là ces vers sentencieux qu'on a détachés; de là ces tirades brillantes dans lesquelles, aux dépens de la vérité du dialogue, on semble ramasser des forces pour ébranler le *parterre* et l'étonner par un coup d'éclat; de là aussi ce jeu violent, ces mouvements outrés, par lesquels l'acteur, à la fin d'une réplique ou d'un monologue, arrache l'applaudissement. Mais cette espèce de charlatanerie, dont le *parterre* plus éclairé s'apercevra un jour, et qu'il fera cesser lui-même, paraîtrait peut-être encore plus nécessaire pour émouvoir un *parterre* assis, et d'autant moins sensible au plaisir du spectacle, qu'il en jouirait plus commodément : car il en est de ce plaisir comme de tous les autres; la peine qu'il en coûte y met un nouveau prix, et on les goûte faiblement lorsqu'on les prend trop à son aise. Peut-être qu'un *parterre* où l'on serait debout aurait plus d'inconvénients chez un peuple où régnerait plus de licence, et moins d'avantages chez un peuple dont la sensibilité, exaltée par le climat, serait plus facile à émouvoir. Mais je parle ici des Français; et j'ai pour moi l'avis des comédiens eux-mêmes, qui, quoiqu'intéressé, mérite quelque attention.

Depuis que cet article a été imprimé, les comédiens français, dans leur nouvelle salle, ont pris le parti courageux d'avoir un *parterre* assis : il paraît moins tumultueux, mais plus difficile à émouvoir; et soit que le prix des places ne soit plus assez bas pour y attirer cette foule de jeunes gens dont l'ame et l'imagination n'avaient besoin, pour s'exalter, que d'entendre de belles choses; soit que le goût du public, généralement pris, soit refroidi pour les beautés simples, comme on l'observe à tous nos théâtres; il est certain qu'on n'obtient plus de grands succès par ce moyen ; et ce que disait Voltaire d'après une longue expérience que *pour être applaudi de la multitude, il valait mieux frapper fort que de frapper juste*, se trouve plus vrai que jamais, tant à l'égard des spectateurs assis, qu'à l'égard de ceux qui sont debout : ce qui rend encore indécis le problème des deux *parterres*.

―――――

Pastiche. Ce mot s'emploie par translation, pour exprimer en littérature une imitation affectée de la manière et du style d'un écrivain ; comme on l'emploie au propre pour désigner un tableau peint dans la manière d'un grand artiste, et que l'on fait passer pour être de sa main.

Plus un écrivain a de manière, c'est-à-dire de singularité dans le tour et dans l'expression, plus il est aisé de le contrefaire. Mais si son originalité tient au caractère de son esprit et de son ame ; si la manière qui le distingue, est celle de penser, de sentir, de concevoir, d'imaginer, de voir la nature et de la peindre ; le *pastiche* qu'on en fera ne sera jamais ressemblant. Il aura des imitateurs dans des hommes d'un caractère et d'un génie analogue au sien ; mais il n'aura point de copiste.

Rousseau, avec le talent de l'épigramme, a pris le tour, le style de Marot ; La Fontaine en a imité, en a surpassé la naïveté. Mais qui contrefera jamais, qui même imitera de loin l'heureux et riche naturel de La Fontaine?

Voltaire racontait que dans sa jeunesse il s'était moqué des connaisseurs du Temple, en leur faisant croire qu'une fable de La Motte était de La Fontaine. Ces connaisseurs l'étaient bien peu!

Ce qui est plus étonnant encore, c'est que, dans la nouveauté de la tragédie des *Machabées*, tout Paris crut d'abord, sur la foi des comédiens, que cette pièce était un ouvrage posthume de Racine. Il fallait pour cela que le fard de la déclamation théâtrale fît une grande illusion.

La Bruyère s'est amusé à écrire une page dans le style de Montaigne; et il l'a très-bien imité. « Je n'aime pas, dit-il, un homme que je ne puis aborder le premier ni saluer avant qu'il me salue, sans m'avilir à ses yeux et sans tremper dans la bonne opinion qu'il a de lui-même. » Montaigne dirait : » *Je veux avoir mes coudées franches, et être courtois et affable à mon point, sans remords ne conséquence. Je ne puis du tout estriver contre mon penchant et aller au rebours de mon naturel, qui m'emmène vers celui que je trouve à ma rencontre. Quand il m'est égal et qu'il ne m'est point ennemi, j'anticipe sur son bon accueil, je le questionne sur sa bonne disposition et santé, je lui offre de mes bons offices, sans tant marchander sur le plus ou sur le moins, ne être, comme disent aucuns, sur le qui vive. Celui-là me déplait, qui, par la connaissance que j'ai de ses coutumes et façons d'agir, me tire de cette liberté et franchise : comment me ressouvenir, tout à propos et du plus loin que je vois cet homme, d'emprunter une contenance grave et imposante, et qui l'avertisse que je crois le valoir et bien au-delà? Pour cela, de me ramentevoir de mes bonnes qualités et conditions, et des siennes mauvaises, puis en faire la comparaison? C'est trop de travail, et ne suis du tout capable de si roide et si subite attention; et quand bien même elle m'aurait succédé une première fois, je ne laisserais pas de fléchir et me démentir à une seconde tâche : je ne puis me forcer et contraindre pour quelconque à être fier. »*

Voilà certainement bien le langage de Montaigne, mais diffus, et tournant sans cesse autour de la même pensée. Ce qui en est difficile à imiter, c'est la plénitude, la vivacité, l'énergie, le tour pressé, vigoureux et rapide, la métaphore imprévue et juste, et plus que tout cela le suc et la substance. Montaigne cause quelquefois nonchalamment et longuement : c'est ce que La Bruyère en a copié, le défaut.

Un talent rare et fort au-dessus du petit mérite de cette singerie, qu'on appelle *pastiche*, c'est de savoir réellement s'assimiler à un grand écrivain; c'est de se pénétrer de son ame et de son génie, soit pour le caractériser en le louant, soit pour écrire dans son genre. C'est ainsi que, dans un des meilleurs livres de notre siècle et des moins connus du vulgaire, dans l'*Introduction à la Connaissance de l'Esprit humain*, le sensible, le vertueux, l'éloquent Vauvenargues semble avoir pris la plume de Bossuet et de Fénélon, lorsqu'il les a loués, ou qu'il a essayé d'écrire à leur manière : c'est ainsi que, dans les éloges de ces deux grands hommes, on a plus récemment encore pris la couleur, le ton, le caractère de leurs écrits. *Voyez* Imitation.

Pathétique. *Eloquence, poésie, art oratoire.* Une distinction qu'on n'a pas assez faite et qui peut avoir son utilité, est celle des deux *pathétiques*, l'un direct et l'autre réfléchi.

J'appelle *direct*, le *pathétique* dont l'émotion se communique sans changer de nature, lorsqu'on fait passer dans les ames le même sentiment d'amour, de haine, de vengeance, d'admiration, de pitié, de crainte, de douleur, dont on est soi-même rempli.

J'appelle *réfléchi*, le *pathétique* dont l'impression diffère de sa cause, comme lorsqu'au moment du crime ou du danger qui le menace, la tranquille sécurité de l'innocent nous fait frémir.

Quand on a défini l'éloquence, l'art de communiquer les affections et les mouvements de son ame, on n'a considéré que l'un de ses moyens; et ce n'est ni le plus puissant, ni le plus infaillible. C'en est un sans doute pour l'orateur qui veut nous émouvoir, que d'être passionné lui-même : mais il est rare qu'il puisse le paraître, sans courir le risque, ou d'être suspect, ou d'être ridicule; et à moins que la cause pour laquelle il se passionne ne soit bien évidemment digne des grands mouvements qu'il déploie et de la chaleur qu'il exhale, sa violence porte à faux; et c'est ce qu'on appelle un *déclamateur.* D'un autre côté, l'on a de la peine à supposer que l'homme passionné soit bien sincère et juste : si on se livre à lui par sentiment, on s'en défie par réflexion. L'éloquence passionnée veut donc et suppose des esprits déja persuadés et disposés à recevoir une dernière impulsion.

Le *pathétique* indirect, sans annoncer autant de force, en a bien davantage. Il s'insinue, il pénètre, il s'empare insensiblement des esprits, et les maîtrise sans qu'ils s'en aperçoivent, d'autant plus sûr de ses effets qu'il paraît agir sans effort. L'orateur parle en simple témoin; et lorsque la chose est par elle-même ou terrible, ou touchante, ou digne d'exciter l'indignation et la révolte, il se garde bien de mêler au récit qu'il en fait, les mouvements qu'il veut produire. Il met sous les yeux le tableau de la force et de la faiblesse, de l'injure et de l'innocence; il dit comment le fort a écrasé le faible; et comment le faible, en gémissant, a succombé : c'en est assez. Plus il expose simplement, plus il émeut. Voyez, dans la péroraison de Cicéron pour Milon son ami, voyez, dans la harangue d'Antoine au peuple romain sur la mort de César, l'artifice victorieux de ce genre de *pathétique*. Cicéron ne fait que répéter le langage magnanime et touchant que lui a tenu Milon; et Milon, courageux, tranquille, est plus intéressant dans sa noble constance, que ne l'est Cicéron en suppliant pour lui. Antoine ne fait que lire le testament de César; et cet exposé simple de ses dernières volontés, en faveur du peuple romain, remplit ce peuple d'indignation et de fureur contre les meurtriers : au lieu que les mouvements passionnés d'Antoine, sa douleur, son ressentiment, n'auraient peut-être ému personne; peut-être même auraient-ils soulevé tous les esprits d'un peuple libre contre l'esclave d'un tyran.

En employant le *pathétique* indirect, l'orateur ne compromet jamais ni son ministère ni sa cause : le récit, l'exposé, la peinture qu'il fait, peut causer une émotion plus ou moins vive sans conséquence. Mais lorsqu'en se passionnant lui-même, il s'efforce en vain de nous émouvoir, et que, par malheur, tout ce qui l'environne est froid, tandis que lui seul il s'agite; ce contraste risible fait perdre à son sujet tout ce qu'il a de sérieux, à son éloquence toute sa dignité, à ses moyens toute leur force.

Le *pathétique* direct, pour frapper à coup sûr, doit donc se faire précéder par le *pathétique* indirect. C'est à celui-ci à mettre en mouvement les passions de l'auditeur; et lorsqu'il l'aura ébranlé, que le murmure de l'indignation se fera entendre, ou que les larmes de la compassion commenceront à couler, c'est à l'orateur à se jeter comme dans la foule, et à paraître alors le plus ému de ceux qu'il vient d'irriter ou d'attendrir. Alors ce n'est plus lui qui paraît vouloir donner l'impulsion, c'est lui qui la reçoit; ce n'est plus à sa passion qu'il s'abandonne, mais à celle du peuple; et en se mêlant avec lui, il achève de l'entraîner.

Le point critique et délicat du *pathétique* direct, c'est de tenir essentiellement à l'opinion personnelle, et d'avoir besoin d'être soutenu par le caractère de celui qui l'emploie. Une seule idée incidente qui, dans l'esprit des auditeurs, vient le contrarier, le détruit.

Supposons, par exemple, que Périclès eût reproché aux Athéniens le luxe et le goût des plaisirs avec la véhémence dont les Catons s'élevaient contre les vices de Rome; la seule idée d'Aspasie aurait fait rire les Athéniens de l'éloquence de Périclès. Supposons que, dans notre barreau, un avocat, peu sévère lui-même dans sa conduite et dans ses mœurs, voulût parler, comme d'Aguesseau, de décence et de dignité, et qu'on fût instruit du souper qu'il aurait fait la veille, ou de la nuit qu'il aurait passée; supposons qu'un homme voluptueusement oisif vînt se passionner en public contre la mollesse et la volupté, et que, tandis qu'il recommanderait le travail, l'humilité, la tempérance, on sût qu'un char pompeux l'attend, qu'un dîner somptueux est préparé pour lui; que deviendrait son éloquence? C'est là sur-tout qu'il faut se souvenir de ce précepte d'Aristote : *Sit accusator melior reo.* Le contraire fut le moyen dont Cicéron accabla Tubero, en plaidant pour Ligarius.

En poésie, et spécialement dans la poésie dramatique, même distinction : ainsi le précepte d'Horace,

>............*Si vis me flere, dolendum est*
>*Primùm ipsi tibi.*

n'est rien moins qu'une maxime générale.

Le sentiment qu'inspire un personnage est quelquefois analogue à celui qu'il éprouve, quelquefois différent, et quelquefois contraire : analogue, lorsque l'acteur nous pénètre de son effroi, de sa douleur, comme Hécube, Philoctète, Mérope, Sémiramis, Andromaque, Didon, etc.; différent, lorsque de sa situation naissent des sentiments de crainte et de pitié qu'il ne ressent pas lui-même, comme OEdipe, Polyxène, Britannicus; contraire, lorsque la violence de ses transports nous cause des sentiments de frayeur et de compassion pour un autre et contre lui-même, comme Atrée, Cléopâtre ou Néron. C'est alors, comme je l'ai dit, que le silence morne, la dissimulation profonde, le calme apparent d'une ame atroce, et la tranquille sécurité d'une ame innocente et crédule, nous font frémir, de voir l'un exposé aux fureurs que l'autre renferme.

Tout paraît tranquille sur la scène, et les grands mouvements du *pathétique* se passent dans l'ame des spectateurs.

Jetez les yeux sur la statue du gladiateur mourant : il expire sans convulsions ; et la noble langueur exprimée par son attitude et répandue sur son visage, vous pénètre et vous attendrit : ainsi lorsque Iphigénie veut consoler son père qui l'envoie à la mort, elle nous arrache des larmes ; ainsi lorsque les enfants de Médée caressent leur mère qui médite de les égorger, on frémit. Voyez un berger et une bergère jouant sur l'herbe, et prêts à fouler un serpent qu'ils n'aperçoivent pas ; voyez une famille tranquillement endormie dans une maison que la flamme enveloppe : voilà l'image de ce *pathétique* indirect.

Rien de plus déchirant sur le théâtre que les transports de joie de l'époux d'Inès, quand son père lui a pardonné.

Mais l'éloquence des passions agit tantôt directement sur les acteurs qui sont en scène, et par réflexion sur les spectateurs ; tantôt directement sur les spectateurs, sans avoir d'objet sur la scène. Un conjuré, comme Cinna, Cassius, Manlius, veut inspirer à ses complices ses sentiments de haine et de vengeance contre César ou le sénat ; il emploie l'éloquence de ses passions ; et il en résulte deux effets, l'un sur l'ame des personnages, qui conçoivent la même haine et le même ressentiment ; l'autre sur l'ame des spectateurs, qui, s'intéressant au salut de César ou de Rome, frémissent des fureurs et du complot des conjurés. De même, lorsqu'une amante passionnée, comme Ariane ou Didon, déploie toute l'éloquence de l'amour pour toucher un ingrat, pour ramener un infidèle, le *pathétique* en est dirigé vers l'objet qu'elle veut toucher; et ce n'est qu'en se réfléchissant sur l'ame des spectateurs, qu'il les pénètre de pitié pour la malheureuse victime d'un sentiment si tendre et si cruellement trahi. Mais si la passion ne s'exhale que pour s'exhaler, comme lorsque cette même Didon, cette Ariane abandonnée laisse éclater son désespoir; lorsque Philoctète, Mérope, Hécube, Clytemnestre fait retentir le théâtre de ses plaintes et de ses cris, le *pathétique* alors se dirige uniquement sur les spectateurs; et si, comme il arrive dans de vaines déclamations, il manque de frapper les ames de compassion et de terreur, c'est de l'éloquence perdue : *Verberat auras*.

De l'étude bien méditée de ces rapports résulterait peut-être une connaissance plus juste qu'on ne paraît l'avoir communément des moyens propres à l'éloquence des passions, et de l'usage plus modéré, mais plus sûr, qu'il serait possible d'en faire.

Quant à l'effet moral du *pathétique*, on sent que l'éloquence passionnée doit tenir de la nature du feu, et, comme lui, être à-la-fois d'un extrême danger et d'une extrême utilité.

En poésie, il est assez rare que l'effet en soit dangereux. S'il attendrit, c'est en faveur d'un objet intéressant, aimable et moralement bon; car la faiblesse n'exclut pas la bonté; et ce n'est pas un mal que de nous disposer à une indulgence éclairée. S'il excite l'effroi, la haine, l'indignation, c'est pour un objet odieux ou funeste; et si l'étonnement et la frayeur que nous cause le crime sont mêlés d'admiration, le danger, le malheur, le trouble, les tourments, que le poëte a soin d'attacher au crime, et sur-tout le tendre intérêt que nous inspire l'innocence, nous font communément haïr les forfaits, lors même que nous admirons la force d'ame et le courage qui les ennoblit à nos yeux. Il n'y a que l'égarement des passions compatibles avec un bon naturel, qui nous cause une pitié tendre; et alors c'est à la bonté malheureuse que nous donnons des larmes, c'est la perte de la vertu, de l'innocence, que nous pleurons; jamais le vice n'intéresse.

Il faut avouer cependant que la bonté morale du *pathétique* est relative à l'objet pour lequel le poëte nous émeut; et si la sensibilité qu'il exerce peut devenir nuisible ou vicieuse, comme dans les peintures de l'amour illicite; cet exercice n'est pas aussi salutaire à de jeunes ames, que lorsqu'elle a pour objet l'amour conjugal, l'amitié, l'humanité, la piété filiale ou la tendresse paternelle. Une chose incompréhensible, c'est le peu d'usage que nos poëtes avaient fait, avant Voltaire, de ces moyens vertueux et puissants d'intéresser et d'émouvoir. Lorsqu'il s'est ouvert cette source sacrée, il l'a trouvée pleine, et si abondante, qu'en soixante ans il n'a pu la tarir. C'est là qu'il reste à puiser après lui; car, à vrai dire, le *pathétique* qu'on pouvait tirer de l'amour, ne laisse plus, après Racine et Voltaire lui-même, que de petits ruisseaux échappés de la source qu'ils semblent avoir épuisée.

Quoi qu'il en soit, comme en poésie l'impression du *pathétique* est vague, fugitive et sans objet déterminé; ou plutôt comme son objet actuel, sa fin prochaine est le plaisir; que le poëte n'a d'ailleurs aucun intérêt de rendre vicieux le plaisir qu'il nous cause; que sa gloire même la plus pure est attachée à la bonté morale de ses moyens, et qu'à l'ambition d'être aimable et intéressant se joint, s'il n'est pas dépravé, celle de se montrer honnête, on est presque assuré qu'en lui le talent d'émouvoir n'aura rien de pernicieux.

Il n'en est pas de même en éloquence. Un factieux, un fourbe, un fanatique, un furieux, un homme vénal et pervers, animé par ses passions ou par celles de ses clients, peut les communiquer à son auditoire, à ses juges; et de l'impression soudaine et rapide qu'il aura faite peut dépendre l'état, l'honneur, la vie d'un citoyen, le sort d'une famille, la destinée d'un empire. L'homme vertueux au contraire peut, avec le même flambeau, rallumer toutes les vertus. Sans la bataille de Chéronée, Démosthène eût sauvé la Grèce; si les deux Gracques n'avaient pas été massacrés, Rome n'avait plus de tyrans; si, dans le parti de Catilina ou dans celui de Charles Ier, il se fût trouvé deux hommes plus éloquents que Cicéron et que Cromwell, Rome était perdue, Charles était sauvé; si Marc-Antoine, le triumvir, n'eût pas connu les grands moyens de l'éloquence *pathétique*, César n'eût pas été vengé. Et dans le barreau ancien et moderne, combien de fois et le juste et l'injuste, indifféremment soutenus d'une éloquence *pathétique*, n'ont-ils pas triomphé ou succombé par elle?

L'entendement est une faculté froide et passive; il obéit, dans le silence des passions, à la vérité, à l'évidence; et alors sans doute il suffit de convaincre pour entraîner. De même, une sensibilité, une vivacité modérée, dans des ames paisibles et dans des esprits calmes, les dispose à la persuasion; et avec eux on est en état de bien servir la vérité, lorsqu'au talent de la faire connaître on joint le don de la faire aimer. C'est dans la première de ces deux hypothèses que Bourdaloue a écrit ses sermons; c'est dans la seconde que Fénélon a composé le *Télémaque*, et Massillon le *Petit-Carême*; et contre de faibles obstacles, il serait inutile, il serait ridicule d'employer de plus grands efforts; car en éloquence, non plus qu'en mécanique, il ne doit jamais y avoir de mouvement perdu; puissance, levier, résistance, tout doit être proportionné.

Mais lorsqu'en même temps on a des vérités pressantes, d'importantes résolutions à faire passer dans les ames, et dans son auditoire une extrême inertie à vaincre, ou de grands mouvements à contraindre et à réprimer, ou une longue obstination, une forte inclination à combattre et à renverser, enfin une masse d'obstacles à ébranler et à détruire, ou une violente impulsion à repousser, à surmonter; alors l'éloquence a besoin du bélier et de la baliste.

Le reproche, l'objurgation, la honte, la vue de l'opprobre ou d'un plus grand péril, l'enthousiasme de la gloire, l'enivrement que peut causer l'espérance d'un meilleur sort, sont nécessaires pour réchauffer des ames que la crainte a glacées, pour relever des ames que les revers ont abattues, pour exciter des ames que l'indolence et la sécurité ont engourdies dans le repos.

Il en est de même des mouvements d'indignation, de commisération, d'effroi, d'horreur, de haine, de vengeance, utilement et dignement employés, soit pour ramener, soit pour entraîner l'auditoire, le pousser ou le retenir.

Si donc l'orateur est lui-même intimement persuadé de l'utilité de ses conseils, de l'importance de son objet, ou de la bonté de sa cause; et qu'il trouve ou son auditoire ou ses juges aliénés, ou inclinés vers l'avis contraire, prévenus d'affections injustes ou de séductions funestes, émus de passions qui peuvent égarer ou dépraver leur jugement, il est de son devoir d'effacer ces impressions par des impressions plus profondes, d'opposer à ces mouvements des mouvements plus forts, de mettre enfin, dans la balance de l'intérêt ou de l'opinion, des contre-poids qui rétablissent l'équilibre de l'équité. Un arbre courbé par le vent est redressé par un vent contraire, ou par la contention d'un effort opposé.

Si l'orateur voit d'un côté des vérités de sentiment favorables à l'innocence, ou à la faiblesse excusable, ou à l'imprudence crédule, ou à l'erreur inévitable; et de l'autre côté des principes de forme, des règles de droit, des maximes de politique ou de jurisprudence, qui portent le juge à s'endurcir, pour user de cette rigueur dont l'excès rend injuste la justice même ; alors encore faut-il bien recourir aux sentiments de la nature pour amollir la dureté des lois.

De là, dans l'éloquence, l'usage légitime de la force des passions, même des passions vicieuses, comme l'envie et la colère, et à plus forte raison des passions honnêtes, comme l'amour de la louange, la crainte de l'opprobre, la commisération, l'indignation contre l'orgueil, l'horreur de l'oppression, de la violence et de l'injure : de là le droit de présenter, d'exagérer aux yeux de l'auditoire tout ce qui peut l'intéresser et l'émouvoir en faveur du faible, de l'innocent, du malheureux.

Jusque-là rien sans doute n'est plus digne des fonctions de l'orateur que l'éloquence *pathétique*.

Mais ce qui la rend dangereuse et redoutable, c'est qu'avant même de la juger, il faut l'entendre, et par conséquent s'y exposer avant que de savoir si c'est la bonne ou la mauvaise cause qu'elle arme de tous ses moyens.

Le barreau, la tribune, sont une arène où la première loi du combat entre les contendants, est que les armes soient égales. Le *pathétique* est donc permis de droit à tous les deux, ou il doit être également interdit à l'un et à l'autre.

Dans la chaire on a moins à craindre les abus de cette éloquence; et quoique le fanatisme et le faux zèle l'aient fait servir plus d'une fois d'instrument à la calomnie, à la discorde, à la fureur des factions, et que l'erreur, les passions, le crime, aient pu s'en prévaloir dans des temps malheureux, un orateur chrétien se rendrait aujourd'hui si odieux, si méprisable en abusant de son ministère, que, pour le plus indigne même de l'exercer, le respect public est un frein.

Mais au barreau, il est presque impossible que dans l'une ou dans l'autre cause, si ce n'est dans toutes les deux, l'éloquence passionnée ne soit pas contraire à l'esprit de droiture, d'impartialité, d'équité, qui doit seul animer les juges; et c'est là que le *pathétique* est comme un fer à deux tranchants.

Lorsque les mœurs d'Athènes n'étaient pas corrompues encore, l'aréopage avait écarté de son tribunal l'éloquence des passions. Mais bientôt elle y pénétra. L'orateur qui plaidait pour Phryné osa lui arracher le voile; et Phryné, qui, pour ce seul acte de séduction, devait être blâmée (je dis elle ou son défenseur), obtint son absolution : tant ces vieillards, qui adoraient la beauté dans le marbre de Praxitèle, étaient incapables de résister aux charmes de la beauté vivante qu'animaient deux beaux yeux en pleurs! Le voile de Phryné, en tombant, découvrit la honte des juges.

Socrate dédaigna une apologie oratoire; il dit à Lycias, qui lui en proposait une d'un caractère indigne de lui : « Tu m'apportes là une chaussure de femme. » Il parla lui-même à ses juges en sage, en homme simple et vertueux; et il fut condamné.

Dans la suite, l'art d'émouvoir fut porté aussi loin dans la tribune qu'au théâtre. Ce qui nous reste de Démosthène est d'un style grave et sévère; la raison y agit plus que les passions; le reproche, l'indignation, l'imprécation, l'invective, sont presque les seuls mouvements *pathétiques* qu'il se permette. Mais dans celles de ses harangues que le temps nous a dérobées, il fallait bien qu'il eût plus d'une fois fait usage du don des larmes, puisqu'Eschine ne doutait pas qu'il n'y eût recours dans sa défense, et qu'il croyait devoir avertir ses juges de ne pas s'y laisser tromper : « *A quoi bon ces larmes ?* leur dit-il d'avance. *A quoi bon ces cris et cette contention de voix ?*» et plus haut : « *Quant au torrent de larmes qui coulera de ses yeux, quant à ses accents lamentables, répondez-lui,* etc. » Démosthène avait donc coutume d'en user ainsi pour émouvoir son auditoire : sans cela, Eschine aurait prédit en insensé ce qu'allait faire Démosthène, et le peuple l'eût bafoué.

Chez les Romains, le *pathétique* était le sublime de l'éloquence. *Quis enim nescit maximam vim existere oratoris in hominum mentibus, vel ad iram, aut ad odium, aut ad dolorem incitandis, vel ab hisce iisdem permotionibus ad lenitatem misericordiamque revocari.* (De Orat.)

Et en effet, dans un pays et dans un temps où les factions, les partis, les brigues, les vexations dans les provinces, le péculat, les crimes de lèse-majesté publique, les discordes civiles, les haines personnelles, peuplaient les tribunaux d'accusateurs et d'accusés; où la violence, l'usurpation, le meurtre, l'empoisonnement, le sacrilége, étaient des actions journalières; où le caractère national, l'esprit de domination et d'autorité arbitraire, présidaient dans les tribunaux,

Parcere subjectis et debellare superbos;

où tous les juges, le sénat, le peuple, les préteurs, jusqu'aux chevaliers, se regardaient comme des souverains, arbitres de la loi, et libres d'exercer ou la rigueur ou la clémence; l'art d'émouvoir, d'irriter, de fléchir, de rendre l'accusé intéressant ou odieux, devait être plus nécessaire et plus recommandable que l'art d'instruire et de convaincre.

Aussi voit-on que les lumières du philosophe et du jurisconsulte, que la sagesse et l'habileté même de l'homme d'État, sans l'éloquence des passions, étaient comptées pour peu de chose dans les talents de l'orateur. Dire ce qu'il fallait et le dire à propos, était l'affaire de la prudence: mais le dire comme il fallait pour remuer, pour irriter, pour appaiser son auditoire, pour le remplir d'indignation, de douleur, de compassion, c'était l'affaire du génie et le triomphe de l'éloquence.

A des lois on trouvait sans peine à opposer des lois, à des indices des indices, à des raisons et à des vraisemblances des moyens non moins spécieux; mais lorsqu'une fois le *pathétique* s'était saisi des esprits et des ames, l'extrême difficulté de l'art était de les lui arracher.

Écoutez Cicéron, parlant de ce genre d'éloquence: *Quo perturbantur animi et concitantur, in quo uno regnat oratio.* Il le peint comme il l'employait, entraînant et irrésistible; *Hoc vehemens, incensum, incitatum; quo causæ eripiuntur; quod, quùm rapidè fertur, sustineri nullo pacto potest*: et il en cite pour exemple l'ascendant qu'il lui avait donné. « Dans ce genre, dit-il, malgré la médiocrité et la faiblesse de mes talents, je ne laissai pas d'exercer encore un assez grand empire, et de mettre souvent mes adversaires hors de défense. Hortensius, tout grand orateur qu'il était, chargé de plaider pour Verrès son ami, n'eut pas la force de me répondre. Catilina, que j'accusais devant le sénat, fut réduit au silence. Dans une cause particulière, mais importante et grave, Curion le père, ayant commencé de parler, succomba tout-à-coup, et prétexta que, par un poison qu'il avait pris, on lui avait ôté la mémoire. »

Comme l'éloquence *pathétique* tient encore plus de la nature que de l'art, elle avait pris naissance dans Rome avant que l'art y fût formé. Mais l'art, en se perfectionnant, ne fit que raffiner et renchérir encore sur les moyens donnés par la nature, d'intéresser et d'émouvoir.

Dans ce dialogue, que je voudrais répandre tout entier dans mes articles sur l'éloquence, dans ce dialogue où Cicéron a mis en scène Marc-Antoine et Crassus raisonnant sur leur art, il faut les entendre se rappeler l'un à l'autre les effets étonnants que leur *pathétique* a produits. C'est là qu'on voit ce que j'ai dit dans l'*article* Orateur, que le juste et l'injuste, le vrai, le faux, le crime, l'innocence, tout leur était indifférent; qu'une bonne cause était, pour eux, celle qui prêtait à leur éloquence des moyens de troubler l'entendement des juges, de leur faire oublier les lois, et de les remuer au point que la passion, dominant leur raison et leur volonté même, dictât seule leur jugement. *Nihil est enim in dicendo majus* (disait Antoine à l'un de ses disciples) *quàm ut faveat oratori is qui audiet, utque ipse sic moveatur, ut impetu quodam animi et perturbatione, magis quàm judicio aut consilio, regatur.*

Le même Antoine avoue à Sulpicius qu'il a gagné contre lui la plus mauvaise cause ; et il dit comment il s'y est pris, comment il a fait succéder la douceur à la véhémence : *Tunc admiscere huic generi orationis vehementi atque atroci genus illud alterum..... lenitatis et mansuetudinis cœpi* : comment il a triomphé de l'accusation, plus par l'émotion des ames, que par la conviction des esprits : *Ità magis affectis animis judicum quàm doctis, tua, Sulpici, est à nobis tàm accusatio victa.*

Mais la grande leçon qu'il donne aux jeunes orateurs, c'est de se pénétrer eux-mêmes des sentiments passionnés qu'ils veulent communiquer aux juges. *Ut enim nulla materies tùm facilis ad exardescendum est, quæ, nisi admoto igni, ignem concipere possit; sic nulla mens est tàm ad comprehendendam vim oratoris parata, quæ possit incendi, nisi inflammatus ipse ad eam et ardens accesserit.* Et c'est là qu'il fait cet éloge si beau de l'éloquence de Crassus : *Quæ, me Her-*

culè, ego, Crasse, quùm à te tractantur in causis, horrere soleo : tanta vis animi, tantus impetus, tantus dolor, oculis, vultu, gestu, digito deniquè isto tuo significari solet; tantum est flumen gravissimorum optimorumque verborum, tàm integræ sententiæ, tàm veræ, tàm novæ, tàm sine pigmentis fucoque puerili; ut mihi non solùm tu incendere judicem, sed ipse ardere videaris. Il est impossible, dit-il encore, que l'auditeur soit ému, si l'orateur ne l'est pas. *Neque fieri potest ut doleat is qui audit, ut oderit, ut invideat, ut pertimescat aliquid, ut ad fletum misericordiamque deducatur, nisi omnes ii motus quos orator adhibere volet judici, in ipso oratore impressi esse atque inusti videantur.* Pour moi, ajoute-t-il, je n'ai jamais su inspirer que ce que j'ai profondément senti. *Non, me Herculè, unquàm apud judices aut dolorem, aut misericordiam, aut invidiam, aut odium excitare dicendo volui, quin ipse, in commovendis judicibus, iis ipsis sensibus ad quos illos adducere vellem, permoverer.* Il se représente déchirant la robe d'Aquilius, et montrant aux juges les cicatrices dont sa poitrine était couverte. Ce ne fut pas, dit-il, sans une grande émotion et sans un accès de douleur que je risquai cette action hardie. *Quem enim ego consulem fuisse, imperatorem ornatum à senatu, ovantem in capitolium ascendisse meminissem, hunc quùm afflictum, debilitatum, mœrentem, in summum discrimen adductum viderem, non prius sum conatus misericordiam aliis commovere, quàm misericordiá sum ipse captus. Sensi quidem tùm magnoperè moveri judices, quùm excitavi mœstum ac sordidatum senem, et quùm ista feci... non arte... sed motu magno animi ac dolore, ut discinderem tunicam, ut cicatrices ostenderem.... Non fuit hæc sine meis lacrymis, non sine dolore magno miseratio, omniumque deorum, et hominum, et civium, et sociorum, imploratio : quibus omnibus verbis, quæ à me tùm sunt habita, si dolor abfuisset meus, non modò non miserabilis, sed etiam irridenda fuisset oratio mea.* (De Orat.)

Il se complaît à rappeler les scènes *pathétiques* qu'il a jouées dans ses péroraisons. *Quá nos ità dolenter uti solemus, ut puerum infantem in manibus perorantes tenuerimus; ut, aliá in causá, excitato reo nobili, sublato etiam filio parvo, plangore et lamentatione compleremus forum.*

Mais il ne s'agit pas seulement de savoir inspirer la commisération; il faut, dit-il, savoir de même irriter, appaiser le juge. *Sed etiam est faciendum ut irascatur judex, mitigetur, invideat, faveat, contemnat, admiretur, oderit, diligat, cupiat, satietate afficiatur, speret, metuat, lætetur, doleat; quá in varietate, duriorum, accusatio suppeditabit exempla; mitiorum, defensiones meæ.* (Orat.)

Ainsi l'orateur se regardait comme un homme tout dévoué à son client; et son devoir, sa foi, sa probité, son honneur, consistait à le bien défendre : *Quibus rebus adducti, etiam quùm alienissimos defendimus, tamen eos alienos, si ipsi viri boni volumus haberi, existimare non possumus.* (De Orat.)

Mais le sûr moyen de n'employer jamais le *pathétique* inutilement et à froid, c'est de le réserver aux causes qui en sont susceptibles, et de s'en abstenir dans celles où les esprits, trop aliénés, en repousseraient l'impression : *Primùm considerare soleo,* dit Antoine, *postuletne causa : nam neque parvis in rebus adhibendæ sunt hæ dicendi faces, neque ità animatis hominibus ut nihil, ad eorum mentes oratione flectendas, proficere possimus; ne aut irrisione aut odio digni putemur, si aut tragœdias agamus in nugis, aut convellere adoriamur ea quæ non possunt commoveri.* (De Orat.)

C'est une étude intéressante pour l'orateur, et plus sérieuse encore pour les juges, que de voir, dans ces livres de rhétorique, de combien de manières on peut s'y prendre pour les séduire, les étourdir, les égarer dans leurs jugements, et soulever en eux toutes les passions contre l'équité naturelle.

De toutes ces passions, il paraît que l'envie était celle dont les Romains étaient le plus facilement et le plus ardemment émus; et, à la manière dont Cicéron enseigne à l'exciter, on peut juger de ses recherches dans l'art de remuer les autres. *Invident homines maximè paribus, aut inferioribus, quùm se relictos sentiunt, illos autem dolent evolasse. Sed etiam superioribus invidetur sæpè vehementer; et eò magis, si intolerantiùs se jactant, et æquabilitatem communis juris, præstantiá dignitatis aut fortunæ suæ, transeunt : quæ si inflammanda sunt, maximè dicendum est non esse virtute parata, deindè etiam vitiis atque peccatis; tùm si erunt honestiora atque graviora, tamen non esse tanti ulla merita, quanta insolentia hominis quantumque fastidium.* (De Orat.)

Il est donc bien vrai que l'éloquence *pathétique* fut dans tous les temps au barreau une éloquence *piperesse*, comme l'appelle Montaigne; et l'on ne saurait trop recommander aux juges d'en étudier les tours et d'adresse et de force, pour apprendre à s'en garantir. *Voyez* BARREAU.

Le *pathétique* de la chaire a pour moyens la crainte, l'espérance, la tendre pitié, la commisération pour soi-même et pour ses semblables, le grand intérêt de l'avenir. On en voit peu d'exemples dans nos célèbres orateurs : ils semblent avoir une sorte de pudeur qui les modère et qui les refroidit. En se livrant aux grands mouvements de l'éloquence, ils croiraient prêcher en missionnaires; et c'est alors qu'ils seraient sublimes. Bossuet ne l'a jamais été plus que dans l'oraison funèbre d'Henriette; Massillon est fort au-dessus de lui-même dans son sermon du Pécheur mourant; si Bourdaloue avait eu autant de chaleur dans ses mouvements et dans ses peintures, que de vigueur dans ses raisonnements, rien jamais, dans ce genre, ne l'aurait égalé.

C'est donc en effet dans les missionnaires qu'il faut chercher les grands mouvements de l'éloquence *pathétique*; et il reste un moyen de porter le talent de la chaire plus loin qu'il n'a jamais été; c'est de composer comme Bourdaloue, d'écrire comme Massillon, et de se livrer aux mouvements d'une ame profondément émue, comme Bridaine.

PÉRIODE. *Art oratoire.* Cicéron, dans son livre du *parfait orateur*, a donné une attention sérieuse au nombre, et singulièrement à la *période*. Il en recherche l'origine, la cause, la nature, et l'usage.

La *période* fut inventée par les rhéteurs, qui, dans la Grèce, avaient précédé Isocrate; mais ce fut lui qui la perfectionna, en donnant au nombre plus de naturel et d'aisance, et en corrigeant l'abus immodéré que les inventeurs en avaient fait dans un style trop compassé.

Ce qui donna lieu à cette invention, ce fut la prédilection de l'oreille pour certaines mesures et pour certaines cadences que le hasard avait fait prendre à l'élocution oratoire, et sa répugnance pour un amas informe de phrases tronquées et mutilées, ou immodérément diffuses.

Mutila sentit quædam et quasi decurtata; quibus, tanquàm debito fraudetur, offenditur : productiora alia et quasi immoderatiùs excurrentia.

Ainsi, jusqu'au temps d'Hérodote, le style nombreux et *périodique* fut inconnu ; mais comme le hasard en produisait les formes, et que la nature en indiquait l'usage, l'observation donna naissance à l'art. *Herodotus et eadem superior ætas numero caruit,..... nisi quandò temerè ac fortuitò... Notatio naturæ et animadversio peperit artem.* Mais l'esprit, autant que l'oreille, dut indiquer les formes de la *période*; et le sentiment de l'harmonie ne fit que la perfectionner : car la pensée porte avec elle ses parties, ses intervalles, ses suspensions, et ses repos; et comme elle naît dans l'esprit à-peu-près revêtue des mots qui doivent l'énoncer, elle indique au moins vaguement la forme qui lui est analogue. *Antè enim circumscribitur mente sententia, confestìmque verba concurrunt, quæ mens eadem, quá nihil est celerius, statim dimittit, ut suo quodque loco respondeat : quorum descriptus ordo aliàs aliá terminatione concluditur; atque omnia illa et prima et media verba spectare debent ad ultimum.*

Voilà donc la *période*, aussi-bien que l'incise, indiquée par la nature et prescrite par la pensée ; en sorte que, si la pensée n'est qu'une perception simple et isolée, la phrase le sera comme elle; mais si la pensée est elle-même un composé de perceptions correspondantes et liées par leurs relations réciproques, il faut bien que les mots qui doivent l'exprimer conservent les mêmes rapports, les mêmes liaisons entre eux.

Cependant comme les rapports et les liaisons de nos idées peuvent être ou expressément indiqués ou sous-entendus, et que l'esprit, pour apercevoir que deux idées se correspondent ou que l'une émane ou dépend de l'autre, n'a souvent besoin que de les voir se succéder sans liaison expresse, alors celui qui les énonce est libre, ou de les lier dans son style, ou de les détacher; et ici l'art commence à exercer le droit de modifier la nature.

Mais l'art lui-même n'agit pas sans raison; et ses règles, pour corriger et pour embellir la nature, sont prises dans la nature même. Le style *périodique* et le style concis ne doivent donc pas s'employer indifféremment et sans choix.

1° Ni l'un ni l'autre ne doit être trop continu : le style coupé serait fatigant pour l'esprit, qui ne veut pas travailler sans cesse à découvrir, entre les idées, des rapports que les mots ne lui indiquent jamais : de plus il serait, pour l'oreille, rompu, raboteux, cahotant, et, ce qui n'est pas supportable, dur et monotone à-la-fois. Le style *périodique*, dans sa continuité, aurait aussi trop de monotonie : il serait lâche, diffus, traînant, et par le nombre d'incidents qu'il emploierait pour s'arrondir, et par le soin de marquer sans cesse les liaisons, même les plus faciles à suppléer par la pensée : il manquerait de naturel; et en décelant, dans sa construction, trop d'étude et trop d'artifice, il détruirait la confiance, qui seule nous dispose à la persuasion. Enfin quoiqu'il ne soit pas vrai qu'une *période* soit *une élocution qui se prononce facilement tout d'une haleine*, cependant, comme les demi-repos qui séparent ses membres, ne donnent lieu qu'à une respiration pressée, et pénible à la longue, si l'orateur, par intervalle, n'avait pas de repos absolus plus fréquents, il souffrirait et il ferait souffrir.

2º Soit l'incise, soit la *période*, il y a pour l'une et pour l'autre une juste longueur. L'incise est dans sa force, dit Cicéron, lorsqu'elle est composée de deux ou trois mots : elle en peut avoir davantage, mais il ne veut pas la réduire à un seul. Et en effet, il faut qu'un mot soit bien frappant pour faire seul une impression vive. La *période* doit pouvoir être saisie ensemble et comme d'un coup-d'œil : sa mesure est donc limitée par la faculté commune d'apercevoir et d'embrasser tout le cercle d'une pensée : Cicéron la réduit à l'étendue de quatre vers hexamètres; et dans les exemples qu'il en donne elle ne s'étend guère au-delà. Dans notre langue elle a fréquemment l'étendue de huit de nos vers héroïques; et ses membres, sans affecter une parfaite symétrie, ne laissent pas d'avoir entre eux une sorte d'égalité.

3º L'incise et la *période* doivent être nombreuses : l'incise, d'autant plus qu'elle est plus isolée et plus frappante ; la *période*, pour captiver l'oreille et se concilier sa faveur.

De quelle importance, nous dira-t-on, peut-être le suffrage de l'oreille, pour qui ne vient pas amuser un auditoire oisif avec une éloquence vaine, mais instruire, persuader, convaincre, émouvoir un auditoire sérieusement occupé ou de grands intérêts ou de vérités importantes? Que fait alors la mesure, le nombre, la forme de la phrase, à la force de la pensée et à celle du sentiment?

Celui qui fait cette question, ne sait donc pas combien l'ame, l'esprit, la raison même, sont dominés par les sens? S'il croit les affections intimes, ou d'un auditoire ou d'un juge, indépendantes des impressions faites sur leurs oreilles, il doit les croire indépendantes des impressions que reçoivent leurs yeux : pour lui, l'action même de l'orateur, l'expression du geste, et du visage, et de la voix, est donc étrangère à l'éloquence; et ce que les deux hommes les plus éloquents de l'antiquité, Démosthène et Cicéron, regardaient comme la partie la plus essentielle de leur art, lui est inutile et superflu. Malheur à l'innocence, à la justice, et à la vérité, si elles ont pour adversaire un orateur qui parle aux sens, et pour défenseur un philosophe qui pense ne devoir parler qu'à l'esprit et à la raison!

Mais quel que soit le charme et le pouvoir

d'un style harmonieux, est-il raisonnable de le chercher dans les langues modernes, dans des langues sans prosodie, et privées de l'inversion?

Quant à la prosodie, il n'est aucune langue qui n'en ait une plus ou moins décidée, et dont un habile écrivain ne puisse tirer avantage. Pour l'inversion, j'avoue que, du côté de l'harmonie, elle est d'un prix inestimable; mais dans les langues où l'orateur n'a pas le choix de la place des mots, il a du moins le choix des mots eux-mêmes, et des tours qui, dans la syntaxe, sont les plus dociles au nombre : c'est avec ces deux seuls moyens de façonner l'expression, que Racine et que Massillon ont su la rendre harmonieuse. Ceux donc qui regardent comme puéril ou infructueux le soin de se former l'oreille au choix du nombre, du mouvement, de la coupe de style indiquée par la nature, n'ont qu'à lire attentivement et les vers de Racine et la prose de Massillon, comme Massillon et Racine lisaient Cicéron et Virgile.

4° L'incise et la *période* seront placées par la nature même, c'est-à-dire en raison de leur analogie avec l'image ou le sentiment, avec l'impulsion donnée au style par les affections de l'ame, par la succession des idées, et par le mouvement plus lent ou plus rapide, plus soutenu ou plus entrecoupé, qu'elles impriment au discours.

Dans des harangues, dont le genre est modéré, tranquille, sans contention, sans passion, le style *périodique* est naturellement placé ; et lors même que l'artifice en est sensible, il ne nuit point à l'orateur. *Nam quùm is est auditor, qui non vereatur ne compositæ orationis insidiis sua fides attentetur, gratiam quoque habet oratori voluptati aurium servienti.*

Dans l'éloquence du barreau, le style *périodique* ne doit point dominer : *Si enim semper utare, quùm satietatem affert, tum quale sit etiam ab imperitis agnoscitur ; detrahit prætereà actionis dolorem, aufert humanum sensum actoris, tollit funditùs veritatem et fidem.* Mais il n'en doit pas être exclu. Dans la louange, où il s'agit d'amplifier avec magnificence, dans une narration qui demande plus de pompe et de dignité que de chaleur et de pathétique, dans l'amplification en général, la *période* est d'un usage plus convenable et plus fréquent : *Sæpè etiam in amplificandá re, concessu omnium, funditur numerosè et volubiliter oratio. Id autem tunc valet, quùm is qui audit ab oratore jàm obsessus est ac tenetur.* Mais nulle part il ne faut négliger de varier les mouvements du style ; et lors même qu'il est le plus susceptible des développements de la *période*, comme dans les péroraisons, Cicéron recommande d'y mêler des incises.

Le style coupé, ou en incises, convient à l'énumération, à la gradation, aux descriptions animées, à l'accumulation, à l'argumentation pressante, aux mouvements passionnés : *Hæc enim (incisa) in veris causis maximam partem orationis obtinent.* Mais Cicéron demande aussi qu'après un certain nombre de ces phrases coupées, il en succède une qui ait plus de consistance, et qui leur serve de clôture et d'appui. *Deindè omnia, tanquàm crepidine quâdam, comprehensione longiore sustinentur.*

Quant à la facilité de passer de la *période* à l'incise, le moindre exercice la donne. Il suffit de retrancher le terme qui exprime le rapport et la liaison des parties de la *période*. Alors chacune d'elles sera un sens fini. *His igitur singulis versibus (hexametrorum instar) quasi nodi apparent continuationis, quos in ambitu conjungimus. Sin membratìm volumus dicere, insistimus: idque, quum opus est, ab isto cursu invidioso facilè nos, et sæpè disjungimus.*

Mais dans quelque genre d'éloquence qu'on emploie le style *périodique*, il faut que la nature semble elle-même l'avoir placé et en avoir marqué le nombre. *Compositione ità structa verba sint, ut numerus non quæsitus, sed sequutus esse videatur.* Cicéron veut que le nombre soit lent dans les expositions, rapide dans les contentions: *Cursum contentiones magis requirunt; expositiones rerum, tarditatem;* et il indique les différents moyens de précipiter ou de ralentir la *période*.

Il est quelquefois nécessaire d'abréger la phrase ou de l'étendre, uniquement pour contenter l'oreille : *Sæpè accidit ut aut citiùs insistendum sit, aut longiùs procedendum, ne brevitas defraudasse aures videatur, aut longitudo obtudisse.* Il n'y a personne qui n'ait senti cette vérité en écrivant; mais ce ne doit jamais être en employant des mots parasites et superflus. *Ne verba trajiciamus apertè, quò meliùs aut cadat aut volvatur oratio.*

Cicéron n'était point de l'avis de ceux qui tenaient que c'était assez que le nombre fût sensible à la chûte des *périodes*; et l'on voit que non-seulement il s'appliquait à frapper l'oreille en débutant, et à la satisfaire en terminant sa phrase par une chûte harmonieuse, mais qu'à tous les sens suspendus il plaçait un nombre marqué. *Plerique censent cadere tantùm numerosè oportere, terminarique sententiam. Est autem, ut id maximè deceat; non id solum.... Quarè, quùm aures extremum semper exspectent, in eoque acquiescant, id vacare numero non oportet; sed ad hunc exitum tamen à principio fieri debet verborum illa comprehensio, et tota à capite ità fluere, ut ad extremum veniens ipsa consistat.*

Il recommande singulièrement de varier les désinences : *In oratione prima pauci cernunt, postrema plerique : quæ quoniam apparent et intelliguntur, varianda sunt; ne aut animorum judiciis repudientur, ne aurium satietate.*

Tels sont, à l'égard du style *périodique*, les préceptes de l'un des plus harmonieux écrivains en éloquence; et dans toutes les langues il est possible de profiter de ses leçons.

Si l'on veut avoir sous les yeux la formule de la *période* française, en voici des exemples.

Période à quatre membres.

Pourquoi voudriez-vous être respecté dans vos malheurs; pourquoi voudriez-vous que l'on fût sensible à vos peines; vous qui, dans vos prospérités, avez montré tant d'insolence; vous qui n'avez jamais accordé une larme, un regard aux infortunés?

Période à trois membres.

Pourquoi voudriez-vous être plaint et respecté dans vos malheurs; vous qui, etc.

Période à deux membres.

Pourquoi voudriez-vous être respecté dans vos malheurs; vous qui, dans vos prosperités, avez montré tant d'insolence?

Rompez la liaison, et dites: *Vous n'avez montré que de l'orgueil dans vos prospérités. Vous n'avez pas droit de prétendre qu'on respecte votre infortune.* Alors vous aurez des incises.

Il y avait, du temps de Cicéron, des hommes, ou sévères ou envieux, qui trouvaient trop d'artifice dans le style *périodique*. *Nimis enim insidiarum*, disaient-ils, *ad capiendas aures, adhi-*

beri videtur, si, etiam in dicendo, numeri ab oratore quæruntur.

Il y en avait d'autres qui n'y voyaient que de l'art, et qui n'en sentaient point l'agrément et le charme. C'est de ces ennemis d'un style harmonieux, *périodique*, arrondi, *numerosæ et aptæ orationis;* c'est de ces artisans d'un style informe et raboteux *(ipsi infracta et amputata loquuntur)* que Cicéron disait : *Quas aures habeant, aut quid in his hominis simile sit nescio.* « Mais quelques oreilles qu'ils aient, les miennes se plaisent, ajoutait-il, au sentiment du nombre et à la forme régulière et complète de la *période*, et ne peuvent s'accoutumer ni à des phrases estropiées, ni à des phrases redondantes : *Meæ quidem et perfecto completoque verborum ambitu gaudent, et curta sentiunt, nec amant redundantia.*

« Ces détracteurs de la *période*, poursuivait Cicéron, trouvent plus beau un style dur, rompu, et mutilé. Mais si la pensée et l'expression ne perdent rien de leur justesse à rouler ensemble jusqu'à leur repos, pourquoi vouloir que le style boite ou s'interrompe à chaque pas ? *Sin probæ res, lecta verba, quid est cur claudicare aut insistere orationem malint, quàm cum sententiá pariter excurrere?* Cette *période*, qui leur est *odieuse*, ne fait autre chose que d'embrasser la pensée dans un cercle de mots régulier et complet. *Hic enim invidus numerus nihil affert aliud, nisi ut sit aptis verbis comprehensa sententia.* »

Par parenthèse, il est assez plaisant que cet *invidus numerus* ait fait dire à quelqu'un que *la période est fille de l'envie.* Mais continuons d'écouter Cicéron.

« Nos anciens s'occupèrent, dit-il, de la pensée et de l'expression avant que de songer au nombre; car ce qu'il y a de plus nécessaire et de plus facile en même temps, est ce qu'on invente d'abord. *Nàm quod et facilius est et magis necessarium, id semper antè cognoscitur.* Mais dès qu'on eut trouvé la *période,* tous les grands orateurs l'adoptèrent : *quâ inventâ, omnes usos magnos oratores videmus.* Que si ses détracteurs ont des oreilles assez inhumaines, assez sauvages pour en méconnaître le charme, n'y a-t-il au moins rien qui les frappe dans l'exemple et l'autorité des plus savants maîtres de l'art? *Quod si aures tàm inhumanas tàmque agrestes habent, ne doctissimorum quidem virorum eos movebit auctoritas?* Ces censeurs blâment ceux qu'ils ne peuvent pas imiter et ce qu'ils n'ont point l'art de faire; *eos vituperant qui apta et finita pronunciant :* et il ne leur suffit pas qu'on s'abstienne de mépriser leur impuissance, ils exigent qu'on l'applaudisse : *quod qui non possunt, non est eis satis non contemni, laudari etiam volunt.*

« Mais qu'ils essaient de composer quelques morceaux d'une prose nombreuse. S'ils excellent une fois dans ce genre d'écrire, on pourra croire qu'ils n'y ont pas renoncé par désespoir, mais qu'ils le blâment sincèrement et le négligent à dessein : *Atque ut planè genus hoc quod ego laudo contempsisse videantur, scribant aliquid vel Isocratico more, vel quo Eschines aut Demosthenes utitur; tùm illos existimabo, non desperatione formidavisse genus hoc, sed judicio refugisse.* Et moi, de mon côté, je trouverai, dit-il, quelqu'un qui fera de leur prose rompue et dispersée : *Facilius est enim apta dissolvere, quàm dissipata connectere.* »

Mettez la *période* musicale à la place de la *période* oratoire; tout ce que Cicéron a dit de l'une se trouvera convenir à l'autre; et vous verrez alors si c'est aux amateurs d'un chant *périodique* et régulièrement dessiné, ou aux partisans d'un chant tronqué, mutilé, sans dessein, sans liaison, sans unité, qu'a dû s'appliquer le passage *quas aures habeant nescio*.

Du reste, le mot de *période*, en fait de musique, est aussi usité qu'en parlant d'éloquence : les bons écrivains et les hommes instruits n'appellent pas autrement le cercle que décrit un chant dont les parties se développent et se renferment dans un dessein régulier et fini. Voyez l'*Essai sur l'Union de la Poésie et de la Musique.*

PÉRORAISON. Dans l'éloquence de la tribune et dans celle de la chaire, où il s'agit sur-tout d'intéresser et d'émouvoir, la *péroraison* est une partie essentielle du discours ; parce que c'est elle qui donne la dernière impulsion aux esprits, et qui décide la volonté, l'inclination d'un auditoire libre.

Dans l'éloquence du barreau, elle n'a pas la même importance, parce que le juge n'est ou ne doit être que la loi en personne, et que ce n'est pas sa volonté, mais son opinion, qu'il s'agit de déterminer. Cependant comme le juge est homme, il ne sera jamais inutile de l'intéresser en faveur de l'innocence et de la faiblesse, de la justice et de la vérité ; et une *péroraison* pathétique ne sera indigne de l'éloquence, que lorsqu'on l'emploiera pour faire triompher l'iniquité, le mensonge ou le crime.

Dans un plaidoyer où le sentiment n'est pour rien, et dans lequel, par conséquent, il serait ridicule de faire usage de l'éloquence pathétique, la conclusion ne doit être que le résumé de la cause. C'est un épilogue qui réunit tous les moyens épars et développés dans le courant du discours, afin de les rendre présents à la mémoire au moment de la décision ; et cet épilogue consiste ou à parcourir les sommités des choses, et à les rappeler article par article ; ou à reprendre la division, et à exprimer la substance des raisonnements qu'on a faits sur chacun des points capitaux.

Il sera mieux encore, dit Cicéron, de récapituler en peu de mots les moyens de la partie adverse, et les raisons avec lesquelles on les aura réfutés et détruits. Par-là, non-seulement la preuve, mais la réfutation sera présente à l'auditeur; et on aura droit de lui demander s'il désire encore quelque chose, et s'il reste encore dans l'affaire quelque difficulté à résoudre, quelque nuage à dissiper.

La règle générale que prescrit Cicéron pour ce résumé de la cause, c'est de n'y rappeler que les points importants, et de donner à chacun d'eux le plus de force, mais le moins d'étendue qu'il est possible : *Ut memoria, non oratio, renovata videatur.*

Une énumération rapide, un dilemme pressé, un syllogisme qui ramasse toute la cause en un seul point de vue, suffit le plus souvent à la conclusion. Un beau modèle dans ce genre est la proposition que fait Ajax pour décider à qui, d'Ulysse ou de lui-même, appartiennent les armes d'Achille. « Qu'on jette au milieu des ennemis les armes de ce vaillant homme; qu'on nous ordonne de les y aller chercher; et qu'on en décore celui des deux qui les rapportera. »

Arma viri fortis medios mittantur in hostes :
Indè jubete peti, et referentem ornate relatis.
(Ovid. Métam. l. 13.)

Mais si la nature de la cause donne lieu à une éloquence véhémente, le résumé, que Cicéron appelle *énumération*, doit être suivi d'un mouvement oratoire, qui sera ou d'indignation ou de commisération.

L'indignation consiste à rendre odieuse ou la personne ou la cause de l'adversaire; et elle doit naître des circonstances aggravantes que la cause peut présenter. Cicéron suppose qu'il s'agisse d'une offense dont l'orateur porte sa plainte. Le premier moyen, dit-il, d'en faire voir l'indignité, c'est de montrer combien une telle action a été de tout temps criminelle aux yeux du Ciel et de la terre; combien les cités policées, les nations, nos ancêtres, nos législateurs, les hommes les plus sages, l'ont jugée digne de châtiment. Le second moyen c'est de montrer quelles personnes le crime attaque : ou tous les hommes, ou le plus grand nombre; et il en sera plus atroce : ou des supérieurs revêtus d'autorité; et il en sera plus insolent : ou des égaux; et il en sera plus inique : ou des inférieurs; et il en sera plus lâche, plus inhumain, plus odieux. Le troisième est de faire observer ce qui arriverait si chacun en faisait de même, et d'avertir les juges que, si cet exemple était impuni, l'audace du coupable aurait bientôt des émules; que nombre d'hommes sont déjà prêts à l'imiter, et qu'ils n'attendent, pour savoir si la même chose leur est permise, que le jugement qui décidera si elle est punissable ou non. Le quatrième est de démontrer que l'action a été commise de dessein prémédité; et d'ajouter que, si quelquefois il est bon de pardonner à l'imprudence, il n'est jamais permis de pardonner au crime volontaire et délibéré. Le cinquième est de prouver que dans cette action, que nous voulons dépeindre comme noire, cruelle, atroce, tyrannique, on a employé la violence et les moyens les plus condamnés par les lois. Le sixième est de remarquer que ce n'est pas un de ces crimes dont on a vu mille exemples, et qu'il répugne même à la nature des hommes féroces, des nations barbares, et des plus cruels animaux : ceci convient aux crimes commis contre les parents du coupable, contre sa femme, ses enfants; contre les personnes du même sang, et par degré contre les suppliants, les amis, les hôtes, les bienfaiteurs de l'accusé; contre ceux avec qui il a passé sa vie, chez qui il a été élevé, par qui il a été instruit; contre les morts, contre des malheureux dignes de compassion, contre des hommes recommandables par leurs vertus ou respectables par leur faiblesse; contre ceux qui étaient hors d'état de nuire, d'attaquer ni de se défendre, comme les enfants, les vieillards et les femmes. La septième est de comparer ce crime à d'autres crimes connus, et de montrer combien il est plus lâche ou plus atroce. Le huitième est de ramasser toutes les circonstances odieuses qui ont précédé, suivi, accompagné le crime; et de l'exposer si vivement aux yeux de l'auditeur, qu'il en soit indigné comme s'il en était témoin. Le neuvième, de remarquer qu'il a été commis par celui des hommes qui devait en être le plus éloigné, et qui devait le plus s'y opposer si un autre eût voulu le commettre. Le dixième, de s'indigner soi-même d'être le premier qui éprouve une pareille injure. Le onzième, de faire voir l'insulte ajoutée à la cruauté, afin que l'orgueil et l'insolence rendent l'injure encore plus révoltante. Le douzième, de supplier les auditeurs de se mettre à notre place; et s'il s'agit de nos enfants, de nos femmes, de nos parents, ou de quelque vieillard, de leur dire : Pensez vous-mêmes à vos parents, à vos femmes, à vos enfants. Le treizième, de dire que des ennemis même ne verraient pas sans indignation leurs ennemis souffrir ce que nous éprouvons. « Tous ces moyens, ajoute Cicéron, sont très-propres à exciter une indignation profonde. » Mais les causes auxquelles on peut les appliquer sont rares, et plus rarement encore elles paraissent au barreau.

La *péroraison* suppliante, celle que Cicéron appelle *conquestio*, complainte, est destinée à exciter la commisération des auditeurs.

Il faut, dit-il, la commencer par adoucir les esprits et par les disposer à la miséricorde; et les moyens qu'on doit y employer sont pris de la faiblesse commune à tous les hommes, et de l'empire de la fortune, dont nous sommes tous les jouets. Par ces réflexions, présentées d'un style grave et sentencieux, nous dit ce maître en éloquence, l'esprit des hommes se laisse humilier et amener à la compassion, en considérant leur infirmité propre dans la misère de leurs semblables.

Quant aux moyens d'inspirer la pitié, Cicéron semble avoir voulu les épuiser; et nous allons essayer de le suivre.

Ces moyens seront, 1° de montrer dans quel état de prospérité s'est vu celui dont on plaide la cause, et dans quel état d'affliction et de misère il est tombé; à quels malheurs il est ou il sera réduit; la honte, les humiliations qu'il éprouve, ou qu'il éprouvera, et combien elles sont indignes de son âge, de sa naissance, de sa première fortune, de ses anciens honneurs, des services qu'il a rendus; une peinture vive et détaillée de son malheur, qui le rende sensible aux yeux et qui touche les auditeurs par les choses, encore plus que par les paroles; le contraste des biens qu'il avait lieu d'attendre, avec les maux imprévus et cruels qui renversent ses espérances. 2° Le retour que nous invitons nos auditeurs à faire sur eux-mêmes, lorsque nous les prions de vouloir bien se mettre dans la situation où nous sommes, et de se souvenir, en nous voyant, de leur père, de leur mère, de leur femme, de leurs enfants : c'est ce moyen que, dans Homère, emploie Priam aux pieds d'Achille; c'est le moyen qu'emploie Andromaque aux pieds d'Hermione dans la tragédie de Racine : il n'y en a pas de plus universel, de plus vrai.

ni de plus touchant. 3° La privation de la seule consolation que l'on pouvait avoir; *Il est mort; je ne l'ai pas vu; je ne l'ai point embrassé; ma main n'a pas fermé ses yeux; je n'ai pas entendu ses dernières paroles; je n'ai pas reçu ses adieux, ses derniers soupirs*: et ces circonstances qui rendent le malheur plus cruel encore; *il est mort entre les mains des ennemis; il est couché sans sépulture sur une terre étrangère, en proie aux animaux voraces; il est privé des mêmes honneurs qu'on ne refuse à aucun homme après sa mort.* 4° La parole adressée à des êtres muets, insensibles, comme aux vêtements, à la maison de celui qui n'est plus, à ce qui nous reste de lui; sûr et puissant moyen d'émouvoir ceux qui l'ont connu et qui l'ont aimé. 5° Une peinture de la détresse, des infirmités, ou de la solitude où est réduit celui qu'on défend; la recommandation qu'il a faite de quelque chose d'intéressant, comme de ses enfants, de sa femme, de ses parents, ou de sa propre sépulture : ces objets tristes et sacrés sont des sources de pathétique. 6° Le regret d'être séparé de ce qu'on a de plus cher, comme d'un père, d'un fils, d'un frère, d'un ami; la plainte que nous arrache l'injustice ou la cruauté de ceux qui nous traitent indignement, et qui devraient le moins en user ainsi envers nous, comme nos proches, nos amis, ceux à qui nous avons fait du bien, et de qui nous aurions espéré du secours.

7° D'humbles supplications, en demandant grâce pour son client : ce qui ne saurait avoir lieu qu'en parlant à un maître qu'on veut fléchir ; et Cicéron en convient lui-même : *Pardonnez-lui ; c'est une erreur, une faiblesse, une imprudence ; il n'y retombera jamais. C'est ainsi qu'on parle à un père. Mais on dit à des juges, il ne l'a point fait ; il n'en a point eu la pensée ; faux témoins, crime supposé.* Toutefois, en niant le crime, le même orateur ne laisse pas d'employer les moyens de commisération. Voyez les *péroraisons* pour Muréna, pour Ligarius, pour Flaccus. 8° Des plaintes qui auront pour objet le malheur de ceux qui nous touchent plus que notre propre malheur : l'oubli même de nos infortunes, pour donner toute notre sensibilité à celle des autres, en marquant une force et une grandeur d'ame à l'épreuve de tous les maux qu'on nous a fait souffrir, et au-dessus des maux qui nous menacent ; car souvent la vertu et la hauteur de caractère, accompagnée de gravité, sert mieux à exciter la commisération, que l'abaissement et que l'humble prière.

Mais du moment qu'on s'apercevra que tous les cœurs seront émus, il ne faut plus insister sur les plaintes, dit Cicéron ; car, selon la remarque du rhéteur Apollonius, *Rien n'est si vite séché qu'une larme.*

Le modèle des *péroraisons* pathétiques est celle de la harangue pour la défense de Milon.

C'est là qu'on voit l'orateur suppliant, sauver à l'accusé l'humiliation de la prière, et lui conserver toute la dignité qui convient au caractère d'un grand homme dans le malheur. Mais ce qui est encore très-supérieur à cette supplication, c'est l'indignation qui la précède, et dans laquelle Cicéron démontre, avec une éloquence sans exemple, que, si Milon avait attenté à la vie de Clodius, la république lui en devrait des actions de grâces, au lieu de châtiments.

En lisant cet article, on a dû observer que, dans l'éloquence moderne, il est rare que ces moyens d'exciter l'indignation et la compassion puissent être mis en usage. Mais si l'éloquence n'en fait pas son profit, la poésie en fera le sien; et c'est sur-tout pour les poëtes que j'ai cru devoir les transcrire.

Dans l'éloquence de la chaire, le pathétique de la *péroraison* a un objet qui ne convient qu'au genre délibératif : c'est d'émouvoir l'auditoire de compassion pour lui-même, et d'horreur pour ses propres vices, ou de terreur pour ses propres dangers.

Il est rare, en effet, que l'orateur chrétien plaide la cause des absents, à moins qu'il ne parle en faveur des pauvres, des orphelins, comme Vincent de Paule, lorsqu'il disait aux femmes pieuses qui composaient son auditoire : « Or sus, mesdames, la compassion et la charité vous ont fait adopter ces petites créatures pour vos enfants. Vous avez été leurs mères selon la grâce, depuis que leurs mères selon la nature les ont abandonnés. Voyez maintenant si vous voulez aussi les abandonner. Cessez à-présent d'être leurs mères pour devenir leurs juges. Leur vie et leur mort sont entre vos mains. Je m'en vais prendre les voix et les suffrages. Il est temps de prononcer leur arrêt, et de savoir si vous ne voulez plus avoir de miséricorde pour eux. Ils vivront si vous continuez d'en prendre un soin charitable, et ils mourront si vous les délaissez. »

Cette conclusion, le modèle des *péroraisons* pathétiques, eut le succès qu'elle méritait : le même jour, dans la même église, au même instant, l'hôpital des enfants trouvés, qui jusque-là périssaient dans les rues, fut fondé à Paris et doté de quarante mille livres de rente. (*Discours sur l'Éloquence de la Chaire*, par M. l'abbé Maury.)

Il est plus rare encore que l'orateur chrétien fasse des retours sur lui-même, et tire, des moyens qui lui sont personnels, le pathétique de sa *péroraison;* quoiqu'il y en ait quelques exemples, comme celui de Bossuet dans l'oraison funèbre de Condé, et comme celui du missionnaire Duplessis dans son sermon du jugement dernier. *Voyez* CHAIRE.

C'est donc à l'auditoire que l'éloquence évangélique, et en général l'éloquence qui a pour objet l'utilité commune, attache l'intérêt de la *péroraison*. L'orateur est alors le conciliateur de l'homme avec lui-même : il le rend juge dans sa propre cause, et il se fait son avocat, ou plutôt son ami, son père. Il le voit en péril ; et en s'effrayant il l'effraie : il le voit esclave de ses passions ; et, en s'affligeant de son humiliation et de son malheur, il l'en afflige : il le conjure d'avoir pitié de lui-même ; et les larmes de compassion qu'il lui donne lui en font répandre : il se place entre lui et le dieu vengeur qui l'attend ; et, en criant pour lui *miséricorde*, il le pénètre de frayeur, de componction, et de remords. Mais rien de plus stérile que ces exclamations, ces prières, ces mouvements, lorsqu'ils sont composés et froidement étudiés. Ce n'est alors ni avec une voix doucereuse, ni avec une voix glapissante, qu'on déchire l'ame des auditeurs ; c'est avec les sanglots, les larmes d'une douleur véritable et profonde. Si l'enthousiasme du zèle n'a pas dicté ces *péroraisons*, et s'il ne les prononce pas, l'effet en est perdu. C'est un Bridaine, un Duplessis qui savaient les faire et les dire. Il n'appartient pas à tout homme, ni même à tout homme éloquent, de se montrer oppressé de douleur, et de parler des larmes qui l'inondent et des sanglots qui lui étouffent la voix : *Sed finis sit : neque enim, præ lacrymis, jàm loqui possum.* (Cic. pro Milone).

PLAGIAT. C'est une sorte de crime littéraire, pour lequel les pédants, les envieux, et les sots, ne manquent pas de faire le procès aux écrivains célèbres. *Plagiat* est le nom qu'ils donnent à un larcin de pensées; et ils crient contre ce larcin comme si on les volait eux-mêmes, ou comme s'il était bien essentiel à l'ordre et au repos public que les propriétés de l'esprit fussent inviolables.

Il est vrai qu'ils ont mis quelque distinction entre voler la pensée d'un ancien ou d'un moderne, d'un étranger ou d'un compatriote, d'un mort ou d'un vivant.

Voler un ancien ou un étranger, c'est s'enrichir des dépouilles de l'ennemi, c'est user du droit de conquête; et pourvu qu'on déclare le butin qu'on a fait, ou qu'il soit manifeste, ils le laissent passer. Mais lorsque c'est aux écrits d'un Français qu'un Français dérobe une idée, ils ne le pardonnent pas même à l'égard des morts, à plus forte raison à l'égard des vivants.

Il y a quelque justice dans ces distinctions; mais il serait juste aussi de distinguer, entre les larcins littéraires, ceux dont le prix est dans la matière, et ceux dont la valeur dépend de l'usage que l'on en fait.

Dans les découvertes importantes, le vol est sérieusement malhonnête, parce que la découverte est un fonds précieux indépendamment de la forme, qu'elle rapporte de la gloire, quelquefois de l'utilité, et que l'une et l'autre est un bien : tel est, par exemple, le mérite d'avoir appliqué la géométrie à l'astronomie, et l'algèbre à la géométrie; encore dans cette partie celui qui profite des conjectures pour arriver à la certitude, a-t-il la gloire de la découverte; et Fontenelle a très-bien dit qu'*une vérité n'appartient pas à celui qui la trouve, mais à celui qui la nomme.*

A plus forte raison dans les ouvrages d'esprit, si celui qui a eu quelque pensée heureuse et nouvelle, n'a pas su la rendre, ou l'a laissée ensevelie dans un ouvrage obscur et méprisé; c'est un bien perdu, enfoui; c'est la perle dans le fumier, et qui attend un lapidaire : celui qui sait l'en tirer et la mettre en œuvre, ne fait tort à personne : l'inventeur maladroit n'était pas digne de l'avoir trouvée; elle appartient, comme on l'a dit, à qui sait le mieux l'employer. *Je prends mon bien où je le trouve*, disait Molière; et il appelait *son bien* tout ce qui appartenait à la bonne comédie. Qui de nous en effet irait chercher dans leurs obscures sources les idées qu'on lui reproche d'avoir volées çà-et-là?

Quiconque met dans son vrai jour, soit par l'expression, soit par l'à-propos, une pensée qui n'est pas à lui, mais qui sans lui serait perdue, se la rend propre en lui donnant un nouvel être, car l'oubli ressemble au néant.

C'est cependant lorsque, dans un ouvrage inconnu, oublié, on découvre une idée qu'un homme célèbre a mise au jour; c'est alors que l'on crie vengeance, comme s'il y avait réellement plus de cruauté, en fait d'esprit, à voler les pauvres que les riches. Mais il en est des génies comme des tourbillons, les grands dévorent les petits; et c'est peut-être la seule application légitime de la loi du plus fort; car en toute chose, c'est à l'utilité publique à décider du juste et de l'injuste, et l'utilité publique exigerait que les bons livres fussent enrichis de tout ce qu'il y a de bien, noyé dans les mauvais. Un homme de goût, qui dans ses lectures recueille tout l'esprit perdu, ressemble à ces toisons qui promenées sur le sable en enlèvent les pailles d'or. On ne peut pas tout lire; ce serait donc un bien que tout ce qui mérite d'être lu fût rassemblé dans les bons livres.

Dans le droit public, la propriété d'un terrain a pour condition la culture : si le possesseur le laissait en friche, la société aurait droit d'exiger de lui qu'il le cédât ou qu'il le fît valoir. Il en est de même en littérature; celui qui s'est emparé d'une idée heureuse et féconde, et qui ne la fait pas valoir, la laisse, comme un bien commun, au premier occupant qui saura mieux que lui en développer la richesse.

Du Rier avait dit avant Voltaire que les secrets des destinées n'étaient pas renfermés dans les entrailles des victimes; Théophile, dans son *Pyrame*, pour exprimer la jalousie, avait employé le même tour et les mêmes images que le grand Corneille dans le ballet de *Psyché* : mais est-ce dans le vague de ces idées qu'en est le prix? n'était-ce pas l'objet du goût plutôt que du génie? et si les poëtes qui les ont d'abord employées les ont avilies, par la bassesse, la grossièreté, l'enflure de l'expression; ou si, par un mélange impur, ils en ont détruit tout le charme, sera-t-il interdit à jamais de les rendre dans leur pureté et dans leur beauté naturelle? De bonne foi, peut-on faire au génie un reproche d'avoir changé le cuivre en or? Pour en juger, on n'a qu'à lire :

(Du Rier dans *Scévole*.)

Donc vous vous figurez qu'une bête assommée
Tienne votre fortune en son ventre enfermée,
Et que des animaux les sales intestins
Soient un temple adorable où parlent les destins?
Ces superstitions et tout ce grand mystère
Sont propres seulement à tromper le vulgaire.

(Voltaire dans *Œdipe*.)

Cet organe des dieux est-il donc infaillible?
Un ministère saint les attache aux autels,
Ils approchent des dieux; mais ils sont des mortels.
Pensez-vous qu'en effet, au gré de leur demande,
Du vol de leurs oiseaux la vérité dépende?
Que sous un fer sacré des taureaux gémissants

Dévoilent l'avenir à leurs regards perçants?
Et que de leurs festons ces victimes ornées
Des humains dans leurs flancs portent les destinées?
Non, non, chercher ainsi l'obscure vérité,
C'est usurper les droits de la divinité.
Nos prêtres ne sont pas ce qu'un vain peuple pense :
Notre crédulité fait toute leur science.

(Théophile.)

PYRAME, *à Thisbé*.

Mais je me sens jaloux de tout ce qui te touche,
De l'air qui si souvent entre et sort par ta bouche :
Je crois qu'à ton sujet le soleil fait le jour
Avecque des flambeaux et d'envie et d'amour;
Les fleurs que sous tes pas tous les chemins produisent.
Dans l'honneur qu'elles ont de te plaire, me nuisent;
Si je pouvais complaire à mon jaloux dessein,
J'empêcherais tes yeux de regarder ton sein;
Ton ombre suit ton corps de trop près, ce me semble,
Car nous deux seulement devons aller ensemble :
Bref, un si rare objet m'est si doux et si cher,
Que ma main seulement me nuit de te toucher.

(Corneille.)

PSYCHÉ, *à l'Amour*.

Des tendresses du sang peut-on être jaloux?

L'AMOUR.

Je le suis, ma Psyché, de toute la nature.
Les rayons du soleil vous baisent trop souvent;
Vos cheveux souffrent trop les caresses du vent :
    Dès qu'il les flatte, j'en murmure.
    L'air même que vous respirez,
Avec trop de plaisir passe par votre bouche;
    Votre habit de trop près vous touche.

Ce droit de refondre les idées d'autrui lorsqu'elles sont informes,

Et malè tornatos incudi reddere versus,

n'a pas seulement son utilité, j'y vois encore de la justice. Le champ de l'invention a ses limites, et depuis le temps qu'on écrit, presque toutes les idées premières ont été saisies, et bien ou mal exprimées. Or, que la moisson ait été faite par des hommes de génie et de goût, l'on s'en console en glanant après eux et en jouissant de leurs richesses; mais ce qui est insupportable, c'est de voir que, dans des champs fertiles, d'autres, moins dignes d'y avoir passé, ont flétri et foulé aux pieds ce qu'ils n'ont pas su recueillir. Combien de beaux sujets manqués! combien de tableaux intéressants faiblement ou grossièrement peints! combien de pensées, de sentiments, que la nature présente d'elle-même et qui préviennent la réflexion, ont été gâtés par les premiers qui ont voulu les rendre! Faut-il donc ne plus oser voir, imaginer, ou sentir comme on l'aurait fait avant eux? Faut-il ne plus exprimer ce qu'on pense, parce que d'autres l'ont pensé?

>Que ne venait-elle après moi;
>Et je l'aurais dit avant elle,

a dit plaisamment un poëte, en parlant de l'antiquité.

Le mot du Métromane,

> Ils nous ont dérobé, dérobons nos neveux,

est plein de chaleur et de verve. Mais sérieusement la condition des modernes serait trop malheureuse, si tout ce que leurs prédécesseurs ont touché leur était interdit.

Mais les vivants? Les vivants eux-mêmes doivent subir la peine de leur maladresse et de leur incapacité, quand ils n'ont pas su tirer avantage de la rencontre heureuse d'un beau sujet ou d'une belle pensée. Ce sont eux qui l'ont dérobée à celui qui aurait dû l'avoir, puisque c'est lui qui sait la rendre; et je suis bien sûr que le public, qui n'aime qu'à jouir, pensera comme moi.

Pourquoi donc les pédants, les demi-beaux-esprits, et les malins critiques, sont-ils plus scrupuleux et plus sévères? Le voici. Les pédants ont la vanité de faire montre d'érudition, en découvrant un larcin littéraire; les petits esprits, en reprochant ce larcin, ont le plaisir de croire humilier les grands; et les critiques dont je parle, suivent le malheureux instinct que leur a donné la nature, celui de verser leur venin.

Un certain nombre d'hommes moins malveillants, mais avares de leurs éloges et de leur estime, voudraient au moins savoir au juste ce qu'ils en doivent à l'écrivain; et lorsqu'il n'a pas la gloire de l'invention, ils souhaiteraient qu'il les en avertît. Ils veulent bien que l'on emprunte, mais non pas que l'on vole; et pardonnent le *plagiat*, pourvu qu'il ne soit pas furtif. Cela paraît fort raisonnable. Mais bien souvent l'auteur ne sait lui-même où il a vu ce qu'il imite : l'esprit ne vit que de souvenirs, et rien de plus naturel que de prendre de bonne foi sa mémoire pour son imagination; rien de plus difficile que de bien démêler ce qu'on a tiré des livres ou des hommes, de la nature ou de soi-même. Comment l'auteur de *Britannicus* et d'*Athalie* aurait-il pu vous dire ce qu'il devait à la lecture de Tacite et des livres saints? Vous ne demandez pas l'impossible, je vous entends : mais où finit la dispense, et où commence l'obligation d'avouer ses emprunts? Celui qui emprunte comme Térence, comme La Fontaine, comme Boileau, s'en accuse ou s'en vante : mais celui qui imite de plus loin, comme Racine, ou Corneille, ou Molière; celui qui ne prend que le sujet, et qui lui donne une nouvelle forme; celui qui ne prend que des détails, et qui les embellit ou qui les place mieux, ira-t-il s'avouer copiste quand il ne croit pas l'être? Il y aurait plus de modestie à céder du sien qu'à retenir du bien d'autrui, je l'avoue; mais est-il donc si essentiel à un poëte d'être modeste? et n'avez-vous pas vous-même, en le jugeant, votre vanité comme lui? Supposez, pour vous en convaincre, que votre amour-propre et le sien n'aient jamais rien à démêler ensemble; qu'il soit à cinq cents lieues de vous, ou qu'il soit mort, ce qui est plus sûr et plus commode; alors, pourvu que ses fictions, ses peintures vous intéressent, que ses sentiments vous touchent, que ses pensées vous éclairent, vous vous souciez fort peu de savoir ce qui en est de lui ou d'un autre. Ce n'est donc que son voisinage qui vous rend difficile sur le tribut d'estime que vous aurez à lui payer. Voyez, lorsque Corneille, en donnant *le Cid*, étonna tout son siècle et consterna tous ses rivaux, quelle importance l'on attacha aux menus larcins qu'il avait faits au poëte espagnol; et aujourd'hui qui s'en soucie? Le public, naïvement sensible, et amoureux des belles choses, ne demande que de belles choses; c'est à l'ouvrage qu'il s'attache, et non pas à l'auteur; que tout soit de celui-ci ou d'un autre, d'un moderne ou d'un ancien, d'un vivant ou d'un mort; tout lui est bon, pourvu que tout lui plaise. Le vrai *plagiat*, le seul qu'il désavoue, est celui qui ne lui apporte aucune utilité, aucun plaisir nouveau. De là vient qu'il bafoue un obscur écrivain, qui va comme un filou voler un écrivain célèbre, et déchirer une riche étoffe pour la coudre avec ses haillons.

Plutarque compare celui qui se borne à ce que les autres ont pensé, à un homme qui allant chercher du feu chez son voisin, en trouverait un bon et s'y arrêterait, sans se donner la peine d'en apporter chez lui pour allumer le sien. Mais à celui qui d'une bluette a fait un brasier, reprocherez-vous votre bluette?

Plaisant. « Les Espagnols, dit le P. Rapin, ont le génie de voir le ridicule des hommes bien mieux que nous; les Italiens l'expriment mieux. » Cela peut être vrai du *plaisant*, mais non pas du comique. Tout ce qui est risible n'est pas ridicule; tout ce qui est *plaisant* n'est pas comique; tout ce qui est comique n'est pas *plaisant*. Une maladresse est risible; une prétention manquée est ridicule; une situation qui expose le vice au mépris est comique; un bon mot est *plaisant*. Boileau, qui ne reconnaissait de vrai comique que Molière, disait de Regnard, qu'*il n'était pas médiocrement plaisant*, et traitait de bouffonneries toutes les pièces qui ressemblaient à celles de Scarron : c'est la plus juste application de ces trois mots, *comique*, *plaisant*, et *bouffon*.

Le comique est le ridicule qui résulte de la faiblesse, de l'erreur, des travers de l'esprit, ou des vices du caractère.

Le *plaisant* est l'effet de la surprise réjouissante que nous cause un contraste frappant, singulier, et nouveau, aperçu entre deux objets, ou entre un objet et l'idée hétéroclite qu'il fait naître. C'est une rencontre imprévue, qui, par des rapports inexplicables, excite en nous la douce convulsion du rire.

La bouffonnerie est une exagération du comique et du *plaisant*.

L'avare et le Tartuffe sont deux personnages comiques; Crispin, dans *le Légataire*, est un personnage *plaisant*; Jodelet, un personnage bouffon.

Il arrive naturellement que le bon comique est *plaisant*. Ce vers,

Oui, mon frère, je suis un méchant, un coupable,

a l'un et l'autre caractère dans la bouche de Tartuffe : il est *plaisant*, par l'opposition de la vérité que dit Tartuffe, avec l'effet qu'elle produit, et par la singularité piquante de ce contraste; il est comique, parce qu'il exprime le plus vivement qu'il est possible l'adresse du fourbe qui trompe, et qu'il va faire sortir de même la crédule prévention de l'homme simple qui est trompé.

Mais le *plaisant* n'est pas toujours comique; parce que le contraste qu'il présente, peut n'être qu'une singularité de rapports entre deux idées qu'on ne croyait pas faites pour se lier ensemble : comme si, par exemple, un valet imagine de prendre la place de son maître au lit de la mort, de dicter son testament, et d'oser ensuite lui soutenir qu'il l'a fait lui-même, et que sa léthargie le lui a fait oublier. Il n'y a rien là de ridicule dans les mœurs ni dans les caractères; mais il y a une contrariété d'idées si imprévue, et il en résulte une surprise si naturelle et si amusante, que le vrai comique ne l'est pas davantage. Cependant si dans cet exemple on ne voit pas le comique de caractère, on croit y voir du moins le comique de situation, dans l'embarras où s'est mis le fourbe : mais comme il se dégage de ses propres filets, et que ce n'est pas à ses dépens que l'on rit, comme l'on rit aux dépens du Tartuffe lorsqu'il se voit pris sur le fait; il est facile de reconnaître que la situation de Crispin n'est que *plaisante*, et que celle de Tartuffe est comique.

L'ivresse n'est point un ridicule; et quelquefois rien de plus *plaisant*, parce qu'un ivrogne a singulièrement la prétention de raisonner juste, comme il a celle de marcher droit, et que sa déraison veut toujours être conséquente. Regnard a excellé dans les rôles d'ivrogne. Un valet, dans *la Sérénade*, prie un passant de lui aider à retrouver sa maison : *Où est-elle, ta maison?* lui dit celui-ci : *Parbleu!* répond l'ivrogne, *si je le savais, je ne vous le demanderais pas.* Le même, ayant perdu un billet qu'il était chargé de remettre à celui qu'il a rencontré, et voyant qu'il s'impatiente de ce qu'il cherche inutilement, lui dit pour excuse : *Comment voulez-vous que je retrouve un billet? je ne puis pas retrouver ma maison.*

Il y a des exemples encore plus sensibles du *plaisant* qui n'est que *plaisant*.

On aperçoit ce caractère dans la réponse faite à Louis XIV par un homme auquel il disait, en lui faisant admirer Versailles : *Savez-vous qu'il n'y avait ici qu'un moulin à vent ? Sire*, lui dit cet homme, *le moulin n'y est plus, mais le vent y est toujours.* Cette façon imprévue de rabattre l'orgueil d'un souverain qui s'applaudit d'avoir surmonté la nature, fait, avec cet orgueil même et les éloges qu'il attendait, le contraste dont nous parlons.

Il se retrouve encore dans ces mots de Montaigne : *Sur le plus beau trône du monde, on n'est jamais assis que sur son cul*; et dans ces mots de Diogène à Alexandre, qui lui demandait ce qu'il pouvait faire pour lui : *T'ôter de devant mon soleil;* et dans ce reproche d'un Spartiate à son ami, qu'il surprenait avec sa femme, laquelle n'était ni jeune ni jolie : *Vous n'y étiez point obligé;* et dans le flegme d'un ancien roi qui, étant tombé dans les embuches de son ennemi, avait passé pour mort, si bien que le prince, son frère, avait pris sa couronne et épousé sa femme. Il revient, et dans le moment que son frère se croit perdu, il l'embrasse et lui dit : *Mon frère, une autre fois, ne vous pressez pas tant d'épouser ma femme.* Cet exemple de sang-froid et de bonté rappelle le mot de M. de Turenne : *Et quand c'eût été Georges, eût-il fallu frapper si fort ?* trait charmant, qu'on ne peut entendre sans rire et sans être attendri.

L'air d'ingénuité ajoute infiniment au sel de la *plaisanterie*. Le roi de.... disait à l'ambassadeur de.... On dit que vous faites l'amour dans ce pays-ci. — *Non, sire; je l'achète tout fait.*

On sait que Pope était mal fait, et qu'il était assez malin. Un jour, pour embarrasser le jeune lord Hyde, il lui demanda ce que c'était qu'un point interrogant? *C'est,* répondit le jeune lord, *une petite figure crochue toujours prête à questionner.*

A Naples un commandeur de Malte, homme riche et avare, laissait user sa livrée au point qu'un savetier du voisinage, voyant les habits de ses gens tout troués, s'en moquait. Ils s'en plaignirent à leur maître, qui fit venir le savetier et le tança sur son insolence. *Non, monseigneur,* dit humblement le savetier, *je sais trop le respect que je dois à votre excellence pour me moquer de sa livrée.* Mes gens assurent cependant que tu ne peux t'empêcher de rire en voyant leurs habits troués. — *Il est vrai, monseigneur; mais je ris des trous où il n'y a point de livrée.*

Une mère et son fils passaient un acte chez un notaire; et dans cet acte il fallait que leur âge fût énoncé. Le fils avait accusé le sien, et avait dit *vingt-quatre ans.* Vint la mère à son tour, qui, n'ayant pas entendu son fils, et ne voulant se donner que l'âge qu'elle se donnait dans le monde, dit aussi, *vingt-quatre ans.* — *Ma mère,* lui dit tout bas son fils, *dites vingt-cinq, pour raison. Pour quelle raison?* reprit-elle avec impatience. *C'est*, lui dit-il, *à cause que j'en ai vingt-quatre, et comme vous êtes ma mère, il faut absolument que vous soyez née avant moi.*

On voit qu'ici la *plaisanterie* est bonne s'il y a de la malice ; mais que le mot est plus *plaisant* encore si c'est de la naïveté : car au ridicule de la mère se joint la bêtise du fils ; et la bêtise dans ses saillies produit des contrastes d'idées qui sont presque toujours *plaisants*.

Je dis la *bêtise*, et non pas la sottise : car la sottise est un ridicule choquant, qui n'excite que le mépris. On s'en amuse avec malignité, et on se plaît à le voir humilié, parce qu'il offense. La bêtise au contraire est un défaut innocent et naïf, dont on s'amuse sans le haïr. On passerait sa vie avec celui dont la bêtise est le caractère : la vanité s'en accommode, ou, pour mieux dire, elle s'y complaît. Mais la sottise est pour l'amour-propre un ennemi d'autant plus importun qu'il n'est pas digne de sa colère : aussi dans la société n'y a-t-il rien de plus fatigant. La sottise est la gaucherie de l'esprit qui se pique d'adresse ; l'ineptie de l'esprit qui se pique d'habileté ; la maussaderie de l'esprit qui prétend se donner des grâces ; la fausse finesse de l'esprit qui veut être malin ; la lourdeur de celui qui croit être léger ; sur-tout la suffisance de celui qui fait le capable. C'est une assurance hardie, qui va de bévue en bévue avec une pleine sécurité ; une vanité dédaigneuse, qui se croit supérieure en toutes choses, et dont les prétentions, toujours manquées et toujours intrépides, sont le contraste perpétuel d'un orgueil excessif et d'une excessive médiocrité.

La bêtise est tout simplement une intelligence émoussée, une longue enfance de l'esprit, un dénuement presque absolu d'idées, ou une extrême inhabileté à les combiner et à les mettre en œuvre; et soit habituelle ou soit accidentelle, comme elle nous donne sur elle un avantage qui flatte notre vanité, elle nous amuse, sans nous causer ce plaisir malin que nous goûtons à voir châtier la sottise. Ainsi la sottise est comique et n'est point *plaisante;* la bêtise, au contraire, est *plaisante* et n'est point comique. La bêtise est rare parmi les hommes, mais les bêtises sont fréquentes; et ce qu'elles ont de plus *plaisant,* c'est une application sérieuse à bien penser et à raisonner juste.

On en voit une image assez fidèle dans le jeu du colin-maillard, où celui qui a les yeux bandés, passe à côté de celui qui l'agace, l'effleure de la main, croit l'attraper, le manque, et donne dans le pot au noir.

Il y a des bêtises d'ineptie et qui déclarent évidemment une privation d'idées, ou un étourdissement habituel qui empêche de les lier entre elles ou de les assortir aux mots. La bêtise de cette espèce consiste à oublier ou à ne pas apercevoir ce qui fait le plus à la chose. Celui qui entendait parler d'un homme de cent ans comme d'un phénomène, et qui disait : *Belle merveille! Si mon grand-père n'était pas mort, il aurait plus de cent dix ans;* celui-là oubliait que n'être pas mort était le point de la difficulté. Celui à qui l'on demandait quel âge avait son frère dont il était l'aîné, et qui répondait : *Dans deux ans mon frère et moi nous serons du même âge*, oubliait que lui-même il vieillirait de ces deux ans. Le marchand qui vendait cinq sous ce qu'il achetait six, et qui *se sauvait*, disait-il, *sur la quantité*, oubliait que la quantité qui multiplie les gains, quand il y en a, multipliait aussi les pertes. Ce pauvre enfant à qui l'on reprochait d'être bête, et qui disait, *Ce n'est pas ma faute si je n'ai point d'esprit, on m'a changé en nourrice*, ne voyait pas que cette excuse de la vanité de ses parents ne valait rien pour lui : il la répétait sans l'entendre. Une bêtise de ce genre qui fait sentir le vice de toutes les autres, est celle de ce matelot qui entendait jurer son camarade contre le câble qu'il roulait : *Je crois*, disait l'un, *que ce damné de câble n'a point de bout. Non*, lui répondit l'autre, *le bout n'en valait rien, on l'a coupé.* Il ne pensait qu'au bout coupé, sans faire attention qu'il en restait un autre.

Il est aisé de voir, dans la bêtise, à quelle apparence de raison s'est mépris celui qui l'a dite. Celle du bout du câble, par exemple, porte sur ce principe, que ce qu'on a ôté d'une chose n'y est plus.

La méprise est communément causée par une fausse lueur de rapport dans les termes, comme lorsqu'un benêt demandait à épouser sa sœur, et disait à son père pour sa raison : *Vous avez bien épousé ma mère.*

Mais une source intarissable de bêtises, c'est la fausse application des façons de parler habituelles et communes. Celui à qui Louis XIV demandait, *Quand accouchera votre femme ?* et qui lui répondit, *Quand il plaira à votre majesté*, ne songeait qu'à parler respectueusement, et plaçait au hasard un propos d'habitude.

Est-il peureux ? demandait-on à un homme en parlant de son nouveau cheval. — *Oh ! point du tout ; voilà trois nuits qu'il couche seul dans mon écurie.* Une femme disait de sa petite-fille qui avait la fièvre, *La pauvre enfant a déraisonné toute la nuit comme une grande personne.* On demandait à un bourgeois, comment se portait son enfant ? *Vous lui faites bien de l'honneur*, répondit le bon homme, *il est mort hier au soir.* Un jeune libertin disait, *Il m'est mort pour cent mille écus d'oncles, et je n'ai pas hérité d'un sou :* ceci est pire qu'une bêtise. Un homme en voyant passer son médecin se détourna ; on lui en demanda la raison : *Je suis honteux*, dit-il, *de paraître devant lui ; il y a si long-temps que je n'ai été malade !* Deux hommes se battaient l'épée à la main, l'un des deux avertit son adversaire qu'il n'était pas en garde : *Que vous importe*, répondit celui-ci, *pourvu que je vous tue?* Que *m'importe que je m'ennuie*, disait un autre, *pourvu que je m'amuse?*

Ces derniers mots, dits par des gens d'esprit, seraient de bonnes *plaisanteries*; et bien des mots *plaisants*, à force d'être fins, auraient pu passer pour des bêtises, si on n'eût pas connu l'homme qui les disait. On parlait d'un anatomiste qui avait disséqué le corps d'une de ses cousines. « Ah! le vilain homme »! s'écria une jeune femme. *Mais, Madame*, lui dit Mairand, *elle était morte*. On disait d'une femme qui venait de mourir, qu'un homme, avec qui elle vivait, l'avait rendue malheureuse. *Oh pour cela oui*, s'écria le philosophe Nicole, *sur-tout depuis trente ans!* L'homme et le ton lèvent l'équivoque, et avertissent d'y penser. Mais au faux-semblant de la bêtise, on ne fait que sourire; et pour en rire de bon cœur on y veut la réalité.

La feue Reine demandait s'il fallait dire *navals* ou *navaux*. Un homme de sa cour se penche, et lui dit mystérieusement : *Madame, je crois que l'on dit des navets*. Le roi Stanislas se faisant lire Marie à la Coque par un valet-de-chambre, *Dieu lui apparut en singe*, dit le lecteur : *En songe*, dit le roi : *En songe ou en singe*, reprit le lecteur, *Dieu était bien le maitre*.

L'ignorance fait dire plus de bêtises que la bêtise même; mais les traits d'ignorance ne sont *plaisants* que lorsqu'ils portent sur des choses que tout le monde doit savoir, et qu'avec une légère attention à ce qu'on entend dire, on doit avoir apprises. Celui qui, en voyant un bateau si chargé que les bords étaient à fleur d'eau, disait, *Si la rivière devient un peu plus grosse, ce bateau va couler à fond*; celui-là ignorait ce que savent les gens du peuple. La femme qui, allant voir un éclipse à l'observatoire, disait à sa compagnie qui craignait d'arriver trop tard : *M. de Cassini est de mes amis; il voudra bien recommencer pour moi*, n'était pas une femme instruite. Mais l'homme qui, dans le même cas, disait, *Je ne crois pas que l'on s'avise de commencer l'éclipse avant que le roi soit arrivé*, dut être jugé à la rigueur. On devait bien plus d'indulgence à la nouvelle épousée, qui, revenant de l'autel, disait à son mari qui la menait un peu trop vite : *De grâce, allons plus doucement : je pourrais faire une fausse couche.*

Une absence d'esprit ressemble quelquefois à une privation absolue; et de là vient que les gens distraits disent fort souvent des bêtises. Le caractère du distrait n'est pas comique, parce que la distraction n'est pas un ridicule; mais ce caractère est l'un des plus *plaisants*, parce qu'il donne lieu à une infinité de disparates imprévues. *Voilà*, dit le distrait de La Bruyère, *la seule pantoufle que j'aie sur moi*, en tirant de sa poche celle qu'il avait prise, comme s'il eût parlé de son mouchoir : rien de plus imprévu, et aussi rien de plus *plaisant. De qui êtes-vous en deuil*, demandait un distrait à l'un de ses amis. — De mon père. — *Il est mort! Ah, que j'en suis fâché! N'aviez-vous que celui-là ?*

Nous avons connu un homme célèbre dans ce genre, et pourtant reconnu pour un homme d'esprit, et d'un esprit si éclairé, que bien des gens ne pouvaient croire que ces absences lui fussent naturelles. C'est lui qui, dans une promenade qu'il faisait avec ses amis dans les environs de Florence, se trouvant sur le soir à quatre milles de la ville, soutenait qu'ils y arriveraient avant la nuit : *Car*, disait-il, *au bout du compte, nous sommes quatre, ce n'est qu'un mille pour chacun.* C'est lui qui, dans un hiver où le froid était à Paris d'une âpreté extraordinaire, disait à l'ambassadeur de Russie, *Monsieur l'ambassadeur, avez-vous des nouvelles de Pétersbourg? qu'y dit-on de ce froid?* C'est dans une absence d'esprit de cette espèce qu'un homme disait : *J'ai juré de ne jamais entrer dans l'eau que je n'aie appris à nager.* C'est aussi la seule manière de trouver naturelle cette réflexion d'un courtisan de Louis XIV, sur ce que Racine s'était fait enterrer à Port-Royal, *Il n'aurait jamais fait cela de son vivant.* Ainsi, pour un moment, la distraction, dans un homme d'esprit, est l'équivalent de la bêtise. La vanité en tient lieu aussi, mais d'une autre manière, en attachant une importance, ou excessive ou exclusive, à ce qui l'intéresse. *C'est une terrible chose que la peste!* disait un homme préoccupé de sa noblesse ; *la vie d'un gentilhomme n'est pas en sûreté.* Le chirurgien Morand venait de saigner une femme de qualité qui s'en était évanouie : *Madame*, lui dit-il, *une saignée affaiblit beaucoup, lorsqu'elle est faite par un habile homme.* Le médecin Chirac, en entendant parler du Lazare ressuscité, disait d'un air sournois : *S'il était mort de ma façon !...* Cette réticence n'est pas d'une bête ; mais elle n'en est pas moins *plaisante*.

Plus la bêtise est à-la-fois réfléchie et grossière, plus elle nous amuse aux dépens de celui à qui elle échappe. Qui ne rirait de la réflexion de ce bon Suisse qui, en voyant sur la poussière son camarade qui venait d'avoir la tête emportée par un boulet de canon, disait tristement : *le pauvre diable sera bien surpris demain de se trouver sans tête!* Mais ce qui n'est pas concevable, et ce que toute la gravité d'un historien sage peut à peine persuader, c'est que la même bêtise ait été dite dans une harangue méditée. Ce fut un chevalier Plager, qui, félicitant la ville de Londres sur les précautions qu'elle avait prises contre la fameuse conspiration des poudres, dit sérieusement que, sans cette vigilance des magistrats, *les citoyens auraient couru risque de se trouver tous égorgés le lendemain, à leur réveil.* Passe encore pour le soldat suisse ; mais l'orateur du peuple anglais! Il faut que Hume nous l'assure; et encore est-on tenté de croire que c'est un conte fait à plaisir.

⁂

Plan. Ce terme, emprunté de l'architecture, et appliqué aux ouvrages d'esprit, signifie les premiers linéaments qui tracent le dessein d'un ouvrage, son étendue circonscrite, son commencement, son milieu, sa fin, la distribution et l'ordonnance de ses parties principales, leur rapport, leur enchaînement.

Ce doit être le premier travail de l'orateur, du poëte, du philosophe, de l'historien, de tout homme qui se propose de faire un tout qui ait de l'ensemble et de la régularité.

Un homme qui n'écrit que de caprice, et par pensées détachées, comme Montaigne dans ses *Essais*, peut n'avoir qu'une intention générale; il est dispensé de se tracer un *plan*. Mais dans un ouvrage où tout doit se lier, se combiner comme dans une montre, pour produire un effet commun, est-il prudent de se livrer à son génie, sans avoir son *plan* sous les yeux? C'est cependant ce qui arrive assez souvent aux jeunes écrivains, et sur-tout dans le genre où ce premier travail, bien médité, serait le plus indispensable.

Pénétrons dans le cabinet d'un poëte habile et sage, et voyons-le occupé du choix et de la disposition d'un sujet.

Parmi cette foule d'idées que la lecture et la réflexion lui présentent, il lui vient celle d'un usurpateur, qui, de deux enfants nourris ensemble, ne sait plus lequel est son fils, ou le fils du roi légitime dont il veut éteindre la race.

Le poëte, dans cette masse d'idées, voit d'abord un sujet tragique; il la pénètre, il la développe; et voici à-peu-près comment.

Ces deux enfants peuvent avoir été confondus par leur nourrice; mais si la nourrice n'est plus, on est sûr que le secret de l'échange est enseveli avec elle; le nœud n'a plus de dénouement. Si cette femme est vivante et susceptible de crainte, l'action ne peut plus être suspendue : l'aspect du supplice fera tout avouer à ce témoin faible et timide. Le poëte établit donc le caractère de la nourrice comme la clef de la voûte. Elle adore le sang de ses maîtres, déteste celui du tyran, brave la mort, et s'obstine au secret. Ce n'est pas tout : si le tyran n'est qu'ambitieux et cruel, sa situation n'est pas assez pénible. Il peut même être barbare au point d'immoler son fils, plutôt que de risquer que son ennemi lui échappe, et trancher ainsi le nœud de l'intrigue. Que fait le poëte? Au puissant motif de faire périr l'héritier du trône, il oppose l'amour paternel, ce grand ressort de la nature; et voyez comme son sujet devient pathétique et fécond. Le tyran va, sur des lueurs de sentiments, sur des soupçons et des conjectures, balancer entre ses deux victimes et les menacer tour-à-tour. Mais si l'un des deux princes était beaucoup plus intéressant que l'autre par son caractère, il n'y aurait plus cette alternative de crainte qui met l'ame des spectateurs à l'étroit, et qui rend cette espèce de situation plus vive et plus pressante : le poëte, qui veut qu'on frémisse pour tous les deux tour-à-tour, les fait donc vertueux l'un et l'autre ; et dès-lors, non-seulement le tyran ne sait plus lequel préférer pour son fils ; mais lorsqu'il veut se déterminer, aucun des deux ne consent à l'être. De cette combinaison de caractères naissent, comme d'elles-mêmes, ces belles situations qu'on admire dans *Héraclius*.

> Devine si tu peux, et choisis si tu l'oses....
> O malheureux Phocas ! ô trop heureux Maurice !
> Tu retrouves deux fils pour mourir après toi ;
> Et je n'en puis trouver pour régner après moi.

Comment s'est fait le double échange qui a trompé deux fois le tyran ? sur quels indices chacun des deux princes peut-il se croire Héraclius ? par quel moyen Phocas les va-t-il réduire à la nécessité de décider son choix ? quel incident, au fort du péril, tranchera le nœud de l'intrigue et produira la révolution ? Tout cela doit s'arranger dans la pensée du poëte, comme l'eût disposé la nature elle-même, si elle eût combiné ce beau *plan*. C'est ainsi que travaillait Corneille. Il ne faut donc pas s'étonner si l'invention du sujet lui coûtait plus que l'exécution.

Parmi cette foule d'idées que la lecture et la réflexion lui présentent, il lui vient celle d'un usurpateur, qui, de deux enfants nourris ensemble, ne sait plus lequel est son fils, ou le fils du roi légitime dont il veut éteindre la race.

Le poëte, dans cette masse d'idées, voit d'abord un sujet tragique; il la pénètre, il la développe; et voici à-peu-près comment.

Ces deux enfants peuvent avoir été confondus par leur nourrice; mais si la nourrice n'est plus, on est sûr que le secret de l'échange est enseveli avec elle; le nœud n'a plus de dénouement. Si cette femme est vivante et susceptible de crainte, l'action ne peut plus être suspendue : l'aspect du supplice fera tout avouer à ce témoin faible et timide. Le poëte établit donc le caractère de la nourrice comme la clef de la voûte. Elle adore le sang de ses maîtres, déteste celui du tyran, brave la mort, et s'obstine au secret. Ce n'est pas tout : si le tyran n'est qu'ambitieux et cruel, sa situation n'est pas assez pénible. Il peut même être barbare au point d'immoler son fils, plutôt que de risquer que son ennemi lui échappe, et trancher ainsi le nœud de l'intrigue. Que fait le poëte? Au puissant motif de faire périr l'héritier du trône, il oppose l'amour paternel, ce grand ressort de la nature; et voyez comme son sujet devient pathétique et fécond. Le tyran va, sur des lueurs de sentiments, sur des soupçons et des conjectures, balancer entre ses deux victimes et les menacer tour-à-tour. Mais si l'un des deux princes était beaucoup plus intéressant que l'autre par son caractère, il n'y aurait plus cette alternative de crainte qui met l'ame des spectateurs à l'étroit, et qui rend cette espèce de situation plus vive et plus pressante : le poëte, qui veut qu'on frémisse pour tous les deux tour-à-tour, les fait donc vertueux l'un et l'autre; et dès-lors, non-seulement le tyran ne sait plus lequel préférer pour son fils; mais lorsqu'il veut se déterminer, aucun des deux ne consent à l'être. De cette combinaison de caractères naissent, comme d'elles-mêmes, ces belles situations qu'on admire dans *Héraclius*.

> Devine si tu peux, et choisis si tu l'oses....
> O malheureux Phocas! ô trop heureux Maurice!
> Tu retrouves deux fils pour mourir après toi;
> Et je n'en puis trouver pour régner après moi.

Comment s'est fait le double échange qui a trompé deux fois le tyran? sur quels indices chacun des deux princes peut-il se croire Héraclius? par quel moyen Phocas les va-t-il réduire à la nécessité de décider son choix? quel incident, au fort du péril, tranchera le nœud de l'intrigue et produira la révolution? Tout cela doit s'arranger dans la pensée du poëte, comme l'eût disposé la nature elle-même, si elle eût combiné ce beau *plan*. C'est ainsi que travaillait Corneille. Il ne faut donc pas s'étonner si l'invention du sujet lui coûtait plus que l'exécution.

Quand la fable n'a pas été conçue avec cette méditation profonde, on s'en aperçoit au défaut d'harmonie et d'ensemble, à la marche incertaine et laborieuse de l'action, à l'embarras des développements, au mauvais tissu de l'intrigue, et à une certaine répugnance que nous avons à suivre le fil des événements.

La marche d'un poëme, quel qu'il soit, doit être celle de la nature, c'est-à-dire, telle qu'il nous soit facile de croire que les choses se sont passées comme nous les voyons. Or dans la nature les idées, les sentiments, les mouvements de l'ame ont une génération qui ne peut être renversée. Les événements ont de même une suite, une liaison que le poëte doit observer, s'il veut que l'illusion se soutienne. Des incidents détachés l'un de l'autre, ou maladroitement liés, n'ont plus aucune vraisemblance. Il en est du moral comme du physique, et du merveilleux comme du familier : pour que la contexture de la fable soit parfaite, il faut qu'elle ne tienne au-dehors que par un seul bout. Tous les incidents de l'intrigue doivent naître successivement l'un de l'autre, et c'est la continuité de la chaîne qui produit l'ordre et l'unité. Les jeunes gens, dans la fougue d'une imagination pleine de feu, négligent trop cette règle importante : pourvu qu'ils excitent du tumulte sur la scène, et qu'ils forment des tableaux frappants, ils s'inquiètent peu des liaisons, des gradations, et des passages,

C'est par-là cependant qu'un poëte est le rival de la nature, et que la fiction est l'image de la vérité.

Le *plan* d'une bonne comédie me semble au moins aussi difficile à former que celui d'une tragédie ; et j'avoue que dans aucun genre il n'est aucun *plan* qui m'étonne autant que celui du *Tartuffe*.

Le *plan* du poëme épique est plus vaste, mais moins gêné : le génie du poëte, affranchi de la règle des unités, s'y trouve infiniment plus libre. Mais cette aisance elle-même est la cause des écarts où il s'abandonne, et du froid que des épisodes trop inutiles et trop fréquents répandent dans son action. Enchaîner les événements, les faire naître les uns des autres, les faire tous servir à nouer l'action et à graduer l'intérêt ; voilà les lois que l'inventeur doit s'imposer, lorsqu'il conçoit et médite son *plan*; et à cet égard, nous avons des romans mieux conçus que les plus beaux poëmes.

En éloquence, la méthode est la même pour la génération des idées, pour la gradation du pathétique, pour l'ordre, le rapport, et l'enchaînement des parties, enfin pour la tendance des moyens à un but commun. Mon respect pour Cicéron, que je consulte comme un oracle toutes les fois qu'il s'agit de son art, ne m'empêche pas de différer ici de son opinion sur l'ordonnance du discours. Il veut que l'orateur, en distribuant ses moyens, en choisisse de fermes pour le commencement, garde les plus forts pour la fin, et qu'au milieu, comme dans la foule, il fasse passer les plus faibles. Il me semble au contraire que toute succession du fort au faible est vicieuse; et que l'attention se ralentit, comme l'intérêt diminue, si l'on ne se sent pas mené graduellement du plus faible au plus fort.

Il est sans doute important de donner, dès l'entrée, une haute idée de son sujet, une opinion favorable et imposante de sa cause; mais on le peut en annonçant cette progression de moyens, et en prévenant l'auditoire sur l'accumulation des preuves et sur l'accroissement des forces qu'on s'engage à développer. J'appliquerai donc, à l'ordonnance du discours et à l'économie de la preuve elle-même, ce que dit Cicéron en parlant de l'exorde : *Nihil est in naturá rerum quod se universum profundat et quod totum repentè evolet. Sic omnia quæ fiunt quæque aguntur acerrimè, lenioribus principiis natura ipsa pertexuit.*

Dans la nature tous les commencements sont faibles; on doit s'attendre que l'art procédera comme elle, et ménagera ses moyens. Mais des moyens faibles ne sont pas des moyens faux. Ceux-ci jamais, Cicéron en convient, ne doivent entrer dans la cause. Il ne s'agit que du plus ou moins de vraisemblance, ou du plus ou moins d'impulsion. Or soit qu'on agisse sur l'entendement ou sur la volonté, sur l'esprit ou sur l'ame, je crois que dans un *plan* il faut distribuer ses forces, de manière que la persuasion, l'émotion, l'intérêt, la lumière, la chaleur, aillent en croissant du commencement à la fin.

La seule exception que j'y trouve, est le cas où, dans la réplique, on aurait à vaincre dans les esprits une forte prévention, une persuasion profonde que l'adversaire y aurait laissée : alors c'est comme un poste, dans un champ de bataille, qu'il s'agit d'abord d'emporter, et à l'attaque duquel on est obligé d'employer ce qu'on a de plus vigoureux. Mais lorsqu'une circonstance pareille n'oblige pas de renverser la progression naturelle des idées, des sentiments, des procédés enfin de l'éloquence; je penserais qu'on devrait toujours aller du faible au fort, et graduer ainsi sans cesse l'attention, la persuasion, l'émotion de l'auditeur.

Du reste, il n'en est pas du *plan* d'un plaidoyer comme de celui d'un sermon ou d'une harangue. Dans celui-ci (qu'on me permette la comparaison), l'orateur, comme le danseur, est le maître de se donner l'attitude, les mouvements, les développements qui lui sont favorables; et il passe de l'un à l'autre avec une pleine liberté. Dans le plaidoyer au contraire l'orateur ressemble au lutteur : son action est souvent commandée et contrainte par celle de son adversaire; et par une comparaison plus noble, Quintilien nous fait voir que ses dispositions, son ordre de bataille, doivent s'accommoder au poste, aux mouvements, et aux forces de l'ennemi. *Voyez* RHÉTORIQUE.

FIN DU TROISIÈME VOLUME.

TABLE

DES ARTICLES CONTENUS DANS CE TROISIÈME VOLUME.

Harangue..........................Page. 1
Harmonie du Style..................... 9
Hiatus................................ 39
Histoire.............................. 42
Hymne................................. 83
Hyperbole............................. 85
Idylle................................ 87
Illusion.............................. 89
Image................................. 99
Imagination.......................... 124
Imitation............................ 132
Insinuation.......................... 142
Intérêt.............................. 145
Intrigue............................. 154
Invention............................ 167
Ironie............................... 188
Jargon............................... 195
Judiciaire........................... 197
Licence.............................. 210
Littérature.......................... 212
Lyrique.............................. 213
Marotique............................ 230
Mémoires............................. 231
Merveilleux.......................... 250
Mœurs................................ 261

Moralité	296
Moralités	300
Mouvement du Style	303
Muet, tte	315
Narration	326
Narration oratoire	344
Nasale	347
Noblesse	351
Nombre	356
Ode	374
Opéra	407
Oraison funèbre	456
Orateur	465
Pantomime	484
Parodie	495
Parterre	499
Pastiche	507
Pathétique	510
Période	532
Péroraison	544
Plagiat	556
Plaisant	565
Plan	578

www.ingramcontent.com/pod-product-compliance
Lightning Source LLC
Chambersburg PA
CBHW070404230426
43665CB00012B/1235